辽金史研究丛书

白山黑水之间：辽金城镇史地研究

孙文政 著

中国社会科学出版社

图书在版编目（CIP）数据

白山黑水之间：辽金城镇史地研究 / 孙文政著 .—北京：中国社会科学出版社，2022.9

（辽金史研究丛书）

ISBN 978-7-5227-0389-3

Ⅰ.①白⋯　Ⅱ.①孙⋯　Ⅲ.①东北地区—地方史—研究—金代　Ⅳ.①K293

中国版本图书馆 CIP 数据核字（2022）第 112918 号

出 版 人	赵剑英
责任编辑	刘　芳
责任校对	杨　林
责任印制	李寡寡

出　　版	中国社会科学出版社
社　　址	北京鼓楼西大街甲 158 号
邮　　编	100720
网　　址	http://www.csspw.cn
发 行 部	010-84083685
门 市 部	010-84029450
经　　销	新华书店及其他书店

印　　刷	北京明恒达印务有限公司
装　　订	廊坊市广阳区广增装订厂
版　　次	2022 年 9 月第 1 版
印　　次	2022 年 9 月第 1 次印刷

开　　本	710×1000　1/16
印　　张	22.5
插　　页	2
字　　数	381 千字
定　　价	108.00 元

凡购买中国社会科学出版社图书，如有质量问题请与本社营销中心联系调换

电话：010-84083683

版权所有　侵权必究

序

孙文政研究员的《白山黑水之间：辽金城镇史地研究》即将付梓，发来书稿，嘱我作序，推辞不过，免为之序。

我与孙文政相识于2008年，当时他在齐齐哈尔市社会科学院工作，邀请我到齐齐哈尔市参加中国·齐齐哈尔市金长城学术研讨会，自此以后，我们相识成为学术朋友。他在学术界很活跃，在中国社会科学院历史研究所（今天的古代史所）、考古研究所、中国边疆研究所，有很多好朋友。他多次到中国社会科学院中国边疆研究所，每次来我们都谈得很多，从学术谈到生活，从生活谈到学术，成为知心朋友。

孙文政研究员勤学好思，每次与其交谈都能听到很多学术设想。他有学术敏感性，提出的学术问题，大都具有前瞻性，与学术焦点和热点问题吻合，且不回避学术争鸣问题，勇于探索。从《白山黑水之间：辽金城镇史地研究》的后记不难得知，孙文政研究员走上辽金史地研究之路，是从齐齐哈尔城史纪元论证开始的。当时关于哈拉古城是否是辽金时期的庞葛城，在学术界产生了很大的分歧。他顶着各种压力，撰写了《哈拉古城址为金代庞葛城说质疑》发表在《黑龙江社会科学》2008年第4期上。不畏学术权威，敢于学术探讨的勇气，实为可佳。记得2013年8月30日的《中国社会科学报》，发表了孙文政《学术争鸣要友好》一文，文中阐明了他对待学术争鸣的态度。他说："我真诚地希望，学术争鸣要畅所欲言，发表自己的学术见解。在讨论时，抱着友好的态度，对一些确实立论有问题的学术观点，指出其学术观点的问题所在，并提出自己的学术观点，友好地商榷，以此共同推进学术研究事业的发展。"孙文政研究员的这一胸怀和学术品格，是值得学术界同人学习的。

中国边疆史地研究是源自历史学的一个重要研究领域，目前虽还不是国家承认的学科，但在当今的政治和学术领域其关注度愈来愈凸显。宋辽金是中国历史上的分裂时期，契丹人建立的辽朝和女真人建立的金朝一度实现了我国北部地区的统一，尤其是金朝不仅灭亡了北宋，而且实现了淮河以北地区的统一。辽金史地研究不仅是中国历代王朝历史的重要构成，也是中国边疆史地研究的重要内容。多年来，宋朝历史的研究是学界关注的重点，辽金史研究未能得到应有重视，而由于史书记载匮乏的缘故，辽金史地研究更是进展缓慢、歧义丛生。作为一个地方辽金史地的研究者，《白山黑水之间：辽金城镇史地研究》一书，既是孙文政研究员多年对辽金史地诸多问题研究的心得，能否做到拾遗补阙、填补空白且成一家之言，有志于此的学人读后自然会有客观评价，但我想它也承载着孙文政研究员对白山黑水的赤诚和推动辽金史地研究不断深入的美好愿望。

《白山黑水之间：辽金城镇史地研究》虽然把孙文政研究员多年零散发表的辽金史地研究成果做了集录整理，但却是系统反映了孙文政研究员在辽金行政机构治所地望、行政机构设置沿革、古城历史地位及遗址保护利用，以及古代城市起源、结构、鉴定方法等诸多方面的研究成就。辽金时期的古城遗址多没有经过细致的考古发掘，即便是做过考古探查的古城遗址有些也因为遗物的匮乏难以和文献记载的辽金古城形成明确对应，因此孙文政研究员考证古城遗址的基本思路是，充分利用文献资料和考古资料互相印证，并辅之亲自探查，这种做法无疑是可行的。

他在书中对辽金城镇建筑时间、机构治所地望、设置沿革等的研究，不仅利用历史学、考古学方法、人类文化学相关理论，而且还运用古文字学，通过比较分析方法，论证辽金城镇史地相关问题。如《辽史·圣宗纪》载"十三年春正月壬子（995年2月7日），幸延芳淀。甲寅（9日），置广灵县。丁巳（12日），增泰州、遂城等县赋……庚午（25日），如长春宫"，孙文政研究员通过古文字学解读"赋"字，推定泰州建城时间在统和十三年正月丁巳（995年2月12日），解决了长期以来辽泰州建筑时间当在辽朝初期或辽朝中期的争论。

总而言之，该书所提出的一些观点是否构成一家之言虽然还有待学界同人的认定，但推动辽金史地研究的深入是一定能够实现的。在感谢孙文政研究员积极研究和传播辽金历史文化的同时，也希望有更多的学者从事和关注辽金史地研究，共同推动中国边疆史地研究的发展。是为序。

李大龙
2021 年 9 月 18 日

前　　言

任何历史都发生在一定的时空内。司马迁《报任安书》说"究天人之际，通古今之变"，说明了历史研究的目的在于探求人与自然、社会的规律。历史地理学的意义在于揭示历史时期环境变迁与社会发展的规律。城镇史地研究主要探索城镇发展原因和演变规律，为人们在认识自然、改造自然过程中获得经验教训，为各级政府在城市发展规划中提供参考。辽金时期白山黑水之间城镇化进程较快，为社会文明、经济发展作出了不可磨灭的贡献。研究辽金城镇史地，揭示辽金两朝城镇发展的一般规律和特殊规律，为今后边疆开发建设、制定民族政策等方面提供历史借鉴。

本书主要面向热爱辽金史地研究，或是对辽金城镇史地感兴趣的读者。对一些史学爱好者和初学者，不掌握史地研究要领和切入点等问题，本书为读者提供了研究的基本思路和方法。本书共分7章，主要介绍了中国古代城镇建设、辽金古城建筑形制、辽金行政机构设置及辽金古城遗存情况，为辽金城镇史地研究提供基本思路和方法。各部分既独立成章，又是全书的有机构成。读者既可通读全书，也可根据需要选择阅读。

目 录

绪 论 …………………………………………………………………… (1)

第一章 古代的城市 …………………………………………………… (5)
第一节 城市的起源 ………………………………………………… (5)
第二节 古城及其结构 ……………………………………………… (7)
第三节 古城的建筑方法 …………………………………………… (10)
第四节 古城的年代鉴定 …………………………………………… (11)

第二章 辽金古城形制与分布 ………………………………………… (15)
第一节 辽金古城建筑形制 ………………………………………… (15)
第二节 辽金古城的分布 …………………………………………… (26)

第三章 辽金行政机构设置 …………………………………………… (181)
第一节 辽朝行政机构设置 ………………………………………… (181)
第二节 金朝行政机构设置 ………………………………………… (195)

第四章 辽金古城建筑时间考 ………………………………………… (210)
第一节 辽泰州故城建筑时间考 …………………………………… (210)
第二节 克东古城建筑年代考疑 …………………………………… (220)
第三节 金东北路长城建筑时间考 ………………………………… (225)

第五章 辽金行政机构治所地望考 …………………………………… (239)
第一节 辽朝室韦国王府故城考 …………………………………… (239)

第二节　辽金时期北唐括部故城考 …………………………… （246）
　　第三节　双河古城考古学观察 ………………………………… （253）
　　第四节　金代蒲与路故城考古学观察 ………………………… （266）
　　第五节　哈拉古城为厐葛城考疑 ……………………………… （272）

第六章　辽金行政机构设置沿革考 …………………………………… （279）
　　第一节　辽代黄龙府设置沿革考 ……………………………… （279）
　　第二节　金代泰州设置沿革考 ………………………………… （284）
　　第三节　金代曷苏馆路与乌古迪烈统军司设置沿革考 ……… （301）
　　第四节　金东北路、临潢府路长城管理机构设置沿革考 …… （312）

第七章　辽金古城的历史地位及遗址保护利用 …………………… （328）
　　第一节　辽金泰州故城遗址的历史地位 ……………………… （328）
　　第二节　金蒲与路故城遗址的历史地位 ……………………… （332）
　　第三节　金东北路长城的历史地位 …………………………… （334）
　　第四节　辽金古城遗址保护与利用 …………………………… （336）

参考文献 ………………………………………………………………… （340）

后　记 …………………………………………………………………… （349）

绪　　论

辽金两朝先后在白山黑水之间设机构、建治所，留下大量古城遗址。辽金两朝大规模兴建治所城和军事防御城，为白山黑水之间加快城镇化进程、推进社会文明发展作出了重要贡献。然而时至今日，百分之九十以上的辽金古城遗址，不知道是什么治所，也不知道史籍记载的古城在哪里，本书旨在探讨辽金古城遗址文化内涵及其文化属性。

一　研究的基本内容

本书分基础研究和专题研究两部分内容。第一部分：第一章、第二章、第三章，分别介绍古城产生发展的历史、古城建筑结构、辽金古城形制与分布及其行政机构设置。第二部分：第四章、第五章、第六章、第七章，分别介绍辽金古城建筑时间、机构治所地望、设置沿革，古城历史地位及其保护利用等方面的内容。

（一）基础研究内容

在基础研究部分中，共设计三部分内容。第一部分：古代的城市。简要介绍古城产生、发展的历史过程，详细介绍古城的结构、建筑方法和建筑年代，帮助读者掌握辽金城镇史地研究的基本技能和方法。第一，古城是人类社会发展到一定阶段阶级矛盾不可调和的产物，并被统治阶级利用，成为其统治工具。不同社会发展阶段城镇功能不同，存在一定的差异。第二，古代城镇的防御系统，一般由城垣、城郭、城壕、城台、城门、城楼、瓮城、马面、马道、角楼、城堞、垛口、敌楼等构成。第三，古城建筑方法，体现了当时社会生产力发展水平及社会文明程度。第四，运用考古学方法，通过研究出土文物、建筑形制，佐以历史文献，对古城遗址给予年代鉴定。第二部分：辽金古城形制与分布。分别对不同形制的辽金古城进行梳理，归纳辽金古城建筑形制特征，为辽金城镇史地研究者提供辨识能力。第一，介绍六种辽金古城形制，掌握辽金古城的基本特征。第二，梳理白山黑水之间辽金古城分布情况，掌握辽金古城基本资料，为辽金城镇史地研究提供基本素材。第三部分：辽金行政机构设置。分别介绍辽金在白山黑水之间行政机构设置情况，让读者以辽金行政机构设置为线索，考察辽金古城文化内涵。第一，介绍辽朝的行政设置，辽朝先后在白山黑水之间设置隶属于东京道、上京道各级行政机构，治理白山黑水。第二，介绍金朝的行政设置，金朝先后在白山黑水之间设置隶属于上京路、咸平府路、东京路、临潢府路各级行政机构，治理白山黑水。

（二）专题研究内容

在专题研究部分中，共设置四部分内容。第一部分：辽金古城建筑时间考。考证辽金城镇建筑时间，可以了解辽金两朝生产力发展水平及生产关系状况。通过对辽泰州故城、辽代黄龙府故城、金代蒲与路故城、金东北路界壕边堡等建筑时间的考证，探讨辽金城镇史地研究方法。第二部分：辽金行政机构治所地望考。辽、金两朝在白山黑水之间建城池、设治所，遗留下来大量辽金古城，大都不知道是什么行政机构治所城，也不知道史料记载的辽金治所具体位置。通过对辽朝室韦国王府故城、辽金北唐扩部故城、金代蒲与路故城、汤原双河古城、梅里斯哈拉古城等遗址考察，考证已知史料记载治所之所在，或考证古城遗址是什么治所，还历史本来面目。第三部分：辽金行政机构设置沿革考。辽金行政机构设置沿革体现了历史地理发展变化脉络。通过对金泰州设置沿革、曷苏馆路与乌古迪烈统军司沿革、金东北路与临潢府路界壕边堡管理机构设置沿革等的考证，了解辽金行政机构设置情况，探讨辽金行政机构设置沿革的研究方法。第四部分：辽金古城的历史地位与保护利用。城镇建设水平代表文明程度。辽金契丹女真人律筑大量古城，推动了白山黑水之间城镇化进程，为我国东北边疆开发建设作出了不可磨灭的贡献。通过对辽金泰州故城、金代蒲与路故城历史地位及金东北路长城遗址的考察，论证保护利用好辽金古城遗址，是延续历史文脉、提高文化自信、推动边疆文化建设的必然要求，并对辽金古城遗址的科学保护与合理利用，提出建议。

二 研究的主要价值

本书的主要价值是提供古城研究方法。以白山黑水之间辽金古城为研究对象，探讨学界长期争论不休的问题，揭示辽金古城文化内涵，增强文化自信，提高文物保护意识。

（一）学术价值

一是提供研究方法。通过考古资料佐以历史文献，考证辽金古城遗址文化属性。考察辽金古城遗址建筑形制、出土文物及其相关文化遗存，检索辽金历史文献，综合各种信息，考证辽金古城遗址文化内涵。根据辽金历史文献所提供的山水等自然信息，考察辽金古城遗址，判断是否符合历史文献记载，找到文献记载中的古城和行政治所城之所在。

二是突破学术困境。辽金古城的研究，长期以来存在一些争论不休的学术问题。例如金代蒲与路治所存在二说，一说今克东县金城古城遗址，一说今兰西县榆林镇古城遗址，一说今富裕县大泉子古城遗址。辽金泰州故城治所也存在争议，一说在今黑龙江省泰来县塔子城古城遗址，一说今吉林省白城市洮北区城四家子古城遗址。本书对长期存在争议的问题在研究上有所突破，确定了辽金泰州和金代蒲与路故城之所在，从而推动辽金史地研究走向深入。

三是提高城市知名度。考证辽金古城建筑时间、辽金行政机构治所地望、辽金行政机构设置沿革，确定辽金古城遗址文化属性和文化内涵，进而论证辽金古城遗址历史地位，提出保护措施和建议，为各级地方政府开展传统文化教育，发展旅游事业服务。

（二）应用价值

一是提供智力支持。研究辽金城镇史地，揭示辽金时期白山黑水之间文化特征。研究成果可为有关部门制定地方经济社会发展方略提供历史借鉴。例如可在黑龙江省申报"金上京城遗址"为世界文化遗产名录时，提供理论依据和智力支持。

二是增强保护意识。研究辽金城镇史地，揭示辽金古城文化遗址内涵，提升地方文化品位，增强广大人民历史文化保护意识，有利于推动地方相关文化遗产保护和旅游产业发展。

三　研究的思路及方法

本研究的思路及方法首先是阅读历史文献，带着问题考察辽金古城遗址，然后把考古调查所得资料与历史文献资料相互比堪，运用历史学、考古学及人类文化学相关方法，揭示辽金古城文化内涵。

（一）研究思路

研究的基本思路主要有两个方面：一是考察辽金古城遗址，佐以历史文献，确定辽金古城遗址是辽金时期何种等级的城市。二是检索辽金历史文献，在对历史文献、考古资料进行整理、分析的基础上，论证文献记载中的辽金古城之所在。本书先是从让人们了解古城、考证辽金古城的一般方法，再次从辽金古城建筑时间、辽金行政治所地望和设置沿革等方面，展开辽金史地专题研究。

（二）研究方法

第一，在搜集历史文献资料的基础上，佐以考古调查资料，把要考证的辽金古城遗址，与已知的辽金古城在建筑形制、出土文物等方面进行对比，考察辽金古城建筑形制，论证其建筑时间和地望及行政设置沿革等辽金城镇史地问题。

第二，在搜集考古资料的基础上，佐以历史文献资料，将考古资料与历史文献资料比勘，运用历史学、考古学、人类文化学相关理论，通过比较、个案分析方法，论证辽金城镇史地相关问题。

第一章

古代的城市

城市是人类社会发展到一定阶段的产物。古代城市的发展状况，不仅标志着生产力发展水平，而且标志着人类文明发展进程。本章介绍古城的起源、建筑结构、建筑方法，并通过分析出土文物对古城遗址进行考察，揭示古城文化内涵，使人们认识古城在人类社会文明发展中的历史作用。

第一节 城市的起源

城是由聚落、村落、聚落群、聚落群团、聚落集团发展而来，其外围建筑标志经历了围沟、沟墙、环壕（濠）、城壕（濠）、城墙等的发展历史。古代城镇是跨血缘、跨地缘的社会组织机构治所，随着社会组织的发展，古城建筑结构逐渐完善。不同历史时期、不同地域、不同种类的古城，都是统治阶级统治被统治阶级的工具。

一 古代城市的产生

在原始社会末期，人们以血缘和婚姻关系为纽带结成聚落，在住所周围挖掘简单的围沟，防御野兽或者是洪水的侵害。私有制产生后，在血缘、婚姻关系的基础上出现了利益关系，共同的利益追求驱使许多小聚落相互依存，形成较大的聚落，出现了聚落群，聚落群逐渐演变成聚落群团和聚落集团。各聚落群团或聚落集团之间，由于利益关系，经常发生冲突，甚至战争。各聚落群团或聚落集团为了保护自己防御敌人，往往在住所周围挖壕筑墙，于是出现了早期的城市雏形。

随着私有制的发展、阶级的分化，一些拥有特权的聚落群团或聚落集团首领为了掠夺更多的财富和奴隶，经常发动战争。各聚落群团或聚落集团在掠夺战争中为了加强防御，便在住所周围挖掘深广的壕沟、筑起高大的围墙，于是城镇防御系统逐渐完备。因此可以说，古代城市防御体系是伴随着私有制的发展、阶级的分化，日趋完善。

进入奴隶制社会以后，聚落组织结构发生了变化。壮大起来的聚落组织在自己的势力范围内，不断接纳前来投靠的较为弱势的聚落，使得该聚落集团更加强大。这种聚落组织，"又跨血缘又跨地域。由几个血缘与地域都相互独立，而又邻近的聚落组织联合组成"①。强大的聚落集团最终发展为早期国家。早期国家的实质是以聚落集团为核心，以跨血缘和地缘双重关系结成的强大聚落组织。这一聚落集团组织与其他聚落组织之间，是统治与被统治的关系。城市这时开始成为统治阶级用来镇压被统治阶级和保护自身的工具。城市成为国家统治的工具后，其建筑设施日渐完善，防御功能日渐完备。

二　城市的含义及发展阶段

城市的含义。《说文解字》说："城，以盛民也。从土从成。"② 段玉裁说："言盛者，如黍稷之在器中也。"③《墨子·七患》说："城者，所以自守也。"④ 这就表明"城"的原始含义是指盛民之地，为了自守而设。《说文解字》说："市者，买卖所之地。"⑤ 段玉裁说："市之往也。"⑥《孟子·公孙丑下》说："古之为市也，以其所有，易其所无者。"⑦ 这说明最早市的意义只是人们以物换物的场所。从文献记载来看，最早出现的"城"与"市"未必有什么直接关系，只是社会发展到一定阶段，城市机构设施逐渐完善以后，由于城市中人口较为集中，市也就渐渐在"城"中得到了发展，于是"城"与"市"两者才逐渐紧密结合起来。城的存在，

---

① 裴安平：《中国史前聚落群聚形态研究》，中华书局2014年版，第7页。
② （汉）许慎：《说文解字》，中华书局1963年版，第288页。
③ （清）段玉裁：《说文解字段注》，成都古籍书店1981年版，第738页。
④ 辛志凤、蒋玉斌等：《墨子译注》卷1，黑龙江人民出版社2003年版，第18页。
⑤ （汉）许慎：《说文解字》，中华书局1963年版，第110页。
⑥ （清）段玉裁：《说文解字段注》，成都古籍书店1981年版，第240页。
⑦ （清）焦循注：《孟子正义》，上海书店出版社1986年版，第177页。

为"市"的发展提供了条件，而"市"的发展，又促进了"城"的发达。

我国的城市很早以前就分化为明显的两大类：一类是行政区划治所城，通常都有城墙，城墙之外有护城壕（濠），城内驻有政府机关，最高层是京师，以下则是各省级、府级、州县级等治所。这一系统的城市政治意义浓厚，它们是全国性的行政网点。另一类则是州治、府治、县治以外的市镇，它们大多数不是政府主动设置的，而是基于经济因素自然形成的。不过，一旦发展到相当规模，政府就要正式设市或镇，并派官员管理治安与行政。我们称前者为城郡，后者为市镇。两者共称为城市。市镇通常没有城墙，其政治、军事功能不大，除了少数例外，市镇规模要小于城郡。

城市产生于原始社会末期，在阶级还没有产生之前，当时只是简单防御功能的围墙，还不能称为城市。随着阶级的产生及社会生产力的发展、生产关系的变革，城市被统治阶级所利用，成为奴隶主统治奴隶的工具。国家形成之后，城市便成为国家治理的工具。可以说城市在不同历史时期，有着不同的内容和功能。我们不可能用一个简单的定义，把各个不同历史时期的城市概括进去。从广义的城市概念出发，最早的城市称作雏形城市，国家产生后的城市则为真正的城市。我们可以从摩尔根《古代社会》一书中了解城市的发展顺序。"在回顾人类进步过程时，可以注意一点，那就是：在低级野蛮社会中，各个部落常住的家是用栅栏围起来的村落。在中级野蛮社会中，开始出现了用土坯和石头盖造的群居宅院，有似一个碉堡。但到了高级野蛮社会，在人类经验中，首次出现了以环形垣垒围绕的城市，最后则围绕以整齐叠砌石块的城郭。"[1] 摩尔根这段话形象地说明了城市经历了不同的历史发展阶段。

第二节 古城及其结构

古城是人类社会发展到一定阶段的产物，随着人类社会的发展而发

---

[1] [美] 路易斯·亨利·摩尔根：《古代社会》，杨东莼、马雍、马巨译，商务印书馆1977年版，第257页。

展，防御系统日臻完善，建筑结构愈加复杂，成为防御和统治的工具。古城是人们赖以生存的场所，并承载着大量的社会历史文化信息。

一　古城范围的界定

从原始社会末期起，人们为了保护自身和财产，开始建筑防御设施。待人类进入阶级社会并出现国家以后，统治阶级为了统治并防御其他国家的攻击，开始建筑防御功能更加完备的城市。关于古城的界定，从考古学上讲，古城指明王朝灭亡以前所建的城市。如果按照我国传统历史断代，以1840年以前为古代史，1840年以后为近现代史的话，那么就可以将从原始社会末期带有环壕（濠）的聚落居住地，至1840年以前所建的城市，都算在古城范围内。古城是古代人民赖以生存的重要场所，是当时人们为了保障生命财产安全而建筑的。

二　古城的结构

古城一般由城垣、城郭、城壕、城台、城门、城楼、瓮城、马面、马道、角楼、城堞、垛口、敌楼等构成有机防御系统。以下分别介绍其结构情况。

城垣，就是城墙。"北方主要是夯筑，南方主要是堆筑。城墙的外形，早期是圆形，晚期是各种四边形。"① 裴安平先生所说的是南北方建城的一般方法。在白山黑水之间的辽金古城，城墙主体建筑方式是夯筑，但也有堆筑、夯筑和堆筑混合建筑。

城郭：较大规模的古城有城郭。《汉语大字典》记载："都邑四周用作防守的墙垣，内称城，外称郭。"② 城郭起到加强城市防御作用。古代较大的行政治所，一般都有城郭。内城一般是驻有高一级行政机构，外城一般驻有较低一级行政机构。辽金时期很多州级治所古城，一般都倚郭一个县级行政机构。州级以上治所驻在内城，县级以下治所驻在外城。如辽泰州节度使司治所泰州城，统"乐康县，倚郭。"③ 又如金肇州节度使司治所肇

---

① 裴安平：《中国史前聚落群聚形态研究》，中华书局2014年版，第7页。
② 徐中舒主编：《汉语大字典》（一），四川辞书出版社、湖北辞书出版社1986年版，第438页。
③ （元）脱脱：《辽史·地理志》卷37，中华书局1974年版，第445页。

第一章 古代的城市

州城,"始兴县倚,与州同时置"①。

城池:即城墙和城壕(濠)。"城墙与城壕(濠)的组合模式有三种。第一种,城外有壕沟;第二种,城外有濠沟;第三种,城外无壕(濠)。"② 裴安平教授把城池分为三种类型,将"沟内常年有积水的就称为'城濠',沟内常年无积水的就称为'城壕'。"③ 其实,以有无积水来区分城壕或城濠是很难区分的。如果雨水大或是壕沟挖得较深就会有积水,反之就不会有积水。笔者觉得区分城壕或城濠,应该看城墙外边的沟,是否与附近的江河相连通。如果与江河相连通,常年有流动的水应该称为城濠;如果不与江河相连通,没有流动的水,只靠雨水和地下水,一到干旱季节就成了干沟,应称为城壕。

城门:城门分为三个部分,一曰城台,二曰城楼,三曰门洞。城台是城门洞周围支撑城楼部分,也可以说是城门坐;城楼是建在城门上的望楼;门洞是供行人出入的通道。

瓮城:围在城门外的小城,瓮城有方形、半圆形。瓮城的城门与主城门不能相对,不能直通,两个城门成九十度角。一个城建不建瓮城,要根据全城的战略情况来确定。辽金古城一般都有瓮城建筑,无论在军事防御上还是军事进攻上,都离不开它,在古城防御体系中占有重要地位。

城关:城门外的开阔地带,起初是指内外城门之间地方。《现代汉语词典》说:"城关指靠近城门的一带地方。"④ 在城关地带居住的一般是小商小贩等为城市服务的人。

马面:马面是为了加强城墙防御功能而建筑的。在重要的城墙部位增厚,在城墙上每隔一定距离,建筑向外突出的高大圆台。马面的功能主要有两个方面,一方面可以增强城墙的稳固性,防止城墙倒塌;另一方面是增强防御能力,消灭安全死角,形成火力交叉网,从三面打击来犯之敌。

马道:就是在城内修筑一种通向城墙的斜坡道。人们从马道可以登上城墙。马道是阶梯式的、固定的,每个城池在关键部位都有马道建筑。一

---

① (元)脱脱:《金史·地理志》卷24,中华书局1975年版,第552页。
② 裴安平:《中国史前聚落群聚形态研究》,中华书局2014年版,第6页。
③ 裴安平:《中国史前聚落群聚形态研究》,中华书局2014年版,第5页。
④ 中国社会科学院语言研究所词典编辑室:《现代汉语词典》,商务印书馆1983年版,第138页。

般的城池都将马道建在重要路口，或交通方便之处。

角楼：角楼是建在城墙转角上的城楼，可以观察两个方向或前、后、左、右四个方向，它是登高远望的哨所。古城有的有角楼，有的无角楼，这主要是根据古城所在的位置和防卫方式来确定。

城堞：城上的矮墙或城垛。城堞起到防护掩体作用，守城士兵可以在城堞后面，不致遭到敌军迎面打击。

垛口：城上矮墙之间的缺口，用以观察敌情，同时可以从垛口处向外射击。

敌楼：为了加强防御，在城墙上建的楼阁，大多都建在马面上，也有不建在马面上的。

第三节　古城的建筑方法

古城的建筑方法体现了当时生产力发展水平。不同地区、不同族群，筑城方法有所不同。辽金时期的契丹、女真人学习唐、宋筑城技术，适应北方环境，采用夯土版筑方法，城墙结构逐渐完善，形成辽金古城形制特征。

一　用筐运土

古代城镇建筑，关键是运土问题。建筑一座城池需要大量土料，运土成为建城工作中至关重要的劳动。历史文献资料对建筑古城墙所用之土的运输记载较少。因此，最早的城墙用土是如何运输，我们很难了解到具体情况。金海陵王从金上京迁都燕京，建金中都城时用筐运土。《析津志辑佚》记载："金朝筑燕城，用涿州土。人置一筐，左右手排立定，自涿至燕传递。空筐出，实筐入，人止土一畚，不日成之。"① 从金中都城的修建用筐运土，可知古代建筑城墙用土，一般应当是用筐运土。例如泰来县塔子城古城，西城墙有一个大洞，在洞顶夯土层中有筑城时的施工痕迹，虽建筑工具原物已经腐烂，只留下模糊的印痕但亦能辨别出有圆形柳筐一

---

① （元）熊梦祥：《析津志辑佚》，北京古籍出版社1983年版，第1页。

个，麻绳一条，木扁担一条。从这一痕迹可知塔子城所用土的运输，也是用筐装土，用绳子绑在筐上，然后用木扁担挑起装土的筐，把土运到城上。一筐一筐地运，一层一层地夯，把城墙建筑起来。

二　用脚手架子施工

今天的建筑工地上，无论是盖楼房、平房或其他建筑，都用脚手架子施工，工匠们在脚手架子上干活。这种施工方法早在春秋战国时期，已经应用到城墙建筑上了。在一些古城墙上，时常有成排的小洞，就是建筑城墙时，脚手架子横担留下的痕迹。脚手架子一直沿用至今，过去脚手架子是用椽木杆，竖埋在地下，用绳子绑上横担固定在墙上，上面铺上木板，工匠站在木板上面砌墙，后来用铁丝拧上，现在都是铁脚手架子了。

三　夯土版筑城墙

古城一般用土砌城墙。首先在墙基上堆土，由于土是松软的，如同散沙、不成块，不能成为墙体，所以在砌筑城墙时，要先将土加水闷湿，在墙的两侧事先用木板固定出框框，然后把闷湿的土放入框框内，再用夯锤打土，把土打结实，经过多次夯打就形成墙体了。过去农村盖房时，先在地基上用石头磙子，绑上两个横木杆，两个人抬着上下夯打，就是古代建筑城墙方法的遗留。用夯打土筑墙的建筑方法，延续至今。在20世纪60年代初，黑龙江省大庆石油会战所建的房屋就是夯土墙，俗称干打垒。在考古学上，把两边用木板固定，中间竖一根立柱，用绳子把两侧板子拉紧，防止中间放土时，两边木板向外胀。这种用木板作挡墙，夯打一层土，移动一层板的建筑技术，被称为夯土版筑技术。

第四节　古城的年代鉴定

大量古城遗址由于缺乏历史文献明确记载，难以了解其历史价值、艺术价值、科学价值。在古城变为废墟的情况下，我们只能通过分析出土文物、建筑形制，佐以历史文献，来鉴定古城遗址年代，揭示古城遗址的文化内涵。

一　为什么要鉴定年代

古城遗址是历史遗留下来的物质文化遗存，它是古代劳动人民智慧的结晶，本身就记录着古代建筑技术与建筑艺术等情况，反映着当时、当地的政治、经济、军事、文化等各方面的情况。古城遗址作为不可移动文物，具有三大价值，即历史价值、艺术价值、科学价值。历史价值是最主要的价值，要想弄清楚历史价值，首先要知道它的建筑年代。知道古城是什么时候所建，对于确定古城的历史价值至关重要。古城遗址保护，主要保护它的历史价值。只有知道了它的历史价值，才能正确地评估它的艺术价值和科学价值。因此，鉴定古城的年代是十分必要的。

二　怎样鉴定年代

古城建筑年代鉴定方法，经过许多考古学家不懈努力，祁英涛总结为六个字，即"两查、两比、五定"。"两查、两比"，是古城年代鉴定的准备工作，"五定"，是确定一座古城建筑年代的具体方法。

（一）两查：首先应调查古城遗址现存结构情况，然后再查找有关文献资料

1. 调查古城现存结构情况

古城体量庞大、结构复杂，要想详细了解它的情况，必须亲临现场进行实地田野调查，或进行考古发掘。对于一座古城的了解，仅凭书上的记载是不够的，也是靠不住的。2005年8月，政协齐齐哈尔市委员会组织召开城史论证会，邀请一些专家学者，就齐齐哈尔城史纪元展开论证。被邀请的学者，有很多是第一次到齐齐哈尔，对齐齐哈尔境内辽金古城遗址不甚了解，甚至有的专家学者不知道塔子城在齐齐哈尔境内，以为塔子城在内蒙古境内，认为今天齐齐哈尔市梅里斯区哈拉古城为齐齐哈尔境内最早的古城。有学者说："考古发现时代最早的城址：此城址是齐市附近最为重要的一处，该城址不仅距市区最近，而且规模较大，行政级别亦高，管辖范围不只包括今市区，而且远远超过齐齐哈尔现辖区。"[①] 哈拉古城距离

---

① 冯永谦：《金代庞葛城——齐齐哈尔建城始源之城丛说》，《理论观察》2004年第6期，第119页。

齐齐哈尔市区最近是对的，但是哈拉古城不是齐齐哈尔考古发现时代最早的古城，起码泰来塔子城要比哈拉古城建筑时间早。因此以哈拉古城作为齐齐哈尔城史纪元，还存在很大的争议，这说明实地田野考古调查十分必要。

2. 查找相关文献资料

鉴定古城年代有四种资料，即金石资料、建筑中的题记、书籍、图像绘画。金石资料，如1953年在泰来塔子城镇小学院内出土的辽大安七年（1092）石刻可知泰来塔子城应在1092年就存在。题记，古城建筑一般都在城门或是显眼的地方题字，落款×年×月×日。如一般桥头上，都题有××桥××日竣工。还有一种是游人的题记。书籍，各种志书、文人笔记、游记，对鉴定古城年代有佐证作用。

（二）两比：一方面与已知古城对比，另一方面与文献资料对比

1. 与已知古城对比

首先是与已知古城比建筑形制。假如我们要考证吉林省白城市洮北区城四家子古城建筑年代，可以与泰来塔子城古城进行对比。塔子城古城根据出土的辽大安七年残刻，可知是辽代古城遗址。塔子城建筑形制呈方形，夯土版筑，城墙有马面，四个城门外有瓮城，四角有角楼，城外有护城河。如果城四家子古城遗址与塔子遗址建筑形制相当，我们基本可以断定城四家子古城遗址为辽金时代古城遗址。其次与已知古城对比出土文物。如甘南阿伦河古城出土了布纹瓦、大青砖，经专家鉴定为金代文物，以此定阿伦河古城为金代古城。我们再去考察其他古城时，如龙江小城子古城出土的大青砖、布纹瓦与阿伦河古城出土文物相同，我们就可以认定这两个城是同一时期的。当然确定两个古城是否同一时期，不能仅凭一两件文物就断定，还要看城内出土的大量文物，要对遗址进行全面的考古发掘。

2. 与文献资料对比

如克东县金代古城遗址，目前虽被确认为金代蒲与路故城遗址，但这个古城建筑形制，与其他金代古城遗址建筑形制有些不同，古城平面呈椭圆形。为什么同为金代古城遗址，其建筑形制有别？查《后汉书》得知，夫余人多建圆形栅栏城池。公元410年左右，夫余国灭亡后一部分遗民来到今天的乌裕尔河流域建立豆莫娄国。因此，克东县金代古城遗址，可能

是夫余后裔豆莫娄人所建，后来被金朝沿用成为金蒲与路故城。

（三）五定

一是古钱对古城断代的价值。古钱通常流通很久，然后才被埋入土中，有时出土后又重新使用。如果同时出土一大批不同时代的古钱，其古城始建时间，应接近最晚的古钱年代。如在一座金代古城内，出土了"正隆通宝"和"大定通宝"。"正隆通宝"为金海陵王时期铸造，"大定通宝"为金世宗时期铸造，"大定通宝"晚于"正隆通宝"。那么，在定古城建筑时间上，就不能以"正隆通宝"为依据，而应以"大定通宝"为依据。

二是陶片对古城断代的价值。在一座古城内出土了大量不同时期的陶片，应以早期为建城年代。古城年代鉴定主要应依靠陶器，别看是一些碎陶片，它们最能反映历史真实性，其他金银器等文物流动性较大，陶片一般没有流动性或流动性较小。笔者在调查龙江县发达古城、克东县金代古城出土的陶器时，发现这两座古城出土的陶片，有的与其他辽金古城出土的陶片不太一样。这些陶片可能是早于金代的遗物，以此认为，这两座古城在金代以前可能存在，只是辽金沿用而已。

三是在考古发掘中，出土文物中有记载年代的文字即可定。如泰来塔子城出土的辽大安七年残刻，即可确定辽大安七年塔子城已经存在。

四是城墙基下所出土的文物，要比建城时间早。墙身内出土物可能比城墙早，也可能与城墙同时代。在克东古城考古发掘中，曾在夯土墙与砖墙之间的夹缝中，发现一枚"大定元宝"铜币，显然它是在修筑砖墙时混入墙缝之中的。这一发现为确定克东金城古城遗址建筑年代，提供了线索。

五是在出土混杂的文物中，最晚一件出土文物（最下面），可能为较早年代。上边的较晚，下边的较早。但也要根据文物出土情况，具体分析，古城遗址存在叠压打破现象。

古城鉴定工作极为艰难，它是一项细致、复杂的考古调查工作，不能只凭主观臆断，也不能仅凭一件文物或一条模糊的史料就能确定，这样往往会产生鉴定失误，出现差错。

第二章

辽金古城形制与分布

辽金古城是重要的辽金文化载体。不同形制的辽金古城，代表不同的行政治所城和军事防御城。本章从辽金古城形制与分布两个方面，对白山黑水之间[①]辽金古城做全面、系统的梳理和介绍，以对白山黑水间的辽金古城有系统的认识。

第一节 辽金古城建筑形制

辽金两朝契丹、女真人自觉汉化，学习汉族筑城技术，结合防御功能需要，分别在城门外建瓮城，城墙上建马面和角楼，形成了辽金古城建筑形制。不同形制的辽金古城，蕴含着不同的辽金文化内涵。

一 辽金古城的演变

契丹、女真人原本从事渔猎游牧生活，逐水草而居，早先没有固定的居住场所，也就没有城池建筑。契丹人在建国前，已经接触汉族、渤海、室韦等农耕、半农耕民族，开始定居并建筑城池。契丹人建筑城池的技术，主要是从汉族人那里学来的，也有的是从渤海人那里学来的。今天遗留下来的辽金古城，大多是方形古城，包括长方形、梯形城池，基本是按照汉族人"天圆地方"理念建成的。早在契丹建国前，室韦、渤海、女真、铁骊等部族，过着半游牧、半农耕生活，已经建有不同形制的城镇。

[①] 狭义指长白山、黑龙江地域范围，广义泛指东北。

由于白山黑水之间地域辽阔，自然山水把人们分隔在不同的生活地域，不同地域的自然条件存在差异，从而使各地域生产方式存在差异。不同的生产方式决定不同的生产关系，在不同的生产关系状态下，人们建筑的城镇形制有所不同。居住在平原地区的人们，一般用土石建筑城墙；居住在丘陵山地，一般利用树木建筑木栅栏，围起一块地方，以防止野兽或者他人偷袭而为城；居住在高山上的人们，利用陡峭的山崖建筑山城，以达到防御的目的。总的来说，辽金古城有三大类，一类是平原城，一类是山城，一类是介于平原城和山城之间。

契丹人占领白山黑水后，各族人民为了加强防御，效仿中原汉族建城方式，在原来各自不同形制的防御建筑基础上完善防御措施。他们在原有的古城墙上，或是建筑马面，或是建筑角楼，或是建筑瓮城，或是挖掘护城壕，从而形成辽金时期不同的古城建筑形制。白山黑水之间古城的不同建筑形制，反映了这些古城不是一个民族、一个时间建筑的，而是不同民族在不同时期建筑的。辽金两朝统一我国北方后，各族人民都先后建筑城池。由于原有城池基础不一样，因此就出现了各种不同形制的古城。辽金时期，我国北方城镇化进程加快，大规模兴建城池。今天我们所能看见的不同形制辽金古城，有的是辽金以前建辽金沿用，有的是辽金时期建筑的。标准方形古城大都建于辽金两朝，有些不标准、形制各异的古城，应是辽金时期扩建或是改建，基本形制还保留原先的样子，使得辽金古城形制呈百花齐放状。

金朝取代辽朝后，辽朝城镇大都继续沿用。辽金古城建筑形制，基本没有差异，只是金朝的建筑形制更加规范。因此，判断一处辽金古城遗址，是辽城还是金城，凭古城形制还是无法准确判定，只能根据历史文献记载，佐以考古发掘和出土文物来确定。金朝古城不是没有自己的特点，金朝人口增加，行政规模扩大，原有城镇无法满足需要，因此就出现了东西城或南北城的现象。笔者认为出现两个城池相连接的城镇，一般是金朝在原有辽城基础上扩建的结果。如金上京会宁府故城分南北二城，就是金熙宗时期扩建的结果。金上京会宁府故城，原先是辽朝的周特城。《金史·地理志》记载："旧有会平州，天会二年筑，契丹之周特城也，后废。"[1] 现在金上京

---

[1] （元）脱脱：《金史·地理志》卷24，中华书局1975年版，第550页。

会宁府故城遗址分南北二城，有学者认为是金朝先后两次筑城所形成的局面。笔者认为金上京会宁府故城北城是辽朝时期的周特城，金太宗时期在辽朝周特城基础上，扩建会平州城。金熙宗在此基础上，继续扩建为金上京城，从而形成了南北二城的局面。此类城镇建筑形制，在金朝其他地方时有出现。在今齐齐哈尔市梅里斯达斡尔族区哈拉屯附近的哈拉古城，分南北二城，中间共用一个城墙，此城始建于辽朝，金朝沿用并进行了扩建。金朝扩建城池吸收了汉族扩建城池理念，一般扩南不扩北，扩东不扩西。因此，金上京会宁府故城北城是原辽朝周特城部分，南城是金朝后来扩建的。哈拉古城北城也应是原辽朝时期的城，南城是金朝扩建的。

在白山黑水之间，还有很多不规则的辽金古城。这些辽金古城遗址，笔者认为始建时间不是辽金时期，应该在辽金以前。在小兴安岭和三江平原，存在大量不规则的椭圆形古城遗址，这些古城遗址很可能是夫余人后裔豆莫娄人的文化遗存，因为夫余人有以圆栅栏围城的习惯。《后汉书·东夷传》记载："夫余国……土宜五谷……以员［圆］栅为城。"[1] 目前克东县金城古城，被学界认定是蒲与路故城，建筑形制呈椭圆形，城墙是典型的夯土版筑，建有瓮城和马面等，呈现辽金古城形制特征。如果从城墙建筑结构来看，蒲与路故城是辽金建筑没有异议，但从外形来看让人感觉很奇怪。辽金时期城镇建筑形制以方形为主，而蒲与路故城外形呈椭圆形，城墙形状不规则，作为路一级别的重要行政治所城，说什么也不应该随便建筑。这就对蒲与路故城始建年代提出了异议。因此，笔者认为这座古城始建年代或许早于辽金时期。辽金时期居住在这里的人们经过扩建维修，形成今天我们看到的椭圆形、夯土版筑、有瓮城和马面的辽金古城。从克东金城古城建筑形制来看，既有原来民族建筑形制特征，也有后来辽金筑城因素，经历了一个演变的过程。

二 辽金古城形制的种类

白山黑水之间的辽金古城，大体可分为山地城和平原城两类。有的介于山地城和平原城之间，既有山地城的形制特点，也有平原城的形制特点。山地城建筑形制较为简单，一般是依山险而建，设置简单的围墙，以

---

[1] （宋）范晔：《后汉书·东夷传》卷85，中华书局1965年版，第2811页。

防御外敌侵扰。有的连围墙都没有，纯粹依靠自然山险为城。平原与山地相间城，建筑形制较为复杂，大体分为两种类型：一种是建在河道附近，另一种是建在山坡上。王禹浪《东北史地论稿》，对黑龙江辽金古城进行分类，本书在他研究的基础上，对白山黑水之间辽金古城形制，进行分类解读。

1. 方形古城

方形古城是最常见的一种辽金古城。方形古城包括正方形古城和长方形古城两种。正方形古城在白山黑水之间分布较多，长方形古城相对正方形古城来说少些。方形古城多分布在平原地带，"一般都建在平原和靠近江河湖泊之畔的平坦地带"①。辽金方形古城主要是吸纳中原汉文化的结果。在正方形古城中，辽金泰州故城即今泰来县塔子城古城较为典型。王峰庆说："城西南……有唐代建筑之塔。近百年来，当地群众一直认为此塔为唐代所建。"② 这里说塔是唐朝人所建，或可推测塔子城可能是按照汉族人建城形制所建，因为汉族人所建的城大都是方形。位于今吉林省白城市洮北区，"东北9公里洮儿河北岸，北距得顺乡3.5公里"③ 的城四家子辽金古城呈正方形。位于吉林省松原市"前郭尔罗斯蒙古族自治县八郎乡北上台子屯北侧嫩江南岸的平原上"④ 的辽金时期塔虎城呈正方形。此外，肇东八里城也是典型的正方形古城，长方形古城有宾县仁合古城、甘南查哈阳古城等。正方形古城见图2-1。

2. 梯形古城

梯形古城形制不多见。形成梯形城的原因是"在筑城时，四边城垣的距离不相等所形成的梯形结构。此类古城一般都建在大斜坡上，也可能是地势所迫。"⑤ 笔者认为主要是地势狭窄，没有足够的空间所致。在黑龙江省兰西县长江乡双城村郝家城子屯西的郝家城子古城呈梯形，这座古城坐落在泥河右岸拐弯处，北面地势狭窄，致使北城墙短于南城墙，而使古城呈梯形结构。位于"珲春市三家子乡古城村北缘，东北距市区10公里的

---

① 王禹浪、王宏北：《东北史地论稿》，哈尔滨出版社2004年版，第172页。
② 王峰庆：《泰来县的古塔与残碑》，《泰来文史资料》第2辑，1986年版，第87页。
③ 贾士金主编：《吉林省志·文物志》，吉林人民出版社1991年版，第68页。
④ 贾士金主编：《吉林省志·文物志》，吉林人民出版社1991年版，第71页。
⑤ 王禹浪、王宏北：《东北史地论稿》，哈尔滨出版社2004年版，第172页。

第二章　辽金古城形制与分布

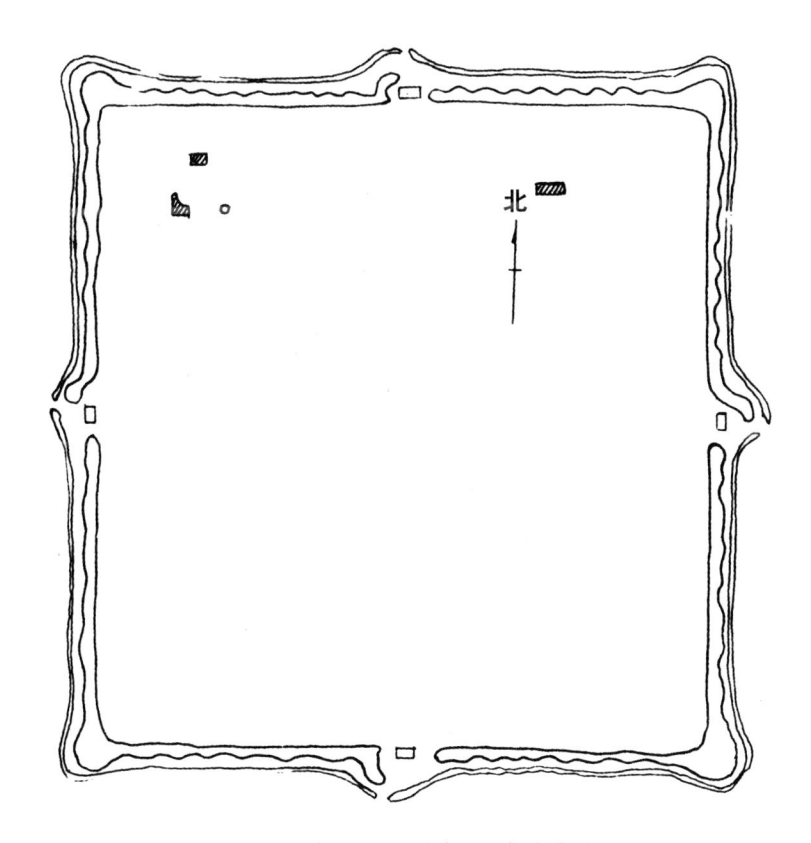

图 2-1　塔子城平面图（正方形古城）

资料来源：干志耿主编：《黑龙江省志·文物志》，黑龙江人民出版社 1994 年版，第 141 页。

裴优城"①，为梯形金代古城。位于"松原市北 12 公里的伯都乡政府所在地东南 200 米处，有一呈梯形金代古城"②。上述两个古城呈梯形的原因，有待今后进一步考古调查。梯形古城见图 2-2。

3. 不规则形古城

这类古城可称为多边形古城。在辽金以前，不规则形古城较多。辽金以后，不规则形古城较少。造成不规则形古城的原因，主要是"因地势影

---

① 贾士金主编：《吉林省志·文物志》，吉林人民出版社 1991 年版，第 83 页。
② 贾士金主编：《吉林省志·文物志》，吉林人民出版社 1991 年版，第 79 页。

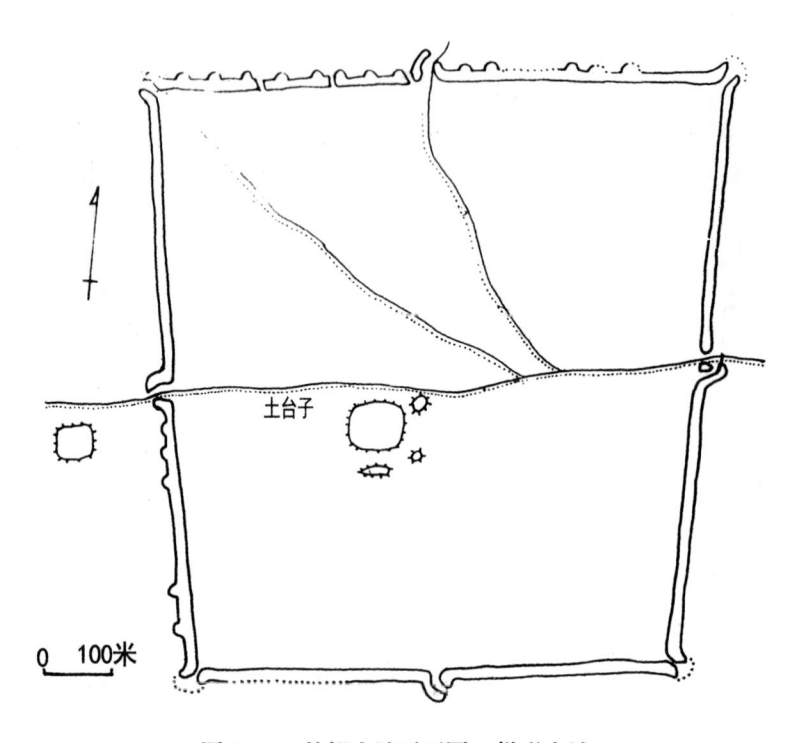

图 2-2　伯都古城平面图（梯形古城）

资料来源：贾士金主编：《吉林省志·文物志》，吉林人民出版社1991年版，第80页。

响较大，一般都修在丘陵地区。城垣沿着不规则的走势走向修筑，故形成不圆不方、毫无规则的形状"[1]。位于黑龙江省林口县三道通乡所在地的古城，"坐落在牡丹江左岸台地上，城东隔江与江东屯相望，江水由南向北绕城东侧流过"[2]。吉林省"榆树市区西南32公里处，西北距大坡镇2000余米，属榆树市大坡乡后岗村，第二松花江在城址东南6公里处"[3] 有呈不规则形辽金时期大坡古城遗址。这个古城之所以成不规则形，就是地势狭窄不够用。不规则形古城很多，一般的山城都不太规整。不规则形古城见图2-3。

---

[1] 王禹浪、王宏北：《东北史地论稿》，哈尔滨出版社2004年版，第172页。
[2] 干志耿主编：《黑龙江省志·文物志》，黑龙江人民出版社1994年版，第156页。
[3] 贾士金主编：《吉林省志·文物志》，吉林人民出版社1991年版，第81页。

第二章　辽金古城形制与分布

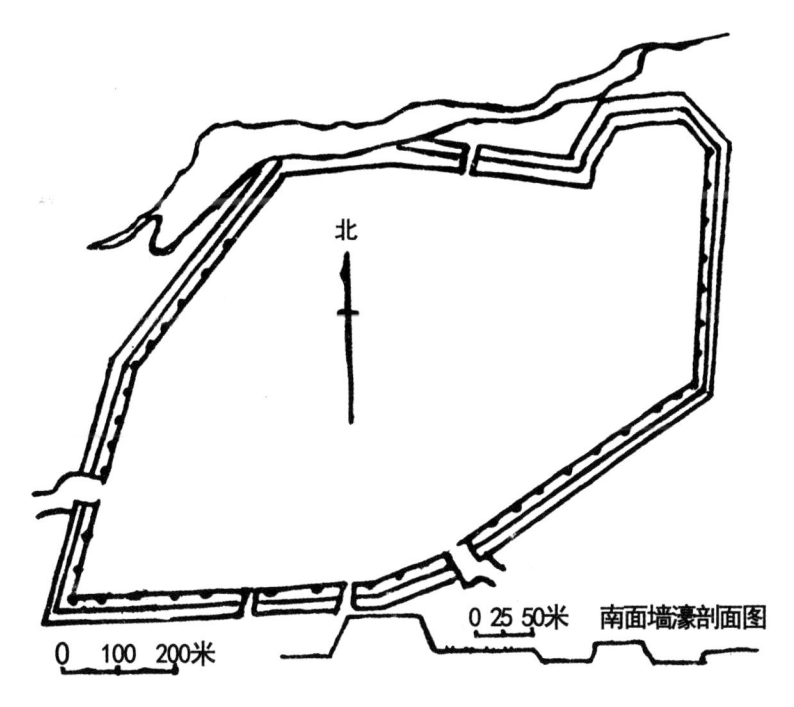

图 2-3　土城子古城平面图（不规则形古城）

资料来源：干志耿主编：《黑龙江省志·文物志》，黑龙江人民出版社1994年版，第155页。

4. 椭圆形古城

椭圆形古城类似不规则形古城，在白山黑水之间时有发现。此类古城大都是辽金以前建筑，辽金时期沿用。位于今黑龙江省克东县城西北的金城古城呈椭圆形，在吉林省境内有挥发城、叶赫东城，这两座古城有人认为是明代古城。《吉林省志·文物志》记载："挥发城遗物丰富，有不同历史时期的生产工具、生活用具、建筑构件、武器和装饰品。"[1] 古城内有不同时期的文物，有没有辽金以前的文物，是判断古城是否为辽金古城的依据，也就是说挥发城是否为明代始建，目前还值得怀疑。从形制来看始建时间当不止于明代。笔者怀疑椭圆形古城，可能是夫余人所建，吉林省境内正是夫余国核心地区。此城应是夫余时期所建，辽金沿用。椭圆形古城

---

[1] 贾士金主编：《吉林省志·文物志》，吉林人民出版社1991年版，第87页。

见图2-4。

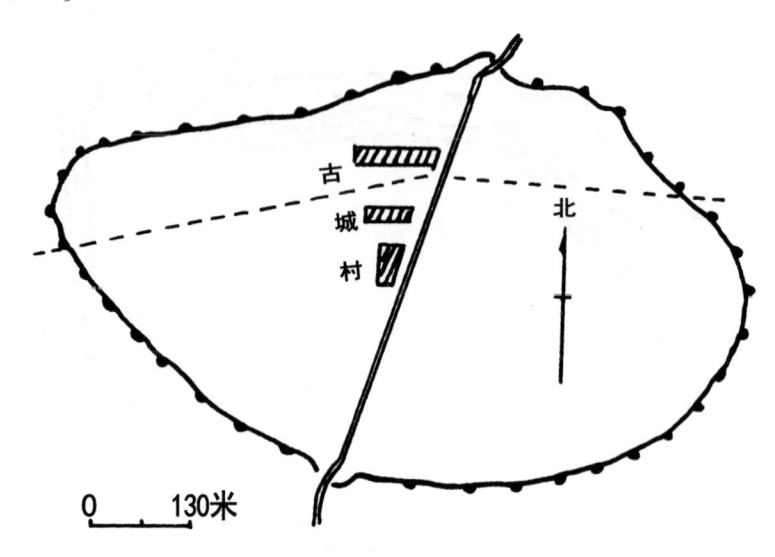

图2-4 金蒲与路故城平面图（椭圆形古城）
资料来源：干志耿主编：《黑龙江省志·文物志》，黑龙江人民出版社1994年版，第150页。

5. 腰垣形古城

腰垣形古城就是在城内有一道城墙。这个名称是王禹浪命名的。他说："在城的正中位置上往往增筑一道城垣，故有腰垣之称。"[①] 这种形制的古城，王禹浪、王宏北认为是不多见的。目前这种形制的辽金古城，在黑龙江省境内发现三处，最典型的是金上京会宁府故城。"上京会宁府由南、北二城组成，形制比较特殊。两城皆长方形，北城竖修，南城横筑，平面呈L形"[②]。位于哈尔滨市呼兰区孟家乡友好村南0.3公里，团山村西北约1.5公里的团山子之上的辽金时期团山子古城，"城址由东、西两城组成，呈东西走向"[③]。位于齐齐哈尔市梅里斯达斡尔族区哈拉新村南侧的哈拉古城，呈南北二城，有人认为是辽金时期庞葛城[④]，说法不一，学术

---

① 王禹浪、王宏北：《东北史地论稿》，哈尔滨出版社2004年版，第172页。
② 干志耿主编：《黑龙江省志·文物志》，黑龙江人民出版社1994年版，第146、147页。
③ 黄澄主编：《哈尔滨古城遗址考》，黑龙江人民出版社2015年版，第30页。
④ 庞葛城为厐葛城的误写。此种误写大量出现在报刊上，本书所引相关文献，依照原稿未作更正。

第二章　辽金古城形制与分布　　　　　　　　　　　　　　　23

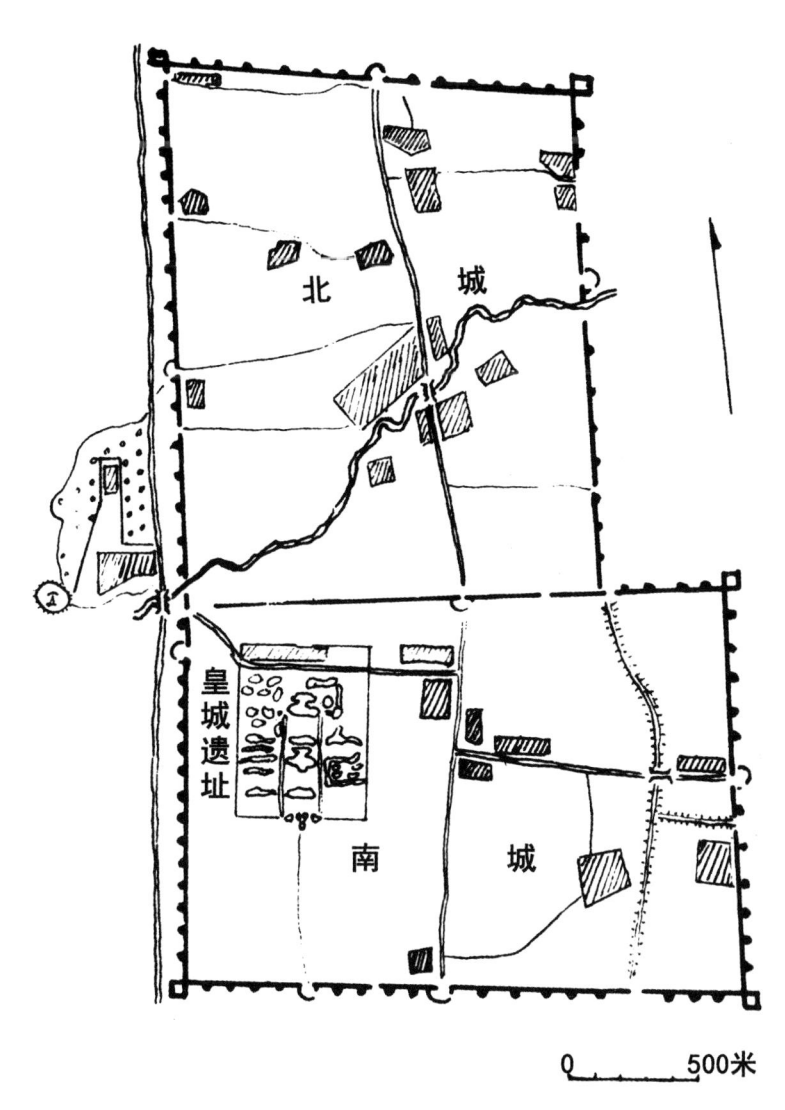

图 2-5　金上京会宁府故城平面图（腰垣形古城）

资料来源：干志耿主编：《黑龙江省志·文物志》，黑龙江人民出版社 1994 年版，第 147 页。

界尚无定论①。在这三处腰垣形古城中，金上京会宁府故城和哈拉古城为南北二城，团山子古城为东西二城。关于金上京会宁府故城，学术界已经公认是由太宗初建、熙宗扩建而成。太宗时期初建北城，呈南北长、东西窄的长方形；熙宗扩建南城，呈东西长、南北窄的长方形。并不是《黑龙江省志·文物志》中所说的北城竖修、南城横筑。中间的一道腰垣形古城，也不是后来增筑的，而是原先的北城南墙。团山子古城和哈拉古城两城之间的腰垣形古城，也都属于扩建之后，初建之城的一面城墙。腰垣形古城见图2-5。

6. 环形古城

环形古城就是大城里有小城，也叫大城套小城。王禹浪、王宏北说："大城之中复筑套城（即皇城）。"②其认为金上京会宁府南城，即是属于此种类型的金代古城。此类辽金古城，还有位于嫩江县伊拉哈镇的伊拉哈古城。《嫩江县志》记载："目前所能看见的第二道城垣，略呈正方形，城墙边长495米，周长1980米，四角均设角楼，四面城墙各设3个马面，在南城墙中间开一个城门，城门外设有瓮城，是典型的辽金时期古城建筑形制。"③经过笔者的考证，伊拉哈古城内城是唐朝室韦都督府故城，第二道城垣是辽朝室韦国王府故城，第三道城垣当是王禹浪考证的金乌古迪烈统军司故城。一个古城经过了不同时期的扩建，最后形成了环形城或曰套城。位于吉林省桦甸市桦甸镇大城子村苏密城，分内外两道城墙。内城呈正方形，周长1381米，外城呈长方形，周长2590米。从古城遗址文化遗存情况来看，《吉林省志·文物志》认定为"渤海时期城址"④，古城后被辽金及元明沿用。从古城外墙建筑形制来看，外城是辽金时期扩建。环形古城见图2-6。

7. 菱形古城

菱形古城就是古城的外形呈菱形。位于吉林省"梨树县白山乡岫岩村北山南坡，前临昭苏太河，南距梨树镇约4公里"⑤的辽金古城，被当

---

① 辛健、沈沉主编：《齐齐哈尔文物志》，黑龙江人民出版社2017年版，第130页。
② 王禹浪、王宏北：《东北史地论稿》，哈尔滨出版社2004年版，第172页。
③ 胡连顺主编：《嫩江县志》，中国·三环出版社1992年版，第550页。
④ 贾士金主编：《吉林省志·文物志》，吉林人民出版社1991年版，第67页。
⑤ 贾士金主编：《吉林省志·文物志》，吉林人民出版社1991年版，第73页。

第二章　辽金古城形制与分布　　　　　　　　　　　　　　　　　25

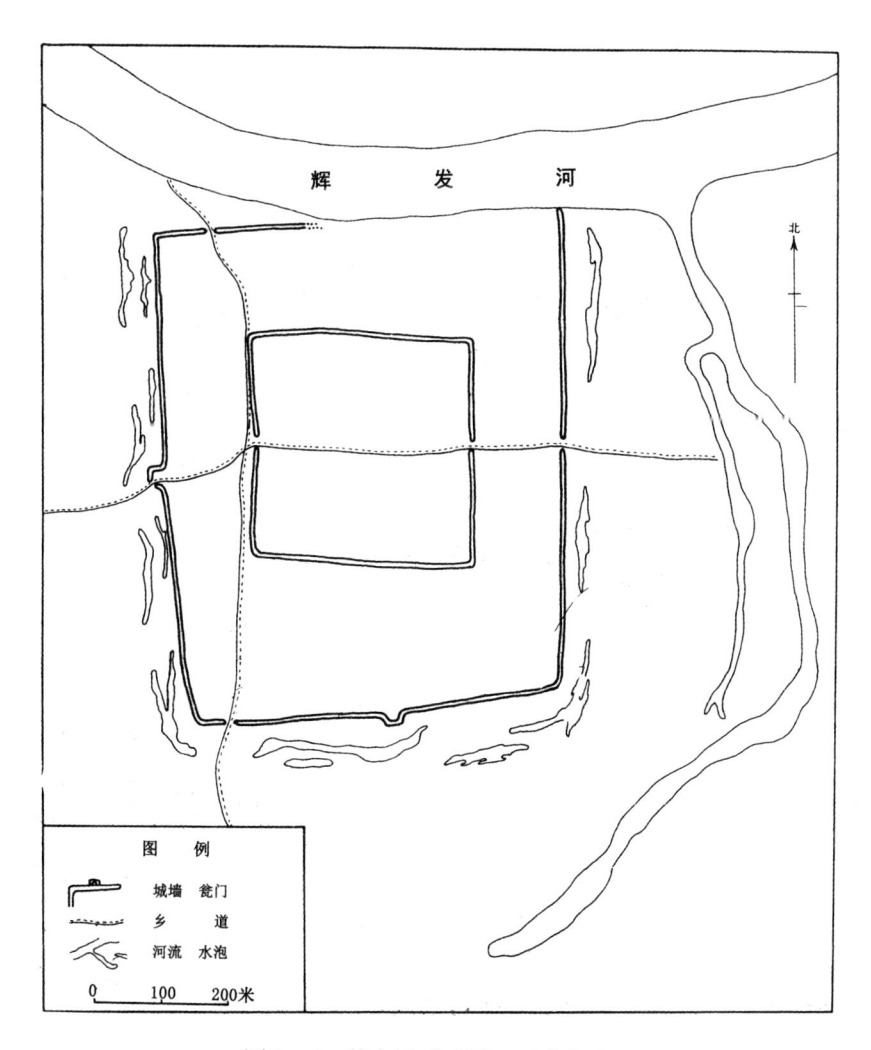

图 2-6　苏密城平面图（环形古城）

资料来源：贾士金主编：《吉林省志·文物志》，吉林人民出版社1991年版，第67页。

地人称为偏脸城。此城《吉林省志·文物志》说："城平面呈斜方形。"[①]其实此城平面呈菱形。此城目前被学术界认定为金韩州故城。从周围环境来看，韩州故城呈菱形不是地理环境原因，出于何种原因形成此形不得而

[①] 贾士金主编：《吉林省志·文物志》，吉林人民出版社1991年版，第74页。

知，有待今后考古调查进一步研究。菱形古城见图2-7。

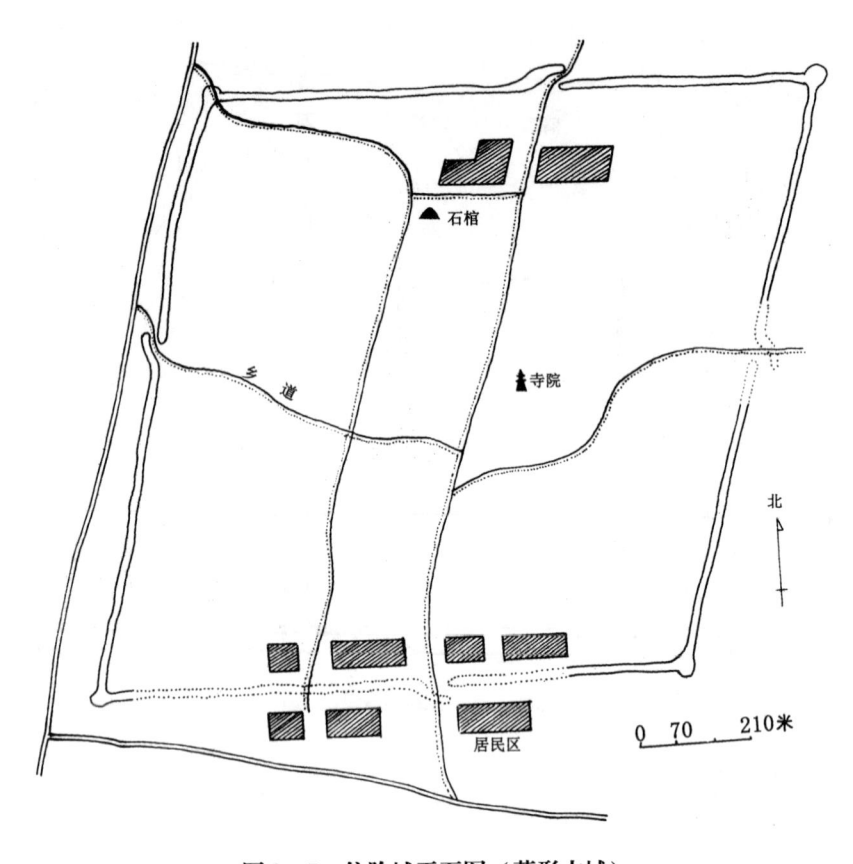

图2-7 偏脸城平面图（菱形古城）

资料来源：贾士金主编：《吉林省志·文物志》，吉林人民出版社1991年版，第75页。

第二节 辽金古城的分布

辽金两朝在白山黑水之间（东北三省和内蒙古自治区东部地区）留下了许多行政治所城和军事防御城，按现代行政区划，把辽金古城遗址分布情况整理出来，对白山黑水之间城镇化发展水平有一个大概的了解。

第二章　辽金古城形制与分布

一　黑龙江省的辽金古城

（一）哈尔滨市的辽金古城

1. 哈尔滨市区

（1）万宝古城

古城遗址位于道外区万宝镇后城子村东北 2000 米处。古城南北墙长 430 米，东西墙长 320 米，周长 1500 米。古城平面呈长方形，城墙夯土版筑，墙基宽 10—12 米，顶宽 1—2 米，残高外侧 1.5—2.5 米，内侧 1—2 米。20 世纪在东墙南端尚存瓮城遗址、马面 7 个，四角有角楼。城内出土过灰、红色布纹瓦，以及青砖残块和定白瓷片等遗物。"该城址可能是当年上京会宁府的卫星城，或是重要的军事据点。"①

（2）平乐古城

古城遗址位于平房区平新乡平乐村西 1500 米处。古城南北墙长 360 米，东西墙长 315 米，周长 1350 米。古城平面略呈长方形，城墙夯土版筑，墙基宽 6—7 米，顶宽 2—3 米，残高 1.5—3 米。20 世纪 80 年代南墙就已经不存在，当时尚存东、西、北三面城墙，中间各有 1 个城门遗址，并有瓮城遗址，存有马面 6 个，城墙外有护城河遗址 1 道。在"城内曾出土过布纹瓦、青砖、灰陶片、白瓷片和石臼等遗物"②。根据古城形制和出土文物，断定平乐古城为金代古城遗址。

（3）松山古城

古城遗址位于道里区太平镇松山村报马屯西 500 米松花江右岸台地上。古城周长 680 米。古城平面呈方形，城墙建筑方式及结构不明，西城墙和南城墙共长 170 米。根据《道里区志》记载"青砖、布纹瓦、兽面瓦当、墓葬"③，可确定为金代古城遗址。

（4）莫力街古城

古城遗址位于香坊区幸福镇莫力街。古城北墙长 325 米，西墙长 330 米，南墙长 260 米，东墙被阿什河水冲毁，周长约 1300 米。古城平面略呈正方形，城墙夯土版筑，据俄国考古学者 N. M. 雅柯夫列夫《阿什河流

---

① 徐宝贵主编：《道外区志》，中国大百科全书出版社 1995 年版，第 715 页。
② 于纯仁主编：《平房区志》，黑龙江人民出版社 1997 年版，第 458 页。
③ 冯汝升主编：《道里区志》，黑龙江人民出版社 1993 年版，第 388 页。

域的金代的历史遗迹》记载可知，此城城门、瓮城、马面、角楼等古城建筑结构完备。在20世纪30年代，"城门大部分已经被农民破坏，外面是一个方形的瓮城，它毗连着西墙。瓮城的门不是直对着城门，这是为了加强防御而采取的一种措施。从北往南又有一个马面，这段墙大部分已遭破坏，很难辨认出哪些是马面来。从上述的马面又经过140步遇到西南角上的角楼，它和西北角上角楼形制一致"①。此城很早被研究者确定为金代古城遗址。

（5）四方台古城

古城遗址位于道里区群力乡四方台（松花江村）。古城周长1312米。古城平面呈方形，城墙建筑方式不明，不见有瓮城、马面、角楼、护城河等古城建筑结构记载。据《道里区志》记载有"银锭、灰素面陶片、布纹瓦、青砖、石墓葬"②等遗物。可定此古城为金代古城遗址。

（6）城子古城

古城遗址位于道外区巨源乡古城屯东北处。古城每边墙长272米，周长1088米。古城平面呈正方形，城墙夯土版筑，南墙和西墙已经没有遗迹，东墙北段和北墙保存较好。北墙基宽8—10米，顶宽2—4米，高10米左右。北墙有马面，两端有角楼遗存。东墙外边有护城壕遗迹，北墙外边是松花江江堤。城门遗址位置不详。在城内可见布纹瓦和青砖碎块。在古城西边墙脚下，发现金齐国王墓葬，据此推断此城为金代古城遗址。

2. 阿城区

（1）会宁府故城

古城遗址位于哈尔滨市阿城区南2000米处。古城由南北二城组成，北城南北墙长1828米，东西墙长1553米；南城东西墙长2148米，南北墙长1523米，周长12551米。古城平面呈"L"形，城墙夯土版筑，墙基宽7—10米，残高3—4米，墙外每80—130米不等附筑马面，全城共建筑89个马面、5个角楼、9座城门。其中，外城墙建有8个城门，5个城门外建有瓮城。古城内出土布纹瓦、陶瓷片等众多文物。此城被学界认定为金代上京路会宁府故城。1981年1月，上京会宁府故城被黑龙江省人民政府批准为省级重点文物保护单位。1982年2月，被国务院批准为全国重点文物

---

① 杨凤鸣主编：《香坊区志》，哈尔滨出版社1995年版，第531页。
② 冯汝升主编：《道里区志》，黑龙江人民出版社1993年版，第388页。

第二章 辽金古城形制与分布

保护单位。

（2）东城子古城

古城遗址位于阿城区蜚克图乡胜利村。古城东西墙长252米，南北墙长242米，周长988米。古城平面略呈正方形，城墙夯土版筑，北面城墙破坏严重，东、西、南三面城墙可见马面遗迹，东、南两面城墙可见城门遗址。古城东北角和西南角有较高的土堆，应为角楼遗址。不见瓮城和护城河建筑遗址。城内已辟为耕地，较大块的砖瓦已不多见。"这座古城建于金代，是防守蜚克图水的驻兵之所。"[1]

（3）驸马城

古城遗址位于阿城区杨树乡新强村。古城东西墙长536米，南北墙长309米，周长1690米。古城平面呈长方形，城墙夯土版筑，城墙保存较好，东、西两城墙可见城门遗址，城门外建有瓮城，城墙附筑马面，不见护城壕遗址。此城从建筑形制来看，应是建于金代的古城。

（4）半拉城子古城

古城遗址位于阿城区东南。古城南北墙长800米，东西墙长600米，周长2800米。古城平面呈不规则形，城墙夯土版筑，西城墙部分被水冲毁，因此得名半拉城子。古城已被耕地侵占，城中可见砖瓦残块，还出土过一些金、银、玉等饰物，此城无疑属于金代古城遗址。

（5）小城子古城

古城遗址位于阿什河乡东环村。古城东西墙长约350米，南北墙长约233米，周长约1166米。古城平面呈长方形，城墙夯土版筑，墙基宽3—5米，顶宽1—2米，残高2—3米。在东墙北段设有城门，并建有瓮城，城墙附筑马面，四角建有角楼，城外有护城河遗迹。城内地表散布着青砖、灰色琉璃黄釉瓦等建筑残片。"据考证，该城为金代建国之初，金太祖完颜阿骨打的御寨（宫城），即史书所称的皇帝寨。"[2] 此城值得深入研究，方能得出正确的结论。

（6）正红旗古城

古城遗址位于杨树乡红旗村正红旗屯。古城每边墙长400米，周长

---

[1] 李洪德主编：《阿城县志》，黑龙江人民出版社1988年版，第608页。
[2] 黄澄主编：《哈尔滨古城遗址考》，黑龙江人民出版社2015年版，第55页。

1600米。古城平面呈正方形，城墙夯土版筑，遗址破坏严重，城墙与耕地基本一平。现存墙基宽3.8—4米，顶宽1.8—2米，残高1.5—1.7米。没有城门、瓮城、马面、角楼、护城河等遗迹。城内地表可见布纹瓦碎片和青砖残块。"据城内地表采集标本特征分析，该城址属于金代城址。"①

3. 双城区

（1）唐家崴子古城

古城遗址位于万隆乡长胜村唐家崴子屯北200米处。古城建在土崖之上，高出河面50米，因拉林河水冲刷，城墙已经坍塌淹没，不可辨识，仅存古城东南一角，残墙长190米，高1.7米，建筑形制不明。城内有少量布纹瓦、泥质灰陶片。"1978年当地农民曾挖掘出铁制马镫和战刀。"②根据城内布纹瓦等遗物和出土铁质文物来看，此城当为金代古城。

（2）万解古城

古城位于青岭乡万解村东北500米处。古城东西墙长300米，南北墙长320米，周长1240米。古城平面呈长方形，城墙夯土版筑，残墙高1.5米，在东城墙设有1个城门，城东200米处有一条宽约15米的天然河流，上可通运粮河，下可通拉林河。在"城南有一古道，俗称叠道，上通会宁府，下至拉林"③。此城当建于金代。

（3）元宝古城

古城遗址位于正公乡民旺村元宝屯西南。古城南墙长330米，北墙380长米，东墙、西墙均长355米，周长1420米。古城平面呈梯形，城墙夯土版筑，残高1—2米，西城墙有1个城门和2个马面。城内地表可见布纹瓦、残砖和各种瓷片。"在古城北端出土100枚宋代开元通宝、崇宁重宝、熙宁通宝、元丰通宝等20余种铜钱"④，根据地表布纹瓦遗存和出土宋钱来看，此城当为辽金时期古城遗址。

（4）杏山古城

古城遗址位于杏山乡双全村东北。古城每边墙长320米，周长1280米。古城平面略呈正方形，城墙夯土版筑，北墙破坏严重，东、西、南三

---

① 黄澄主编：《哈尔滨古城遗址考》，黑龙江人民出版社2015年版，第58页。
② 李益兴主编：《双城县志》，中国展望出版社1990年版，第802页。
③ 李益兴主编：《双城县志》，中国展望出版社1990年版，第801页。
④ 李益兴主编：《双城县志》，中国展望出版社1990年版，第803页。

第二章 辽金古城形制与分布

面城墙虽是残垣断壁,但是有遗迹可寻。城内西南处隆起,上面散布有布纹瓦和密集白瓷片,在城内还采集到"元丰通宝"6枚①,根据古城遗址遗存文物情况,此遗址当为辽金时期古城遗址。

(5) 石家崴子古城

古城遗址位于兰陵镇石家崴子村南。古城墙周长1500米,东西城墙无存。古城平面呈长方形,城墙夯土版筑,残高1.2—2米,据说在北墙中间设有1个城门,不见瓮城、马面、角楼、护城河等建筑遗迹。城中地表散布大量灰色布纹瓦、青砖等建筑材料。有人考证古城为"句孤孛董寨"②故址。

(6) 前对面古城

古城遗址位于对面城乡红星村西南300米处。古城南墙长450米,西墙长370米,北城墙和东城墙均已不见。古城平面呈长方形,城墙夯土版筑,墙基宽6—7米,顶宽1—2米,残高3—4米,现存11个马面,南墙5个、西墙5个、东墙1个。四角有角楼遗迹,城外有护城壕遗迹。古城内出土遗物较多,有布纹瓦、兽面瓦当、泥质轮制灰陶罐、石臼等遗物,"从古城的形制及出土文物推断,此城的建造与使用当为金代"③。

(7) 后对面古城

古城遗址位于对面城乡红星村第五屯西侧50米处。古城周长720米。平面呈正方形,城墙夯土版筑,残高2米,城墙附筑马面8个,每面各2个。四角有角楼遗迹,城外无护城壕,门址不详。地表遗物较少,仅有少量布纹瓦残片。"近年有人根据前对面古城的规模和城中出土的遗物判断,也同样认为是金代的寥晦城。"④

(8) 汤家窝堡古城

古城遗址位于韩甸镇宏城村西北350米处。古城东西墙长350米,南北墙长330米,周长1360米。古城平面略呈正方形,城墙夯土版筑,北墙和东墙破坏严重,南墙、西墙遗迹尚存。南墙有城门遗址一处,西南角有角楼遗迹,残高1.5米,城外可见护城河遗迹。在城内土丘上散布"青

---

① 李益兴主编:《双城县志》,中国展望出版社1990年版,第802页。
② 干志耿主编:《黑龙江省志·文物志》,黑龙江人民出版社1994年版,第152页。
③ 干志耿主编:《黑龙江省志·文物志》,黑龙江人民出版社1994年版,第154页。
④ 干志耿主编:《黑龙江省志·文物志》,黑龙江人民出版社1994年版,第154页。

砖、布纹瓦密集，均属金代古城之遗物"①。由此可定此古城遗址为辽金古城遗址。

（9）车家城子古城

古城遗址位于兰陵镇靠山村第六屯西北。古城南北墙长 150 米，东西墙长 220 米，周长 740 米。古城平面呈长方形，城墙夯土版筑，每边城墙有 2 个马面，四角有角楼遗址，门址不详，城外有护城河遗迹。"在古城东南角曾出土车川、铜锅、铜钱等文物。"② 根据出土文物判断，此城当为金代古城遗址。

（10）花园古城

古城遗址位于金城乡花园村南 1000 米处。古城大部分被拉林河水淹没，东墙残长 110 米，西墙残长 78 米，形制不可辨识。城墙夯土版筑，北城墙有 2 个马面，东城墙有 1 个马面。城门遗址不详，不见瓮城、角楼遗址，城外有护城河遗迹，城内散布少量布纹瓦残片。1980 年花园村农民在南部断崖中拾得一完整的金时"砂圈粗瓷大碗，直径为 30 公分"③。根据此城形制和出土文物，可推断此城为金代古城遗址。

（11）金钱屯古城

古城遗址位于前进乡金钱村。古城每边墙长 300 米，周长 1200 米。古城平面呈正方形。建筑方式不明，不见城门、马面、角楼等记载。"金钱屯因常出土金时铜钱而得名。"④ 从此城经常出土金代铜钱来看，此城当为金代古城遗址。

（12）单城子古城

古城遗址位于单城镇政永村正北。古城南北残墙长 380 米，东西墙长 280 米，周长 1320 米。古城平面呈长方形，城墙夯土版筑，南、东、北三面残墙尚存，高 1—2 米，马面、角楼遗迹尚清晰可见，城门不详。在城内出土了"大量铜器、铁器，征集到 2 面'海马朝天'葡萄纹铜镜等文物。据专家鉴定均系金代遗物"⑤。根据此城建筑形制和出土文物，可以推

---

① 李益兴主编：《双城县志》，中国展望出版社 1990 年版，第 802 页。
② 李益兴主编：《双城县志》，中国展望出版社 1990 年版，第 801 页。
③ 李益兴主编：《双城县志》，中国展望出版社 1990 年版，第 801 页。
④ 李益兴主编：《双城县志》，中国展望出版社 1990 年版，第 801 页。
⑤ 李益兴主编：《双城县志》，中国展望出版社 1990 年版，第 800 页。

第二章 辽金古城形制与分布

断此城是金代古城遗址。

（13）永胜古城

古城遗址位于永胜乡永胜村北。古城每边墙长340米，周长1360米。古城平面呈正方形，城墙夯土版筑，东、南、西三面城墙已经辟为耕地，北墙尚有残存，残高1.5米，城内有大量布纹瓦片、灰陶缸以及白瓷残片。城内到处都是青砖块和布纹瓦片。《双城县志》说："金时，此地为宜春县。"[1] 有待进一步考证。

（14）胜勤古城

古城遗址位于前进乡胜勤村正东。古城南北墙长100米，东西墙长160米，周长520米。古城平面呈长方形，城墙南墙东段尚存，其余全为耕地，但墙基尚可辨认。"传说该城为金兀术之放马城。"[2] 此城应该是辽金古城遗址。

（15）跃进古城

古城遗址位于跃进乡双城子村西北15米处。古城由两个周长1000米古城组成，周长2000米。古城平面呈正方形，城墙夯土版筑，两个古城东西相对，中间仅距30米，两座城中间有一条沟相隔，东城称东城子，西城称西城子。东城东墙有1个城门，西城西墙有1个城门，均有瓮城建筑遗址。东墙破坏严重，北、西、南三面城墙均已不存，但尚可辨认。东墙残高约2米，西墙残高1.5—2米，城外有护城河遗址。根据形制推断，此城当是辽金古城遗址。

（16）光辉古城

古城遗址位于乐群满族乡光辉村西北4里处。古城每边墙长270米，周长1080米。古城平面呈正方形，城墙建筑方式不明，"只能从地表土色辨认其原状，城内可见少量布纹瓦、青砖头和灰黄色泥质轮制陶片"[3]。从古城遗址出土的文物来看，此城当是辽金古城遗址。

4. 呼兰区

（1）团山子古城

古城遗址位于孟家乡团山子村西北300米处。古城东西墙长305米，

---

[1] 李益兴主编：《双城县志》，中国展望出版社1990年版，第802页。
[2] 李益兴主编：《双城县志》，中国展望出版社1990年版，第801页。
[3] 李益兴主编：《双城县志》，中国展望出版社1990年版，第803页。

南北墙长230米，周长约1070米。古城平面呈长方形，城墙夯土版筑，西墙淹没在呼兰河里无存，南、北两墙西段和西墙坍塌于河内，现存东、南、北三面城墙，全城共有马面12个，残存角楼2个。在古城遗址中部、南北之间夯筑了一道城墙，墙上有3个马面。"城内散布着布纹瓦、青砖、定白瓷、铁锅残片等出土，系金代遗址。"①

(2) 下甸子古城

古城遗址位于石人镇下甸子村西南。古城东西墙长250米，南北墙长240米，周长980米。古城平面略呈正方形，城墙夯土版筑，残高2米，南、西、北三面城墙均有马面，东墙有1个城门遗址，四角均有角楼建筑，城外有护城河遗址。城内散布着青砖、布纹瓦、定白瓷、仿定白瓷残片，城内经常出土铜钱。"古城东侧的古河道，上通泥河，下通松花江。此城系金代遗址。"②

(3) 新农古城

古城遗址位于康金镇新农村北。古城东西墙长170米，南北墙长135米，周长610米。古城平面呈长方形，现已经完全开垦为耕地，建筑方式不可辨识，古城地势东高西低，地表散布着"布纹瓦和定白瓷片、仿定瓷、灰陶罐残片等，系金代遗址"③。

(4) 石人城古城

古城遗址位于石人镇古城村北。古城每边墙长250米，周长1000米。古城平面呈正方形，城墙夯土版筑，残高1.5米，南墙中间设有1个城门，并有瓮城建筑，每边城墙各有2个马面，不见角楼和护城河遗址遗迹。"古城内有大量的布纹瓦和青砖残片，系金代所筑。"④

(5) 裕丰古城

古城遗址位于乐业乡裕丰村。古城西墙长210米、北墙长340米、东墙长232米、南墙长340米，周长1122米。古城平面呈梯形，城墙夯土版筑，残高1—2米，南墙中间设有1个城门，并建有瓮城，城外有护城河。城内有大量建筑饰件和定白瓷、布纹瓦、瓦当、瓦头等残片。"1982年3

---

① 姜继忠主编：《呼兰县志》，中华书局1994年版，第626页。
② 姜继忠主编：《呼兰县志》，中华书局1994年版，第625页。
③ 姜继忠主编：《呼兰县志》，中华书局1994年版，第626页。
④ 姜继忠主编：《呼兰县志》，中华书局1994年版，第625页。

第二章 辽金古城形制与分布

月,当地农民在南墙城门下盖房挖地基时,曾挖出人头骨3马车,无四肢和躯干,头骨上有的嵌有箭头。此城系金代遗址。"①

(6)腰堡古城

古城遗址位于腰堡乡南。古城东西墙长480米,南北墙长400米,周长1760米。古城平面呈长方形,城墙夯土版筑,残高1.5—2.5米,南、北城墙各设1个城门,并建有瓮城,其中南有马面9个,西墙有马面11个,北墙有马面7个,东墙有马面5个,四角有角楼建筑,城外有护城河遗址遗迹。地面上散布布纹瓦、定白瓷、仿定瓷残片。"古城中曾出土铜铁、铁标枪、铁箭头以及铁农具等。此城系金代遗址。"②

5. 巴彦县

(1)富江古城

古城遗址位于巴彦县东南5000米远五岳河畔,俗称小城子。古城每边墙长350米,周长1400米。古城平面呈正方形,城墙夯土版筑,南北城墙各设1个城门,此城在20世纪70年代因修水库被破坏,东南、西南、西各存一段残墙,尚能辨认城墙形制和建筑方式。城内出土过箭镞、铁盔等物,发现一些金代典型布纹瓦和带花边纹及文字的瓦。"据有关文献及出土文物考证,该城应为金代偎雅村(亦称偎鸦村。偎雅,偎鸦皆五岳之音转)废址,这里是唐括部的居住地。"③此城为辽金时代可确定,但是否为金代偎雅村尚待进一步考证。

(2)兴隆镇古城

古城位于兴隆镇南。古城遗址遗迹已不存,不知道其建筑形制和建筑方式,只是文献记载中有此城。《巴彦县志》依据《东三省古迹遗闻》记载:"兴隆镇南有一古城,此地为女真旧址。古代砖瓦、铧子(农器)等不时发现。未开垦之前,尚有古城遗迹,城之周围,土股隆然,均可辨认。该书认为斯城为金之遗址,是非常明显的。"④此城在民国时期还存在,现在已经荡然无存。当时考证此古城遗址是金代古城,应当可信。

---

① 姜继忠主编:《呼兰县志》,中华书局1994年版,第626页。
② 姜继忠主编:《呼兰县志》,中华书局1994年版,第626页。
③ 张旭和主编:《巴彦县志》,黑龙江人民出版社1990年版,第661页。
④ 张旭和主编:《巴彦县志》,黑龙江人民出版社1990年版,第661页。

(3) 驿马山北古城

古城遗址位于西集镇新宏村驿马山北。古城遗址因多年前开垦为耕地，建筑形制和方式已经模糊不清，不可辨识。今《巴彦县志》依据民国《巴彦县志》记载："该城原来南北约一里半，东西一里，当时四门犹在……经考证此城应为金代古城，因为此城距少陵河（《金史》称帅水）很近，帅水金代居泥庞古部；另一说明为明代古城，因为明代曾在驿马山附近设立过亦玛喇卫，究竟为何代古城还需进一步考证。"① 此城可能始建于金代，明代沿用。

(4) 城子山古城

古城遗址位于松花江乡江北村管家窑屯东北岗地上。古城遗址分东西两处，2015年6月，笔者随哈尔滨市社会科学院考察了此城。此古城虽然遗迹难辨，但还是隐约可见；西城子山古城已彻底无法辨认。调查时没有发现任何遗物。《巴彦县志》记载"曾发现过辽金遗物"②，此城系辽金古城遗址。

6. 宾县

(1) 鸟河古城

古城遗址位于鸟河乡红石村东北红石砬子山上，又称红石砬子古城。古城周长650米。古城平面呈椭圆形，城墙夯土版筑，破坏严重，墙基宽2—4米，顶宽约1米，残高1.5米。西墙南、北各有2个城门，北段门外有瓮城建筑。西墙可见马面4个，其他三面城墙已为耕地，地表散布灰色布纹瓦和青砖残片、轮制灰陶片和定白瓷残片。根据古城的形制和地表遗物，《宾县志》把此城确定为"金代遗址"③。

(2) 仁合古城

古城遗址位于新甸镇仁合村城子屯北。古城南北墙长250米，东西墙长360米，周长1220米。古城平面呈长方形，城墙夯土版筑，残高2—3米，在南墙中间设有1个城门，并建有瓮城；现存马面7个，其中北墙1个，其余三面城墙各2个。四角均建有角楼，城外有10米宽护城壕。城

---

① 张旭和主编：《巴彦县志》，黑龙江人民出版社1990年版，第661页。
② 张旭和主编：《巴彦县志》，黑龙江人民出版社1990年版，第661页。
③ 徐剑影、张德润主编：《宾县志》，黑龙江人民出版社1991年版，第911页。

第二章　辽金古城形制与分布

内地表散布有灰瓦、瓦当、青砖等。"该城当是金代一座较重要的城镇。"①

（3）英华古城

古城遗址位于民和乡华英村东。古城每边墙长260米，周长1040米。古城平面呈正方形，城墙夯土版筑，墙基宽4—6米，顶宽1米，残高0.5—3米不等。南墙中间有一宽约7米城门遗址，外筑瓮城。城墙马面破坏严重。城墙四角有角楼遗迹，东北、西北较大，西南、东南较小。城外有宽3—4米、深0.5米护城河遗址。现遗址已开垦为农田，地表散布有大量布纹瓦残片、青砖碎块和定白瓷片和轮制灰陶片。根据古城的形制和出土器物，《宾县志》把此城确定为"金代遗址"②。

（4）韩城古城

古城遗址位于满井镇先锋村西120米处。古城南墙长170米、东墙长170米、西墙长120米、北墙长320米，周长780米。古城平面呈梯形，城墙夯土版筑，墙基宽4—6米，顶宽1米，残高1.5—2米。北墙中间有1宽8米城门遗址，外有瓮城建筑遗址。全城现存马面10个，其中南、北墙各3个，东、西墙各2个，四角建有角楼，东北角破坏严重，其余3个角楼保存较好。城内已开垦为耕地，地表散布大量布纹瓦、泥质轮制灰陶片和仿定白瓷片，出土过铜镜、铁镞、宋钱等。根据古城的形制和出土器物，《宾县志》把此城确定为"金代遗址"③。

（5）永宁古城

古城遗址位于满井镇永宁村。古城南北墙长350米，东西墙长300米，周长1300米。古城平面呈长方形，城墙夯土版筑，四面城墙均遭到不同程度的破坏，残高1—3米，南墙中间有宽约14米城门遗址，不见瓮城、马面痕迹，四角有角楼建筑遗址，城外有宽约5米、深2米的护城河。城内地表散布大量布纹瓦、建筑构件、陶瓷残片和青砖碎块遗物。"根据城址的形制和出土文物推断，永宁城址应为金代所建，元明时期沿用。"④

（6）太合堂古城

古城遗址位于永和乡城子村太合堂屯。古城东西墙长320米，南北墙

---

① 干志耿主编：《黑龙江省志·文物志》，黑龙江人民出版社1994年版，第160页。
② 徐剑影、张德润主编：《宾县志》，黑龙江人民出版社1991年版，第911页。
③ 徐剑影、张德润主编：《宾县志》，黑龙江人民出版社1991年版，第911页。
④ 黄澄主编：《哈尔滨古城遗址考》，黑龙江人民出版社2015年版，第86页。

长 260 米，周长 1160 千米。古城平面略呈长方形，城墙夯土版筑，南墙夷为平地，东墙毁坏一半，西、北二墙保存较好，现存墙基宽 4—5 米，顶宽 1 米，残高约 3 米；南墙中间有 1 个约 30 米宽城门遗址，外有瓮城建筑遗址；城墙现存马面 10 个，东、西墙各 3 个，北墙 4 个；古城四角各有角楼遗址，城外不见护城壕遗迹。城内已开垦为耕地，地表散布着大量的灰色布纹瓦残片、陶瓷片，城内还出土了石臼、六耳直腹铜锅残片、铜香炉、宋代铜钱、铁镞等。"根据城址的形制和出土文物推断，太合堂古城应属于金代古城。"①

（7）常安古城

古城遗址位于常安镇古城村西北。古城南北墙长 250 米，东西墙长 255 米，周长 1010 米。古城平面呈长方形，城墙夯土版筑，南墙被居民建房占用，其余保存较好，全城尚存马面 10 个，其中东、西、北三面墙各设 3 个马面，南墙仅存 1 个。四角建有角楼，南墙中间尚存城门遗址，并有瓮城遗迹。地表散布大量布纹瓦和陶瓷残片。"在城中出土铜印两方，一方是'上京路提控印'，一方是'经略使司之印'，两方铜印的发现对古城年代的确定有参考价值。"②

（8）城子山古城

古城遗址位于民和乡启新村临江屯西北城子山顶上。古城依山而建，长径 387 米，短径 150 米，外墙周长约 1600 米。古城平面呈不规则椭圆形，城墙夯土版筑，墙基宽约 4 米，顶宽约 1 米，残高约 2 米。城墙未发现马面、角楼和护城壕遗址。"根据古城形制、地理位置和出土器物判断，城子山古城应属于金代水陆防务性的山城。"③

（9）陆丰古城

古城遗址位于宾安镇旭光村陆丰屯东南。古城东墙长 413 米，南墙长 296 米，西墙长 440 米，北墙长 281 米，周长 1430 米。古城平面呈长方形，城墙破坏严重，西墙残存约 50 米长，高 1 米，南墙中间有一城门遗址，不见瓮城建筑址，南墙外边有冲水沟，可能是护城壕。地表散布有大量的布纹瓦残片和青砖残块及少量灰陶片，"据古城形制和采集标本特征

---

① 黄澄主编：《哈尔滨古城遗址考》，黑龙江人民出版社 2015 年版，第 84 页。
② 干志耿主编：《黑龙江省志·文物志》，黑龙江人民出版社 1994 年版，第 158 页。
③ 黄澄主编：《哈尔滨古城遗址考》，黑龙江人民出版社 2015 年版，第 71 页。

第二章 辽金古城形制与分布

分析，陆丰城址应属金代聚落址"①。

7. 五常市

（1）营城子古城

古城遗址位于营城子乡东北角背荫河火车站西北2000米处。东西墙长380米，南北墙长300米，周长1360米。古城平面呈长方形，城墙夯土版筑，残高约2米，在东、西、南三面城墙各设1个城门，其中南门外建有瓮城。现存马面15个，四角建有角楼。城内地表散布大量布纹瓦、青砖残块等遗物。"营城子古城的形制及出土遗物具有辽、金时期的特点，"②此城应属辽金时期古城遗址。

（2）北土城子古城

古城遗址位于双桥子满族乡北土城子村东北。古城每边墙长300米，周长1200米。古城平面呈正方形，城墙夯土版筑，东、南两城墙破坏严重，西、北两城墙保存较好。墙基宽6—7米，顶宽2.5—3米，残高3米。南墙中部有1个8—10米宽城门遗址，不见瓮城，城墙共有马面10个，其中东、西、北三面城墙各3个，南墙1个。四角各建有角楼，城墙外不见护城河遗迹。古城已开垦为耕地，地表散布大量布纹瓦、墙砖和定白瓷、龙泉窑瓷残片。还出土过小铜人、铜球、铜镜、铁镞等。"根据古城形制和出土文物分析，北土城子古城属金代古城。"③

（3）西城子古城

古城遗址位于红旗满族乡西城子村西侧。古城每边墙长170米，周长680米。古城平面呈正方形，城墙夯土版筑，东、南、北三面城墙破坏严重，西城墙可见建筑遗存，残墙高0.6米，南墙中部有一个城门遗址，不见瓮城、马面、角楼遗迹，城外有护城河遗迹。古城已开垦为耕地，地表散布大量布纹瓦残片和定白瓷口沿残片。"依据古城建筑特点和出土文物认定西城子古城应属金代古城，其对研究金代历史有重要的参考价值。"④

（4）东城子古城

古城遗址位于红旗乡东城子村西南。古城东西墙长250米，南北墙长

---

① 黄澄主编：《哈尔滨古城遗址考》，黑龙江人民出版社2015年版，第79页。
② 干志耿主编：《黑龙江省志·文物志》，黑龙江人民出版社1994年版，第165页。
③ 黄澄主编：《哈尔滨古城遗址考》，黑龙江人民出版社2015年版，第93页。
④ 黄澄主编：《哈尔滨古城遗址考》，黑龙江人民出版社2015年版，第97页。

350米，周长1200米。古城平面呈长方形，城墙夯土版筑，南墙虽被破坏，但有遗迹可寻，中部有1个城门遗址，并有瓮城遗迹。东、西、北三面城墙遗迹清晰可见，残高3米。每面城墙建有2个马面，四角建有角楼。城外有护城河遗迹。古城遗址已经开垦为耕地，地表散布大量布纹瓦、瓦当、定白瓷、龙泉窑瓷片等遗物。"根据古城形制和出土文物分析，东城子古城属金代古城。"[1]

（5）北城子古城

古城遗址位于冲河镇北城子村中。古城东西墙长752米，南墙长530米，北墙长550米，周长2584米。古城平面呈长方形，城墙夯土版筑，在四面城墙中部各设有1个城门，并建有瓮城。每面城墙有2个马面，四角建有角楼。城内出土有铁犁、铧，三足铁锅和轮制灰陶片等。此城"其规模相当于猛安驻屯城址"[2]。

（6）南城子古城

古城遗址位于冲河镇南城子村。古城南北墙长800米，东西墙长600米，周长2800米。古城平面呈长方形，城墙夯土版筑，墙基宽10—12米，顶宽2.5—3米，残高3—4米。在四面城墙中部各设1个城门，并建有瓮城。在每面城墙上各建筑马面2个，四角建有角楼。城内地表散布轮制灰陶器物口沿残片，出土铁犁、铧、箭头和铜钱等。此城"其规模相当于猛安驻屯城址"[3]。

（7）南土城子古城

古城遗址位于营城乡南土村西侧。古城东西墙长380米，南北墙长340米，周长1440米。古城平面略呈正方形，城墙夯土版筑，残高2.5米，东墙和南墙中间各设1个城门，建有瓮城，每面城墙各有8个马面，四角建有角楼，不见护城河遗迹。城内地表散布大量布纹瓦、仿定白瓷残片等。出土过北宋铜钱、铜镜、铜锅、铁犁等文物。"从古城的形制及出土文物来看，南土城子古城应属金代古城。"[4]

---

[1] 黄澄主编：《哈尔滨古城遗址考》，黑龙江人民出版社2015年版，第94页。
[2] 干志耿主编：《黑龙江省志·文物志》，黑龙江人民出版社1994年版，第160页。
[3] 干志耿主编：《黑龙江省志·文物志》，黑龙江人民出版社1994年版，第160页。
[4] 黄澄主编：《哈尔滨古城遗址考》，黑龙江人民出版社2015年版，第96页。

第二章 辽金古城形制与分布

（8）半里城古城

古城遗址位于五常镇半里城子村西南。古城每边墙长250米，周长1000米。古城平面呈正方形，城墙夯土版筑，东墙基本无存，其余三面城墙保存较好，墙基宽5—8米，顶宽1米，残高1—2米。东、西两墙各设1个城门，不见瓮城遗址，现存马面11个，四角建有角楼，城外有护城河遗迹。城内地表散布青砖和布纹瓦残片等遗物。"根据古城形制和采集标本推断，半里城子古城属金代古城。"①

8. 依兰县

（1）土城子古城

古城遗址位于土城子乡东侧。古城周长3345米。古城平面呈不规则形，城墙夯土堆筑，城墙分内外两道，沿两道城墙外，各有1道护城壕。北墙靠近牡丹江设有护城壕。墙基宽9.7米，内墙高3米，外墙高2.5米。其他建筑设施辨识不清，古城地表有各种碎瓦和陶片，出土过铁锅和铜钱。"土城子古城修筑坚固，防御设施完备，是金代屯戍重兵的城镇之一，有人认为该城可能为金代胡里改路故城址。"②

（2）迎兰古城

古城遗址位于迎兰朝鲜族乡迎兰村西松花江北岸台地上。古城周长1200米。古城平面呈不规则椭圆形，城墙夯土版筑，残高接近1米，在城墙西端有1处城门遗址，不见瓮城建筑遗迹。古城东、西、南三面城墙，很多地方被江水冲毁，破坏严重。整个城墙遗存马面9个，不见角楼遗迹，城外有护城壕遗迹。地表采集有"陶片、瓷片、瓦片等"③，"根据城址的形制和采集的文物标本分析，断定此城应为金代始筑，元代、清代继续沿用"④。

（3）依兰古城

古城遗址位于依兰县城北。有学者认为是五国头城。古城东西墙长850米，南北墙长450米，周长2600米。古城平面呈长方形，城墙夯土版筑，墙基宽8米，顶宽1.5米，残高1—4米，不见城门和马面遗迹，古城

---

① 黄澄主编：《哈尔滨古城遗址考》，黑龙江人民出版社2015年版，第90页。
② 干志耿主编：《黑龙江省志·文物志》，黑龙江人民出版社1994年版，第156页。
③ 关文选主编：《依兰县志》，黑龙江人民出版社1990年版，第843页。
④ 黄澄主编：《哈尔滨古城遗址考》，黑龙江人民出版社2015年版，第65页。

破坏严重,地表散布着砖瓦残块。此城址"对研究辽、金、元时期的政治、经济、军事、文化以及宋、金关系史都具有重要价值"①。

(4) 临江古城

古城遗址位于宏克力镇宏克力村临江屯西南松花江右岸台地上。古城南墙长 500 米,西墙长 300 米,东墙残长 200 米,北墙冲毁不明,周长约 1500 米。古城平面呈不规则长方形,城墙夯土版筑,墙基宽 5 米,残高 1 米。城门位置不详,有马面、角楼建筑,不见护城河遗迹。"征集文物有铜质带钩二个,明代瓷碗一个,铜钱三枚,采集铜钱一枚。"②"临江城址属辽金时期古城址,清代曾沿用过。"③

9. 木兰县

(1) 城子山古城

古城遗址位于木兰县白杨木河口右岸。古城依山而建,周长 1000 米。古城平面呈不规则形,城墙建筑方式不明,残高 1—2 米,在南、北两面城墙各设 1 个城门,并建有瓮城。"据《金史》记载,腊醅、麻产曾在此据守。以此推断,应为辽金时代古城。"④

(2) 马场古城

古城遗址位于吉兴乡马场后面松花江二级台地上。古城东西墙长 400 米,南北墙长 250 米,周长 1300 米。古城平面呈长方形,城墙夯土版筑,城墙遗迹无法辨认,大部分被松花江水淹没,但存有瓮城遗址。城内有夹砂陶片、石斧,以及大量布纹瓦片、青砖、定白瓷片、仿定白瓷片、辽瓷片、龙泉瓷片、灰陶片等。《木兰县志》说:"该城毁于战火,年代无考。"⑤ 从出土夹砂陶片和石斧文物来看,此城应在新石器时代即有人居住,但从有瓮城遗址及大量布纹瓦和辽瓷文物来看,此城当是建在原始文化遗址上的辽金古城。

(3) 葛家屯古城

古城遗址位于吉兴乡葛家屯东 1000 米处松花江二级台地上。古城依

---

① 干志耿主编:《黑龙江省志·文物志》,黑龙江人民出版社 1994 年版,第 143 页。
② 关文选主编:《依兰县志》,黑龙江人民出版社 1990 年版,第 843 页。
③ 黄澄主编:《哈尔滨古城遗址考》,黑龙江人民出版社 2015 年版,第 61 页。
④ 杜成主编:《木兰县志》,黑龙江人民出版社 1989 年版,第 531 页。
⑤ 杜成主编:《木兰县志》,黑龙江人民出版社 1989 年版,第 532 页。

第二章 辽金古城形制与分布

山势而建,蜿蜒曲折,南墙已被松花江切割,北墙有一瓮门,墙外有沟,墙内有平坦通道,古城平面呈不规则形,在城墙南部断崖中采集到大量布纹瓦、定白瓷片。"据出土的瓦片、陶片分析,此城为金代所筑。"①

(4)宋家屯古城

古城遗址位于柳河乡临江村宋家屯。遗址地面散布有大量布纹瓦残片、定白瓷残片、青砖和泥质轮制卷沿灰色陶罐残片。"此遗址为金代古城遗址。"②

(5)滕家屯古城

古城遗址位于吉兴乡藤家屯南松花江二级台地上。古城长500米,宽300米,周长1600米。城内地表散布大量布纹瓦、青砖和定白瓷、仿定白瓷、龙泉瓷、鸡腿瓶、带釉瓷片。"属金代古城遗址。"③

10. 延寿县

(1)北城子古城

古城遗址位于安山乡光明村于家屯东北2000米处。古城南北墙长300米,东西墙长150米,周长900米。古城平面呈长方形,城墙夯土版筑,墙基依稀可见,北墙被河水淹没,南墙辟为耕地,东、西城墙各有马面4个。古城已开垦为稻田地,城墙已经不可辨认,其他文化遗存无法了解,城内"建筑址成品字形,有灰陶罐残片,系辽金遗址"④。

(2)娄富屯古城

古城遗址位于寿山乡三星村娄富屯西北150米处。古城南北墙长1000米,东西墙长300米,周长2600米。古城平面呈长方形,城墙夯土版筑,破坏严重,遗址已开垦为耕地,现存南北墙长132米,东西墙长2米。城门、瓮城、马面、角楼、护城河等建筑都已不复存在。"发现大量布纹瓦和开元通宝铜钱,采集布纹瓦4块,系金代遗址。"⑤

(3)凌河古城

古城遗址位于六团镇凌河村西南500米处。古城东西墙长70米,南北

---

① 杜成主编:《木兰县志》,黑龙江人民出版社1989年版,第532页。
② 杜成主编:《木兰县志》,黑龙江人民出版社1989年版,第532页。
③ 杜成主编:《木兰县志》,黑龙江人民出版社1989年版,第5333页。
④ 吴兴斌、崔树林主编:《延寿县志》,中国·三环出版社1991年版,第599页。
⑤ 吴兴斌、崔树林主编:《延寿县志》,中国·三环出版社1991年版,第599页。

墙长 50 米，周长 240 米。古城平面呈长方形，由于古城遗址破坏严重，已经变成稻田地，城墙不复存在，城墙建筑方式和建筑结构不明。古城遗址"遍地有布纹瓦，为金代遗址"①。

（4）太平屯古城

古城遗址位于华炉乡太平村太平屯西北 300 米处。古城东西墙长 200 米，南北墙长 200 米，周长 800 米。古城平面呈正方形，由于古城遗址被开垦为稻田地，城墙不复存在，古城建筑形制无法了解。"有金代砖瓦残片、陶片，采集布纹瓦及蓝色料珠 1 个。此地原有古坟，出土过铁箭尾，系金代遗址。"②

（5）福利屯古城

古城遗址位于玉河乡福利村。古城每边墙长 70 米，周长 280 米。古城平面呈正方形，城墙夯土版筑，古城遗址破坏严重，仅见城内地面高于城外，四个角楼凸出地面。"遗物有建筑基石碎片，轮制灰陶片，1959 年有凹形道基。系辽金遗址。"③

11. 通河县

太平村古城

古城遗址位于通河镇太平村东南 2000 米松花江二级台地上。古城每边墙长 100 余米，周长约为 400 米。古城平面略呈正方形，此城已辟为耕地，城墙遗址全部破坏，无法辨识城墙建筑形制和结构。城内散布着大量的布纹瓦残片。曾出土"把喇海山谋克印"，以及陶瓷残片。考证为系新石器古代遗址，金代"把喇海山谋克城"遗址④。

12. 方正县

黑河口古城

古城遗址位于南天门乡黑河口村西 2000 米处。古城有内外两道城墙，内城每边墙长 200 米，周长 800 米；外城每边墙长 300 米，周长 1200 米。古城平面呈正方形，城墙夯土版筑，外城墙基宽 8 米，残高 0.5 米，南墙有一处城门遗址，门外有瓮城建筑，不见马面、角楼遗迹，可见护城河遗

---

① 吴兴斌、崔树林主编：《延寿县志》，中国·三环出版社 1991 年版，第 599 页。
② 吴兴斌、崔树林主编：《延寿县志》，中国·三环出版社 1991 年版，第 599 页。
③ 吴兴斌、崔树林主编：《延寿县志》，中国·三环出版社 1991 年版，第 599 页。
④ 杨枫主编：《通河县志》，中国展望出版社 1990 年版，第 454 页。

第二章 辽金古城形制与分布

迹。地表散布大量布纹瓦、灰陶片、花瓷片等遗物。"1973年省考古队来此考察,推定为金代古城遗址。"①

(二) 齐齐哈尔市辽金古城

1. 齐齐哈尔市区

(1) 哈拉古城

古城遗址位于齐齐哈尔梅里斯达斡尔族区哈拉屯。古城分南北二城,北城东西长300米,南北长250米;南城接北城扩建,南北宽出130米,二城共周长1360米。古城平面呈长方形,城墙为夯土版筑,墙底宽10米、上宽1.3米、残高2米,北城南墙东部有一瓮门。城墙四面各有2个马面,四角筑有角楼,墙外有护城河。根据出土大量辽金文物,属于辽金古城。

(2) 洪河古城

古城遗址位于富拉尔基区杜达乡洪河屯南。古城周长736米,城墙残高1米左右,尚可辨认角楼2座,马面1个,城内有陶片、布纹瓦。根据出土文物判断,此城为辽金古城。

(3) 罕伯岱古城

古城遗址位于富拉尔基区杜尔门沁乡库勒河左岸。古城每边墙长106.5米,周长426米。古城平面呈正方形,城墙夯土版筑,墙残高1.5—2米,设角楼4个,马面3个,瓮城南开门,内有泥质灰陶片、定白瓷和布纹瓦。根据出土文物判断,此城为辽金古城。

2. 泰来县

塔子城古城

古城遗址位于泰来县西北45公里处。古城南墙长1118米、北墙长1160米、西墙长1123米、东墙长1160米,周长4561米。古城平面略呈正方形,城墙夯土版筑,夯层厚8—15厘米。墙残高平均约5米、顶宽1—1.25米、底宽20—30米。城墙附筑马面,大部分被破坏,仅存明显的19座(北、南、西墙各5座,东墙4座),平均间距70—80米。在每面墙中部设1个城门,门外筑瓮城。出土文物如辽大安七年残刻题记和铜印等文物。城内有较多陶瓷残片,皆为轮制,有定窑、钧窑、龙泉窑等瓷片。

---

① 赵青林、柴险峰主编:《方正县志》,中国展望出版社1990年版,第594页。

此城已认定为辽金泰州故城。

3. 克东县

蒲与路故城①

古城遗址位于克东县金城乡古城村。古城东西墙长1100米，南北墙长700米，周长2850米。古城平面呈椭圆形，城墙夯土筑成，夯土层厚8—13厘米。城墙底宽20，顶部宽1.5—3，残高3—4米。全城共有马面40处。城墙外10米处有护城壕。古城只有南、北两座城门，城门外有半圆形瓮城，城内遗物陶器较多，一般为泥质灰陶或黄灰陶，火候较高，器形比较简单，一般为素面，有的在腹部带有齿状或麻花状的附加堆纹。出土的瓦当主要为兽面，周边饰以连珠纹。陶器以定窑为主，铁器有铁锅、铁铧尖、铁合页、铁镞等，在城内出土"蒲峪路印"。此城目前学界认定为金代蒲与路故城。

4. 龙江县

（1）发达古城

古城遗址位于发达乡土城子村西。古城周长2100米左右。古城平面呈椭圆形，城墙建筑结构不明，城墙基本夷为平地，底宽3米，残高1米左右，城内地表散布着轮制泥质灰陶，火候较高，表面纹饰大多以梳篦纹为主，还有布纹瓦。此城当属辽金代古城。

（2）济沁河古城

古城遗址位于济沁河乡小城子村。古城南墙长410米、北墙长438米、东墙长365米、西墙长339米，周长1552米。古城平面略呈长方形，城墙夯土版筑，四角各有1个角楼，南门外有瓮城，城墙底宽14—16米、残高4米、角楼残高7米、底宽18—20米。城墙夯土版筑，墙外有护城壕，城内散布陶片均为泥质灰陶，出土过铜钱、铁刀、马镫等。内蒙古学者李丕华认为是辽代厐葛城。

（3）沙家街古城

古城遗址位于龙兴镇沙家街附近。古城周长1360米。古城平面呈长方形，城墙夯土版筑，墙底宽12米、上宽2米，残高3.5米，南墙中间设有城门，建有瓮城，四面城墙共有马面12个，南、北墙各4个，东、西各2个，城墙四角均有角楼。城内发现有铁锹、铁锅残片、灰陶片、定白

---

① 蒲与路，也作蒲峪路或蒲屿路。

第二章 辽金古城形制与分布　　　　　　　　　　　　47

瓷残片等文物。此"城的形制和城内出土的遗物，都具有典型的金代特征"①。沙家街古城见图 2-8。

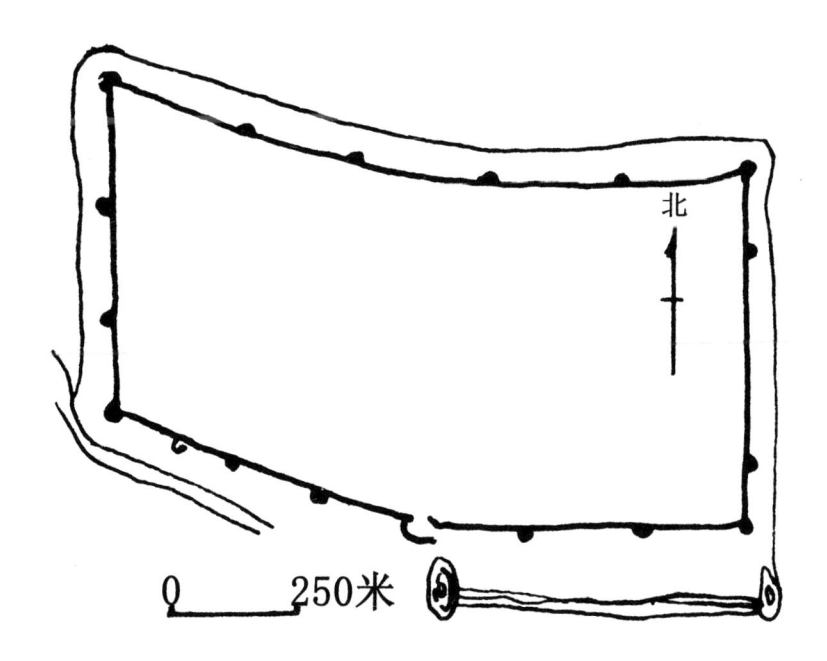

图 2-8　沙家街古城平面图

资料来源：干志耿主编：《黑龙江省志·文物志》，黑龙江人民出版社 1994 年版，第 161 页。

5. 甘南县

（1）阿伦河古城

古城遗址位于音河乡境内，古城周长 1310 米。古城平面呈长方形，城墙底宽 12 米，残高 4—5 米，城墙置 4 个角楼，马面 8 个，瓮门设在南城墙中部，外有护城壕。散布于地面有布纹瓦、大青砖、手摇磨等文物。此城属于辽金古城。

（2）查哈阳古城

古城遗址位于查哈阳乡查哈阳村北。古城东墙长 240 米，西墙长 220 米，南墙长 370 米，北墙长 380 米，周长 1210 米。古城平面呈长方形，城墙夯土版筑，墙基宽 15 米，顶宽 1.5 米，残高 3—5 米。在南墙中间设 1

---

① 干志耿主编：《黑龙江省志·文物志》，黑龙江人民出版社 1994 年版，第 161 页。

个城门，并建有瓮城，四角均建有角楼，现存马面10个，东、西、南三面城墙各有2个，北墙有4个，城外有护城壕。城内地面散布有陶片、定白瓷残片及铁甲片、铁刀、铁镞等。"查哈阳古城是金代用以保卫界壕、支援边堡而屯戍重兵的城镇之一。"①

6. 讷河市

（1）龙河古城

古城遗址位于龙河镇通进村南营子屯西。古城周长1254米。古城平面呈长方形，城墙夯土版筑，城墙残高1.1米，古城内有布纹瓦。此城属于辽金古城。

（2）恒地营子古城

古城遗址位于老莱镇南恒地营子车站北。古城每边墙长200米，周长800米。古城平面呈正方形，城内有陶器残片、古铜钱等。从出土的遗物来看，此古城属辽金古城遗址。

7. 克山县

（1）克山古城

古城遗址位于古城镇所在地。古城周长1000米。古城平面呈长方形，城墙夷为平地，城墙底宽4米，残高0.1米，城墙建筑结构不明，地表散布着布纹瓦和泥质灰陶。属于辽金古城。

（2）北兴古城

古城遗址位于北兴镇民众村。古城周长820米。古城平面呈正方形，城墙残高1.5米，古城出土过"开元通宝"和"崇宁通宝"，地表散布着布纹瓦及灰陶片。从出土文物来看，此城属于辽金古城。

8. 富裕县

（1）祥发古城

古城遗址位于繁荣乡祥发村。古城周长1000余米。古城平面呈正方形，古城四角各有1个角楼，东墙有1门，其他墙无门，城墙外有护城河，城内出土过泥质灰色陶罐和铁锅等文物。此城属于辽金古城遗址。

（2）大克钦古城

古城遗址位于塔哈乡大克钦村。古城周长6000米，大城西南角有一

---

① 干志耿主编：《黑龙江省志·文物志》，黑龙江人民出版社1994年版，第164页。

第二章 辽金古城形制与分布

周长1000米的小城。古城平面呈长方形，残高1米，出土有头盔、残砖、马镫等文物。此城属于辽金古城。

9. 拜泉县

三道镇古城

古城遗址位于三道镇刘家店屯。古城墙已夷为平地，依稀可见。城墙南北宽约675米，东西长约827.6米，周长约3005米。形制不清楚。笔者认为此城为辽金时期北唐括部古城遗址。

（三）绥化市辽金古城

1. 绥化市区

（1）半拉城古城

古城遗址位于绥化市幸福乡万合村，古城周长约1000米。古城平面呈正方形。王禹浪、都永浩认为此城属于辽金古城遗址。[1]

（2）小城子古城

古城遗址位于绥化市连岗乡新发村。古城周长1600米。古城平面呈长方形。王禹浪、都永浩认为此城属于辽金古城遗址。[2]

（3）利民古城

古城遗址位于绥化市利民乡古城屯。古城遗址已破坏殆尽，隐约可见痕迹。清末时城墙还有3米多高，墙外有2道很深的护城河。这一古城遗址相传叫"美妮城"，是金代完颜兀术的妹妹美妮公主居住的地方，亦名"驸马府"[3]。此城应当是辽金时期古城遗址。

2. 肇东市

（1）八里城古城

古城遗址位于四站镇所在地。古城东墙长964米，西墙长923米，南墙长903米，北墙长891米，周长3681米。古城平面略呈正方形，城墙夯土版筑，四面城墙保存较好，墙基宽12—18米，顶宽1—2米，残高4—5米，每墙各设1个城门，并建有瓮城，共有马面56个，四角建有角楼。

---

[1] 王禹浪、都永浩主编：《文明碎片——中国东北地区辽金契丹女真历史遗迹与遗物考》，黑龙江教育出版社2013年版，第106页。

[2] 王禹浪、都永浩主编：《文明碎片——中国东北地区辽金契丹女真历史遗迹与遗物考》，黑龙江教育出版社2013年版，第106页。

[3] 黎成修主编：《绥化县志》，黑龙江人民出版社1986年版，第394页。

城外有护城河。城内曾出土大量文物，有铁铧犁、镰刀等农业生产工具、六耳铁锅、熨斗等生活用具。"我国考古学者根据城址所在地及城建特点、形制以及大量文物，确认它是金代城市。"[①] 八里城古城见图2-9。

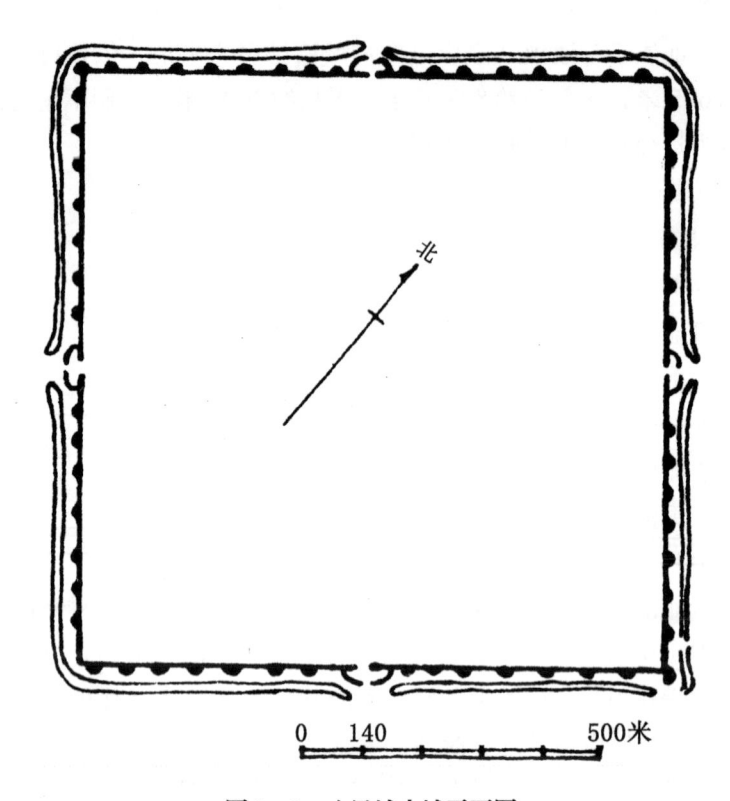

图2-9 八里城古城平面图

资料来源：干志耿主编：《黑龙江省志·文物志》，黑龙江人民出版社1994年版，第162页。

（2）洪河古城

古城遗址位于洪河乡古城村东。古城周长2000米。古城平面呈正方形，城墙夯土版筑，残高4米，每面有4个马面，东西各有1个城门，东城门有瓮门，城外有护城壕。根据此城建筑形制，此城为辽金古城。

（3）半拉古城

古城遗址位于五里明乡利国村南。在此城附近"地表上散有灰陶片、

---

① 干志耿主编：《黑龙江省志·文物志》，黑龙江人民出版社1994年版，第163页。

第二章　辽金古城形制与分布

青砖等金、元时期遗物"①。此城为辽金时期古城遗址。

（4）小古城

古城遗址位于黎明镇所在地北3500米处。在此遗址内出土过陶器、铁器、兵器等文物。"此城当为辽金古城遗址"②。

（5）永发古城

古城遗址位于德昌乡永发村北。古城内出土过陶器、铁器、兵器等文物。"此城当为辽金古城遗址。"③

（6）光远古城

古城遗址位于太平乡光远村东北角。古城内出土过陶器、铁器、兵器等文物。"此城当为辽金古城遗址。"④

3. 安达市

青山古城

古城遗址位于卧里屯乡青山村西。古城东墙长560米、南城墙长433米，西城墙长515米、北城墙长524米，周长为2032米。古城平面呈方形，城墙夯土版筑，北城墙中间开一城门，并建有瓮城。马面、角楼、护城河等不见遗存。古城遗址现为耕地，地上散布有陶片、瓷片、铜器、石器等遗物。"经考证：仿定瓷片、布纹瓦等均属辽金时代遗物，古城址应为辽金时代遗址。"⑤

4. 青冈县

（1）何小槐古城

古城遗址位于昌盛乡何小槐屯附近。古城东西墙长230米，南北墙长300米，周长为1060米。古城平面呈长方形，城墙夯土版筑，城墙残高2—4米，在东墙中间有1个3米宽城门遗址，北墙有5个马面。城址内可见很多辽金文物。"根据遗址的面积、建筑特点及城址内遗物，可认定是金代驻军城。"⑥

---

① 刘有才主编：《肇东县志》，肇东县县志办公室1985年版，第468页。
② 刘有才主编：《肇东县志》，肇东县县志办公室1985年版，第467页。
③ 刘有才主编：《肇东县志》，肇东县县志办公室1985年版，第467页。
④ 刘有才主编：《肇东县志》，肇东县县志办公室1985年版，第467页。
⑤ 张景川主编：《安达县志》，黑龙江人民出版社1992年版，第774页。
⑥ 赵泽民主编：《绥化地区志》，黑龙江人民出版社1995年版，第1220页。

（2）马家园子古城

古城遗址位于兴华镇安乐村马家园子屯东。古城东西墙长 300 米，南北墙长 520 米，周长 1640 米。古城平面呈长方形，城墙夯土版筑，城墙残高 1 米左右，东、西两面城墙已建民房占用，西北角和正南有外城痕迹。地面散布许多布纹瓦残片、泥质灰瓦片、黄褐陶片、定白瓷片、黑釉瓷片等。"根据城的面积、出土遗物和地表残留遗物，可认定是金代城址。"①

（3）后管家古城

古城遗址位于兴华镇通泉村后管家屯。古城东西墙长 1000 米，南北墙长 1500 米，周长 5000 米。古城平面呈长方形，古城建筑形制不明，四面城墙破坏严重，仅见城东南角有青砖墙基，其他城墙遗址不见。城内地面上散布布纹瓦片、瓷片和建筑饰件残片，"根据地表残留遗物，可认定是金代古城遗址"②。

（4）龙胜古城

古城遗址位于德胜乡龙胜村前山地上。古城每边墙长 200 米，周长为 800 米。古城平面呈正方形，城墙夯土版筑，北墙依稀可见，残高 1 米，其他城墙已被当地居民盖房破坏。城内有少量瓦片、陶片、瓷片，"根据地表残留遗物，可认定是金代古城遗址"③。

5. 兰西县

（1）郝家城子古城

遗址位于长江乡双城村郝家城子屯。古城东墙长 984 米，西墙长 1013 米，南墙长 996 米，北墙长 947 米，周长为 3940 米。古城平面略呈正方形，城墙夯土版筑，残高 3 米，现存马面 55 个，东墙 11 个，西墙 12 个，南墙 17 个，北墙 15 个。南北两城墙中间各设一个城门，并有瓮城建筑遗址。地表散布大量陶瓷残片和布纹瓦等遗物。"根据郝家城子古城的建筑形制和特点，以及出土典型辽、金时期遗物，可确定该城为一处辽、金时代的大型城址。"④

---

① 关崇文主编：《青冈县志》，黑龙江人民出版社 1987 年版，第 416 页。
② 关崇文主编：《青冈县志》，黑龙江人民出版社 1987 年版，第 416 页。
③ 关崇文主编：《青冈县志》，黑龙江人民出版社 1987 年版，第 416 页。
④ 干志耿主编：《黑龙江省志·文物志》，黑龙江人民出版社 1994 年版，第 155 页。

第二章　辽金古城形制与分布

（2）女儿城

旧称钮勒城，古城遗址位于临江镇呼兰河左岸一级台地上。古城每边墙长140米，周长为560米。古城平面呈正方形，城墙夯土版筑，残高2米，东南角有瓮门遗址。此城出土过金代"都提控所之印"[1]。根据古城遗址瓮城建筑形制和出土文物，此城遗址应是辽金时期古城遗址。

（3）山湾古城

古城遗址位于榆林镇林安村东南。古城周长3000米。古城平面呈四边形，城墙夯土版筑，残高3米，四面城墙均建有城门，并都建有瓮城。外有护城河遗迹。护城河水从东北，可入呼兰河。在此城采集过"板瓦瓦头、定白瓷残片等金代遗物，属于金时期城址"[2]。

（4）铡刀城子古城

古城遗址位于兰郊乡发展村。古城周长为1545米，形制不明。城墙夯土版筑，瓮城遗迹犹存，古城遗址散布残砖碎瓦，曾采集到陶片、仿定瓷片、铜钱等。"考证为辽、金时期遗址。"[3]

（5）勃勒霍硕古城

古城遗址位于北安乡朝阳村。古城周长2800米。由于城墙已夷为平地，因此建筑形制不清楚。曾在古城遗址上采集到陶片和定白瓷片等。根据古城遗址所采集到的遗物分析，此城应该为辽金古城遗址。

（6）南城子古城

古城遗址位于榆林镇林城村城下城子屯。古城周长1332米。古城建筑形制和城墙结构不明。曾在城内采集到陶片和仿定瓷。根据古城遗址采集到的陶片等分析，此城属于辽金时期古城遗址。

6. 明水县

（1）繁荣古城

古城遗址位于繁荣乡古城村东北50米处。古城东墙已经不见，现存西、南、北三面城墙。西墙长200米，南墙长215米，北墙长217米，周长约832米。古城平面呈正方形，城墙夯土版筑，破坏严重，西墙残高1.75米，南墙残高1.5米，北墙残高1.75米，不见城门、瓮城、马面、

---

[1] 韩明学主编：《兰西县志》，海南出版社1992年版，第501页。
[2] 韩明学主编：《兰西县志》，海南出版社1992年版，第501页。
[3] 韩明学主编：《兰西县志》，海南出版社1992年版，第501页。

护城河等遗址。《绥化地区志》说："是辽金时代遗址。"①

(2) 务本古城

古城遗址位于永兴镇务本村南 1500 米处。古城南墙破坏严重，已经不见城墙遗迹。东墙长 270 米，西墙长 150 米，北墙 260 米，南墙长度不详。此古城遗址应"为辽金时遗址"②。

(3) 小土城古城

古城遗址位于光荣乡团结村砖厂北。古城东墙长 220 米，南墙长 320 米，西墙长 174 米，北墙长 359 米，周长 1073 米。古城平面呈长方形，城墙夯土版筑，北墙残高 0.25 米，南墙残高 1.5 米，城门、马面、角楼、护城河等建筑不详。"遗存有兽面瓦当、白瓷片、白釉瓷片、布纹瓦、泥质硬陶片。为辽金时遗址。"③

(4) 科研古城

古城遗址位于光荣乡团结村科研室西 500 米处。古城遗址破坏严重，建筑形制和建筑方式，都已经无法考证。"遗存有建筑饰片、松针纹陶片等。为辽金时遗址。"④

(5) 民政古城

古城遗址位于兴仁镇兴盛村王云屯东 30 米处。古城每边墙长 252 米，周长 1008 米。古城平面呈正方形。《绥化地区志》说："遗存有金代瓷片、布纹瓦、陶片。为辽金时遗址。"⑤

7. 望奎县

(1) 赵家店古城

古城遗址位于富饶乡沿江后村赵家店屯。古城东西墙长 380 米，南北墙长 180 米，周长 1120 米。古城平面呈长方形。由于古城遗址破坏严重，使得城墙建筑方法和建筑结构不明。在古城遗址地表上，散布有青砖残瓦、布纹瓦等，以往出土过北宋铜钱。"经研究，认定为辽金时代的古城址无疑。"⑥

---

① 赵泽民主编：《绥化地区志》，黑龙江人民出版社 1995 年版，第 1219 页。
② 赵泽民主编：《绥化地区志》，黑龙江人民出版社 1995 年版，第 1219 页。
③ 赵泽民主编：《绥化地区志》，黑龙江人民出版社 1995 年版，第 1219 页。
④ 赵泽民主编：《绥化地区志》，黑龙江人民出版社 1995 年版，第 1219 页。
⑤ 赵泽民主编：《绥化地区志》，黑龙江人民出版社 1995 年版，第 1219 页。
⑥ 王保中主编：《望奎县志》，望奎县地方志编纂委员会 1989 年版，第 587 页。

第二章 辽金古城形制与分布

（2）索伦沁古城

古城遗址位于通江镇白头林场东。古城南北墙长100米，东西墙长50米，周长300米。古城平面呈长方形，建筑形制不明。地表分布均为泥质布纹瓦残片，"从出土文物考证，乃辽金时期遗址"[1]。

（3）通江古城

古城遗址位于通江镇东南。古城东、南两面城墙被河水冲刷殆尽，凭借遗留痕迹，可推古城平面呈长方形。城墙夯土版筑，仅存北墙长140米，西墙长11米，残高30—50厘米。"城内可见瓷、陶片，距地表20公分处之断崖中发现完整的铁铧1个。"[2] 根据古城遗址建筑方式，及其出土遗物判断，此遗址当为辽金时期古城遗址。

8. 庆安县

（1）福合隆古城

古城遗址位于丰收乡拉林村。遗址面积约5万平方米，由于古城遗址破坏严重，建筑形制和建筑方式都无法了解。地表散布轮制泥质黄灰色陶片及仿定瓷片。古城遗址出土过"金初通行唐宋钱，出土的唐宋钱进一步确证了遗址的年代"[3] 为辽金时期。

（2）岳家店古城

古城遗址位于建民乡北大岗南坡。古城占地面积9000平方米，周长2860余米。由于古城遗址破坏严重，建筑形制和建筑结构不明。地表"可见大量古建筑毁坏后留下来的布纹瓦碎片，泥质轮制陶器残片和金代遗址常见的定瓷、仿定瓷残片"[4]。可以断定此为金代古城遗址。

（3）何家屯古城

古城遗址位于丰收乡何家屯东南山地上。古城遗址宽30余米，长400余米，遗址早已为耕地，城墙不复存在，建筑形制和结构已经无法了解。"在遗址上采集了定瓷、仿定瓷碎片。金代铁锅耳部和1件轮制泥质灰色陶器残片，中有圆孔，孔周边凸起，当为甑器。这大片遗址表明，远在

---

[1] 王保中主编：《望奎县志》，望奎县地方志编纂委员会1989年版，第587页。
[2] 王保中主编：《望奎县志》，望奎县地方志编纂委员会1989年版，第588页。
[3] 赵成立主编：《庆安县志》，黑龙江人民出版社1995年版，第397页。
[4] 赵成立主编：《庆安县志》，黑龙江人民出版社1995年版，第397页。

700 年前，这里曾是女真人人烟稠密的繁华居地。"① 此遗址当是辽金时期较大型古城遗址。

9. 绥棱县

高喜园古城

古城遗址位于泥尔河乡富强村高喜园屯东北 150 米处。当地人称古城子，"发现有布纹瓦、陶片、仿定瓷片、素面陶片，经有关部门认定，此处为辽金文化遗址。"② 此城址当为辽金古城遗址。

（四）大庆市辽金古城

1. 杜尔伯特蒙古族自治县

（1）东土城子古城

古城遗址位于东土城子村西 300 米处。古城东西墙长 280 米，南北墙长 140 米，周长 840 米。古城平面呈长方形，城墙夯土版筑，在南城墙中部有城门遗址，并建有瓮城。遗存马面 9 个，四角有角楼，城外原有护城河。城内出土过"轮制泥质灰陶片、仿定白瓷片，城外采集到六耳铁锅残片、铜酒盅残片"③。可以推定此遗址属于辽金时期古城遗址。

（2）波布代古城

古城遗址位于波布代村南土岗上。古城南北墙长 160 米，东西墙长 110 米，周长为 540 米。古城平面呈长方形，城墙夯土版筑，墙基宽 10 米，残高 3 米，城门设在西南，并有瓮城，城门两侧各有 1 个马面，四角有角楼。"城内采集到瓦当及布纹瓦残片，城东北 200 米处采集到石臼 1 个"④。可推断此城为辽金时代古城遗址。

（3）好田格勒古城

古城遗址位于好田格勒村北平地上。古城东西墙长 200 米，南北墙长 150 米，周长 700 米。古城平面呈长方形，城墙夯土版筑，墙基宽 10 米，顶宽 1.5 米，残高 5 米，城门开在南墙中间，并设有瓮城。四角建有 4 个角楼，东、西、北各设 2 个马面，城内有 2 口古井，城外有护城壕。在"城内地表散布灰陶片、青砖、布纹瓦、浅黄釉粗瓷器片。六十年代曾发

---

① 赵成立主编：《庆安县志》，黑龙江人民出版社 1995 年版，第 398 页。
② 郑治平主编：《绥棱县志》，黑龙江人民出版社 1988 年版，第 388 页。
③ 王国志主编：《杜尔伯特蒙古族自治县志》，黑龙江人民出版社 1996 年版，第 633 页。
④ 王国志主编：《杜尔伯特蒙古族自治县志》，黑龙江人民出版社 1996 年版，第 633 页。

第二章 辽金古城形制与分布

现石磨（上扇）。在古城南 300 米处发现 1 处遗址，所出遗物与城中所见遗物相同"①。此为辽金古城遗址。

（4）喇嘛仓古城

古城遗址位于喇嘛仓村沙丘南侧。古城东西墙长 380 米，南北墙长 220 米，周长 1200 米。古城平面呈长方形，城墙夯土版筑，残高 3 米，设 4 个角楼，南开城门。根据古城遗址形制分析，当为辽金古城遗址。

（5）哈拉海古城

古城遗址位于哈拉海村西 1500 米。古城东西墙长 248 米，南北墙长 140 米，周长 776 米。古城平面呈长方形，城墙夯土版筑，墙基宽 12 米，残高 2 米，四角设有角楼，城门南开。根据古城建筑形制和出土文物，可以断定此遗址属于辽金时代古城遗址。

（6）前新古城

古城遗址位于前新村东北山坡上。古城东西墙长 120 米，南北墙长 100 米，周长为 440 米。古城平面呈长方形，城墙夯土版筑，墙基宽 8 米，残高 2 米，东墙开一个城门，四角设有角楼。根据古城建筑形制，可以断定属于辽金时期古城遗址。

2. 肇州县

（1）翻身屯古城

古城遗址位于托古乡新力村南 200 米处。古城东墙长 521 米，南墙长 610 米，西墙长 513 米，北墙长 496 米，周长 2140 米。古城平面略呈正方形，城墙夯土版筑，四周城墙均遭破坏，残高 2 米左右，不见瓮城、马面、角楼、护城河等建筑遗迹。"城内有大量破碎陶片、瓷片，陶片皆为黑灰色泥质陶，轮制，火候较高，多为盆、罐之类的口沿，瓷儿为淡黄色仿定窑瓷。推断此城为辽金时代所造。"②

（2）民吉古城

古城遗址位于万宝乡民吉村古城子屯南。古城东西墙长 219 米，南北墙长 92 米，周长 622 米。古城平面呈长方形，城墙夯土版筑，城墙残高 2.7 米，由于遭到洪水冲刷，城门、瓮城、马面、角楼等建筑已经无法判

---

① 干志耿主编：《黑龙江省志·文物志》，黑龙江人民出版社 1994 年版，第 156 页。
② 郭义主编：《肇州县志》，黑龙江人民出版社 1987 年版，第 426 页。

断。城内地表散布青砖、布纹瓦及陶、瓷片等。"根据古城的形制，结合出土遗物分析，断定此城为辽金时代的古城。"①

3. 肇源县

（1）望海屯古城

古城遗址位于三站乡宏大村望海屯西南。古城周长为2970米。古城平面呈长方形，城墙夯土版筑，西城墙保存完好，在中部偏南有城门，并有瓮城，其他城墙情况不清楚。在城北有周长720米方形小古城。城墙被居民盖房挖没，城内已为耕地。地表散布着陶瓷碎片，陶器多为轮制泥质灰、黄褐陶等遗物。"五十年代曾挖出过装有人骨的陶罐，是辽金时代的瓮棺，附近尚有墓地为省级城址。"② 根据古城遗物分析，此城当为辽金时期古城遗址。

（2）他什海古城

古城遗址位于民意乡他什海屯东50米处。古城周长1240米。古城平面略呈正方形，城墙夯土版筑，城墙残高1.3—3米不等，由于城墙遭到严重破坏，使得城门、瓮城、马面、角楼等建筑结构不太清楚，城外有护城河。城内散布着青砖、布纹瓦等砖瓦碎片、泥质灰陶片。"这座古城是辽代北府宰相萧思温所建的头下军州。"③

（3）西南得根古城

古城遗址位于古龙乡永胜村西南山坡上。古城周长为984米。古城平面呈扇形，城墙为夯土版筑，城门开在东墙南部，设有瓮城，城墙残高0.9—2.2米，城墙尚存马面20个。城内散布着"青砖、布纹瓦、泥质轮制灰陶片及瓷片等。陶器上的纹饰、口沿与辽金古城所见相同"④。此城当为辽金时期古城遗址。

（4）仁和堡古城

古城遗址位于头台乡仁和堡村东南200米处。古城周长为1600米。古城平面呈正方形，城墙夯土版筑，四城墙保存较好，南城墙较差，残高0.5—1.3米不等。不见瓮城、马面、角楼等建筑遗迹。古城已被开辟为果树园，地表可见轮制泥质灰陶片，也有卷沿的盆、坛、罐等，上多饰锯齿

---

① 郭义主编：《肇州县志》，黑龙江人民出版社1987年版，第426页。
② 王文主编：《肇源县志》，中共肇源县委史志工作办公室1985年版，第480页。
③ 王文主编：《肇源县志》，中共肇源县委史志工作办公室1985年版，第481页。
④ 王文主编：《肇源县志》，中共肇源县委史志工作办公室1985年版，第481页。

第二章 辽金古城形制与分布

纹，也有仿定瓷片，"这是一座辽金时代古城"①。

（5）乌拉尔基古城

古城遗址位于新站镇古城村西 500 米处。古城周长 946 米。古城平面呈方形，城墙夯土版筑，城门、瓮城、马面、角楼等没有记载。城内出土过仿定瓷片和轮制泥质灰陶片和铜钱。"此城为辽代所建，古城西有行宫宫阙，行宫名为'混同江行宫'，又称'韶阳川行在所'，亦称'龙虎台'。终辽之世为重要陪都。"② 是否为辽代陪都得深入研究。

（6）土城子古城

古城遗址位于义顺乡永光村北 500 米处。古城每边墙 475 米，周长 1900 米。古城平面呈正方形，城墙夯土版筑，不见瓮城、马面、角楼、护城河遗迹。"城址地表遗存有仿定瓷、轮制泥质灰陶等，是辽金时代城址。"③

（7）梅伦屯古城

古城遗址位于福兴乡义兴村梅伦屯。古城周长 1500 米。古城平面呈椭圆形，城墙建筑结构和建筑方式不明。"遗存有仿定瓷，轮制泥质灰陶等，是辽金时代城址。"④

（8）富强古城

古城遗址位于富强乡所在地。古城每边墙长 175 米，周长 700 米。古城平面呈正方形，城墙夯土版筑，建筑结构不明。"遗存有仿定瓷，轮制灰陶、古钱币，是辽金时代城址。"⑤

（9）老乐营子古城

古城遗址位于茂兴湖渔场附近。古城每边墙长 470 米，周长 1880 米。古城平面呈正方形，城墙夯土版筑，建筑结构不明。"遗存有仿定瓷、轮制灰陶、古钱币等，是辽金时代城址。"⑥

（10）土城子古城

古城遗址位于裕民乡土城子村西北。古城每边墙 300 米，周长 1200 米。古城平面呈正方形，城墙夯土版筑，不见瓮城、马面、角楼等建筑。

---

① 王文主编：《肇源县志》，中共肇源县委史志工作办公室 1985 年版，第 481 页。
② 王文主编：《肇源县志》，中共肇源县委史志工作办公室 1985 年版，第 481 页。
③ 赵泽民主编：《绥化地区志》，黑龙江人民出版社 1995 年版，第 1219 页。
④ 赵泽民主编：《绥化地区志》，黑龙江人民出版社 1995 年版，第 1219 页。
⑤ 赵泽民主编：《绥化地区志》，黑龙江人民出版社 1995 年版，第 1219 页。
⑥ 赵泽民主编：《绥化地区志》，黑龙江人民出版社 1995 年版，第 1219 页。

"遗存有仿定瓷、轮制泥质灰陶、古钱币，是辽金时代城址。"[①]

（五）黑河市辽金古城

1. 爱辉区

（1）大西沟古城

古城遗址位于西岗子镇西沟村西南。古城东、西、南三面为峭壁，西北面为山坡，呈东北西南走向，长约390米。古城平面呈不规则形，城墙土石混筑，墙基宽13米，残高2—3米，墙外有壕，深约0.5米。此城设4个城门，建有瓮城，城墙四角有角楼，其中3个塌陷不见。从大西沟古城建筑形制来看，可定为金代古城遗址。

（2）小西沟古城

古城遗址位于西岗子镇西沟村南。古城每边墙长200米，周长800米。古城平面呈正方形，城墙堆土筑成，墙基宽约8米，残高约1米，城内分布地表坑有多处。此城出土过金代"经略使司"之印，可认定为金代古城遗址。

2. 北安市

（1）南山湾古城

古城遗址位于胜利乡民生村西头村北。古城每边墙长300米，周长1200米。古城平面呈正方形，南城墙中间设1个城门，两边有马面，四角有角楼，城外有护城河。1987年，在距城不远长青村出土了曷苏昆山谋克印，有学者推定此城为金代曷苏昆山谋克城。

（2）庙台子古城

古城遗址位于石华乡六道沟子村。"城西北约200米处有5米见方的高土台，当地人称作庙台子。"[②] 城墙长约600米，宽约200米，周长1600米。古城平面呈长方形，城墙夯土版筑，城墙残高0.4米，宽5米。不见瓮城、马面、角楼建筑。遗址中散布着许多陶片、砖瓦片、石磨残块。从此城建筑形制和出土文物，可推断此城为辽金时代古城遗址。

3. 五大连池市

（1）和平村古城

古城遗址位于和平乡和平村东北。古城东西墙长700米，南北墙长

[①] 赵泽民主编：《绥化地区志》，黑龙江人民出版社1995年版，第1219页。
[②] 卢斌总编：《北安县志》，黑龙江省新闻出版局1993年版，第660页。

第二章 辽金古城形制与分布

100米。古城平面呈长方形。1973年遗址内出土了一面铜镜，文化性质属于金代。

（2）永远村古城

古城遗址位于团结乡永远村讷谟尔河南岸。古城内出土有铁器和北宋"元丰""政和"等字样的货币。遗址性质为金代。

（3）凤凰山古城

古城遗址位于凤凰山农场凤凰山小屯附近耕地上。古城城墙已经不复存在，遗址地上散布着大量布纹瓦、青砖碎片。在此地出土过铜钱、铁箭头等文物，在附近水库旁边有金代墓葬。从遗址附近遗物和出土文物判断，此遗址当为辽金时代古城遗址。

4. 嫩江市

（1）伊拉哈古城

古城遗址位于伊拉哈镇红嫩村。古城为两道城墙，内城东、南墙分别与外城东墙南段、南墙东段重合。外城每边墙长495米，周长1980米，内城每边墙长33米，周长132米。古城平面呈正方形，城墙残高1—2米，南墙中部设1个城门，每边城墙各设3个马面，四角有角楼。城中地表可见大量陶器残片，出土过宋代铜币。从建筑形制和出土文物，可推断为金代古城遗址。

（2）海江古城

古城遗址位于海江镇西孟村。古城东西墙长1000米，南北墙长100米，周长约2000米。古城平面呈长方形，遗址已夷为平地，不复存在。地表散布着布纹瓦和青砖残片。出土有铁锅、铜钱等文物，根据城内遗物和出土文物，可推断此城为金代遗址。

（3）二十里屯古城

古城遗址位于前进乡繁荣村西50米处。古城每边墙长140米，周长560米。古城平面呈正方形，城墙夯土版筑，残高1米，"发现铁锅1件，铜碗3件，还有铁箭头和陶片等遗物"[①]。根据古城地面文化遗存以及出土文物，可推断此城为金代古城遗址。

（4）小石砬子古城

古城遗址位于临江乡小石砬子村西100米处。古城每边墙长100米，

---

① 胡连顺主编：《嫩江县志》，中国·三环出版社1992年版，第550页。

周长400米。古城平面呈正方形,城墙夯土版筑,残高1米。此城没有角楼和马面。遗址破坏严重,没有遗物记载。《嫩江县志》把其定为金代古城遗址。

5. 逊克县

老前古城

古城遗址位于干岔子乡河西村西南山中。古城东、西、北三面为陡坡,修筑四道城垣,头道周长700米,高1米,二道高2米,三道高2米,四道高3—4米。头道墙与二道墙距离10米。"从掘出3个凿形铁镞看,与克东的蒲与路治遗址和肇东八里城金代遗址出土的铁镞相似,经黑河地区文物考察队初步鉴定为金代土山城遗址。"①

6. 孙吴县

(1) 四方城古城

古城遗址位于沿江乡西霍尔莫津村北2000米处。古城周长640米,城墙残高1.5米。属于金元时期古城,文化性质有待进一步研究。

(2) 胜利屯古城

古城遗址位于沿江乡胜利村东边。古城遗址因多年取土,遭到严重破坏,现在已无法确定城墙的长度、高度,以及建筑形制和结构。在古城内出土了铜镜、铁锁等文物,"文化性质暂定为金代。"②此城应为金元时期古城遗址。

(六) 佳木斯市辽金古城

1. 佳木斯市区

(1) 民兴古城

古城遗址位于郊区沿江乡民兴村西南。古城分为一个大城、两个小城,呈"品"字形排列。南北墙长约100米,东西墙长约230米,周长660米。古城平面呈长方形,城墙夯土版筑,东墙有1个城门,不见瓮城遗迹,两个小城方形,1个在南墙开门,1个在北墙开门,两个小城的城门对开。"古城遭严重破坏,仅大城南墙尚存一小部分旧迹。据考建于金末明初。"③

---

① 刘德林主编:《逊克县志》,黑龙江人民出版社1991年版,第527页。
② 张国相主编:《孙吴县志》,黑龙江人民出版社1991年版,第506页。
③ 宋惠民主编:《佳木斯市志》,中华书局1996年版,第1092页。

第二章 辽金古城形制与分布

（2）南城子古城

古城遗址位于郊区大来镇南城子村。古城遗址破坏严重，城墙已经模糊不清，依稀可见。古城平面呈长方形，城墙夯土版筑，西墙临江没有城门，东、南、北三面城墙各有1个城门遗址，不见马面、角楼建筑。在此城遗址北边不远处，有北城子古城遗址。"古城系为金代所建，是当时松花江下游一大重镇。"①

2. 汤原县

（1）固木纳城

古城遗址位于汤原县西南香兰镇双河村。古城东西墙长750米，南北墙长500米，周长约2500米。古城平面呈长方形，城墙夯土版筑，墙基宽8米，顶宽2米，高6米，南墙中间有1个城门遗址，外有瓮城。全城有5个马面，南北墙各有1个马面，西北角和西南角有角楼遗迹。北墙外有2道护城壕，西墙外有1道护城壕，古城被汤旺河分成两部分，遗存的西部分目前为耕地占用。地面散布着大量青砖、灰色布纹瓦、轮制灰陶片、兽面瓦当、滴水等。出土过铜锅、铜镜、铁锅、铁镞和宋钱等。"固木纳城辽代为五国部盆奴里部，金代为屯河猛安，元代为桃温万户府"②等治所城。

（2）郎君古城

此城包括东、西两座古城。西古城遗址位于振兴乡振兴村东南。古城东墙长200米，西墙长250米，南墙长470米，北墙长450米，周长1370米。古城平面呈长方形，城墙夯土版筑，墙基宽8米，顶宽2米，残高3米，有瓮门、马面、角楼、护城河等军事防御设施。城内地面散布轮制泥质灰陶片、布纹瓦和定瓷、仿定瓷片等。城址东、西两侧各有耳城。东古城位于振兴乡古城村东南。东西墙长200米，南北墙长150米，周长700米，古城平面呈长方形。城墙夯土版筑，形制与西古城相同。在这两座古城附近出土的文物有金耳坠、金钗、金铤及金代铁锹、铁车辖、三足环耳锅、三足平底锅、石臼等。"按两座古城形制、地面分布陶片及出土之北宋及金代铜钱等文物，认定此城为金代胡里改路所辖的猛安、谋克城寨。"③

---

① 宋惠民主编：《佳木斯市志》，中华书局1996年版，第1092页。
② 干志耿主编：《黑龙江省志·文物志》，黑龙江人民出版社1994年版，第145页。
③ 陈凤舞、王文石主编：《汤原县志》，黑龙江人民出版社1992年版，第776页。

（3）陶家湾古城

古城遗址位于香兰镇陶家湾村东北1500米处。古城周长300米。古城平面呈不规则圆形，没有瓮城、马面、角楼和护城河等防御设施。在城内坑穴中出土少量木炭、红烧土块、陶片等。"此类古城当为肃慎人之后裔、女真先世勿吉、靺鞨人文化遗存。"①

3. 桦川县

（1）瓦里霍吞古城

古城遗址位于悦兴乡万里河村。古城依山势走向建筑，城墙周长3000米。古城平面呈不规则形，城墙夯土版筑，残高6米，东、西、南三面城墙中间各设1个城门。东、西二门有瓮城，其他建筑遗迹不见。城中曾出土布纹瓦、定窑白瓷残片，以及宋代"崇宁通宝"和金代"大定通宝"铜钱。"该城址为金五国城之一的'越里笃国'，经数次音变而称瓦里霍吞城。"② 此城属于辽金古城，但为"越里笃国"城，还应深入研究。

（2）希尔哈古城

古城遗址位于新城镇古城村附近。古城周长3200米。古城平面呈不规则靴形，城墙夯土版筑，从现存遗址看，西墙有城门遗址，南墙东段有城门遗址，并有瓮城。东、南城墙各有10个马面，北墙没有马面。四角有角楼，城外有护城河遗迹。从此城的建筑形制来看，当为辽金古城遗址。

4. 同江市

（1）团结古城

古城遗址位于乐业乡团结村西南。古城南北墙长400米，东西墙长323米，周长1446米。古城平面呈长方形，城墙夯土版筑，墙基宽6米，顶宽1—2米，残高3米。在南墙中间有1个城门遗址，不见瓮城、马面、角楼等建筑设施。"城内发现大量金代陶器残片、瓷器残片、铜器熨斗残片。"③

（2）勤得利古城

古城遗址位于勤得利乡西山上。古城沿山坡而建，周长1982米。古城平面呈不规则形，城墙土石混合夯筑，墙基宽6米，上宽1米，残高3

---

① 陈凤舞、王文石主编：《汤原县志》，黑龙江人民出版社1992年版，第776页。
② 傅民主编：《桦川县志》，黑龙江人民出版社1991年版，第638页。
③ 吴文孝主编：《同江县志》，上海社会科学院出版社1993年版，第415页。

第二章　辽金古城形制与分布

米，南墙中间有1个城门遗址，不见马面、角楼等建筑设施。城内分布大量纹饰灰陶片。"初步断定为金代女真人遗址。"①

5. 富锦市

大屯古城

古城遗址位于街基乡大屯村。古城东西墙长950米，南北墙长425米，周长2750米。古城平面呈长方形，城墙夯土版筑。据当地群众说，古城过去南北有通道，怀疑为南北城门遗址。现在古城已建为公园，城门、瓮城、马面、角楼等不可辨识，城外有护城壕遗迹。在古城西南角，有一个小古城，周长为1700米，在古城内采集到青砖和布纹瓦。"1981年合江地区文物普查队实地踏查、访问、采集标本、考证文献资料，认定为金代霍吞吉里城。"②

（七）牡丹江市辽金古城

1. 牡丹江市区

（1）南城子古城

古城遗址位于桦林镇南城子村勒勒河左岸台地上。古城周长2050米。平面呈长方形，城墙夯土版筑，底部夹有石块，墙基宽8—10米，残高1.5—1.8米，在南墙中间有1个城门遗址，并有瓮城遗址，其他城墙不见城门遗址，也不见马面和角楼。城内出土过1件磨制石斧，1件残断砂岩磨盘。地表散布很多深灰色、灰色轮制泥质陶器残片，青灰色、浅红色布纹瓦残片，以及莲花瓦当、铁镞、铁钉、铁蒺藜、石臼等文物。《牡丹江市志》说："此城，为渤海中晚期平原城。"③从此城出土的文物来看，这个古城虽是始建于渤海时期，但辽金沿用。

（2）龙头山古城

古城遗址位于沿江乡小莫村北龙头山上。古城周长1680米。古城平面呈折扇形。古城有内外两道城墙，外墙夯土版筑，内墙为土石混筑。外墙基宽8—10米，残高1.5—1.8米，墙外有护城壕，未发现城门遗址。古城内出土文物较为丰富。"该城为渤海时期建，金代沿用。根据其地理位

---

① 吴文孝主编：《同江县志》，上海社会科学院出版社1993年版，第415页。
② 焦贵林主编：《富锦县志》，中国·三环出版社1991年版，第614页。
③ 王璟琳总编：《牡丹江市志》，黑龙江人民出版社1993年版，第1394页。

置和史料记载,当为古州治所。"①

2. 宁安市

(1) 城墙砬子古城

古城遗址位于宁安市西南。古城周长约3100米。呈不规则长方形,城墙土石混筑,城墙残高0.3—0.5米。北墙中间有宽2.5米城门遗址,门外有瓮城建筑遗址,墙的西端有1个大型马面,遗迹较为清晰。西墙北段,现存两段城墙,土石混筑,一段高0.3—0.5米,一段高6—8米,顶宽3—4米。墙外有2个方形马面。东墙石块垒砌,平均高度为1.5—2米,宽均为2米。在城内北侧,发现一个方形土城,周长95米,墙高1—1.5米,无门址。城内已被树木覆盖,地表很难找见遗物。"该山城的年代,应为渤海国时期所建,其后为东夏国(又称东真国)所沿用"②。

(2) 城子后古城

古城遗址位于镜泊湖发电厂西。城墙依山势走向而修筑,城内地面北高南低,城墙沿着山脊、临江断崖及深谷峭壁的边缘,城墙土石混筑。有3道城墙,其中有2道城墙自西而东将整个山城分割为北、中、南3个城区,城墙周长3590米。平面呈不规则形,共有3个门、15个马面,墙外(南侧)有护城壕。城内地表散布有灰色布纹瓦、青砖、鲤鱼形铁铡刀等遗物。在城内还出土了"天泰十八年造"字样铜印,此城当为东夏国用过。

(3) 南湖头古城

古城遗址位于镜泊湖乡南湖村北。古城南墙残长约700米,西墙残长220米。古城平面呈长方形,城墙夯土版筑,墙基宽9米,高4米,在南墙中部有1个城门遗址,建有瓮城,残存马面8个,其中南墙4个,西墙4个。城内地表散布有布纹瓦、砖块、泥质轮制陶残片、瓷片等遗物。"从其形制特点及出土遗物等判断,应属辽、金时期遗存,也有可能始建于渤海。"③

(4) 大牡丹古城

古城遗址位于宁西乡大牡丹村东500米,本地人称"东城子"。东墙

---

① 王璟琳总编:《牡丹江市志》,黑龙江人民出版社1993年版,第1395页。
② 干志耿主编:《黑龙江省志·文物志》,黑龙江人民出版社1994年版,第126页。
③ 干志耿主编:《黑龙江省志·文物志》,黑龙江人民出版社1994年版,第153页。

第二章 辽金古城形制与分布

长约220米,北墙长约240米,周长920米。古城平面呈长方形,城墙夯土版筑,东、北、南三面城墙残高2米。在城东南角有明显的三道城墙,一个套一个,形成"回"字形套城。在古城遗址中,出土了大量瓦片、铁刀和铁车钏各1件,"崇宁通宝"和"开元通宝"铜钱各1枚,以及兽面瓦当等。"从上述城址布局、结构和出土文化特点来看,该城为早期渤海人建造,是渤海上京所辖的富宁县治所,后来被金人沿用扩建为金代古城。"[1]

(5)东营城子古城

古城遗址位于沙兰镇古井城村(程家烧锅)北。古城址西高东低,平面略呈长方形,在东城墙中部有1个城门遗址,外有瓮城建筑。1976年,农民于光珍在遗址上耕地时,发现一枚金代"勾当公事之印"。《宁安县志》根据出土文物,将此古城列入辽金代古城遗址。

(6)西营城子古城

古城遗址位于沙兰镇牡丹江军马场驻地东南500米处。古城东墙长110米,南墙长211米,西墙长140米,北墙长130米,周长约591米。古城平面呈梯形,城墙夯土版筑,残高1.5—2.5米。有城门、瓮城和护城壕遗迹。"此城为渤海城,金代沿用,具有军事城堡特征。"[2]

3. 林口县

(1)三道通古城

古城遗址位于三道通乡所在地。城墙周长2900米。古城平面呈靴子形,城墙夯土版筑,夯层厚为0.1—0.13米。东南、西南两面城墙各设1个城门,门外建有瓮城,城墙附筑马面25个,城墙四角有角楼,墙外挖有护城壕。城中地表散布泥质灰陶片及板瓦、筒瓦等遗物。从"城址形制及出土遗物均具有辽、金时期的特征"[3]。三道通古城见图2-10。

(2)乌斯浑河口古城

古城遗址位于刁翎镇东岗子村西山脚下。古城周长1000余米。古城平面呈五边形,城墙夯土版筑,东、西、南三面城墙保存较好,北城墙仅存东段40余米,东、西两面城墙各设1个城门,并建有瓮城。全城有马面8个,四角有角楼。城内出土过花边沿瓦、板瓦、筒瓦、牛头兽面瓦当

---

[1] 朱德清主编:《宁安县志》,黑龙江人民出版社1989年版,第622页。
[2] 朱德清主编:《宁安县志》,黑龙江人民出版社1989年版,第622页。
[3] 干志耿主编:《黑龙江省志·文物志》,黑龙江人民出版社1994年版,第157页。

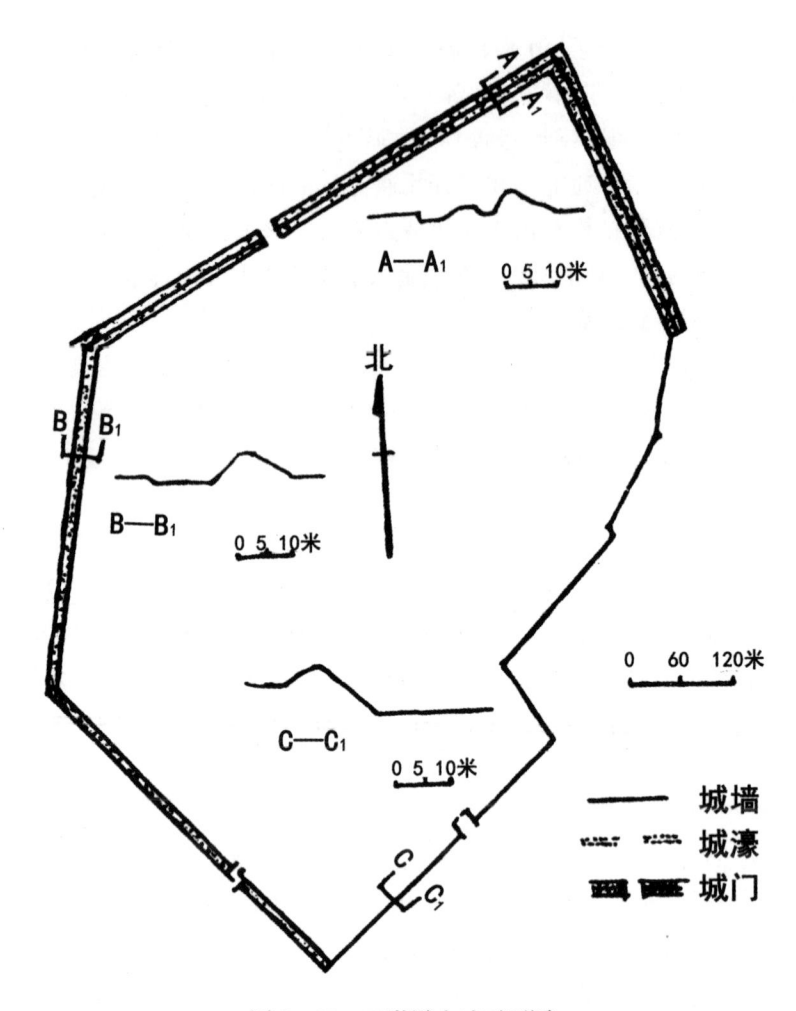

图 2-10　三道通古城平面图

资料来源：干志耿主编：《黑龙江省志·文物志》，黑龙江人民出版社 1994 年版，第 157 页。

和陶片等遗物。"从筑城方法、城址结构、出土遗物等方面综合分析，乌斯浑河口古城为金代女真人修筑，并为后代所沿用。"[1]

4. 东宁市

（1）大城子古城

古城遗址位于东宁镇大城子村。古城周长 3570 米。古城平面呈方形，

---

[1] 陈鸿友主编：《林口县志》，黑龙江人民出版社 1999 年版，第 1196 页。

第二章 辽金古城形制与分布

城墙夯土版筑，夯层0.03—0.07米，残高2—5米，东墙、北墙破坏严重，南墙与西墙保存较好。不见瓮城、马面、角楼建筑遗址，城外有护城河遗迹。"城内外分布着丰富的渤海时期遗物，在城内外还出土了金代文物，证明这座古城到金代还在沿用。"①

（2）都统城

古城遗址位于东宁镇胡萝卜崴村。在绥芬河南岸，三面环山。"民国初年，还有残砖、厚坯遗址。相传为金代所留。"② 因早年在该地掘得金代"都统所印"，背刻"贞祐六年行六部制"，因此后人将此处称为都统城。

5. 穆棱县

（1）小四方山古城

古城遗址位于福禄乡高峰新村北小四方山顶上。古城由两道城墙组成，即石城和土城组成，石城位于山顶山，土城位于山腰处。石城依山势修建，周长880米。古城平面呈不规则形，墙基宽11米，顶宽2米，残高3.5—4米，在东墙中间有1个城门遗址。土城周长1342米，平面呈不规则形，残墙最高处2.5米。城中出土遗物时间跨度较长，"在城址内发现有从渤海到辽、金各时期的遗物"③。此城辽金时期沿用。

（2）兴源古城

古城遗址位于兴源镇西北山上。古城周长195米。古城平面呈不规则形，城墙用石块堆砌而成，城内有3座较大古墓葬。"据考古分析，古石城应为渤海时期遗址，城内墓葬、墓碑均为后期遗物，年代均晚于石城。"④ 遗物晚于渤海时期，说明辽金时期沿用过此城。

（3）下城子古城

古城遗址位于穆棱市下城子村。古城周长1000米。古城平面呈不规则形，王禹浪将此城归属为辽金古城遗址。

6. 海林县

（1）兴农古城

古城遗址位于三道乡兴农村东北2000米处。古城东西墙长183米，南

---

① 邹化歧主编：《东宁县志》，黑龙江人民出版社1989年版，第473页。
② 邹化歧主编：《东宁县志》，黑龙江人民出版社1989年版，第472页。
③ 干志耿主编：《黑龙江省志·文物志》，黑龙江人民出版社1994年版，第125页。
④ 傅长青、王炳文主编：《穆棱县志》，中国文史出版社1990年版，第608页。

北墙长180米，周长726米。古城平面呈长方形，城墙夯土筑城，东北角被洪水冲坏，其余城墙尚有遗迹。在南、北城墙上各有1个豁口，推测是城门遗址。由于城墙破坏严重，不见瓮城、马面、角楼等建筑设施，城外四周有护城河遗迹。"城内曾采集到泥质灰陶片及夹砂红褐陶片。"① 根据采集到的泥质灰陶片等文化遗存来看，此古城应该是辽金沿用。

（2）采石场古城

古城遗址位于石河乡采石场西1000米处。古城墙沿着山势走向而建，平面呈不规则形，城墙土石混筑，宽2米，残高4米，城墙上有马面，不见瓮城和角楼及护城河设施。"遗址为金代山城，县级文物保护单位。"②

（3）满城村古城

古城遗址位于旧街乡满城村海浪河右岸。古城每边墙长225米，周长900米。古城平面呈正方形，城墙夯土版筑，在城内中间有一南北墙，把古城分成东西两部分。现存东墙中段残墙70米，厚0.8米，残高1.2—1.8米。北墙东段残长140米，厚0.9—2米，残高1.5—2.5米。南墙西段残长100米，残高1.5—3.5米。西墙荡然无存。"1942年出土一颗天泰年号铜印……1983年出土二寸正方形铜印，重2市斤1市两。"③ 此城为辽金时期古城遗址。

（4）沙尔虎古城

古城遗址位于海南乡沙虎村。古城墙仅存残墙数段，大小形制不清楚。城墙夯土版筑，东墙南段残长30米，南墙东段残长50米，西墙北段残长30米，北墙残长20米，残高1—3.5米。城门、瓮城、马面、角楼设施不明。"出土文物有灰色布纹瓦残块、轮制泥质陶、铜盆、铜印及北宋'祥符元宝'铜钱一枚。"④ 从形制看是辽金时代城池。

（八）鹤岗市辽金古城

1. 鹤岗市区

邵家店古城

古城遗址位于鹤岗市区北郊邵家店西北。城墙依地势而建，周长1800

---

① 金东哲主编：《海林县志》，中国文史出版社1990年版，第532页。
② 金东哲主编：《海林县志》，中国文史出版社1990年版，第532页。
③ 金东哲主编：《海林县志》，中国文史出版社1990年版，第533页。
④ 金东哲主编：《海林县志》，中国文史出版社1990年版，第533页。

第二章 辽金古城形制与分布

米。古城平面呈椭圆形，城墙夯土版筑，东、西、北三面城墙犹存，墙基宽6—8米，东、西两墙各设2个城门，建有瓮城。全城共有24个马面，城墙之外有宽约10米的护城壕。古城内出土过六耳铜锅等6件铜器文物。"根据城的形制特点及出土风型辽金遗物，有人认为该城可能是辽代的'主偎城'、金代的'阿疏城'故址。"①

2. 绥滨县

（1）奥里迷古城

古城遗址位于绥滨县城西，古城每边墙长806米，周长3224米。古城平面呈正方形，城墙夯土版筑，遗迹尚存。在东墙中间有1个城门遗址，外有瓮城遗迹，全城遗留43个马面，城外有护城壕遗迹，宽3—4米，深1—2米。附近有金代墓葬。"清代著名学者屠寄在《黑龙江舆图说》中，将该城考证为辽代五国部的'奥里迷'部治所，今考古调查证明了屠寄的考证。"②

（2）中兴古城

古城遗址位于中兴镇高力村。古城每边墙长365米，周长1460米。古城平面呈正方形，城墙夯土版筑，在南墙和北墙中间各设1个城门，建有瓮城。城墙没有马面、角楼等遗迹，城外有3道护城河。在城外西北、西南、东南三面，各建筑1个方形小城堡。"从中兴古城位置、形制特点及附近墓地出土文物看，应始建于辽，沿用至金代中晚期。"③

（3）北古城

北古城又称古城岗古城，古城遗址位于绥滨县北山乡古城村，周长约500米，"是辽代奥里米部酋长建筑"④。

（九）鸡西市辽金古城

鸡东县

向阳古城

古城遗址位于向阳乡古城村东北500米处。古城东墙长233米，西墙长238米，南墙长362米，北墙长315米，周长1148米。古城平面呈长方

---

① 干志耿主编：《黑龙江省志·文物志》，黑龙江人民出版社1994年版，第146页。
② 干志耿主编：《黑龙江省志·文物志》，黑龙江人民出版社1994年版，第144页。
③ 干志耿主编：《黑龙江省志·文物志》，黑龙江人民出版社1994年版，第163页。
④ 刘殿启主编：《绥滨县志》，方志出版社1996年版，第536页。

形,城墙夯土版筑,南墙存墙基宽 3 米,残高 1.5 米。南墙中间有 1 个城门遗址,其他三面城墙不见城门遗址,北墙遗存马面 4 个,东墙遗存马面 3 个,西北角有角楼遗址,城外有护城壕遗迹。"古城遗址内发现过铜匙、铜碗、陶器等物。布纹瓦、青灰瓦,与辽代时期的拍瓦相似。"[1]

(十) 伊春市辽金古城

1. 伊春市区

大丰古城

古城遗址位于伊春市大丰林场附近山顶上。古城周长 1500 米。古城平面呈椭圆形,建筑形制不明。曾出土过铜钱和铁锅。王禹浪教授将此城址归类为辽金古城遗址。[2]

2. 嘉荫县

嘉荫河古城

古城遗址位于嘉荫县南部和新青区、鹤岗市交界处的嘉荫河右岸。古城东、北、西三面墙长 1400 米,不知道南面城墙多长。古城平面呈椭圆形,城墙夯土版筑,有东西两个城门,建有瓮城,全城有 24 个马面。城内已经变成林地,草木茂盛。城内出土过"1 件三足单耳祭器和 5 件炊煮器,皆属铸范合成铜器具……伊春市文物站确认该城为辽金古城"[3]。

(十一) 七台河市辽金古城

勃利县

(1) 马鞍山古城

古城遗址位于长兴乡马鞍山村西北。该古城由四座山城构成。在群山中间有:周长 70 米,残高 6 米,平面呈长方形。正西 60 米处有:周长 58 米,残高 6 米,平面呈圆形。西南 250 米处有:周长 70 米,残高 7 米,平面呈圆形。正北 300 米处有:周长 110 米,残高 10 米,平面呈圆形。正南 2000 米处有:周长 150 米,残高 10 米,平面呈方形。城墙夯土版筑,在此城遗址内采集过布纹瓦、铁箭头、北宋铜钱等遗物。"据此认定遗址为

---

[1] 李魁生等编:《鸡东县志》,鸡东县志编纂委员会办公室 1989 年版,第 354 页。
[2] 王禹浪、都永浩主编:《文明碎片——中国东北地区辽金契丹女真历史遗迹与遗物考》,黑龙江教育出版社 2013 年版,第 123 页。
[3] 范德昌主编:《嘉荫县志》,黑龙江人民出版社 1988 年版,第 536 页。

第二章 辽金古城形制与分布

辽代军营遗址。"[1]

（2）四站乡古城

古城遗址位于四站乡古城村。古城周长1400米，平面呈长方形。不见城门、马面、角楼等设施记载。王禹浪将此城归类为金代女真古城遗址。[2]

（十二）双鸭山市辽金古城

友谊县

凤林古城

古城遗址位于成富乡凤林村西300米处。古城周长6000米。古城平面呈"凸"字形，墙基宽8米，顶宽3米，残高1米。北墙东部有1个城门遗址，外有2道护城壕，壕深1.2米，两壕间距10.8米，城内分8个不规则城区，中部有1个（6城区）周长471米，平面呈正方形小城，城墙夯土版筑，墙基宽12—15米，上宽3米，残高2—4米，每面城墙各设1个马面，四角各有1个角楼，城外有护城河，深4米，宽16米。古城遗址内出土过素面夹砂手制黄褐色陶碗、陶罐、柱状耳陶片、双耳铜釜、小铜钟等文物。"凤林古城为早期铁器时代遗址，其中6城区年代偏晚，属辽金时期建筑。"[3]

二 吉林省境内的辽金古城

（一）长春市辽金古城

1. 长春市

（1）郭家古城

古城遗址位于兰家乡郭家村张文约屯。古城遗址范围15000平方米左右，据记载："有金代六耳锅、铁熨斗、铜钱等器物出土……发现有墙基、青砖等遗迹遗物。"[4] 这么大范围的遗址，可定为辽金古城，形制不清。

---

[1] 王长山主编：《勃利县志》，中国社会出版社1992年版，第571页。
[2] 王禹浪、都永浩主编：《文明碎片——中国东北地区辽金契丹女真历史遗迹与遗物考》，黑龙江教育出版社2013年版，第106页。
[3] 王禹浪、都永浩主编：《文明碎片——中国东北地区辽金契丹女真历史遗迹与遗物考》，黑龙江教育出版社2013年版，第102页。
[4] 杨迪主编：《长春市文物志》，吉林省文物志编委会1987年版，第37页。

(2) 小城子古城

古城遗址位于宽城区奋进乡城西南。古城东西墙长约 500 米，南北墙长 250 米，周长约 1500 米。古城平面呈长方形，城墙夯土版筑，残高 1.5 米，墙基宽 10 米左右，城门和城墙附属建筑无法辨识。在城外有 10 米宽护城河环绕全城。城内地表仍可见到青砖、布纹瓦和陶器残片等遗物。《长春市文物志》记载："根据古城内外所出的遗物可以断定，此城应为辽金时代所建。"①

2. 农安市

(1) 农安古城

古城遗址位于农安县城。古城东墙长 936 米，南墙长 984 米，西墙长 937 米，北墙长 983 米，周长 3840 米。古城平面呈方形，城墙夯土版筑，墙基宽 30 米，北墙残高 0.5—2 米，东墙残高 1—3 米，南墙大部分破坏，仅城门以东尚有痕迹。古城四角有角楼，东北角楼残高 7 米，东南角楼残高 3 米，其他两个角楼稍有痕迹。"该古城是扶余、渤海、辽、金、元、明、清各时期沿用，现为农安县城所在地。"②

(2) 万金塔古城

古城遗址位万金塔乡政府所在地。古城东墙长 820 米，西墙长 810 米，北墙长 792 米，南墙长 800 米，周长 3222 米。古城平面呈长方形，城墙夯土版筑，城墙破坏严重，四角有角楼，四面城墙各有 1 个城门。北、南两面城墙残高 0.8 米，墙外设有护城河。《农安文物志》考证："上述诸多史料表明，祥州即今万金塔古城。从该城址的形制、规模、塔基'地宫'及古城一带出土文物考察成果，也进一步印证了万金塔古城乃辽代祥州的可靠性。"③

(3) 广元店古城

古城遗址位于靠山镇新城村广元店屯东南 50 米。古城北墙长 285 米，南墙 263 米，东墙长 633 米，西墙长 534 米，周长 1715 米。古城平面呈梯形，城墙夯土版筑，南城墙和北城墙残高 1—2 米，东墙残高 1.2 米，西墙为大道占用。《农安县文物志》记载："根据史料记载和对古城及其出土文

---

① 杨迪主编：《长春市文物志》，吉林省文物志编委会 1987 年版，第 41 页。
② 赵清俊等编：《农安县文物志》，吉林省文物志编委会 1986 年版，第 105 页。
③ 赵清俊等编：《农安县文物志》，吉林省文物志编委会 1986 年版，第 111 页。

第二章 辽金古城形制与分布

物的考证，广元店古城即辽宾州城，金沿用称乌古舍寨。"①

（4）小城子古城

古城遗址位于小城子乡小城子村西200米处。古城每边墙长400米，周长1600米。古城平面呈正方形，城墙夯土版筑，南城墙破坏严重，其他三面城墙仅存10米宽，3米高土岗。四周各有城门，位于每面城墙中间，四角有角楼。城内全为耕地，地表散布少量陶片等辽金文物。《农安县文物志》记载："这座古城即《松漠纪闻》中所提到的益州。当时这里是连结中原到上京会宁府的驿站。"②

（5）小城子古城

古城位于三宝乡小城子屯。古城东墙长240米，南墙长240米，西墙长239米，北墙长292米，周长1011米。古城平面近似方形，城墙夯土版筑，残高0.3—0.7米，西墙、北墙部分被毁坏。南墙为乡村公路，东墙保存完好。城四角有角楼，南墙有城门和1个马面，其余三面城墙各设马面2个。墙基宽6米，顶宽3米。城门结构不清楚。城内出土有辽金文物，《农安县文物志》记载："据史料记载及历史考古工作者考证，此城为辽威州所在地。"③

（6）西好来宝古城

古城遗址位于榛柴乡西好来宝村西好来宝屯。古城东墙长286米，西墙276米，北墙长329米，南墙长335米，周长1226米。古城平面呈不规则形，城门和马面痕迹，已经无法辨识。城内采集有布纹瓦等辽金建筑构件。《农安县文物志》记载："西好来古城应为金代济州东铺所在地。"④

（7）靠山古城

古城遗址位于靠山镇靠山村。古城南墙长426米，北墙长438米，西墙289米，东墙毁坏严重，无法辨识。古城平面呈长方形，城墙建筑结构不明，城东南角有一角楼，直径12米，高1.8米。古城地表散布有布纹瓦等辽金遗物。《农安县文物志》记载："从所见文物，古城形制和规模分析，这是一座辽金时代的古城址。据《奉使行程录》所载，今靠山古城，

---

① 赵清俊等编：《农安县文物志》，吉林省文物志编委会1986年版，第115页。
② 赵清俊等编：《农安县文物志》，吉林省文物志编委会1986年版，第117页。
③ 赵清俊等编：《农安县文物志》，吉林省文物志编委会1986年版，第120页。
④ 赵清俊等编：《农安县文物志》，吉林省文物志编委会1986年版，第121页。

金代称为漫七离孛堇寨。"①

（8）二泡子古城

古城遗址位于青山口乡青山口村二泡子屯北。古城东西墙长207米，南北墙长230米，周长874米。古城平面呈长方形，城墙夯土版筑，残存墙基宽7—9米，南、东、北三面城墙现以为耕地，略见痕迹，西城墙保存完好。在城内采集有泥质灰陶片、布纹瓦等辽金遗物。《农安县文物志》记载："根据出土器物及其他方面综合判定，此城为辽金时代古城。"②

（9）南台子古城

古城遗址位于青山口乡南台子村南台子屯南。古城东墙长240米，南墙长230米，北墙长225米，西墙长240米，周长935米。古城平面呈方形，城墙夯土版筑，现残墙基宽6—8米，残高0.4—1米，城门设在北墙，四角有角楼，每面城墙各设2个马面。城外可见护城河。《农安县文物志》记载："此城内以往曾几次出土过铜钱，多为唐、宋钱，并见有少量的辽、金钱，其字号有：'崇宁''元丰''皇宋''大观''正隆'等。并出土过石臼、石磨、铁刀、铁斧、铁镞等。"③ 据建筑形制和出土文物，可以判断此城为辽金时代古城遗址。

（10）岳王庙古城

古城遗址位于黄鱼圈乡八里营子村东山上。古城东墙长235米，南墙长525米，西墙长290米，北墙长493米，周长1543米。古城平面呈不规则四边形，城墙以夷为耕地，墙垣不太清楚，稍有痕迹。现西、北两墙残长0.1—0.15米，在南墙有两处城门，四角有角楼遗迹。此城有两种文化类型，辽金泥质灰陶较多。《农安县文物志》记载："此城是否为渤海时期的越王城，确实为一个值得探讨的问题，但根据遗迹、遗物及群众反映，历年发现有刀、剑、箭头、马镫等兵器遗物综合分析，此城应为辽前所建的军事城堡，辽金之后继续被沿用。"④

（11）城子里古城

古城遗址位于青山口乡江东王村东北2000米处。古城东墙长150米，

---

① 赵清俊等编：《农安县文物志》，吉林省文物志编委会1986年版，第122页。
② 赵清俊等编：《农安县文物志》，吉林省文物志编委会1986年版，第124页。
③ 赵清俊等编：《农安县文物志》，吉林省文物志编委会1986年版，第125页。
④ 赵清俊等编：《农安县文物志》，吉林省文物志编委会1986年版，第127页。

第二章 辽金古城形制与分布

南墙长170米，西墙长40米，北墙长150米，周长510米。古城平面呈圆角三角形，城墙夯土版筑，残高2米，墙基宽6米，顶宽4米，城墙按自然山势而建，北、西、南三面为天然山崖。东面城墙是人工建筑，在东墙北侧设有1个城门。城内文物有前期附加堆纹陶片和辽金泥质灰陶，两个时期遗物。《农安县文物志》记载："此城东墙断面内，夹杂许多辽以前的陶片，但不见辽以后的遗物。……以此推断，此城堡应为辽以前的军事城堡，辽后继续沿用。"[1]

（12）瓦盆城古城

古城遗址位于黄鱼圈乡八里营子村西北200米处。古城东墙长230米，南墙长508米，西墙长346米，北墙长538米，周长1622米。古城平面呈平行四边形，城墙夯土版筑，残高0.2米，墙基宽5米，顶宽2米。东西城墙各设1个城门，四角有角楼，东、北、西三面城墙各设1个马面，南城墙设有2个马面。城内地表散布大量布纹瓦、青砖、碎石等残块。《农安县文物志》记载："综合分析，此城当为辽金古城。"[2]

（13）顺山古城

古城遗址位于新阳乡顺山村西段家沟北500米山地上。古城南北墙长370米，东西墙长360米，周长1460米。古城平面呈方形，城墙夯土版筑，墙基宽8米，残高2米，四面城墙各有一门，四角有角楼。城内遗物较为丰富，有布纹瓦、青砖、陶瓷器物等残片。《农安县文物志》记载："据考：此城为辽金时代山寺铺所在地。"[3]

（14）花园古城

古城遗址位于小城子乡花园村花园屯南200米处。古城每边墙长550米，周长2200米。古城平面呈正方形，城墙夯土版筑，残高3米，墙基宽30米，四角有角楼，全城共有40个马面，南北两面墙各有1个城门。城内砖瓦稀少，锯齿纹和箆齿纹陶片较多。《农安县文物志》记载："根据城址形制和出土文物分析，这是一座军事性质的辽金古代城址。"[4]

---

[1] 赵清俊等编：《农安县文物志》，吉林省文物志编委会1986年版，第128页。
[2] 赵清俊等编：《农安县文物志》，吉林省文物志编委会1986年版，第129页。
[3] 赵清俊等编：《农安县文物志》，吉林省文物志编委会1986年版，第131页。
[4] 赵清俊等编：《农安县文物志》，吉林省文物志编委会1986年版，第131页。

(15) 小城子古城

古城遗址位于万金塔乡东北小城子屯东 400 米处台地上。古城东墙长 338 米，南墙长 332 米，西墙长 325 米，北墙长 319 米，周长 1314 米。古城平面略呈正方形，城墙夯土版筑，东城墙残高 0.4—0.6 米，南城墙破坏严重，遗迹难辨，西城墙残高 1.5 米，中间部位有 1 个马面，北城墙残高 1 米，四角有角楼，西、北两面城墙外有护城河。早年城内出土过六耳铁锅、三足铁锅、铜熨斗、大铜洗以及各种陶瓷器皿。《农安县文物志》记载："从该城址形制及出土文物分析，这是一处辽代占城，金代沿用。根据《金史·地理志》所述，小城子古城有可能是该书中所指的祥州管辖的怀德县治所。"①

(16) 温道沟古城

古城遗址位于伏龙泉乡下甸子村温道沟屯东北 100 米处。古城东西墙长 300 米，南北墙长 400 米，周长 1400 米。古城平面呈长方形，城墙夯土版筑，北墙残高 1.5 米，西墙残高 1 米，东墙和南墙略高于地面。地表遗物十分丰厚，城内遗物跨越时间长，从原始社会时期，到辽金时期都有，出土过铁铧、铁熨斗等辽金文物。《农安县文物志》记载："文物遗存证明，温道沟古城址所在地远在原始时代就已经有人类活动，在这里建造房屋，繁衍生息；辽金时在原始遗址之上建起这座城池。"②

(17) 马家城子古城

古城遗址位于三盛玉乡三盛玉村马家城子屯北。古城南北墙长 340 米，东西墙长 320 米，周长 1320 米。古城平面呈平行四边形，城墙夯土版筑，残高 1—1.5 米，西墙和北墙保存较好，东墙南半部和南墙已经被村落和乡村道路占领。城内文物丰厚，布纹瓦和青砖较多，城内出土过铁刀。《农安县文物志》记载："从城内外文化遗存看，此城系辽金时代城池。"③

(18) 库金堆古城

古城遗址位于开安乡库金堆村西南 2500 米处。古城东墙长 345 米，西墙长 330 米，南墙长 360 米，北墙长 340 米，周长 1375 米。古城平面呈正

---

① 赵清俊等编：《农安县文物志》，吉林省文物志编委会 1986 年版，第 132 页。
② 赵清俊等编：《农安县文物志》，吉林省文物志编委会 1986 年版，第 133 页。
③ 赵清俊等编：《农安县文物志》，吉林省文物志编委会 1986 年版，第 134 页。

第二章 辽金古城形制与分布

方形，城墙夯土版筑，南墙残高5米，西墙残高1米，北墙和东墙破坏严重，墙体不可辨识。墙基宽10米，东西两墙中间各有1个城门，四角有角楼，东北和西南两个角楼保存较好。城内地表散布青砖和布纹瓦等辽金文物。《农安县文物志》记载："此城是辽金时代古城。"[1]

（19）上台子古城

古城遗址位于榛柴乡上台子村上台子屯。古城南北墙长270米，东西墙长250米，周长1040米。古城平面呈长方形，城墙夯土版筑，东、西、北三面城墙残高0.3—0.5米，四角有角楼痕迹，城外可见护城河遗迹。北墙偏西有1个城门，周围有马面痕迹。《农安县文物志》记载："据城内遗物分析，上台子古城始建于辽，后为金代所沿用。"[2]

（20）土城子古城

古城遗址位于万顺乡土城子村小城子屯南侧。古城东西墙长400米，南北长380米，周长1560米。古城平面呈长方形，城墙夯土版筑，残高1.7米，四角有角楼，东、西、南三面城墙各设1个城门。马面、城门具体位置无迹可考。城内已为耕地，地表散布着青砖、布纹瓦、陶、瓷残片。《农安县文物志》记载："综上所述，此城当为辽金时代古城。"[3]

（21）双马架古城

古城遗址位于鲍家乡双马村双马架屯北100米处。古城每边墙长300米，周长1200米。古城平面呈正方形，城墙夯土版筑，南墙和北墙各中间设有1个城门，城门大小已无法辨识，城墙略高于地表，城外有护城河。城内地表可见布纹瓦、锯齿纹和篦齿纹泥质灰陶片等文物。《农安县文物志》记载："古城周围辽金时代村落遗址较多，此城应是当年这一带的政治、经济中心。"[4]

（22）盛家窝棚古城

古城遗址位于三岗乡盛家村盛家窝堡屯北1000米处耕地中。古城东西墙长78米，南北墙长72米，周长300米。古城平面略呈正方形，城墙夯土版筑，城墙大部分已无迹可考，只有少部分残垣断壁。《农安县文物

---

[1] 赵清俊等编：《农安县文物志》，吉林省文物志编委会1986年版，第137页。
[2] 赵清俊等编：《农安县文物志》，吉林省文物志编委会1986年版，第136页。
[3] 赵清俊等编：《农安县文物志》，吉林省文物志编委会1986年版，第137页。
[4] 赵清俊等编：《农安县文物志》，吉林省文物志编委会1986年版，第138页。

志》记载:"从古城里采集到的文物分析,这是一座辽金古城。"①

3. 九台市

(1) 和气古城

古城遗址位于卡伦镇和气村西北30米处。古城东西墙长407米,南北墙长450米,周长1714米。古城平面呈长方形,城墙夯土版筑,东、西、南三面城墙残高2米,北城墙残高3米,墙基宽15—20米,墙顶宽2米,城墙外5米远有15米宽护城河。城墙四角有角楼,北城墙有距离不等3个马面,南城墙中间有宽10米城门,城门外有瓮城。城内地表散布着砖、瓦、陶、瓷等残片。《九台县文物志》记载:"据此城形制结构及采集到的文物标本看,为辽金时代军事城池。"②

(2) 靰鞡草城子古城

古城遗址位于龙家堡镇长岭村靰鞡草屯北侧。古城每边墙长300米,周长1200米。古城平面呈正方形,城墙夯土版筑,南面城墙被当地村民盖房所破坏,已经没有痕迹。其他三面城墙保存较好,残高1.5米,墙基宽10米,墙顶宽5米,北城墙有2个马面,东南角有一长、宽各5米角楼。在城墙外5米远,有护城河。城内遗物丰富,出土过六耳铁锅等辽金文物。《九台县文物志》记载,"从城址的形制结构与遗物看,此城与和气古城属同一时期文化遗存"③,为辽金古城遗址。

(3) 宝山屯古城

古城遗址位于胡家乡宝山村宝山屯西500米处。古城东西墙长400米,南北墙长370米,周长1540米。古城平面呈长方形,城墙夯土版筑,东南、西南墙破坏严重,东北和西北墙保存较好,残高2米。城内遗物丰富,地表散布着密集的灰色布纹瓦、红褐色布纹瓦和陶瓷残片等遗物。《九台县文物志》记载:"从遗物分析,此城应为辽金时代古城址。"④

(4) 北城子古城

古城遗址位于上河湾镇四台村北栈房屯,古城每边墙长500米,周长2000米。古城平面呈正方形,城墙夯土版筑,南墙破坏严重,残高1—2

---

① 赵清俊等编:《农安县文物志》,吉林省文物志编委会1986年版,第139页。
② 郑首杉总纂:《九台县文物志》,吉林省文物志编委会1986年版,第90页。
③ 郑首杉总纂:《九台县文物志》,吉林省文物志编委会1986年版,第92页。
④ 郑首杉总纂:《九台县文物志》,吉林省文物志编委会1986年版,第93页。

第二章 辽金古城形制与分布

米,西墙被乡村道路占用,略高于地表。东、北两面城墙保存较好,墙内高2—3米,墙外高5米。墙基宽10米,墙顶宽2米,城墙四角有角楼,南北城墙各有1个城门,建有瓮城。城中遗存布纹瓦和陶瓷残片等遗物较为丰富。《九台县文物志》记载,"据当地群众反映,在城内东北有六耳铁锅及北宋时期的铜钱出土。此城性质应同前"[1],为辽金时代古城遗址。

(5) 吴家城子古城

古城遗址位于春阳乡吴家子屯东侧。古城每边墙长330米,周长1320米。古城平面呈正方形,城墙夯土版筑,四周城墙残高1—2.5米,墙基宽8—10米,东、北、南三面城墙保存较为完好,西城墙破坏严重,仅存约30米一段城墙。城墙外10米远处,有护城河环绕全城。《九台县文物志》记载:"城内遗物稀少,曾采集到兽面瓦当,布纹瓦、建筑饰件等辽金遗物。"[2] 据此可推断此城为辽金时代古城遗址。

(6) 赵家沟古城

古城遗址位于上河湾镇赵家沟屯东山岭上。古城每边墙长219米,周长876米。古城平面呈正方形,城墙夯土版筑,墙基宽12米,顶宽2米,残高内侧2米,外侧5米,周围有护城河。东、西两城墙南端各设1个城门。《九台县文物志》记载:"城内遗存有灰色和褐色布纹瓦,出土过六耳铁锅等辽金文物。"[3] 据此推断此城属于辽金时代古城。

(7) 大营城子古城

古城遗址位于加工河乡大营城子村大营城子山顶。古城每边墙长35米,周长140米。古城平面呈正方形,城墙夯土版筑,墙基宽5米,顶宽3米,残高4米,城墙外有宽6米的护城河环绕全城。在南墙东南角10米远有城门1个。《九台县文物志》记载:"从其地理位置和形制来推断,此城较小,不适宜人们聚居,只能是辽金时代人们用于瞭望和警戒的军事城堡。"[4]

(8) 大城子古城

古城遗址位于饮马河镇大城子村大城子屯北200米处。古城东、西、

---

[1] 郑首杉总纂:《九台县文物志》,吉林省文物志编委会1986年版,第94页。
[2] 郑首杉总纂:《九台县文物志》,吉林省文物志编委会1986年版,第96页。
[3] 郑首杉总纂:《九台县文物志》,吉林省文物志编委会1986年版,第97页。
[4] 郑首杉总纂:《九台县文物志》,吉林省文物志编委会1986年版,第97、98页。

北三面墙长400米，西墙长397米，周长1597米。古城平面呈正方形，城墙夯土版筑，破坏严重，只有北墙保存完好，残高3米，西墙残高1.5米，东墙残高0.5米，南墙已经建为民房。城门应该在南墙中间，遗迹不清晰。城内遗物较为丰富，布纹瓦和陶瓷残片散布在城内。《九台县文物志》记载："该城建于辽金时代，元时废弃。"①

（9）太和古城

古城遗址位于城子街镇正南沐石河西岸台地上。古城每边墙长400米，周长1600米。古城平面呈正方形，城墙夯土版筑，南墙残高2米，西墙残高0.5米，东墙和北墙破坏严重，现已无迹可寻。墙基宽12米，顶宽3米。城内文物较少。《九台县文物志》记载："此城是建筑于青铜时代遗址之上的辽金时代军事城堡。"②

（10）三台古城

古城遗址位于三台乡三台村南500米处。古城东西墙长100米，南北墙长110米，周长420米。古城平面略呈正方形，城墙夯土版筑，残高1米，墙基宽6米，顶宽2.5米，在北城墙上有1个城门。城中遗物丰富，采集到灰色布纹瓦、灰色泥质饰附加堆纹陶片等辽金遗物。《九台县文物志》记载："此城为辽金时代军事城堡。"③

（11）东尤屯古城

古城遗址位于莽卡乡张庄子村东尤卡屯北400米开阔地上。古城东西墙长267米，南北墙长333米，周长1200米。古城平面呈长方形，城墙夯土版筑，南墙残高1—1.5米，墙基宽12米，顶宽6米；北墙残高1—1.5米，墙基宽15米，顶宽7米。东西城墙破坏严重，已成耕地，没有痕迹。城内遗物丰富，地表散布着布纹瓦和陶、瓷残片等遗物。《九台县文物志》记载："这座古城是辽金时代设置的军事城堡。"④

（12）小城子古城

古城遗址位于饮马河镇小城子村小城子屯北250米处。古城南北墙长185米，东西墙长245米，周长860米。古城平面呈长方形，城墙夯土版

---

① 郑首杉总纂：《九台县文物志》，吉林省文物志编委会1986年版，第99页。
② 郑首杉总纂：《九台县文物志》，吉林省文物志编委会1986年版，第100页。
③ 郑首杉总纂：《九台县文物志》，吉林省文物志编委会1986年版，第100页。
④ 郑首杉总纂：《九台县文物志》，吉林省文物志编委会1986年版，第101页。

第二章 辽金古城形制与分布

筑，残高0.5—1.5米，城内遗物不多，采集到标准辽金布纹瓦等标本。《九台县文物志》记载："从城址的形制和遗物看，此城址应与大城子古城址同样属辽金时代城址，元时废弃。"①

（13）城子山古城

古城遗址位于莽卡乡七家子村西南城子山上。古城东墙长89米，南墙长71米，西墙长104米，北墙长76米，周长340米。古城平面呈长方形，城墙夯土版筑，东、西、北三面城墙残高1米，西墙夷为平地。墙基宽10米，顶宽2米，门址不详。城内散布灰色布纹瓦和灰陶片等辽金遗物。《九台县文物志》记载："此城应属辽金时代的小型城址。"②

（14）榆树岗子古城

古城遗址位于西营城子镇榆树岗子村榆树岗子屯东。古城东西墙长350米，南北墙280米，周长1260米。古城平面呈长方形，城墙夯土版筑，城墙损坏严重，依稀可见城墙遗迹，南城墙为乡村道路，北墙东北角有1个马面，城门所在位置不详。城内遗物丰富，有青砖、布纹瓦等辽金遗物。《九台县文物志》记载："从形制和出土文物来看，此城与卡伦镇的和气古城、尤家堡乡的靰鞡草城子古城属同一时期，即辽金时代。"③

（15）八家子古城

古城遗址位于塔木镇八家子村小学校西200米处。古城每边墙长320米，周长1280米。古城平面呈正方形，城墙夯土版筑，现只存西墙，残高2—3米，墙基宽10米，城门位置不清楚。城内密集散布着辽金布纹瓦。《九台县文物志》记载："这座辽金时代古城址，在1961年被公布为市级重点文物保护单位。"④

（16）偏脸城古城

古城遗址位于庆阳乡庆阳村正北300米处。古城每边墙长380米，周长1440米。古城平面呈正方形，城墙夯土版筑，破坏严重，仅存北墙一段，残高2米，门址不详。城内遗物较少，采集过灰色布纹瓦。《九台县

---

① 郑首杉总纂：《九台县文物志》，吉林省文物志编委会1986年版，第101页。
② 郑首杉总纂：《九台县文物志》，吉林省文物志编委会1986年版，第102页。
③ 郑首杉总纂：《九台县文物志》，吉林省文物志编委会1986年版，第102页。
④ 郑首杉总纂：《九台县文物志》，吉林省文物志编委会1986年版，第103页。

文物志》记载："此城址为辽金时代的军事城堡。"①

（17）江西古城

古城遗址位于莽卡乡江西村南一片开阔地。古城东距松花江1500米左右，城南有一条小河，从西向东流。由于地方狭窄，此城为直径40余米的圆形城。城内地表有灰色布纹瓦、灰色泥质陶片等辽金遗物。《九台县文物志》记载："从采集到的文物标本看，此城为辽金时代古城址。"②

（18）邱家沟古城

古城遗址位于莽卡乡邱家村西山坡上。古城东墙长25米，南墙长34米，西墙长24.5米，北墙长25米，周长108.5米。古城平面呈长方形，城墙夯土版筑，南墙残高1米，北墙残高1.5米，墙基宽4—5米，门址不详。《九台县文物志》记载："城内遗物较少，1960年文物普查时定为高句丽墓葬，80年代吉林文物普查时定为辽金古城。"③

4. 双阳县

（1）姚家城子古城

古城遗址位于奢岭乡双榆村姚家城子屯北山地上。古城南墙长440米，北墙长405米，东墙长385米，西墙长390米，周长1620米。古城平面呈方形，城墙夯土版筑，东、西、北三面城墙基本完好，墙基宽8—10米，顶宽1—2米。南墙仅存西端30米。在南北城墙中部各设1个城门，每面城墙筑有2个马面，四角有角楼。城内地表散布着布纹瓦片、青砖残块等辽金遗物。《双阳县文物志》记载："古城应建于辽金时期，是当时的一个重要城镇。"④

（2）后跨家屯古城

古城遗址位于佟家乡隆兴村后跨家屯北坡上。古城东墙长440米，西墙长419米，南墙长530米，北墙长407米，周长1796米。古城平面呈梯形，城墙夯土版筑，破坏严重，东墙已无迹可寻，南、北、西三面城墙尚可辨别。高处可达3米，低处略高地表。在南墙东段有1个城门，没有瓮城、马面、角楼、护城河等遗迹。城内遗物较为丰富，布纹瓦遍地皆是，

---

① 郑首杉总纂：《九台县文物志》，吉林省文物志编委会1986年版，第103页。
② 郑首杉总纂：《九台县文物志》，吉林省文物志编委会1986年版，第104页。
③ 郑首杉总纂：《九台县文物志》，吉林省文物志编委会1986年版，第104页。
④ 肖战国等编：《双阳县文物志》，吉林省文物志编委会1986年版，第57页。

第二章　辽金古城形制与分布

陶、瓷器物残片散布地表。《双阳县文物志》记载："这里在辽金时期，应是一处人烟稠密的城镇。"①

（3）庄家屯古城

古城遗址位于佟家乡庄家村庄家屯西100米处。古城遗址大小没有记载。古城平面略呈方形。20世纪50年代城墙还有轮廓，城门遗址位置不清。城内地表散布着很多布纹瓦，陶、瓷器物残片零星可见。《双阳县文物志》记载："这是一处辽金时期的古城。"②

（4）栗家屯古城

古城遗址位于双阳河乡黑鱼村栗家屯西北。古城因多年耕地城墙已经不存在，只有东面残墙40米，夯土版筑，在此段城墙上有1个马面，至于其他建筑都无从考证。在仅存的一段城墙附近，可见布纹瓦、青砖、陶器残件等辽金遗物。《双阳县文物志》记载："根据此城内采集器物和群众介绍，此城应为辽金时代古城。"③

（5）南城子古城

古城遗址位于太平乡长山村东南400米处。古城每边墙长500米，周长2000米。古城平面呈正方形，城墙夯土版筑，墙基宽8—11米，顶宽1.5—2.5米，南、北两面城墙中部各设有城门，城门外有瓮城，在城门两侧均有2个马面，东、西城墙各有4个马面。四角均有角楼痕迹，墙外未见护城河。城内所见多为泥质灰陶片和布纹瓦。距古城遗址不远处，有金代大型墓葬，墓前有石人、石羊各一对。《双阳文物志》记载："此城当为金代政治、经济、生产、军事等诸方面一重要城址。"④

（6）房城子古城

古城遗址位于四家子乡政府所在地。古城每边墙长450—500米。古城平面基本呈正方形，北墙、东墙有马面设施，东墙和西墙各有1个城门。城内地表散布较多陶片、瓷片、砖瓦，均为辽金时代遗物。《双阳文物志》记载："房城子古城地处水陆交通要道，战略地位比较重要，且规模又不很小，在辽金时代的政治、军事以及经济文化方面，都有其一定的

---

① 肖战国等编：《双阳县文物志》，吉林省文物志编委会1986年版，第60页。
② 肖战国等编：《双阳县文物志》，吉林省文物志编委会1986年版，第61页。
③ 肖战国等编：《双阳县文物志》，吉林省文物志编委会1986年版，第61页。
④ 肖战国等编：《双阳县文物志》，吉林省文物志编委会1986年版，第63页。

意义。"①

（7）东营城子古城

古城遗址位于新安乡向阳村向阳坡子屯。古城东墙长460米，西墙长500米，南墙长485米，北墙长475米，周长1920。古城平面呈方形，城墙夯土版筑，残墙基宽12米，顶宽2米，残高2—2.5米，南墙有一个城门，宽30余米。城墙现存12个马面，南北城墙各有4个，东西城墙各有2个。城外有护城河。城内地表散布大量砖石瓦砾，陶器、瓷器残片，以及生活用品罐、瓮、盆等残片，城内出土过六耳铁锅。《双阳县文物志》记载："根据城内出土器物的特征及城的形制特点，此城应为辽金时代城址。"②

5. 德惠市

（1）梨树园子古城

古城遗址位于大房身乡梨树园子村城子下屯后山坡上。古城东西墙长392米，南北墙长340米，周长1464米。古城平面呈长方形，城墙夯土版筑，破坏严重，南墙为道路所占，西墙为耕地，东城墙和北城墙各有一段残垣。现高1—2米，东南角楼已被水冲毁，西南角楼已经破坏。东北、西北角楼高2.5米，此城原有南北2门，城内外已为耕地。此城出土过"上京留守司印""拽达懒河猛安之印""盔烈河乌主谋克印"和"应办所印"。《德惠县文物志》记载："根据出土文物之丰富，金代铜印之多为证，似可断定此城当是辽金时期军事和地方行政的中心。"③

（2）丹城子古城

丹城子古城本名为"单城子"，与北面"双城子"相对而言。古城遗址位于边岗乡丹城子村。古城每面墙长400米，周长1600米。古城平面呈正方形，北城墙和东城墙保存完好，城墙上各种附属建筑清晰，有角楼、马面，西城墙和南城墙破坏严重，已经不是很清晰。在古城外东北50米处，有一东西宽80米、南北长300米，高约半米的长方形小城。《德惠县文物志》记载："在辽金时代必是一所较大的城池，根据地表遗物分析，

---

① 肖战国等编：《双阳县文物志》，吉林省文物志编委会1986年版，第67页。
② 肖战国等编：《双阳县文物志》，吉林省文物志编委会1986年版，第69页。
③ 梁岩海等编：《德惠县文物志》，吉林省文物志编委会1983年版，第55页。

第二章 辽金古城形制与分布

清代可能又有人在此居住过。"①

（3）后城子古城

古城遗址位于海胜乡驻地西北2000米处。古城东西墙长238米，南北墙长40米，周长556米。古城平面呈长方形，四周墙基等宽18米，残高参差不齐，北墙最高处达2.15米，东西两墙高10米，城外有护城河环绕全城。东西两墙有马面遗迹可见，间距48米，直径18米，南墙中间城门宽20米。在城内东北角有1口枯井。城内出土过六耳铁锅等辽金文物。《德惠县文物志》记载："根据城的特点与城内遗物分析，当年此城为辽金时代繁华城镇。"②

（4）双城子古城

古城遗址位于朝阳乡西北2500米处。古城有内外两道城垣，故名为双城子。古城每边城墙长1000米，周长4000米。古城平面呈正方形，城墙破坏严重，东西城墙已为耕地，西、北两城墙略有痕迹，城门不详。内城墙周长1253米，亦呈正方形。西墙保存完好，东、南、北三面城墙都残缺不全，所剩残墙高在2米左右，墙基宽6—9米，顶宽2—3米。南北城墙各设1个城门。《德惠县文物志》记载："这是一座辽金时代较为重要的城址和军事要塞。"③

（5）杨家大桥古城

古城遗址位于大青咀乡太平村沐石河西岸杨家大桥屯西南。古城东西墙长420米，南北墙长416米，周长1672米。古城平面呈方正形，残高1米，东西两侧城墙中间各设1个城门，四角有角楼，城内为耕地，散布着布纹瓦等典型辽金文物。《德惠县文物志》记载："根据古城的形制，结合文化遗存分析，即不见早于辽代遗物，又不见晚于金代遗物，可断定为辽金时代古城，始建于辽，沿用于金。"④

（6）马家古城

古城遗址位于边岗乡马家村后台地上。古城每边墙长400米，周长1600米。古城平面呈正方形，城墙残高1米，墙基宽13米，南城墙中间

---

① 梁岩海等编：《德惠县文物志》，吉林省文物志编委会1983年版，第57页。
② 梁岩海等编：《德惠县文物志》，吉林省文物志编委会1983年版，第58页。
③ 梁岩海等编：《德惠县文物志》，吉林省文物志编委会1983年版，第59页。
④ 梁岩海等编：《德惠县文物志》，吉林省文物志编委会1983年版，第60页。

设一12米宽城门，北墙有3个等距离马面，东、西、南三面城墙马面无法辨认。城内遗存泥质陶器残件等辽金遗物。《德惠县文物志》记载："此城为辽金时代古城址。"①

（7）边岗双城子古城

古城遗址位于边岗乡丹城子村揽头窝堡北600米处。古城分南北二城，南城每边墙长400米，周长1600米。北城南北墙长400米，东墙长400米，西墙长270米，周长1470米。南城平面呈正方形，北城平面呈梯形。两城墙均为夯土版筑，北城东墙中间设有1个城门，四角有角楼，北墙有3个等距离马面。马面高1.7米，宽14米，角楼高1.6米，宽22米。城内外四周散布着丰富的布纹瓦、泥质灰陶残件等辽金遗物，城外有8米宽护城河。南城南墙中间设有1个城门，地表散布着大量布纹瓦、沟滴、兽面瓦当等辽金遗物。《德惠县文物志》记载："从城内外出土文物和城的形制看，此城当为辽金时代的古城址，明清可能沿用。"②

（8）鲍家古城

古城遗址位于松花江乡鲍家村与兴龙泉村交界处。古城已变为耕地，城垣依稀可见。古城周长1400米。古城平面呈长方形，东西墙残高2米，北墙残高2.5米，南墙残高2米，东墙南部有一缺口，疑为城门。在南墙40米处有土堆与城墙相连，疑为瓮门。地表散布着泥质灰陶和布纹瓦等辽金遗物。《德惠县文物志》记载："从其地表遗存和所采集的文物标本看，此城当是一座辽金时代的古城遗址。"③

（9）榆树林古城

古城遗址位于郭家乡宋家村。古城每边墙长300米，周长1200米。古城平面呈正方形，四周城墙残高1.5米，城内有居民居住。据当地居民讲，古城以前有瓮城和马面，现在已经不可辨认。城外耕地时有灰色布纹瓦、泥质灰陶片等辽金遗物。《德惠县文物志》记载："从城的大小及城外采集文物标本可断定，此城为辽金时代军事城堡。废址年代无考。"④

---

① 梁岩海等编：《德惠县文物志》，吉林省文物志编委会1983年版，第61页。
② 梁岩海等编：《德惠县文物志》，吉林省文物志编委会1983年版，第62页。
③ 梁岩海等编：《德惠县文物志》，吉林省文物志编委会1983年版，第63页。
④ 梁岩海等编：《德惠县文物志》，吉林省文物志编委会1983年版，第63页。

第二章 辽金古城形制与分布

（10）城岗子古城

古城遗址位于菜园子乡新立村任家坨子屯南1500米处。古城南北墙长340米，东西墙长160多米，周长1000米。古城平面呈不规则长方形，古城南、西、北三面城墙残高1米，东墙已夷为平地。在此城北附属一个小城，北城墙长300米，东西城墙长约100米，南城墙是大城墙的一部分，与大城相连。古城内外散布着布纹瓦和灰陶片等辽金遗物。《德惠县文物志》记载："根据采集遗物的分析，此城起用于辽金时期，后用于清。"[1]

（11）杏山堡古城

古城遗址位于达沟乡杏山村北山上。古城每边墙长30米，周长120米。古城平面呈正方形，四面城墙残高3米，在南城墙中间有1个城门。城墙夯土版筑，城内散布着布纹瓦、素面泥质灰陶片等辽金遗物。《德惠县文物志》记载："根据古城的形状，所处的地理位置及所采集的标本看，它可能是一处辽金时代的军事城堡。"[2]

（12）高家古城

古城遗址位于松花江乡榆树村与高家城子村交界处。古城东西墙长350米，南北墙长250米，周长约1200米。古城平面呈长方形，古城破坏严重，城墙已经不清晰。在城内采集有泥质灰色布纹瓦残片以及灰色泥质陶罐口沿、腹部残片和器耳等辽金遗物。《德惠县文物志》记载："高家城子古城，是一座辽金时代的古城，城垣现已不清。"[3]

（13）卧虎古城

古城遗址位于边岗乡卧虎村。古城每边墙长200米，周长800米。古城平面呈正方形，城墙保存较好，现存残高1.6米，城墙夯土版筑，四角有角楼，南、北、西三面城墙各有3个马面，东墙有2个马面。东墙中间设有城门并有瓮城。城外有20余米宽护城河。城内外地表可见布纹瓦残片和泥质灰陶片等辽金遗物。《德惠县文物志》记载："根据城的规模较小，城内城外又极少遗迹遗物，加之它所处的地理环境，可以认为卧虎城

---

[1] 梁岩海等编：《德惠县文物志》，吉林省文物志编委会1983年版，第64页。
[2] 梁岩海等编：《德惠县文物志》，吉林省文物志编委会1983年版，第64页。
[3] 梁岩海等编：《德惠县文物志》，吉林省文物志编委会1983年版，第65页。

的规模较小,是属于看守河道、瞭望敌情一类的军事戍堡,其时代为辽金。"①

(14)向阳古城

古城遗址位于郭家乡向阳屯南 500 米台地上。古城东墙长 300 米,南墙长 400 米,西墙长 300 米,北墙长 400 米,周长 1400 米。古城平面呈长方形,东城墙和南城墙残高 1 米,西城墙和北城墙残高 1.5 米,其他附属建筑不清楚。城内外散布着布纹瓦、青砖建筑残件和陶瓷残片。古城附近出土过六耳铁锅、马镫、铁刀和铁铧等辽金文物。《德惠县文物志》记载:"从其城内外文化遗存观察,此城为辽金古城址,其废址年代无从考察。"②

(15)黄花城子古城

古城遗址位于和平乡福来村黄花城子屯。古城每边墙长 300 米,周长 1200 米。古城平面呈正方形,四面城墙共有 13 个马面,城门设在西墙中部。城外西部散布着泥质灰陶布纹瓦、陶片瓷片等辽金遗物。《德惠县文物志》记载:"关于此城,在民国年间已有记录,很早就是人们了解辽金时代历史的重要古迹。"③

(16)孟家古城

古城遗址位于郭家乡孟家村孟家屯内。古城大小没有记载,南墙残存 3 个马面,东、西、北三面城墙无法辨认。古城内地表散布着泥质灰陶片、布纹瓦、青砖等建筑构建,并出土过北宋铜钱和金"正隆元宝"、平底铁锅等辽金文物。《德惠县文物志》记载:"由采集标本和近年先后出土的文物可以断定,这是一处辽金时代的古城址。"④

(17)梁家屯古城

古城遗址位于五台乡太平村梁家屯南漫岗上。古城周长 1640 米。古城平面呈方形,城墙破坏严重,北城墙被当地村民拆毁建房,其他三面城墙略有痕迹,也已经变为耕地。城内散布有砖、瓦、勾滴等建筑构建残体。该城三面环水,属于易守难攻的军事要地。《德惠县文物志》记载:

---

① 梁岩海等编:《德惠县文物志》,吉林省文物志编委会 1983 年版,第 66 页。
② 梁岩海等编:《德惠县文物志》,吉林省文物志编委会 1983 年版,第 66 页。
③ 梁岩海等编:《德惠县文物志》,吉林省文物志编委会 1983 年版,第 67 页。
④ 梁岩海等编:《德惠县文物志》,吉林省文物志编委会 1983 年版,第 67 页。

第二章 辽金古城形制与分布

"根据出土文物可断定，此城是辽金时代一座较大型的古城址。"[①]

6. 榆树市

（1）大坡古城

古城遗址位于大坡乡所在地东南2000米处。古城东墙长1050米，西墙长840米，北墙和南墙均长630米，周长3150米。古城平面呈长方形，城墙夯土版筑，破坏严重，唯有北墙保存较好，残高3—4米，墙基宽5—7米。四面城墙各设1个城门，四角有角楼遗迹，西北角楼保存较好，四面城墙设有马面，东墙有6个马面，西墙有3个马面，南墙有5个马面，北墙有4个马面，城外有护城河。城内地表残砖瓦片到处可见。《榆树县文物志》说："从建筑形制特点看属于辽金时代的建筑，与吉林省境内辽金州治一级的古城相比只略微小些。……认为是辽代的军事重镇宁江州。"[②] 大坡古城见图2-11。

（2）山泉镇古城

古城遗址位于恩育乡新胜村山泉城屯北侧。古城东墙长390米，南墙长405米，西墙长395米，北墙长390米，周长1580米。古城平面呈正方形，城墙夯土版筑，城墙基宽约9米，顶宽2米，残高2—3米。城墙四角有角楼，西南角楼已经不存在，其他还有遗迹可寻。城内遗物稀少，地表可见青砖、灰色布纹瓦和陶器残片。《榆树县文物志》记载："综上所述，该城址应为辽金时代的城址。"[③]

（3）哈拉海古城

古城遗址位于先锋乡城子村后城子屯西北20多米处。古城东西墙长365米，南北墙长420米，周长1570米。古城平面呈长方形，城墙夯土版筑，城墙残高0.7—1.3米，墙基宽10米，东西两墙各设1个城门，不见角楼和马面、瓮城等建筑。城内散布着大量灰色布纹瓦、青砖残块和陶瓷残片。《榆树县文物志》记载："从古城内外遗址上所出土的遗物看，均属于辽金时代，从中可以断定辽金时代这里是一座人烟稠密的城镇。"[④]

---

① 梁岩海等编：《德惠县文物志》，吉林省文物志编委会1983年版，第68页。
② 伊松龄等编：《榆树县文物志》，吉林省文物志编委会1983年版，第85页。
③ 伊松龄等编：《榆树县文物志》，吉林省文物志编委会1983年版，第86页。
④ 伊松龄等编：《榆树县文物志》，吉林省文物志编委会1983年版，第88页。

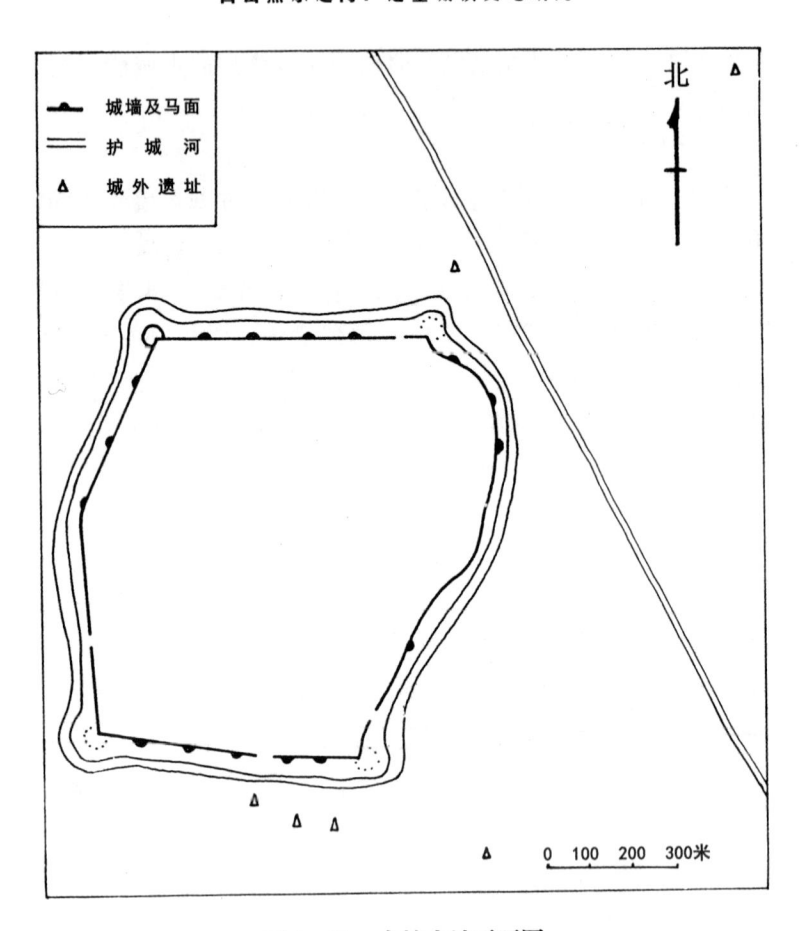

图 2-11　大坡古城平面图

资料来源：贾士金主编：《吉林省志·文物志》，吉林人民出版社 1991 年版，第 82 页。

（4）榆树城子古城

古城遗址位于武龙乡武龙村前榆树城子屯西 30 米外。古城东墙长 348 米，北墙长 379 米，西墙长 370 米，南墙长 369 米，周长 1466 米。古城平面呈平行四边形，城墙夯土版筑，残高 3.3 米，东墙基完好，西、北、南三面城墙都已破坏，特别是北墙破坏严重，现仅存残墙 249 米。在南墙东侧设 1 个城门，建有瓮城。四角有角楼，西北角楼已不存在，其他 3 个还依稀可见。四面城墙设有马面，东、北、西三面城墙各有 2 个马面，南墙设有 1 个马面。城墙外四周依稀可见护城河。城内遗物有布纹瓦和青砖残块，以及泥质灰陶片等辽金遗物。《榆树县文物志》记载："根据该城的形

第二章 辽金古城形制与分布

制及城内遗物综合分析，该城当属辽金所建，因城面积较大，周围遗址较多，无疑应是辽金时代比较重要的城镇。"①

（5）前城子古城

古城遗址位于城发乡双合村前城子屯北侧平地上。古城现存北墙和西墙，西墙长420米，北墙残长120米，周长约1367米。古城平面呈不规则四边形，城墙夯土版筑，残高2.5—3米，墙基宽8米，顶宽2米，南城墙设有2个城门，四角有角楼，东北、东南、西南3个角楼已经不见。城内已为耕地，地表遗物较少，有布纹瓦和泥质灰陶残片等。《榆树县文物志》记载："该城建于辽金时代。"②

（6）泗河城古城

古城遗址位于泗河乡政府所在地东北角。古城东墙长325米，西墙长330米，南墙长250米，北墙长350米，周长1255米。古城平面呈不规则四边形，城墙夯土版筑，东墙残高0.75米，西墙残高0.8米，北墙最高处达3.6米，四角不见角楼，也不见城门遗址，城外有护城河。城内地表可见少量布纹瓦和青砖残块。《榆树县文物志》记载："从城的形制和遗物来看，当是辽金古城。"③

（7）新城村城子古城

古城遗址位于新庄乡新城村城子屯西侧。古城东、南、北城墙长300米，西城墙长310米，周长1210米。古城平面略呈正方形，城墙夯土版筑，大部分城墙已被破坏，建筑结构无法考证。城内已垦为耕地，遗物较少，仅见布纹瓦残片和夹有少量木炭的灰烬遗迹。《榆树县文物志》记载："根据古城形制和遗物判断，确定这里应是一处金代城址。"④

（8）城子屯古城

古城遗址位于双井乡城子村城子屯西北角。古城东墙长284米，南墙长290米，西、北两墙各长300米，周长1174米。古城平面呈长方形，城墙夯土版筑，残高1—3米，墙基宽7米，城内为耕地和居民房屋。地表残存少量灰色布纹瓦及陶瓷残片等遗物。《榆树县文物志》记载："从城的形

---

① 伊松龄等编：《榆树县文物志》，吉林省文物志编委会1983年版，第90页。
② 伊松龄等编：《榆树县文物志》，吉林省文物志编委会1983年版，第91页。
③ 伊松龄等编：《榆树县文物志》，吉林省文物志编委会1983年版，第92页。
④ 伊松龄等编：《榆树县文物志》，吉林省文物志编委会1983年版，第94页。

制和遗物特点来看，应为辽金时代的城址。"①

(9) 闵家乡古城

古城遗址位于闵家乡古城村城子屯里。古城东西墙长275米，南北墙长216米，周长982米。古城平面呈长方形，城墙破坏严重，已经与地表持平，无法考证其建筑结构。城内地表可见有瓦片、陶瓷片、泥质灰陶等遗物。《榆树县文物志》记载："根据城内遗物分析，该城应为辽金时期所建。"②

(10) 新立古城

古城遗址位于新立乡新立村西城子屯西北。古城破坏严重，只存西城墙和北城墙，东墙和南墙已被变为村落和耕地。西墙残长180米，北墙残长220米，周长约800米。古城平面呈方形，城墙夯土版筑，无马面、角楼、瓮城等建筑。城门不知所在，也无护城河。曾在城内发现铜钱150余公斤，有"大观通宝""崇宁通宝"等。《榆树县文物志》记载："根据城墙特点及出土的铜钱推断，此城建于辽金时代。"③

(11) 南城子古城

古城遗址位于刘家乡合心村南城子屯西700米处。古城东西墙长150米，南北墙长300米，周长900米。古城平面呈长方形，城墙夯土版筑，四面城墙已塌毁，现只有东南残墙25米，东段11米，残高60—80厘米，顶宽1.5—2米，其他城墙无迹可寻。地表文物不多，零星可见砖瓦和陶瓷残片。此城20世纪60年代出土过铁刀、铜佛、铜钱等。《榆树县文物志》记载："从地表散布的文物看，具有辽金文化特征。城内地表除有辽金时期遗物外，在西部断层和冲沟里还发现有西团山文化类型和渤海时期遗物。"④ 因此，此城当是辽金沿用。

(二) 吉林市辽金古城

1. 吉林市区

(1) 龙潭山古城

古城遗址位于市区东部龙潭山上。古城周长2396米。古城平面呈长方形，城墙用黄土和碎石混合夯筑，南墙有1个城门遗址，北墙有2个城

---

① 伊松龄等编：《榆树县文物志》，吉林省文物志编委会1983年版，第95页。
② 伊松龄等编：《榆树县文物志》，吉林省文物志编委会1983年版，第96页。
③ 伊松龄等编：《榆树县文物志》，吉林省文物志编委会1983年版，第97页。
④ 伊松龄等编：《榆树县文物志》，吉林省文物志编委会1983年版，第97、98页。

第二章 辽金古城形制与分布

门遗址，四角有角楼。在城内发现属于青铜文化的石刀、石剑、石斧及陶鬲、陶纺轮等遗物外，还发现汉代陶片和汉五铢钱及高句丽的粗绳纹瓦、渤海的瓦当、北宋铜钱等。《吉林市市区文物志》认为"渤海、辽金都相继占据这座山城"[1]。

（2）土城子古城

古城遗址位于龙潭区湘潭街江北公园东北角。古城南北墙长约90米，西墙长约85米，东墙长83米，周长约348米。古城平面呈正方形，城墙夯土版筑，现在大部分城墙已经不存在，史料记载在北城墙有一个城门，出土过铁器和铜钱。《吉林市市区文物志》记载："土城子古城为辽金时期所建。"[2]

（3）官地古城

古城遗址位于第二松花江右岸漫岗上。经考古调查所见，古城南北墙长约200米，东西墙长约380米，周长约1160米。古城平面呈长方形，城墙大部分破坏，已不复存在，因此城门、角楼、马面等建筑结构无法考证。城内地表散布着大量陶片，分属西团山文化、汉文化、高句丽文化、渤海文化及辽金文化。《吉林市市区文物志》记载："官地古城的年代待考察，初步断定为辽金时期的遗存。"[3]

2. 永吉县

（1）富尔哈古城

古城遗址位于乌拉街镇万家村与富尔村之间。古城周长为1412米。古城平面略呈正方形，城墙用黄土垒砌，该城东墙北段有局部破坏，西墙和北墙有豁口，其他完好。城墙残高2.6—4.8米，墙基宽10—11米，顶宽2.5米左右，现存13个马面，有1个南门，城门外有瓮城。四角各有1个角楼，略高于马面，城外有护城河。城内散布着残瓦碎片及灰色布纹瓦。《永吉县文物志》记载："从城的形制看，筑有瓮城、马面，都具有辽金古城的特点。"[4]

（2）大常古城

古城遗址位于乌拉街镇大常村。古城东墙长253.5米，南墙长262.5

---

[1] 赵廷贵、张羽总纂：《吉林市市区文物志》，吉林省文物志编委会1983年版，第19页。
[2] 赵廷贵、张羽总纂：《吉林市市区文物志》，吉林省文物志编委会1983年版，第19页。
[3] 赵廷贵、张羽总纂：《吉林市市区文物志》，吉林省文物志编委会1983年版，第20页。
[4] 关开信等编：《永吉县文物志》，吉林省文物志编委会1985年版，第107页。

米，北墙长280米，西墙已经淹没。古城平面呈方形，城墙夯土版筑，城墙残高3.2米，墙基宽13.3米，顶宽1.7米，四角原有角楼，现已不存。尚存三面城墙各设1个城门，东城墙门外有瓮城建筑。城外有护城壕痕迹。城内残砖碎瓦随处可见。在古城附近出土过铁铧、石棺等，《永吉县文物志》记载："依据出土文物综合分析，该城为辽金时期一个较重要的城池。"[①]

（3）三家子古城

古城遗址位于乌拉街镇三家子村西南。古城外城边长约100米，周长约380米。中城边长80米，内城边长40米。古城平面略呈正方形，城墙用石头砌成，城墙为内、中、外三道，外城墙损失严重，中城残存东至北部分及西北角，内城保存较好。尚存的中城墙残高1.6米，墙基宽6.5米，顶宽1.5米，三道城墙相距不等，内墙、中墙之间距为7.5米，中墙与外墙之间距为9米，城内遗物有泥质灰褐陶器残片，出土过"元祐通宝"等铜钱，《永吉县文物志》记载："依据该城所处的位置和构筑特点，以及出土遗物分析，此城可能为辽金时期所建的沿江军事城堡。"[②]

（4）韩城子古城

古城遗址位于乌拉街镇高屯村后岗西北500米处。古城东西墙长40米，南北墙长30米，周长140米。古城平面呈长方形，城墙破坏严重，城墙结构不明，只在东墙略偏北处有1个城门，城墙残高2米左右。城内出土过铁铧、铁熨斗、陶罐、铜钱等。1981年吉林文物普查时，采集到青铜饰物、铁刀、铁铧及陶器残片等金代遗物特点的文物。还出土过中唐"开元通宝"、金"正隆通宝"等，《永吉县文物志》记载："根据城内出土遗物分析，韩城子古城当为金代古城。"[③]

（5）杨木古城

古城遗址位于杨木乡杨木村北。古城墙尚存南墙一段，其余三面城墙破坏严重。城墙青石垒砌，夯土版筑，东墙残长75米，残高1米，西墙长75米，残高0.6米，南墙长40米，残高1.6米，北墙长40米，残高0.8米。周长230米，城门位置不详。城内发现辽金时期窖藏。《永吉县文物志》记载："该城址规模较小，不宜民居，又未见其他附属建筑物，故

[①] 关开信等编：《永吉县文物志》，吉林省文物志编委会1985年版，第109页。
[②] 关开信等编：《永吉县文物志》，吉林省文物志编委会1985年版，第110页。
[③] 关开信等编：《永吉县文物志》，吉林省文物志编委会1985年版，第112页。

第二章 辽金古城形制与分布

属辽金时期军事城堡之类。"①

（6）吴城子古城

古城遗址位于拉溪乡吴城子屯。古城西墙和南墙均长 400 米，北墙长 396 米，东墙长 424 米，周长 1620 米。古城平面呈正方形，城墙黄土建筑，建筑方式不明。残墙高 1.5—2 米，墙基宽约 18 米，四角有角楼痕迹，城门位置不详，城外有护城河。城内遗存大量建筑构件，有青砖、各种瓦和瓦当。《永吉县文物志》记载："把城内的遗迹、遗物联系起来看，可推断吴城子古城为辽金时代遗存，当不会有多大出入。"②

（7）骆起古城

古城遗址位于两家子乡骆起村西 500 米处。古城每边墙长 400 米，周长 1600 米。古城平面呈正方形，城墙夯土版筑，现在西墙北段残高 6—7 米，北墙残高 1—5 米，其他三面城墙只是略高地表。墙基宽 8—10 米，其他建筑结构无法辨识。城内出土过石臼、罐装铜钱、铜盆、铜碗和大量青砖等。城内地表有勾滴、板瓦、筒瓦、器底、器沿等遗物。《永吉县文物志》记载："根据古城的地理位置、形制特征，结合器物分析和文献记载，认定该城当为辽金时期古城。"③

3. 蛟河市

（1）前进古城

古城遗址位于前进乡东庙岭上。古城由防御墙和守备城组成。守备城周长 600 米。平面呈长方形，墙基用石头垒砌，城墙夯土版筑。墙高 8 米，底宽 9—12 米，顶宽 1.5 米左右。南墙西部有 1 个城门，建有瓮城。在北、东、西三面城墙建有马面，北墙有 2 个，东墙有 2 个，西墙有 1 个。东南角和西南角均有角楼。防御墙大体为南北走向，长 1189.2 米，墙基宽 9.5—11.2 米，墙上有 1 个瓮门，小门 2 个，马面 10 个，角楼 3 个。《蛟河县文物志》记载："从城址所在地理位置和形制规模看，可以肯定该城为辽金古城。"④

---

① 关开信等编：《永吉县文物志》，吉林省文物志编委会 1985 年版，第 113 页。
② 关开信等编：《永吉县文物志》，吉林省文物志编委会 1985 年版，第 115 页。
③ 关开信等编：《永吉县文物志》，吉林省文物志编委会 1985 年版，第 118 页。
④ 董学增、史吉祥总纂：《蛟河县文物志》，吉林省文物志编委会 1987 年版，第 147 页。

(2) 三合屯古城

古城遗址位于拉法乡大甸子村西北漫岗上。古城东、西长 94 米，南、北长 86 米，周长 360 米。古城平面呈正方形，城墙夯土版筑，墙基宽 3.8 米，顶宽 1.4 米，东北墙残高 3 米，南墙残高 2 米，西墙残高 1.5 米，设有南门和北门，城墙外四周有护城河。《蛟河县文物志》记载："从城的形制和周围环境推断，此城似属辽金古城。"[1]

(3) 春光北山古城

古城遗址位于乌林乡春光村北 1000 米山顶上。古城周长 112 米。古城平面呈长方形，城墙夯土版筑，城墙残高 0.5—2.55 米，底宽 9.5 米，顶宽 2.5 米。城内没有遗物，《蛟河县文物志》记载："从该城的地理形势与构筑形制看，或为辽金时期的军事城堡。"[2]

(4) 上参营古城

古城遗址位于新农乡红光村上参营屯。古城东西墙长约 150 米，南北长 115 米，周长约 530 米。古城平面呈长方形，东南墙已经无存，只有西北部保存尚好。城墙为黄土垒筑，底宽约 10 米，顶宽约 2 米，内侧高 1.5 米，外侧高 2 米，北墙中间有 1 个城门。此城曾出土过六耳铁锅和陶罐铜钱，《蛟河县文物志》认为："很可能是金代女真族的一个谋克户村寨。"[3]

(5) 下参营古城

古城遗址位于新农乡南荒地村下参营屯。古城每边墙长 100 米，周长 400 米。古城平面呈正方形，城墙迭垒，城墙基宽约 12 米，顶宽 6 米，高约 1.5 米，东、南、北三面均有城门，四角有角楼，城外有护城河，城内没有发现遗物。《蛟河县文物志》记载："此城的形制与规模同附近的上参营古城相似，因而推断其年代与性质与上参营古城相同。"[4]

4. 桦甸市

(1) 苏密城

古城遗址位于桦甸镇大城子村。苏密城分内外两道城墙，内城：东墙长 337 米，南墙长 334 米，西墙长 369 米，北墙长 341 米，周长 1381 米。

---

[1] 董学增、史吉祥总纂：《蛟河县文物志》，吉林省文物志编委会 1987 年版，第 148 页。
[2] 董学增、史吉祥总纂：《蛟河县文物志》，吉林省文物志编委会 1987 年版，第 149 页。
[3] 董学增、史吉祥总纂：《蛟河县文物志》，吉林省文物志编委会 1987 年版，第 149 页。
[4] 董学增、史吉祥总纂：《蛟河县文物志》，吉林省文物志编委会 1987 年版，第 150 页。

第二章 辽金古城形制与分布

外城：东墙长697米，南墙长535米，西墙长747米，北墙长611米，周长2590米。古城平面呈"回"字形，城墙土筑，内城北墙高2.6米，顶宽0.6米，墙基宽7米，内城四角有角楼，四周亦有护城河。外城残高3—4米，墙基宽7米左右，顶宽0.5—1米，四角有角楼，现存东南和西南2个角楼。外城四面城墙每面各设置1个城门。苏密城地表散布遗物较多。《桦甸县文物志》记载："其城建筑年代不早于渤海时期，城的规模和布局在渤海时期形成，以后为辽金沿用，大约在明代后期才废弃不用。"[1]

（2）永安古城

古城遗址位于横道河子乡永安村永安屯东南500米处。古城东、西、北三面墙长50米，南城长45米，周长195米。古城平面略呈正方形，城墙夯土版筑，城墙破坏严重，南墙已夷为平地。东墙残长29米，西墙残迹不清，唯独北墙保存稍好，但城门位置还是不可考。城内散布着许多残砖碎瓦等遗物，城内还出土了1件六耳锅及金代铜钱。《桦甸县文物志》记载："永安古城是金代古城。"[2]

（3）治安古城

古城遗址位于横道河子乡文华村治安屯西北漫岗上。古城东墙长46.5米，西墙长43米，南墙长46米，北墙长46.5米，周长182米。古城平面略呈方形，城墙夯土版筑，残高0.65—0.9米，东、北、西三面城墙尚存，南城墙已毁，城内已夷为耕地，城内遗迹不清。城内出土铜钱和石臼。《桦甸县文物志》记载："治安古城为辽金时期的遗存。"[3]

5. 舒兰市

（1）小城子古城

古城遗址位于溪河乡唐尔屯小城子山上。小城子古城属于山城，俗称堡寨。古城墙全长405米（不包括无墙部分），墙基宽11米，顶宽1.5—2米，高2米左右。城墙里有沟堑，深2.9米，底宽2米，口宽10米左右。《舒兰县文物志》记载："考古界常常将这类古城统称为辽金古城，小城子山堡寨也可能被金人所利用。"[4]

---

[1] 李其泰、张立明总纂：《桦甸县文物志》，吉林省文物志编委会1987年版，第47页。
[2] 李其泰、张立明总纂：《桦甸县文物志》，吉林省文物志编委会1987年版，第52页。
[3] 李其泰、张立明总纂：《桦甸县文物志》，吉林省文物志编委会1987年版，第53页。
[4] 董学增等编：《舒兰县文物志》，吉林省文物志编委会1985年版，第54页。

（2）嘎呀河古城

古城遗址位于白旗乡嘎呀河村东南。古城东墙长 412 米，南墙长 358 米，西墙长 410 米，北墙长 360 米，周长 1540 米。古城平面略呈正方形，城墙夯土版筑，残高 2.7 米。四面设有马面，东墙有 3 个马面，南墙有 2 个马面，西墙有 3 个马面，北墙有 2 个马面，四角有角楼遗址。南墙中间有 1 个城门，没有瓮城建筑，城外有护城河。《舒兰县文物志》记载："嘎呀河古城，是研究辽、金两代城池建筑的实物资料，是金代女真人谋克村寨的例证之一，城址附近出土的'中书门下之印'，对于考证该城在金代的历史地位有着重要的参考价值。"[①]

（3）双印古城

古城遗址位于溪河乡双印屯东北 500 米处。古城东墙长 55 米，南墙长 58.5 米，西墙长 54.5 米，北墙长 57.3 米，周长 225.3 米。古城平面略呈正方形，城墙黄土建筑，墙基宽 12 米，顶宽 5 米，残高 1.5 米，北墙中间设有 1 个城门。城内可见深灰色砖瓦碎块，在城址东北角有辽代界壕，在城址附近发现过箭头与古铜钱等。《舒兰文物志》记载："这座城很可能是金代的军事城堡。"[②]

6. 磐石市

（1）明城古城

古城遗址位于明城镇五星朝鲜族村。古城东西墙长 395 米，南北墙长 340 米，周长 1470 米。古城平面呈长方形，城墙夯土版筑，现存墙基宽 6 米左右，城墙破坏严重，无法考证城门、马面、角楼和护城河等结构情况。古城内出土过铜钱、铁镞、石臼、布纹瓦和大量石块等建筑构件。《磐石县文物志》记载："综合调查工作和出土遗物诸方面情况，可断定这个古城为辽金时期所建。"[③]

（2）富太古城

古城遗址位于黑石乡富太村南 1000 米处。古城每边墙长 42 米，周长 168 米。古城平面呈正方形，城墙为沙石土建筑，城墙底宽 5.5 米，顶宽 1—2 米不等，东墙中间设有城门，不见瓮城和角楼、马面，南、西、北三面城墙外有护城壕，壕宽 8 米，深 3.5 米。城西北角有一口枯井。城内已

[①] 董学增等编：《舒兰县文物志》，吉林省文物志编委会 1985 年版，第 59 页。
[②] 董学增等编：《舒兰县文物志》，吉林省文物志编委会 1985 年版，第 61 页。
[③] 孟东风总纂：《磐石县文物志》，吉林省文物志编委会 1987 年版，第 49 页。

第二章 辽金古城形制与分布

垦为耕地,在地表散布着大量布纹瓦,采集到少量磨制石器。《磐石县文物志》记载:"从城内散布的遗物看,这是一座辽金时期的古城。"[1]

(3) 金家屯古城

古城遗址位于细林乡金家屯正南1500米山地上。古城每边墙长40米,周长160米。古城平面呈正方形,城墙砂石土堆筑,北墙底宽5.2米,顶宽2米,残高1.1米,东墙残高0.3—0.8米,南墙残高0.8—1.8米,西墙残高1.2—1.8米。除北墙外,其他三面城墙破坏严重。无瓮城、马面、角楼等附属建筑,城外有护城壕。《磐石县文物志》记载:"从采集到的遗物分析,此城的形制、规模和所处的险要地势,与辉发河沿岸的富太古城、翻身屯古城、下柳家古城等极为相似,均为辽金时期的军事性戍堡。"[2]

(4) 下柳家古城

古城遗址位于细林乡新益村下柳家屯南1000米处。古城东西墙长60米,南北墙长70米,周长260米。古城平面呈长方形,城墙为砂石土堆筑,北墙有1个城门。城墙已经夷为平地,早年在城内发现过石臼。《磐石县文物志》记载:"该城的形制、结构和地理形势与辉发河沿岸发现的几座古城都极为相似,城址很小,不适宜平民居住,但城的地势险要,易守难攻,所以该城也应为辽金时期的军事戍堡。"[3]

(5) 翻身屯古城

古城遗址位于黑石乡翻身屯西北500米处。古城周长108米。古城平面呈方形,城墙为砂石土堆筑,城墙最高处1.4米,最低处0.6米,墙顶宽0.8米,底宽约3.5米。城外有护城壕,宽1.5—2米,深约2米。此城南面有两道城墙,里墙正中有1个城门,宽约2米,外墙距里墙6米,长约28米,墙正中有宽约1米许的缺口,恰与城门相对,可能为城门。《磐石县文物志》记载:"此城地形险峻,居高临下,易守难攻。从出土遗物和建筑结构推断,该城应为辽金时期的军事城堡。"[4]

(6) 后虎咀子古城

古城遗址位于小梨河乡西梨河村双龙泉屯后虎咀子山上。古城在山顶

---

[1] 孟东风总纂:《磐石县文物志》,吉林省文物志编委会1987年版,第51页。
[2] 孟东风总纂:《磐石县文物志》,吉林省文物志编委会1987年版,第52页。
[3] 孟东风总纂:《磐石县文物志》,吉林省文物志编委会1987年版,第53页。
[4] 孟东风总纂:《磐石县文物志》,吉林省文物志编委会1987年版,第54页。

上南坡一个平台上，东西墙长60米，南北墙长40米，周长200米。古城平面呈椭圆形，城西为悬崖峭壁，没有城墙，其余三面从山腰上围绕圆形的山顶均建有城墙。墙基由石块和碎石堆筑，墙身为山土堆筑。墙底宽2.5米，墙残高1米，墙周长300米。城址东墙有1个豁口，宽约3米，似为城门，没有发现角楼建筑。《磐石县文物志》记载："从城的构造及出土的遗物看，该城为辽金时期的军事城堡。"①

(7) 炮台山古城

古城遗址位于烟筒山镇余富村西炮台山上。古城平面近似圆形，直径约25米，距山顶约6米有一道城墙绕山而筑，墙基为碎石堆砌，城东为悬崖无城墙，其他三面有城墙，周长125米，残墙高0.5米，墙基宽3米，顶宽1.3米，城墙内侧沟深0.5米，宽1.5米。在山顶平台及山坡上采集有零星的红褐色夹砂陶片，城墙及内侧沟未见任何遗物。《磐石县文物志》记载："从其地理位置、形式和出土过成捆的铁箭头推断，这座古城应是辽金时期设立的军事城堡。"②

(三) 通化市辽金古城

1. 通化市区

自安古城

古城遗址位于江东乡自安村夹心屯北山上。古城东墙长1107米，南墙长347米，西墙长957米，北墙长362米，周长2773米。古城平面呈不规则椭圆形，城墙以石块筑成，全城设有4个城门，北门有1个，西门有3个。城内有泥质灰色陶和泥质灰褐陶。《通化市文物志》记载："根据史籍记载和附近汉代遗迹、遗物的发现情况分析，该城可能始建于汉代，与汉设四郡有关，高句丽时期可能又做了较大的修筑，以后历代多所沿用。"③ 辽金当沿用此城。

2. 通化县

(1) 赤柏松古城

古城遗址位于快大镇西南2500米台地上。古城东墙长220米，南墙长286米，西墙长72米，北墙长318米，周长896米。古城平面呈不规则多

---

① 孟东风总纂：《磐石县文物志》，吉林省文物志编委会1987年版，第55页。
② 孟东风总纂：《磐石县文物志》，吉林省文物志编委会1987年版，第56—57页。
③ 王光普等编：《通化市文物志》，吉林省文物志编委会1986年版，第29页。

第二章 辽金古城形制与分布

边形，城墙夯土版筑，东墙残高2—4.5米，南墙残高0.5—1米，西墙残高0.5—1米，北墙残高1.5—4.8米。四面城墙各设有1个城门。城内地表文物稀少。1982年征集到青铜矛、陶片、瓷片等文物。《通化县文物志》依据："板瓦属于汉代遗物，加之城墙为夯土版筑，因此，此城始筑年代应是汉代。"① 但从城墙建筑结构来看，应为辽金再次修建沿用。

（2）南台古城

古城遗址位于三棵树乡正南500米台地上。古城东墙长38米，南墙长48米，西墙长38米，北墙长48米，周长172米。古城平面呈长方形，墙基夯筑，墙体土石混筑。城墙保存完好，墙基宽6米，上宽1米，高约2米。东南角有角楼遗迹。城内文物散布极少，在城西南7里处发现大量辽金遗物。《通化县文物志》记载："该城大约高句丽时曾在此设防，辽金时期又经修葺沿用。"②

3. 辉南县

（1）小城子古城

古城遗址位于永康乡小城子村。古城东西墙长399米，南北墙长375米，周长1548米。古城平面呈长方形，城墙黄土夯筑而成，残高1.5米左右，墙基宽不详，顶宽6米。西北角有一方台，可能为角楼。四面城墙各设有1个城门，东西2门建有瓮城，城外有护城壕。城内散布着红色布纹瓦，有少量泥质红陶、辽三彩及辽白瓷。《辉南县文物志》记载："根据城内出土的遗物、文化内涵和建筑形式及特点推测，辽代设回跋大王府之回跋城，即应是永康小城子古城。"③

（2）辉发城

古城遗址位于辉发城乡长春堡村西南4000米辉发山上。辉发城由内、中、外三道城墙和山顶上的平台及瞭望台组成。内城周长706米，城墙夯土版筑，在内城东南有一周长336.5米的椭圆形平台，高出内城4.8米。中城大部分城墙在平地上，周长1313米。城墙夯筑，墙基宽12—14米，顶宽2—4米，高1—3米，平面呈梯形。外城东西约长1000米，南北宽约550米，周长3100米。平面呈椭圆形，外城平均墙高1.5—2米，墙基宽

---

① 满承志总纂：《通化县文物志》，吉林省文物志编委会1987年版，第63页。
② 满承志总纂：《通化县文物志》，吉林省文物志编委会1987年版，第67页。
③ 孙仁杰等编：《辉南县文物志》，吉林省文物志编委会1987年版，第69页。

10—12 米，顶宽 3 米，墙体为砂石土堆筑。东西两墙各设 1 个城门，不见有瓮城、角楼、马面等建筑。古城出土器物有石臼、陶器和瓷器、铜铁器等。《辉南县文物志》说："从辉发城内出土的遗物看，在各个不同的历史时期里都有人们居住。"① 从城内出土的遗物来看，此城金代一定沿用，至于什么治所待考。

4. 柳河县

（1）小城子古城

古城遗址位于安口镇大庙屯北。古城东西墙长 1500 米，南北墙长约 800 米，地表可见泥质灰陶片。在遗址上出土了铁车锏、铁刀、铁药辗子、环首铁钩、铁带扣等辽金时代文物。《柳河县文物志》记载："遗址出土的铜、铁器及陶瓷器，与辽宁、吉林、黑龙江三省辽金时代遗址、墓葬出土的同类器物相同。"② 此城当是辽金时期重要城镇。

（2）钓鱼台古城

古城遗址位于柳河县东北钓鱼台山上。古城利用山上平台垒墙而成，形制不规则，有南、北两道城墙。内城平面呈椭圆形，周长 400 米，城墙碎石土堆筑。残存墙基 7—9 米，顶宽 4—5 米，残高 1.5—2.5 米，北墙西侧设 1 个城门。外城平面呈圆形，周长 700 米，残墙基宽 7—8 米，顶宽 2.5—3 米，残高 1—2 米，在北墙与内城门对应处，有 1 个豁口，当是外城门址。古城内遗物较为丰富，曾发现青铜兵器、生产工具以及素面陶片等。《柳河县文物志》说："先有古人居住，后来筑城，时间为辽金时期。"③ 也有不同看法："认为钓鱼台古城的构筑和使用年代约当战国末至汉代。"④

（3）新安古城

古城遗址位于柳河县孤山子镇新安村后岗上。古城南北墙长 125 米，东西墙长 105 米，周长 460 米。古城平面呈长方形，城墙夯土版筑，墙基宽 6—8 米，残高 1—2 米，可见土城轮廓。在东墙南端设有一门，外有瓮城痕迹。城内多年耕种，地表遗物较少。出土过铜钱、铜碗、灰陶罐和青

---

① 孙仁杰等编：《辉南县文物志》，吉林省文物志编委会 1987 年版，第 77 页。
② 耿铁华等编：《柳河县文物志》，吉林省文物志编委会 1987 年版，第 75 页。
③ 耿铁华等编：《柳河县文物志》，吉林省文物志编委会 1987 年版，第 78 页。
④ 耿铁华等编：《柳河县文物志》，吉林省文物志编委会 1987 年版，第 79 页。

砖等文物。《柳河县文物志》说："从新安古城的形制、城垣构筑方式，以及城内出土陶片、建筑砖瓦残断分析，应该是辽金时代的古城，城内辽金文化层下面可能存在汉代至原始文化的遗物。"①

5. 集安市

（1）通沟河口古城

古城遗址位于集安镇南侧鸭绿江北岸冲积台地上。古城东西墙长500米，南北墙长约70米。城墙结构不清楚。《集安县文物志》说："从遗址的西部通沟河口往东约200米的地方，曾发现用稍加修整的石块垒砌的石墙。墙为南北走向，石墙的南侧紧靠河床。……此当是辽、金时代重要遗址。"②

（2）太王陵南古城

古城遗址位于太王陵南150米平地上。古城东西墙长200米，南北墙宽50米。古城平面呈长方形，现在遗址上建满了民房，过去在建民房时，发现成排的精工细琢的大石条。1961年，当地村民在建房挖地槽时发现一方金代铜质"都统所"官印。《集安县文物志》说："从遗址石条垒砌工细规整和出土铜印来看，是一处金代重要建筑遗址。"③ 此当为辽金古城遗址。

6. 梅河口市

（1）小城子山城

古城遗址位于城南乡正义村附近。古城东西墙长70米，南北墙长60米，周长260米。古城平面呈长方形，城墙为土筑结构，南墙中部坍塌，其他三面墙基保存完好。墙基宽约4米，顶宽0.8米。西南角最高处残高近4米。城内遗物丰富，有陶瓷残片，以及较多砖瓦残块。《海龙县文物志》记载："根据上述遗物推测，此城应为辽金时代，其下层可能有渤海时期遗物……可能是辽、金时期一种防卫设置。"④

（2）小城子古城

古城遗址位于杏岭乡东北小城子村。古城面积较小，城墙已经不复存

---

① 耿铁华等编：《柳河县文物志》，吉林省文物志编委会1987年版，第86页。
② 林至德、耿铁华等编：《集安县文物志》，吉林省文物志编委会1984年版，第58页。
③ 林至德、耿铁华等编：《集安县文物志》，吉林省文物志编委会1984年版，第61页。
④ 王洪峰等编：《海龙县文物志》，吉林省文物志编委员1984年版，第43页。

在。有的地方残高1米左右，门址不详。城内地表有一些陶器、砖瓦残片。《辉南县文物志》记载："其风格较之我县其他几处辽、金时代遗址中所见相同。瓦当兽面形象也与辽、金遗址所出者相近，其年代亦应属辽、金时期。"①

（3）方家街古城

古城遗址位于小杨乡古城村方家街屯。古城周长约2500米。城墙不复存在。城址已经成为耕地，建筑结构无法辨识。城内出土过铁镞、陶瓷残片等文物。《海龙县文物志》认为"根据城中上述出土遗物推测，此城始建于辽金时期，明时亦曾沿用。"②

（四）四平市辽金古城

1. 四平市区

（1）牛城子古城

古城遗址位于平西乡新发村牛城子屯。古城东墙长250米，西墙长280米，南墙长200米，北墙长300米，周长1030米。古城平面呈不规则长方形，城墙夯土版筑，城墙残高0.5—0.7米，南墙最高处2米，北墙和东墙仅存墙基，底宽约4米，顶宽2.5米。城墙东、南、西各开1个城门。未见瓮城、马面等建筑，四角有角楼建筑遗址，直径都在10米左右。城内被民宅占用，地表零星可见灰色砖、布纹瓦、泥质灰陶片等遗物。《四平市文物志》记载："由此城形制和遗物特点看，应是一处辽金时代城址。"③

（2）城子山古城

古城遗址位于铁东区山门镇头道村城子山东北坡。古城建在山腰台地上，分内外二城。内城平面略呈椭圆形，周长269米。城墙为砂石土堆筑，残墙高0.8—2米，墙基宽2.5—3米，有南北两个城门，均宽4米。在城墙东北角有一个略高于城墙的圆台，直径3.5米，底径7米，高约2.5米，应为角楼。外城呈马蹄形，与内城间距130米，城墙残高1.2—2.5米，墙基宽3.5—4.5米，顶宽1米。在北墙112米处有1个城门，不见瓮城、马面、护城壕等附属建筑。城中地表散布着陶瓷残片和砖瓦块。陶片灰色，泥质，无纹饰，多为卷沿、敛口、平底器等遗物。《四平市文

---

① 王洪峰等编：《海龙县文物志》，吉林省文物志编委员会1984年版，第44页。
② 王洪峰等编：《海龙县文物志》，吉林省文物志编委员会1984年版，第46、47页。
③ 黎久有总纂：《四平市文物志》，吉林省文物志编委会1988年版，第30页。

第二章 辽金古城形制与分布

物志》记载:"城子山古城,是叶赫部活动在四平市区的历史见证,也是保存极少的女真族晚期的古城之一。"①

2. 梨树县

(1) 城楞子古城

古城遗址位于东河乡王平房村城楞子屯。两城分别坐落在成楞子屯前后,间距300米,北城大于南城,同属于一个时期建筑。北城东城墙已经为耕地所占,其他城墙保存完好。其中西城墙长329米,南城墙长280米,北城墙长324米,东墙曲折,墙长331米。古城平面呈不规则四边形,城墙夯土版筑,墙基宽8米,残高0.5米左右。城墙四角有角楼,东北角楼形制特殊,直径大于其他3个角楼,并且城墙向东北延伸25米,到东辽河岸边,这处遗址为当年码头遗址。其他城门、马面、护城河等遗存已经无法查清。城内早已为耕地,地表仅有少量建筑构件、陶瓷器残片等遗物。南城早已为耕地,城墙只能见到低矮的土楞子。其中西墙长174米,南墙长180米,北墙长148米,周长575米。古城平面呈不规则四边形,城墙四角有角楼,西南、西北角楼仅存残迹,东南、东北2座角楼残高1米。北城墙中部有低洼处,怀疑是城门遗址。城内还能见到零散建筑构件及陶瓷碎片。南北二城都出土了大量遗物,《梨树县文物志》记载:"特别是种类繁多的辽金时期文化遗物基本相同。从南城的位置、形制结构及其规模来看,应为北城的附城。"②

(2) 偏脸城古城

古城遗址位于白山乡岫岩村。古城东墙长1078米,南墙长1071米,西墙长1077米,北墙长1092米,周长4318米。古城平面呈平行四边形,城墙夯土版筑,墙基宽12米,顶宽1米,残高达6米。四面城墙各设有1个城门,城门外有瓮城建筑,四角有角楼,角楼保存完好,高处可达8.6米。偏脸城出土文物较为丰富,大多是辽金时期文化遗存。《梨树县文物志》记载:"从上述情况来看,偏脸城古城城垣极有可能是在韩州州治迁来之际,在原'猛安谋克'城寨的基础上扩建而成的。"③ 目前学界基本认定偏脸城是金代韩州故城。

---

① 黎久有总纂:《四平市文物志》,吉林省文物志编委会1988年版,第32页。
② 黎久有等编:《梨树县文物志》,吉林省文物志编委会1984年版,第76页。
③ 黎久有等编:《梨树县文物志》,吉林省文物志编委会1984年版,第93页。

（3）南窑古城

古城遗址位于金山乡旱河村南窑屯后岗坡上。古城南北墙长340米，东西墙长350米，周长1380米。古城平面呈长方形，城墙夯土版筑，城门、瓮城、马面、角楼、护城河等建筑结构，已经无法辨识清楚。城内出土辽金文物较为丰富。《梨树县文物志》记载："南窑古城地处辽金时期韩州通往信州的南北交通线一侧，为韩州治东北方的一座重要城邑。"①

（4）大房身古城

古城遗址位于大房身乡郝家村小城子屯南。古城每边墙长300米，周长1200米。古城平面呈正方形，城墙夯土版筑，早已垦为耕地，仅能根据隆起的地表识别古城结构。东南、西南两座角楼尚有遗迹，西门、东北、西北2个角楼和护城河遗迹已经很难辨别了。《梨树县文物志》记载："从地理位置看，大房身古城，是辽金时期南北交通必经之路，应属韩州内一重要城邑。"②

（5）玻璃城子古城

古城遗址位于泉眼岭乡玻璃城子村玻璃城子屯西北山地上。古城东墙长370米，西墙长320米，南北两墙均长250米。古城平面呈梯形，城墙夯土版筑，东、西两墙保存完好，墙基宽9米，顶宽2米，南北两墙基本破坏殆尽，仅存60米一段残墙。四面城墙现存马面12个，东墙5个、西墙5个、北墙2个，在南北两墙中间各设有1个城门，没有瓮城建筑，西南角楼不复存在，其他3个角楼尚有遗存，城外不见护城河遗迹，城内出土大量辽金时期文物。《梨树县文物志》记载："韩州治下的一座较大的城邑——没瓦铺古城旧址。"③

（6）胜利古城

古城遗址位于胜利乡小城子村小城子屯北河沿台地上。古城每边墙长280米，周长1120米。古城平面呈正方形，城墙夯土版筑，城墙破坏严重，南墙被居民盖房占用，无法辨识。东墙和北墙已经坍塌，只见地表隆起的土楞子。西墙大半已毁坏，仅存残墙60米，高1米。城内出土辽金时期文物较多。《梨树县文物志》说："是屏护金韩州偏脸城古城西北方的

---

① 黎久有等编：《梨树县文物志》，吉林省文物志编委会1984年版，第99页。
② 黎久有等编：《梨树县文物志》，吉林省文物志编委会1984年版，第101页。
③ 黎久有等编：《梨树县文物志》，吉林省文物志编委会1984年版，第104页。

第二章 辽金古城形制与分布

重要军事戍堡之一。"①

（7）三面城古城

古城遗址位于十家堡乡西黑嘴子村三面城屯西南昭苏太河北岸。古城破坏严重，现存东、西、北三面城墙，东墙长300米，西墙长250米，北墙长300米，推测南墙长亦300米，周长1150米。古城平面呈梯形，城墙建筑方式不明，在古城西南角有角楼遗迹，直径约15米，残高0.5米，城门、瓮城、马面、护城河等建筑已经无法查清了。城内地表散布着青砖、素面陶瓷碎片等辽金遗物。《梨树县文物志》记载："为辽金时期屏护韩州东南部的诸多卫星城堡之一"②。

（8）董家窝堡古城

古城遗址位于董家窝堡乡潘家村小城子屯西南500米处。古城东墙长200米，南墙长258米，西墙长225米，北墙长253米，周长936米。古城平面略呈正方形，城墙夯土版筑，城墙四角有角楼，现已坍塌。发现有3个城门，北墙有2个城门，南墙有1个城门。城墙外有护城河，护城河为人工开凿，宽约4米，深0.5米。古城大部分被居民占用，城内遗物较少。存残砖瓦、陶瓷残片。《梨树县文物志》记载："当是屏护韩州西北方的重要军事戍堡之一。"③

（9）姚家古城

古城遗址位于蔡家乡姚家村城楞子屯西50米处一条小河岸边二级台地上。古城墙东西长200米，南北长250米，周长900米。古城平面呈长方形，城墙夯土版筑，在南墙发现两处下陷地方，怀疑是门址。四角不见角楼遗迹，至于瓮城、马面、护城河等建筑结构，更是无法辨识。城内可见砖瓦和陶瓷残片。布纹瓦和辽白瓷较多。《梨树县文物志》记载："姚家古城是辽金时期韩州治内汲水河沿岸诸多城堡、村落之一。"④

（10）十家堡古城

古城遗址位于十家堡乡靠山村小城子屯西北昭苏太河支流岸边。古城东北墙长200米，西北墙长160米，东南墙长240米，西南墙长220米，

---

① 黎久有等编：《梨树县文物志》，吉林省文物志编委会1984年版，第107页。
② 黎久有等编：《梨树县文物志》，吉林省文物志编委会1984年版，第109页。
③ 黎久有等编：《梨树县文物志》，吉林省文物志编委会1984年版，第112页。
④ 黎久有等编：《梨树县文物志》，吉林省文物志编委会1984年版，第113页。

周长820米。古城平面呈不规则四边形，城墙夯土版筑，已经破坏殆尽，大部分被民房占用。仅存北墙60米残墙，高1米，南墙被居民取土挖没。城门、瓮城、马面、角楼、护城河等已无迹可寻。城内地表散布着辽金建筑构件、陶器残片等。《梨树县文物志》记载："十家堡小城子古城虽然破坏严重，但仍给我们留下了较为丰富的辽金时期文化遗物。"[1] 从中可以看出，《梨树县文物志》把此城定为辽金时期古城遗址。

(11) 郭家店古城

古城遗址位于郭家店乡小城子村拖拉机站北200米处。古城每边墙长200米，周长800米。古城平面呈正方形，城墙建筑结构不清楚，早已破坏殆尽，成为耕地。诸如城门、角楼、瓮城、护城河等，已无迹可寻。《梨树县文物志》记载："这座辽金古城虽已夷为平地，其残存的遗物对研究本县的历史沿革和辽金古城的分布仍具有一定的价值。"[2]

(12) 花城子古城

古城遗址位于郭家店乡花城子村花城子屯北山坡上。古城东西墙长200米，南北墙长180米，周长760米。古城平面呈长方形，城墙黑黄土混杂堆筑，破坏严重，基本被居民房屋覆盖。唯独北墙尚有146米残墙，高1.5—2.5米，顶宽1米。四角有角楼遗迹，东南角楼遗迹直径14米，残高0.6米。其他城门、瓮城、马面、护城河遗迹难寻。《梨树县文物志》记载："花城子古城在偏脸城南15公里，辽金时期属韩州，当时是屏护韩州东南方向卫星城堡之一。"[3]

(13) 三家子古城

古城遗址位于三家子乡杨家屯东北200米小山上。古城每边墙长30米，周长120米。古城平面呈正方形，城墙沙土碎石堆筑，最高处2米，南墙中间有个豁口，怀疑是城门，无角楼、马面、护河建筑。城内已为耕地，地表零星散布着黄釉缸胎小罐残片。《梨树县文物志》记载："从其城址营造地的选择，形制结构及出土遗物来看，基本同孟家岭城子山一样，当是一处辽金时期军事戍堡。"[4]

---

[1] 黎久有等编：《梨树县文物志》，吉林省文物志编委会1984年版，第115页。
[2] 黎久有等编：《梨树县文物志》，吉林省文物志编委会1984年版，第117页。
[3] 黎久有等编：《梨树县文物志》，吉林省文物志编委会1984年版，第119页。
[4] 黎久有等编：《梨树县文物志》，吉林省文物志编委会1984年版，第120页。

第二章 辽金古城形制与分布

（14）孟家岭古城

古城遗址位于孟家岭乡苏家村前张家沟屯北。古城东墙长 26.5 米，南墙长 22.5 米，西墙长 28 米，北墙长 19 米，周长 96 米，古城平面呈长方形。城墙黄沙土和碎石混杂堆筑，残墙高 1—1.8 米，顶宽 1 米，没有马面、角楼、护城河等建筑。《梨树县文物志》记载："从古城的地理位置，形制结构为金时期修筑，但不适宜人们居住，而是一座戍堡一类的设置。"①

3. 伊通县

（1）前大屯古城

古城遗址位于东尖乡东尖村前大屯内。古城南北墙长 360 米，东西墙长 300 米，周长 1320 米。古城平面呈长方形，城墙夯土版筑，破坏严重，东墙仅剩约 50 米一段，高 1.8 米，西墙有两段，一段 20 米，一段 100 米，北墙一段 150 米，南墙全部被毁，没有痕迹。墙基宽 8 米，上宽 3 米，高 2.5 米。城门遗迹不可考。全城不见瓮城、马面、角楼等建筑遗迹。城外有护城河遗迹。此城出土过铁锅、铜钱、陶罐等辽金文物。《伊通县文物志》记载："此处应是一处辽金时期城址。"②

（2）前城子古城

古城遗址位于新兴乡前城子村前城子屯北山坡上。古城每边墙长 450 米，周长 1800 米。古城平面呈正方形，城墙夯土版筑，北墙、东墙完好，南墙全部破坏，西墙残存不到 200 米。北墙、东墙高均 2 米，墙上不见城门和马面，墙基宽 9 米，顶宽 1.5 米，东北角楼高 3 米，直径 14 米。西墙破坏严重，城墙结构不明。城内散布大量布纹瓦残片。《伊通县文物志》记载："此城应修建于辽金之晚期。"③

（3）大营城子古城

古城遗址位于大孤山镇万福德村大营城子屯东北约 100 米处农田里。古城东西墙长 310 米，南北墙长 380 米，周长 1380 米。古城平面呈长方形，城墙建筑方式不清，北墙保存较好整体，城墙在东北角有角楼遗址，直径 15 米，残高 3 米左右。北墙外侧残高 2 米。东墙和西墙已经成为耕地

---

① 黎久有等编：《梨树县文物志》，吉林省文物志编委会 1984 年版，第 122 页。
② 王洪锋等编：《伊通县文物志》，吉林省文物志编委会 1988 年版，第 91 页。
③ 王洪锋等编：《伊通县文物志》，吉林省文物志编委会 1988 年版，第 93 页。

多年，仅存高约1米的土楞子。南墙有一段挖成排水沟。在东西城墙中央，各有一段明显低于两侧，可能是城门遗址，瓮城不详。城内可见砖、瓦和陶瓷残片。《伊通县文物志》记载："据城的结构、形制及遗物断代，此城的修建和使用应在辽金时期。"①

（4）城合店古城

古城遗址位于新兴乡远大村城合店屯西北山坡上。古城每边墙长480米，周长1920米。古城平面呈菱形，城墙夯土版筑，在南墙280米处有一个豁口，可能是城门遗址，不见瓮城遗迹。四角有角楼，每面城墙各有4个马面。东墙高2.5米，南墙高4米，西墙、北墙皆高3.5米，墙基宽20米，顶宽1.5米，马面直径2.5米。城内分布零星布纹瓦、瓦当残片和白釉瓷碗残片等遗物。《伊通县文物志》记载："此城与前城子古城相距4公里，规模、形制相似，所见文物亦略同，亦应是辽金时期古城。"②

（5）宋家洼子古城

古城遗址位于五一乡宋家洼子村宋家洼子屯西100米山坡上。古城东西墙长250米，南北墙长330米，周长1160米。古城平面呈长方形，城墙破坏严重，已经无法辨认结构。南墙有一个豁口，疑是城门遗址。城墙外有一个壕沟，疑是护城河。其他城墙结构不可查询。城内出土过铁锅、铜钱之类文物。《伊通县文物志》记载："据城内文物看，显然这是一处辽金时期古城。"③

（6）城子村古城

古城遗址位于三道乡城子村北山坡上。古城东西墙长340米，南北墙长300米，周长1280米。古城平面呈长方形，城墙夯土版筑，东、南、北三面墙高均3米，西墙高3.5米，整个墙体保存较好。有角楼，直径11米，高2.5米，无马面和瓮城。南、北两墙各设有1个城门，城外有护城河遗迹。城内已经为耕地，遗物分布零星，可见布纹瓦和陶瓷碎片。《伊通县文物志》记载："此座古城应为辽金时期所建。"④

---

① 王洪锋等编：《伊通县文物志》，吉林省文物志编委会1988年版，第95页。
② 王洪锋等编：《伊通县文物志》，吉林省文物志编委会1988年版，第97页。
③ 王洪锋等编：《伊通县文物志》，吉林省文物志编委会1988年版，第98页。
④ 王洪锋等编：《伊通县文物志》，吉林省文物志编委会1988年版，第99页。

第二章 辽金古城形制与分布

4. 双辽县

（1）大金山古城

古城遗址位于新立乡林场大金山屯南山坡上。古城东墙长 220 米，南墙长 225 米，西墙长 210 米，北墙长 200 米，周长 855 米。古城平面略呈正方形，城墙夯土版筑，四角有角楼，西北角楼尚存残迹，直径约 10 米，高出残墙 1 米多，其余 3 个角楼及马面、城门、护城河等均难辨认。城内出土青砖、板瓦等建筑构件。《双辽县文物志》："从城内出土众多辽金遗物推断，此古城当为辽金时代所建"①。

（2）山东屯古城

古城遗址位于卧虎镇孤店村山东屯西 100 米处。古城每边墙长 300 米，周长 1200 米。古城平面呈正方形，城墙建筑结构不清楚，破坏严重。在南城墙中间有一约宽 15 米城门遗址，东北角楼遗迹尚存，直径 15 米，残高 1.5 米。城内地表散布有大量陶瓷器皿残片等遗物。《双辽县文物志》记载："依据遗物分析，这是一处辽金时期的古城址。"②

（3）种德古城

古城遗址位于秀水乡种德村种德屯西侧坡地上。古城南北墙长 50 米，东西墙长 100 米，周长 300 米。古城平面呈长方形，不见城墙遗址，已成荒地。地表散布少量陶、瓷器皿残片，陶片为泥质灰陶，在古城附近发现一个辽金时代砖室墓。《双辽县文物志》记载："据历史资料及出土文物推断，此处当系辽金时期的古城址。"③

5. 公主岭市

（1）秦家屯古城

古城遗址位于秦家屯乡东南 100 米处。古城东墙长 1028 米，西墙长 1007 米，南墙长 672 米，北墙长 673 米，周长 3380 米。古城平面呈长方形，城墙夯土版筑，北墙垂直高度为 6.3 米，较东、西、南三面高出 0.5—1 米，墙基 16 米，顶宽 1—1.5 米。此城四面城墙各设一个城门，城门外筑有瓮城。四角有角楼。城墙外有三道护城河，城内文物比较丰富，出土过陶器、铜器、铁器等各种文物。《怀德县文物志》认定："此城为辽

---

① 顾铁民编：《双辽县文物志》，吉林省文物志编委会 1985 年版，第 74 页。
② 顾铁民编：《双辽县文物志》，吉林省文物志编委会 1985 年版，第 75 页。
③ 顾铁民编：《双辽县文物志》，吉林省文物志编委会 1985 年版，第 76 页。

金信州城址。"[1]

(2) 偏脸城古城

古城遗址位于双城堡乡偏脸城村东南田地里。古城东墙长 350 米，西墙长 340 米，南墙长 361 米，北墙长 349 米，周长 1400 米。古城平面略呈正方形，城墙夯土版筑，墙基宽 11—14 米，顶宽 2 米左右，高 2 米，南、北两个城墙各在中间设有 1 个城门，不见瓮城。四角有角楼，角楼台基平面呈圆形，直径 6 米，高 4 米。东、西城墙各有 3 个马面，马面之间距离 81 米，南、北墙各有 2 个马面，马面之间距离 160 米。城内地表散布着丰富的陶、瓷残片和布纹瓦、青砖残块等遗物。《怀德县文物志》记载："推测此城的建筑年代当与二城相近，同为辽金，其作用亦属相同。"[2]

(3) 城子上古城

古城遗址位于朝阳坡乡城子上村西侧田地里。古城每边墙长 250 米，周长 1000 米。古城平面呈正方形，城墙夯土版筑，破坏严重，只有西城墙完整。南墙靠近西墙处尚残存 20 余米，其余全为耕地。残存的城墙基宽 12 米，顶宽 2—3 米，西墙高 2.5 米。城门、角楼、马面等建筑结构无法辨识。城内散布着陶片和青砖、布纹瓦残片。《怀德县文物志》记载："此城可能是辽金时代的军事城堡一类建筑。"[3]

(4) 黄花城古城

古城遗址位于双城堡乡花黄城村南农田里。古城东墙长 498 米，西墙长 492 米，南墙和北墙长均 500 米，周长 1990 米。古城平面略呈正方形，城墙夯筑结构，现在城墙已被垦为耕地，可见南城墙残高 1 米，西墙和北墙残高 1.2 米，四面城墙各开 1 个城门，四门之外有瓮城痕迹。不见角楼、马面和护城河建筑遗迹。城内散布着布纹瓦和泥质陶片等典型辽金文化遗存。《怀德县文物志》记载，"此城当属辽金时代。"[4]

(5) 兴城古城

古城遗址位于双城堡乡兴城村东小城子屯东农田里。古城东、西墙各长 260 米，南墙长 237 米，北墙长 240 米，周长 997 米。古城平面呈长方

---

[1] 段新澍等编：《怀德县文物志》，吉林省文物志编委会 1985 年版，第 77 页。
[2] 段新澍等编：《怀德县文物志》，吉林省文物志编委会 1985 年版，第 78 页。
[3] 段新澍等编：《怀德县文物志》，吉林省文物志编委会 1985 年版，第 80 页。
[4] 段新澍等编：《怀德县文物志》，吉林省文物志编委会 1985 年版，第 81 页。

第二章　辽金古城形制与分布

形，城墙夯土版筑，现存北城墙残高 1 米，墙基宽 8 米，顶宽 2 米，其他三面城墙已经北夷为平地，隐约可见痕迹。南北城两道城墙中间各设 1 个城门，不见瓮城、马面、角楼、护城河等建筑遗迹。地表散布着陶、瓷片和青砖、布纹瓦等辽金时期遗物。《怀德县文物志》记载："从兴城所见遗物看，多辽金器物，因此，城为辽金时代修筑经营"[①]。

（6）前城子古城

古城遗址位于玻璃城子乡广宁村前城子屯西。古城东墙长 240 米，南墙和西墙长均 250 米，北墙长 260 米，周长 1000 米。古城平面呈正方形，城墙夯土版筑，墙基宽 12 米，顶宽 4 米，高 3 米，在东西城墙中间各设 1 个城门。四角有角楼，不见瓮城和马面。城内已为耕地，地表散布着大量陶、瓷残片和布纹瓦、青砖等。《怀德县文物志》记载："此城为辽金古城。"[②]

（7）毛城子古城

古城遗址位于毛城子乡毛城子村东 50 米处。古城每边墙长 400 米，周长 1600 米。古城平面呈正方形，城墙夯土版筑，墙基宽 15 米，顶宽 3 米，残高 2 米，由于城墙多年遭到破坏，瓮城、角楼、马面、护城河等建筑遗迹、城门位置不清楚。城内遗物较少，地表零星散布着青砖、布纹瓦及陶瓷残片。《怀德县文物志》记载："从城内的建筑推断，此城应属辽金时代。"[③]

（8）顾家屯古城

古城遗址位于龙河乡建设村顾家屯北。古城东、西墙均长 64.5 米，南墙长 63 米，北墙长 71 米，周长 263 米。古城平面呈梯形，城墙破坏严重，建筑结构不明。南墙隐约可见痕迹，东墙只存北段残长 31.5 米，北墙和西墙残高 1 米，墙基宽 9 米，顶宽 1.5 米。四角有角楼痕迹。城内已经夷为平地，地表遗物较少，零星可见散布的细泥质灰陶片和白釉泛黄瓷片。《怀德县文物志》记载："此城为辽金城址。"[④]

（9）小城子古城

古城遗址位于陶家屯乡小城子村。古城每边墙长 240 米，周长 960 米。

[①] 段新澍等编：《怀德县文物志》，吉林省文物志编委会 1985 年版，第 82 页。
[②] 段新澍等编：《怀德县文物志》，吉林省文物志编委会 1985 年版，第 84 页。
[③] 段新澍等编：《怀德县文物志》，吉林省文物志编委会 1985 年版，第 83 页。
[④] 段新澍等编：《怀德县文物志》，吉林省文物志编委会 1985 年版，第 85 页。

古城平面呈正方形，城墙夯土版筑，现南墙残长 220 米，东墙残长 200 米，残高 2 米，墙基宽 5 米，顶宽 2 米。地表有陶瓷残片等遗物。《怀德县文物志》记载："怀德县的辽金古城多集中于西北部，而此城地处东南，应引起注意。"①

（10）胜利古城

古城遗址位于五星乡胜利村西 100 米处。古城南墙长 400 米，北墙长 300 米，东墙和西墙长均 150 米，周长 1000 米。古城平面呈长方形，城墙夯土版筑，墙宽 2 米许，残高 0.3—0.5 米，其他建筑遗迹不清。地上散布着布纹瓦及青砖残块。《怀德县文物志》记载："城址见有一种黑釉瓷，上饰以不规则的黄色或红褐色小块彩斑……为宋代吉州窑具有独特风格的产品。金代南境曾一度抵江淮，吉州在其境内，此窑之器辗转北来，应属可能。"② 其意在说明此城属于辽金时期。

（11）尹家屯古城

古城遗址位于黑林子乡尹家屯村瓦盆窑屯。古城东墙长 270.5 米，西墙长 302 米，南墙长 260 米，北墙长 276 米，周长 1108.5 米。古城平面略呈正方形，城墙夯土版筑，城墙基宽 8 米，顶宽 2 米，残高 2—3 米。在城的西南角有残高 3 米，半径 10.5 米角楼遗址，其他角楼遗址已经不见。由于城墙破坏严重，城门、瓮城、马面等建筑不可辨识。城内耕地上零星散见青砖、布纹瓦残片等遗物。《怀德县文物志》记载："这座古城范围不大，但其军事设施却比较齐备，且其地势险要，估计可能是辽金时代屯兵之所。"③

（12）土城子古城

古城遗址位于城郊乡土城子村五屯南平地上。古城东西墙长 270 米，南北墙长 230 米，周长 1000 米。古城平面呈长方形，城墙夯土版筑，城墙破坏严重，仅北面城墙保存较好，其他城墙只见略高于地表的土楞子。北墙基宽 10 米，顶宽 2 米，残高 3.2 米。城门、瓮城、马面、角楼、护城河等建筑不清楚。城内耕地上遗物较少，仅见青砖、布纹瓦及陶器残片。《怀德县文物志》记载："从遗物看此城是辽金古城。"④

---

① 段新澍等编：《怀德县文物志》，吉林省文物志编委会 1985 年版，第 86 页。
② 段新澍等编：《怀德县文物志》，吉林省文物志编委会 1985 年版，第 87 页。
③ 段新澍等编：《怀德县文物志》，吉林省文物志编委会 1985 年版，第 88 页。
④ 段新澍等编：《怀德县文物志》，吉林省文物志编委会 1985 年版，第 89 页。

第二章 辽金古城形制与分布

（13）十屋古城

古城遗址位于十屋乡十屋村农田里。古城东西墙长240米，南北墙长260米，周长1000米。古城平面略呈正方形，城墙夯土版筑，墙基宽8米余，顶宽1.5米左右，残高2.5—3.5米。此城四角有角楼，每面城墙各有1个马面，其他建筑结构不清楚。地表文物稀少，有泥质陶片和白釉泛黄瓷片，《怀德县文物志》记载："上述这些遗物，绝大部分见于其他辽金遗址。因此，此城亦属辽金时代。"[①]

（14）五家子古城

古城遗址位于八屋乡五家子村小五家子屯西北。古城分内外两城，内城位于外城东北角。外城东西墙长823米，南北墙长609.5米，周长2865米。古城平面呈长方形，内城东西墙长314米，南北墙长320.5米，周长1269米，古城平面呈正方形。城墙基本无存，外城墙破坏严重，只存东墙中段60米，西墙仅存40余米，其他均为耕地，马面、瓮城等建筑不清楚。内城墙基宽16米，残高8米，未见门址和瓮城（内城东墙和北墙与外城为一体）。内外城四角均有角楼，外城之外有护城河遗迹。地表零星可见细泥质灰陶片和白釉泛黄瓷片，以及青砖和布纹瓦残片等辽金遗物。《怀德县文物志》记载："从城内出土的器物看，建城前此地即有人生活过，约当青铜文化时代。到了辽金时期建筑此城，并且人烟渐集，规模不小，应是附近小于信州城的一处古城。"[②]

（五）白山市辽金古城

1. 浑江市

（1）夹皮沟古城

古城遗址位于六道沟乡夹皮村北鸭绿江岸边。古城平面呈不规则长方形，现东墙北段、北墙东段、西墙南段尚能辨认痕迹，其余城墙完全破坏。北墙为东西走向，残长67米，一般残高1米左右，最高可达2.2米，东墙呈自西北向东南走向，残长56米，西墙与东墙平行，残长50米，残高0.3—1.2米。城墙用块石砌成。城内出土过石镞、石矛、陶罐等。《浑江市文物志》记载："估计城址始筑于高句丽时期，后代又经沿用。"[③] 此

[①] 段新澍等编：《怀德县文物志》，吉林省文物志编委会1985年版，第90页。
[②] 段新澍等编：《怀德县文物志》，吉林省文物志编委会1985年版，第94页。
[③] 张殿甲等编：《浑江市文物志》，吉林省文物志编委会1984年版，第33页。

城当被辽金沿用。

（2）河南屯古城

古城遗址位于四道沟乡河南屯村北鸭绿江岸边台地上。古城城墙破坏严重，仅存一段坍塌城墙。残长50米左右，一般残高0.2—0.4米，最高可达1米。城墙夯土版筑，古城结构已经不可考。《浑江市文物志》疑此城是辽东京道渌州治下的神化、剑门二县治所。"河南屯遗址是否为此二县治之一，尚需要更多的材料加以验证。"①

（3）临江古城

古城遗址位于临江镇。在镇北文成街中部原有一段城墙，20世纪60年代中期镇土产公司在修筑围墙和仓库时将其压在仓库北墙下。残墙长30米左右，高出地表0.3—0.5米，城墙用山石和卵石砌成，内填黄土。墙顶与北边的地表成水平，故仅可见南面，墙宽不详。《浑江市文物志》记载："可能即渤海西京鸭绿府之神州墙垣遗迹或辽东京道之渌州治所北城墙遗迹。"②

2. 靖宇县

（1）新立古城

古城遗址位于榆树川乡新立村西山上。古城南北墙长32米，东西墙长50米。城内地上散布着金代文物。《靖宇县文物志》记载："在遗址内，过去出土过一批铁器生产工具。内中有铁铧、反首裤铁锹、铁镐等。故我们认定此遗址乃是金代遗址。"③ 在南端有短墙遗迹，其他三面没有任何墙的遗迹，观其范围不够城的规模，只能是一处遗址，而且是金代的居住址。《靖宇县文物志》认为该城规模小，不够城的级别。此遗址既然有墙，并且当地还称高句丽城，当是金代小型军事城堡。

（2）江沿古城

古城遗址位于榆树川乡沿江村西端。古城东墙长42米，北墙长55米，南墙长55米，西墙长42米，周长194米。古城平面呈正方形，城墙夯土版筑，城门、瓮城、马面等建筑不清楚。城内遗物多为辽金时期遗物，《靖宇县文物志》记载："从城堡形制特点以及所遗存的文物来看，此城堡

---

① 张殿甲等编：《浑江市文物志》，吉林省文物志编委会1984年版，第23页。
② 张殿甲等编：《浑江市文物志》，吉林省文物志编委会1984年版，第27页。
③ 李殿福等编：《靖宇县文物志》，吉林省文物志编委会1988年版，第37页。

第二章 辽金古城形制与分布

是辽、金时代的城堡,并非是高句丽时代城址。"[1]

(六) 辽源市辽金古城

1. 辽源市区

(1) 龙首山古城

古城遗址位于市区龙首山上。古城东西墙长约350米,南北墙长约250米,周长1200米。古城平面呈椭圆形,城墙夯土版筑,西墙保存较好,墙基宽7米,顶宽1.5米,残高2米。古城西北角和西南角有角楼痕迹。西北角楼高6米,西南角楼高4米。发现两处门址,分别位于北墙西端和西墙中部。城内所见文物散布广泛,数量亦多。文化内涵复杂,分上、中、下三层。自下而上分别为新石器时代文化层、汉代高句丽文化层、辽金文化层。《辽源市文物志》记载:"从城内出土文物推断,此城似建于高句丽时代,但是修筑在原始社会晚期居住址上……另从城内出土的泥质灰陶残片、布纹瓦等文物来看,此城又为辽金时期沿用。"[2]

(2) 工农古城

古城遗址位于龙山区工农乡东北1500米处。古城东墙长254米,西墙长390米,南墙长487米,北墙长300米,周长1431米。古城平面呈椭圆形,城墙用黄沙土和黑褐土夯筑而成,残墙基宽8米,顶宽2米,高5米,在东墙、南墙和北墙,各设一个城门,没有瓮城,不见马面角楼等建筑。《辽源市文物志》记载:"根据此城建筑规模、城内出土文物,以及古城修筑年代当在高句丽时期,辽金时代继续沿用。"[3]

(3) 城子山古城

古城遗址位于龙山区山湾乡七一村北山上。古城西墙长200米,北墙长182米,南墙长164米,东墙长180米,周长726米。古城平面呈椭圆形,城墙夯土版筑,墙基宽6米,顶宽约2米,残高3米,城墙外有护城河,上宽3米,下宽1.5米,深1米左右。护城河外有一道1米左右的矮墙,在北城墙发现1个城门遗址,有瓮城遗迹。在东墙南部有1个马面,呈半圆形。西北角和西南角有角楼遗迹,半圆形,直径8米。城内地表文物既有高句丽时代文化遗存,也有辽金时代文化遗存。《辽源市文物志》

---

[1] 李殿福等编:《靖宇县文物志》,吉林省文物志编委会1988年版,第50页。
[2] 李君、苏洪武总纂:《辽源市文物志》,吉林省文物志编委会1988年版,第29页。
[3] 李君、苏洪武总纂:《辽源市文物志》,吉林省文物志编委会1988年版,第31页。

说："此城修筑于高句丽时代，辽金乃至明代仍在沿用。"①

（4）高古村古城

古城遗址位于西安区灯塔乡高古村西北。古城每边墙长280余米，周长1120余米。古城平面略呈正方形，城墙夯土版筑，北墙东段保存较好，墙基宽2.6米，顶宽0.9米，残高2米。西北角有角楼遗迹，其他角楼不见。北城门尚可辨认，其他门址不可辨识。城址现已为耕地所占，地表散布着泥质灰色布纹瓦残片、泥质灰陶器残件。《辽源市文物志》说："根据城内散布的灰陶兽面瓦当、布纹瓦、灰色花沿瓦、白釉瓷碗底、古钱等物推断，应为辽金时代修筑。"②

2. 东辽县

（1）寿山山古城

古城遗址位于热闹乡热闹村后山顶上。古城内外两道城墙，两道城墙之间相距10—15米左右。城墙使用花岗岩石构筑，第一道城墙周长250米，第二道城墙周长310米。古城平面呈椭圆形，墙基宽7—7.5米，顶宽2—2.5米，残高1.2—3.4米。两道城墙共有7个马面，马面之间距离15米，马面直径5米。城门开在东南角。《东辽县文物志》记载："根据山城规模、形制来分析，这座山城是辽金时期修筑的，属军事戍堡性质。"③

（2）靠山屯城子山古城

古城遗址位于甲山乡大台村靠山屯城子山上。古城有两道城墙，第一道城墙周长180米，第二道城墙周长270米。古城平面呈椭圆形，城墙堆筑，两道城墙之间距离10—15米。第一道城墙西侧有10米宽城门一座，第二道城墙由于破坏严重，城门遗址不详。墙基宽8米，上宽2.5米，残高16米。没有发现马面和角楼等建筑设施。城内散布着少量红褐色夹砂手制素面陶片、黑釉粗瓷片、牙黄釉粗瓷片和泥质灰陶片等。《东辽县文物志》说："由此断定这处古城属于辽金时期戍堡，其下层叠压着青铜时期遗址。"④

---

① 李君、苏洪武总纂：《辽源市文物志》，吉林省文物志编委会1988年版，第33页。
② 李君、苏洪武总纂：《辽源市文物志》，吉林省文物志编委会1988年版，第35页。
③ 史吉祥总纂：《东辽县文物志》，吉林省文物志编委会1987年版，第190页。
④ 史吉祥总纂：《东辽县文物志》，吉林省文物志编委会1987年版，第190页。

第二章 辽金古城形制与分布

（3）小城沟山城

古城遗址位于辽源镇大架山村大架山屯小城河处。古城利用西北、北、东南三面自然形成犄角形山险，在南面开阔地带修筑一道土石混筑城墙，长155米，墙基宽11米，上宽2米，城墙垂直高度3.8米，在70米处有一个豁口，宽22米，为当时城门所在。在城墙南端有一半径7米的半圆形平台，或属瞭望所一类设施。城内遗物稀少，仅存灰陶片和布纹瓦。《东辽县文物志》说："该城属辽金时期军事戍堡。"[1]

（4）北城子古城

古城遗址位于甲山乡山西村北500米处。古城东墙长50.5米，西墙长46米，南墙长46米，北墙长55米，周长197.5米。古城平面呈长方形，城墙土石混筑，墙基宽11米，残高1.76—2米，城门在南墙中间，宽约6米，没有瓮城、马面、角楼等建筑，城外有护城河建筑遗迹。城外为耕地，出土过石臼和陶片。《东辽县文物志》说："从城的形制看，北城子属辽金时期。"[2]

（5）城子沟古城

古城遗址位于金岗乡光明村城子沟屯南耕地上。古城每边墙长35米，周长140米。古城平面呈正方形，城墙为土石混合夯筑，城墙荡然无存，无瓮城、马面等建筑。《东辽县文物志》说："从古城地理环境、规模、形制来看，此城当属辽金时期。"[3]

（6）于家烟房古城

古城遗址位于白泉镇德忠村于家烟房屯北田地里。古城每边墙长110米，周长440米。古城平面呈正方形，墙基石块垒筑，城墙夯土版筑，北城墙与东辽河护河堤混为一体，东、西城墙已无迹可寻。北城墙基宽8米，顶宽1.5米，残高1.8米。在城内西南角有一小方城，边长32米，周长128米。城内未见任何遗物。《东辽县文物志》说："从城的规模和形制来看，可能属于金代女真部落猛安谋克村寨组织修筑军事性戍堡，亦不排除明代海西女真扈伦四部之一叶赫部修筑或沿用的可能。"[4]

---

[1] 史吉祥总纂：《东辽县文物志》，吉林省文物志编委会1987年版，第191页。
[2] 史吉祥总纂：《东辽县文物志》，吉林省文物志编委会1987年版，第193页。
[3] 史吉祥总纂：《东辽县文物志》，吉林省文物志编委会1987年版，第193页。
[4] 史吉祥总纂：《东辽县文物志》，吉林省文物志编委会1987年版，第195页。

(7) 苏家街古城

古城遗址位于金岗乡西柳村苏家街屯南地里。古城遗址已经夷为平地,地表略微隆起。古城近方形,墙基为石块垒砌,城墙夯土而成,城门不详。城内出土过石臼、陶罐和铜钱。《东辽县文物志》说:"从城的形制、规模及选址地点来看,这处古城上限不早于辽金,下限不晚于明清。"①

(8) 小城沟古城

古城遗址位于安恕镇城仁村城仁屯北平地上。古城东墙长450米,西墙长500米,南墙长280米,北墙长350米,周长1580米。古城平面呈梯形,城墙夯筑结构,城墙破坏严重,只见城址东半部北有几个稍隆起的台地,北、西两侧护城壕清晰可见,地表散布残砖瓦砾。《东辽县文物志》说此城出土过"合里哥谋克之印……由此可知,小城沟古城为氏族'合里哥'谋克——百夫长所居之寨,辽金时期东辽境内所生活的女真各户归其管辖"②。

3. 东丰县

(1) 城址山古城

古城遗址位于横道河镇城址山村城址山上。古城周长1980米。城墙黄沙土和石块混合而筑,高约4—8米,墙基宽12米,顶宽2米,城墙共发现14个马面,平均距离80米,城门4个,在城墙内发现绕城墙一周宽约7米的平台式马道,平台旁有3—4米的深壕沟。城内分布着黄白釉铁花瓷器残片、泥质灰陶平底陶器底、灰色圆群器口沿、泥质红陶绿釉残件、灰色陶罐残底等。《东丰县文物志》记载:"此城为一处辽金时期古城。"③

(2) 小城子古城

古城遗址位于杨木乡城子村东耕地上。古城东西墙长80米,南北墙长50米,周长260米。古城平面呈长方形,在遗址地表发现一些泥质灰陶片和少量瓷片等。《东丰县文物志》记载:"与洮南城四家子古城出土陶片、辽源工农古城内所发现的方块纹灰陶片基本相同。为辽金时期一处居

---

① 史吉祥总纂:《东辽县文物志》,吉林省文物志编委会1987年版,第195页。
② 史吉祥总纂:《东辽县文物志》,吉林省文物志编委会1987年版,第198页。
③ 周传波总纂:《东丰县文物志》,吉林省文物志编委会1987年版,第90页。

第二章 辽金古城形制与分布

住址。"① 此遗址虽然《东丰县文物志》没有列入古城范围，但从其名称和文物散布情况，应该是辽金时代古城遗址。

（3）小城子古城

古城遗址位于南屯基乡北屯基村东南。古城东西墙长约 150 米，南北墙长约 100 米，周长 500 米。古城平面呈长方形，遗址地势平坦，虽已辟为农田，仍高出地面许多，"从台地边缘土层分析，很可能在遗址周围曾筑有土墙"②。遗址俗称小城子，应该是一处城址。《东丰县文物志》说："为辽、金时期较大遗址。"③ 因此，此遗址当为一座辽金古城遗址。

（七）白城市辽金古城

1. 白城市区

（1）城四家子古城

古城遗址位于洮北区德顺乡东北平地上。古城东墙长 1340 米，南墙长 1175 米，北墙长 1135 米，西墙被洪水冲去大半，残长为 483 米，周长约为 5748 米。古城平面呈长方形，城墙夯土版筑，残高 5 米左右，四面城墙有等距离马面，四角有角楼，四面城墙中间开有城门，有瓮城、护城河。《白城地区文物志简编》记载："城四家子古城，学术界一般认为是辽泰州旧址。"④ 现在大都认为是辽长春州，金新泰州。城四家子古城见图 2-12。

（2）蒙古屯古城

古城遗址位于洮北区金祥乡跃进村蒙古屯西南。古城东西墙长 250 米，南北墙长 200 米，周长 900 米。古城平面呈长方形，城墙夯土版筑，残高 0.3—0.7 米不等，城门址不详，没有角楼和马面痕迹，城外有护城壕痕迹。城内遗物丰富，整个地表到处散见泥质灰陶片、鸡腿坛残片、布纹瓦、褐色和白色瓷片及青砖等遗物。《白城地区文物志简编》记载："该城结构严谨，但范围较小。应为辽金时代戍堡一类的军事设施。"⑤

（3）黄家堡古城

古城遗址位于洮北区永胜乡长胜村黄家堡屯内。古城东西墙长 500

---

① 周传波总纂：《东丰县文物志》，吉林省文物志编委会 1987 年版，第 71 页。
② 周传波总纂：《东丰县文物志》，吉林省文物志编委会 1987 年版，第 80 页。
③ 周传波总纂：《东丰县文物志》，吉林省文物志编委会 1987 年版，第 81 页。
④ 唐秀琴主编：《白城地区文物志简编》，吉林人民出版社 1992 年版，第 164 页。
⑤ 唐秀琴主编：《白城地区文物志简编》，吉林人民出版社 1992 年版，第 198 页。

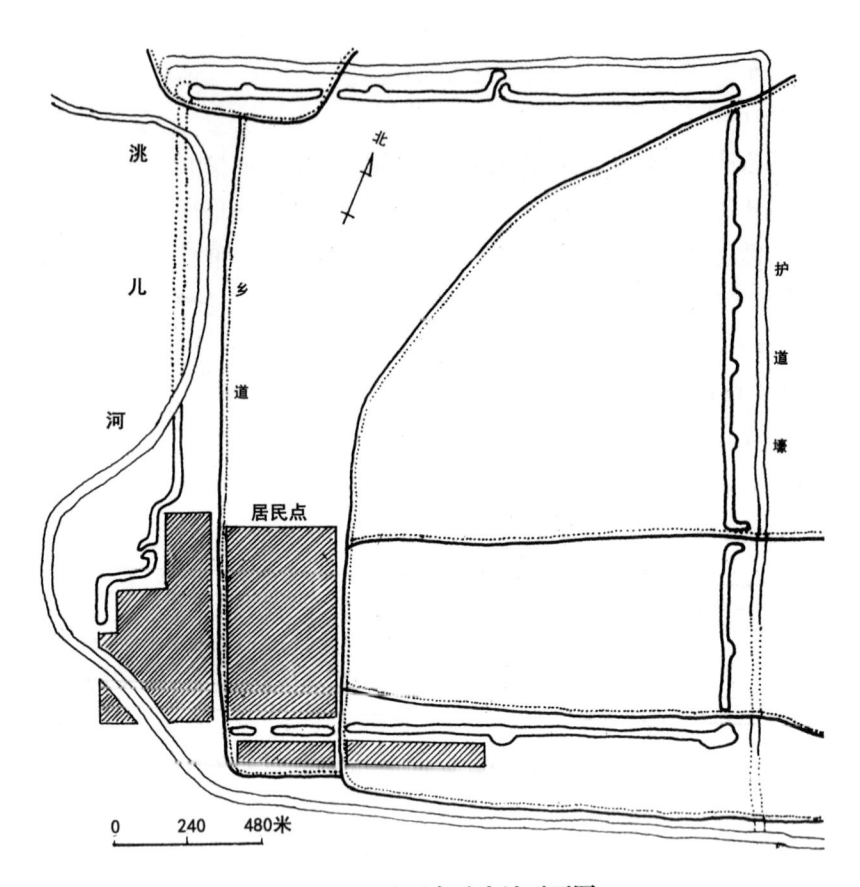

图 2-12　城四家子古城平面图

资料来源：贾士金主编：《吉林省志·文物志》，吉林人民出版社1991年版，第70页。

米，南北墙长 320 米，周长 1640 米。古城平面呈长方形，城墙夯土版筑，城墙大部分已经被破坏，现存东城墙一段 40 米，北城墙残留两段分别为 50 米、60 米，残高 1.4—2 米，城门遗址不详。《白城地区文物志简编》记载："土城子古城，西依洮儿河，东临大平原，是辽金时期泰州西部的一较大城址。"①

（4）小城子古城

古城遗址位于洮北区岭下乡岭下村两家子屯西南 500 米处。古城东墙

---

① 唐秀琴主编：《白城地区文物志简编》，吉林人民出版社1992年版，第199页。

第二章 辽金古城形制与分布

长150米,南墙长110米,北墙长110米,西墙长148米,周长518米。古城平面略呈长方形,城墙夯土版筑,但夯层不明显,城墙破坏严重,城门址不详,残高0.6米,没有角楼、马面和护城河痕迹。城内遗物有青砖、灰色布纹瓦和带有烧烤熏灼痕迹的石材。《白城地区文物志简编》说:"城址面积较小不宜人居住,故当属军事戍堡和交通驿站性质。"① 因此,此遗址当属辽金时期军事戍堡。

2. 大安市

(1) 前二龙山古城

古城遗址位于联合乡二龙山村南80米平地上。古城东西墙长250米,南北墙长134米,周长768米。古城平面呈长方形,城墙建筑方式不明,破坏严重,东、西城墙残高0.5—1米,顶宽1米,南、北城墙只留痕迹,城内已被开垦为耕地。城内有青砖和布纹瓦残片。《大安县文物志》说:"根据遗物和古城的规模分析,此城为辽金时期所建。"②

(2) 新荒古城

古城遗址位于新荒乡新荒屯南。古城东墙长191米,南墙长219米,西墙长187米,北墙长195米,周长792米。古城平面呈长方形,城墙夯土结构破坏严重,只存残垣断壁,南墙和西墙已经开垦为耕地,只有北、东两墙尚有痕迹。城墙残高0.4—1米,东西各有一个城门遗址,不见马面和角楼建筑。城内采集过大量陶瓷残片。《大安县文物志》说:"根据古城的形制,结合出土遗物分析,既不见早于辽代,又不见晚于金代的遗物,因此断定辽金时代的古城,始建于辽代,金代继续沿用,元时废弃。"③

(3) 金善古城

古城遗址位于两家乡同兴村金善屯南1500米处。古城破坏严重,现已成为耕地,仅存一段墙残长215米,推测此城周长2000米左右。城墙夯土版筑,残高0.5—1.5米,墙基宽6—8米,顶宽1.5—4米。城墙的北面有马面遗迹。遗址周围散布着青砖和布纹瓦等遗物。《大安县文物志》说:"根据城墙特点,文物分布范围和采集到文物特点推断,此城墙周长

---

① 唐秀琴主编:《白城地区文物志简编》,吉林人民出版社1992年版,第199页。
② 陈相伟、李殿福主编:《大安县文物志》,吉林省文物志编委会1982年版,第53页。
③ 陈相伟、李殿福主编:《大安县文物志》,吉林省文物志编委会1982年版,第54页。

在2000米左右。为辽金时期所建。"①

（4）古城屯古城

古城遗址位于古城乡古城村古城屯所在地。古城东西墙长203米，南北墙长120米，周长646米。古城平面呈长方形，城墙夯土版筑，因古城屯坐落在古城遗址上，多年修建房屋，东墙和南墙已为平地，西墙、北墙隐约可见痕迹，西北角存有一段3米残墙，高1米，城外有护城壕。过去曾出土过"驸马府"字石碑，以及陶、瓷残片等。城内南侧有枯井一口。《大安县文物志》说："根据城中遗物判断，此城当是辽或金时建筑"②。

3. 洮南市

海城子古城

古城遗址位于兴业乡兴业村海城子屯西北1000米处。古城南墙长165米，东墙残长130米，西城墙残长144米。古城平面呈长方形，城墙夯土版筑，四角有角楼，南城墙中间开1个城门，外有瓮城，城外有护城河痕迹。城中遗物有泥质灰陶片，上有压印纹、篦点纹、附加堆纹等。《白城地区文物志简编》记载："可能属金代的军事戍堡之一。"③

4. 镇赉县

（1）好斯台古城

古城遗址位于坦途乡向阳村斯台屯东。古城南墙长244米，北墙长240米，东墙长276米，西墙长279米，周长1039米。古城平面略呈正方形，城墙夯土版筑，城墙残高0.7—1.6米不等，四角有角楼，东西开两个城门，无瓮城。城内散布有大量灰色和黄褐色的陶片，均为轮制，细泥质地，火候较高。还有一些绿釉陶片、青砖和布纹瓦残片、黄白釉瓷片、黑釉粗瓷片、青花瓷片。《镇赉县文物志》记载："根据出土的器物和古城的形制看，应为辽金时期所建，一定数量的晚期遗物存在，说明古城沿用的时间较长。"④

（2）大乌兰吐古城

古城遗址位于丹岱乡大乌兰吐屯西南300米处。古城南墙长213米，

---

① 陈相伟、李殿福主编：《大安县文物志》，吉林省文物志编委会1982年版，第55页。
② 陈相伟、李殿福主编：《大安县文物志》，吉林省文物志编委会1982年版，第56页。
③ 唐秀琴主编：《白城地区文物志简编》，吉林人民出版社1992年版，第200页。
④ 吴喜才等编：《镇赉县文物志》，吉林省文物志编委会1984年版，第107页。

第二章 辽金古城形制与分布

北墙长 230 米，西墙 151 米，东墙 143 米，周长 737 米。古城平面呈梯形，残高 2 米，南城墙中部有 1 个城门，外有瓮门。城内开垦为耕地，遗物主要有青砖头、布纹瓦、陶片和少量的铁器残片。《镇赉县文物志》记载："根据所见遗物和古城的形制看，应为辽金时期所建。"[1]

（3）十家子古城

古城遗址位于嫩江右岸的丹岱乡十家子村。古城南北墙长 70 米，东西墙长 50 米，周长 240 米。古城平面呈长方形，东西南二面开有城门，没有瓮城、马面等附属建筑。在古城内居民房屋周围散布少量内外均施黄白釉的瓷片，采集到一件白釉青花瓷盘的残部，施半截釉。《镇赉县文物志》记载："从古城的形制和出土的器物看，该城应为辽代所筑。"[2]

（4）后少力古城

古城遗址位于沿江乡后少力村西北 250 米处。古城南北墙长 200 米，东西墙长 150 米，周长 700 米。古城平面呈长方形，城墙夯土版筑，残高 0.3—0.9 米，四角筑有角楼，设有南北 2 个城门，无瓮城、马面和护城河。城内散布大量青砖和布纹瓦残块，红、绿、黄色琉璃瓦和灰色兽面瓦当、滴水、素面陶片等建筑构件。《镇赉县文物志》记载："据古城的形制和出土的器物看该城建于金代，到了元代此城仍在沿用。"[3]

5. 通榆县

（1）长发古城

古城遗址位于兴隆山乡长发村东长发屯。古城南墙长 188 米，西墙长 310 米，北墙 190 米，东墙 228 米，周长 916 米。古城平面呈长方形，城墙泥土堆砌，墙基宽 10 米，其他建筑遗址不详。城内遗物有砖瓦、陶片、瓷片等。《通榆县文物志》记载："文物和古城的形制表明，这座古城为辽代建筑，金元明时期一直沿用。"[4]

（2）拉户嘎古城

古城遗址位于边昭乡腰围子村拉户嘎屯东南 1000 米处。古城东墙长 1000 米，南墙长 450 米，西墙长 1000 米，北墙长 1000 米，周长 3450 米。

---

[1] 吴喜才等编：《镇赉县文物志》，吉林省文物志编委会 1984 年版，第 103 页。
[2] 吴喜才等编：《镇赉县文物志》，吉林省文物志编委会 1984 年版，第 109 页。
[3] 吴喜才等编：《镇赉县文物志》，吉林省文物志编委会 1984 年版，第 110 页。
[4] 吴喜才等编：《通榆县文物志》，吉林省文物志编委会 1985 年版，第 101 页。

古城平面呈长方形，城墙夯土版筑，东墙残高约0.5米，南墙残高0.7米，西墙残高0.5米，北墙残高0.6米，墙基宽10—12米，在南墙中间有1个城门遗址，有瓮城遗迹。城内遗物较多，散布有青砖、布纹瓦、陶瓷残片、茶绿釉鸡腿坛残片等。《通榆县文物志》记载："遗物表明，这是一座辽代古城。"[①]

（3）西学堂古城

古城遗址位于龙山乡长青村西学堂屯西北敖包山上。古城东墙长220米，南墙长160米，西墙长221米，北墙长165米，周长766米。古城平面呈长方形，城墙建筑方式不明，东墙和南墙模糊不清，北墙、西墙有遗迹。墙基宽12—14米，残高0.4—0.7米，南墙中间有一道8米宽城门遗址，没有瓮城和马面等建筑遗迹。城内遗物较多，主要有青砖、布纹瓦、辽白瓷、缸瓷残片和大量的黄白釉瓷片、陶片等。《通榆县文物志》说："城址形制和遗物表明，这座古城始建于辽代，金、元明时期沿用。"[②]

（八）松原市辽金古城

1. 前郭尔罗斯蒙古族自治县

（1）塔虎城古城

古城遗址位于八郎乡北上台子屯北侧。古城东墙长1314米，南墙长1278米，西墙长1298米，北墙长1323米，周长为5213米。古城平面呈正方形，城墙夯土版筑，残高5米左右，每个城墙有16个马面，四角有角楼，四面城墙正中间皆开有城门，并有瓮门建筑。此城出土文物较多，皆辽金时代遗物。《前郭尔罗斯蒙古族自治县文物志》说："金初承辽制，这里仍为长春州。天德二年为长春县。"[③] 塔虎城古城见图2-13。

（2）哈朋店古城

古城遗址位于哈拉毛都乡哈朋店中北。古城东墙长500米，南墙长520米，西墙长500米，北墙长520米，周长2040米。古城平面呈正方形，城墙夯土版筑，残高2米左右，城的东南、西北、东北可见有角楼迹象，没有马面和护城河迹象。东侧城墙中间开1个城门。城内散布布纹

[①] 吴喜才等编：《通榆县文物志》，吉林省文物志编委会1985年版，第102页。
[②] 吴喜才等编：《通榆县文物志》，吉林省文物志编委会1985年版，第104页。
[③] 张静岩等编：《前郭尔罗斯蒙古族自治县文物志》，吉林省文物志编委会1983年版，第61页。

第二章　辽金古城形制与分布

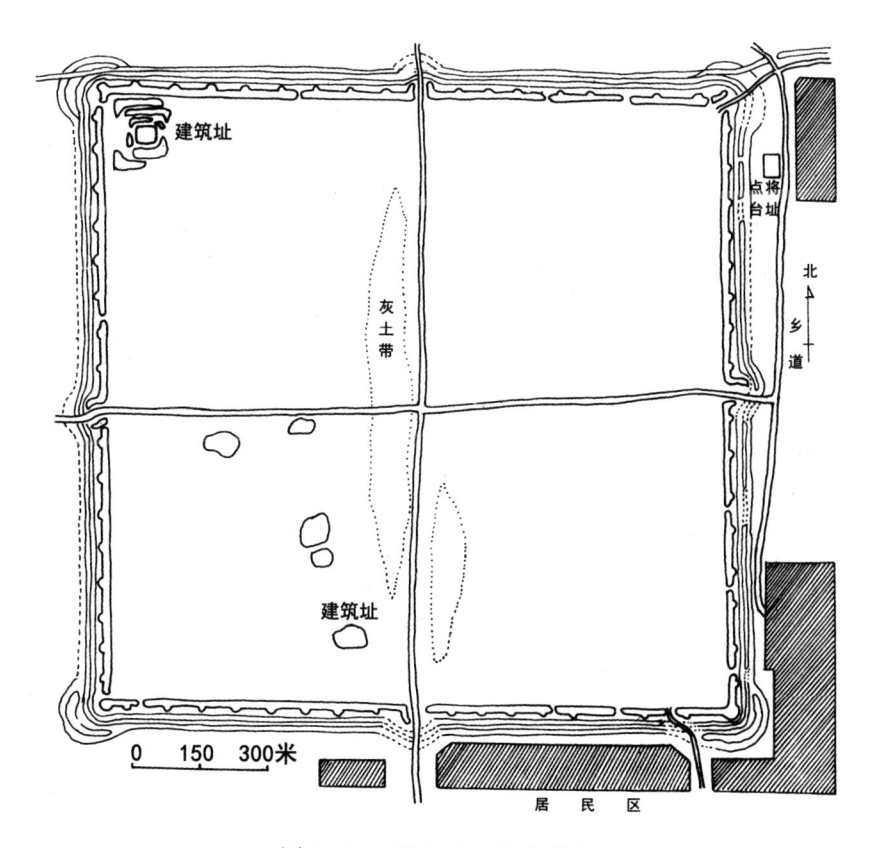

图 2-13　塔虎城古城平面图

资料来源：贾士金主编：《吉林省志·文物志》吉林人民出版社 1991 年版，第 72 页。

瓦、青砖、瓦当残块，采集文物有泥质灰陶片等遗物。《前郭尔罗斯蒙古族自治县文物志》记载："根据古城内外遗迹遗物看，此城为辽金时期较繁华的城址。"①

（3）土城子古城

古城遗址位于大山乡大山屯东南 250 米处。古城东西墙长 500 米，南北墙长 570 米，周长为 2140 米。古城平面呈长方形，城墙夯土版筑，在东西城墙南部，距南墙 76 米处个开 1 个城门，有瓮门，四角有角楼，没

---

①　张静岩等编：《前郭尔罗斯蒙古族自治县文物志》，吉林省文物志编委会 1983 年版，第 64 页。

有马面和护城河痕迹。城内已为耕地，遗物有泥质灰陶片、青砖、铜钱和铁刀等。《前郭尔罗斯蒙古族自治县文物志》记载："根据城内的现存遗物分析，此城应为辽金古城址。"①

(4) 那拉街古城

位于王府站乡东那拉街屯东北，古城东西墙长400米，南北墙长300米，周长1400米。古城平面呈长方形，城墙夯土版筑，残高2米左右，每个城墙有4个马面，四角有角楼，在东、西城墙中间各开1个城门，外有瓮门。城内遗物较少，采集文物有灰色泥质陶片、灰色附加堆纹陶片、篦齿纹褐色陶片及灰色布纹瓦等。《前郭尔罗斯蒙古族自治县文物志》记载："根据此城的形制及遗物，此城应为辽金古城。"②

(5) 罕扎布拉格古城

古城遗址位于吉拉吐乡扎罕布拉格屯东南。古城东墙长279米，南墙长250米，西墙长290米，北墙长250米，周长1069米。古平面略呈方形，城墙夯土版筑，残高为1—1.5米，四角有角楼，在南城墙中间开有1门，没发现有瓮城、马面和护城河痕迹。城内已为耕地，遗物有灰色泥质篦齿纹陶片、素面陶片。《前郭尔罗斯蒙古族自治县文物志》记载："此城对研究前郭尔罗斯辽金时期的历史，具有一定参考价值。"③

(6) 偏脸子古城

古城遗址位于新丰乡偏脸子屯西南250米的平地上。古城南墙长247米，东墙长234米，西墙长247米，北墙长250米，周长978米。古城平面呈方形，城墙夯土版筑，残高3米左右，四角有角楼，南、北各有1个城门，没有瓮门、马面、护城河痕迹。城内已为耕地，零星可见黄白釉瓷片、泥质灰陶片和青砖等。《前郭尔罗斯蒙古族自治县文物志》记载："从城的形制，遗物及周围遗址综合分析，应是一座辽金时代的古城。"④

---

① 张静岩等编：《前郭尔罗斯蒙古族自治县文物志》，吉林省文物志编委会1983年版，第65页。
② 张静岩等编：《前郭尔罗斯蒙古族自治县文物志》，吉林省文物志编委会1983年版，第66页。
③ 张静岩等编：《前郭尔罗斯蒙古族自治县文物志》，吉林省文物志编委会1983年版，第67页。
④ 张静岩等编：《前郭尔罗斯蒙古族自治县文物志》，吉林省文物志编委会1983年版，第68页。

第二章 辽金古城形制与分布

(7) 大喇嘛坨子古城

古城遗址位于乌兰图嘎乡好老宝村大喇嘛坨子屯东300米处。古城南墙长250米，西墙长200米，东墙长210米，北墙长240米，周长900米。古城平面呈长方形，城墙夯土版筑，残高1—1.5米，四角有角楼，北城墙中间开1个城门，没有瓮门、马面、护城河痕迹。地表散布着少量黄白釉瓷片、泥质灰陶片和青花瓷片。《前郭尔罗斯蒙古族自治县文物志》记载："此城出土铁器、兵器之类较多，且地处交通要道，应是辽金时期重要军事戍堡。"[①]

(8) 小城子古城

古城遗址位于查干花乡白音花村小城子屯南50米处。古城东西墙长170米，南北墙长200米，周长740米。古城平面呈长方形，城墙夯土版筑，残高1—1.5米，四角有角楼，东城墙中间开1个城门，外有瓮门，墙上有马面痕迹。城内出土陶片多为泥质灰褐色和红褐色，均轮制，火候较高，质地坚硬。《前郭尔罗斯蒙古族自治县文物志》记载："从城的形制、结构和采集的遗物看，此城虽规模较小，却居于交通要道，显而易见是一座辽金时期的军事设施。"[②]

(9) 旱龙坑南古城

古城遗址位于深井子乡旱龙坑屯南。古城东西墙长150米，南北墙长200米，周长700米。古城平面呈正方形，城墙夯土版筑，四角有角楼，在北城墙中间开有城门，外有瓮城痕迹，城墙残高0.5—1米。地表散布着泥质灰陶片，偶见泥质红褐色陶片，火候较高，质地坚硬。《前郭尔罗斯蒙古族自治县文物志》记载："这里可能是辽金两代的军事戍堡。"[③]

(10) 旱龙坑北古城

古城遗址位于深井子乡旱龙坑屯北。古城每边墙长150米，周长600米。古城平面呈正方形，城墙夯土版筑，四角有角楼，东城墙正中开1个城门，外有瓮城，城墙残高1—1.5米。城内曾出土过铁镞、铜钱和陶罐。

---

① 张静岩等编：《前郭尔罗斯蒙古族自治县文物志》，吉林省文物志编委会1983年版，第70页。

② 张静岩等编：《前郭尔罗斯蒙古族自治县文物志》，吉林省文物志编委会1983年版，第71页。

③ 张静岩等编：《前郭尔罗斯蒙古族自治县文物志》，吉林省文物志编委会1983年版，第72页。

《前郭尔罗斯蒙古族自治县文物志》记载："这里可能是辽金两代的军事戍堡。"①

（11）西哈什坨子古城

古城遗址位于乌兰塔拉乡西哈什坨子屯东 200 米处。古城每边墙 100 米，周长 400 米。古城平面呈正方形，城墙版筑，残高 0.5—1 米，四角有角楼，东城墙正中间有 1 个城门。没有瓮城痕迹。城内曾出土过泥质灰褐陶片和铜钱。《前郭尔罗斯蒙古族自治县文物志》记载："此城内不宜百姓居住，应为辽金时代军事性戍堡一类。"②

2. 乾安县

（1）为字井古城

古城遗址位于余字乡为字井村。古城东墙长 196 米，西墙长 220 米，南墙长 210 米，北墙长 215 米，周长 841 米。古城平面略呈梯形，城墙夯土版筑，四面城墙各有 1 个马面痕迹，残高 0.5—1.5 米，四角有城楼，东城墙正中间开 1 个城门，有瓮城痕迹。城内有青砖、布纹瓦和泥质陶片，也有少量缸胎粗瓷器和辽白瓷残片。《乾安县文物志》记载："根据遗物和古城形制分析，此城当首建于辽代，金代仍沿用。"③

（2）有字井古城

古城遗址位于让字乡有字井村东南 500 米处。古城东西墙长 150 米，北墙长 110 米，南墙长 150 米，周长 560 米。古城平面呈梯形，城墙夯土版筑，残高 0.5—1 米，四角有角楼，南城墙西侧开 1 个城门，其他三面城墙各有 1 个马面，没有瓮城和护城河痕迹。城内地表散布着灰色陶瓷残片。《乾安县文物志》记载："从古城的形制和出土器物观察，为辽金时期所筑。"④

（3）羔字井古城

古城遗址位于赞字乡羔字井村羔字井屯东北 1500 米处。古城东墙长 110 米，西墙长 120 米，南墙长 140 米，北墙长 140 米，周长 510 米。古

---

① 张静岩等编：《前郭尔罗斯蒙古族自治县文物志》，吉林省文物志编委会 1983 年版，第 72 页。
② 张静岩等编：《前郭尔罗斯蒙古族自治县文物志》，吉林省文物志编委会 1983 年版，第 73 页。
③ 吴喜才等编：《乾安县文物志》，吉林省文物志编委会 1985 年版，第 91 页。
④ 吴喜才等编：《乾安县文物志》，吉林省文物志编委会 1985 年版，第 92 页。

第二章　辽金古城形制与分布

城平面呈梯形，城墙夯土版筑，残高1.5米，四角有角楼，南墙中间开1个城门，没有瓮城、马面、护城河痕迹。城内地表散布大量陶瓷残片。《乾安县文物志》记载："从古城内出土的文物和古城的形制看，应属辽金时期所筑。"①

（4）莫字井古城

古城遗址位于兰字乡莫字井屯西南2500米处。古城东墙长110米，西墙长100米，南墙长480米，北墙长500米，周长1190米。古城平面呈梯形，城墙夯土版筑，在北墙距东墙5米处开1个城门，四角有角楼，没有瓮城、马面、护城河痕迹。城内地表散布大量青砖和陶瓷残片。《乾安县文物志》记载："从古城内出土的遗物来看，该城建于辽金时期。"②

（5）道字井古城

古城遗址位于道字乡道字井村道字井屯东300米处。古城东墙长102米，西墙长117米，南墙长78米，北墙长80米，周长377米。古城平面呈长方形，城墙夯土版筑，残高0.5米，南城墙偏西开1个城门，四角有角楼，没有瓮城、马面、护城河迹象。城内遗物较少，采集到轮制灰色陶片，出土陶罐、铁铧、石磨和黄白釉瓷碗。《乾安县文物志》记载："从古城的形制和出土的文物分析，此城应建于辽代，沿用至金代。"③

3. 扶余市

（1）石头城子古城

古城遗址位于新城局乡石头城子村西南。古城东墙长413米，南墙长548米，西墙长413米，北墙长548米，周长1922米。古城平面呈长方形，城墙土筑，未见夯土层，城墙残高1.5米不等，西北角有1个角楼，南墙中间开1个城门，没有瓮城、马面痕迹，外有护城河遗迹。城内地表遗物极为丰富，灰色方砖、布纹瓦、灰陶片、陶器口沿、白瓷片、酱釉缸胎瓷片、黑釉瓷片。城内出土过石臼、古钱、础石、小磨、盆沿、铁锅及铁箭头等。另外，在此城出土一方"利涉县印"。《扶余县文物志》说："此城为辽代所建，金代沿用。"④

---

① 吴喜才等编：《乾安县文物志》，吉林省文物志编委会1985年版，第93页。
② 吴喜才等编：《乾安县文物志》，吉林省文物志编委会1985年版，第94页。
③ 吴喜才等编：《乾安县文物志》，吉林省文物志编委会1985年版，第95页。
④ 陈相伟、李殿福主编：《扶余县文物志》，吉林省文物志编委会1982年版，第41页。

（2）伯都古城

古城遗址位于伯都乡所在地东南200米处。古城东墙长709米，南墙长797米，北墙长814米，西墙长812米，周长3132米。古城平面呈梯形，城墙夯土版筑，残高1.5米不等，四角有角楼，四面城墙每60—80米设有马面，四面城墙中间各开1个城门，外有瓮城。城内地表散着布大量灰色砖块、布纹瓦、莲花瓣纹瓦当、陶瓷残片，还有一些佛像及佛饰残块、草拌泥烧土等。《扶余县文物志》记载："根据城址的形制，无疑属于辽金时期古城。"[1]

（3）杨家古城

古城遗址位于伯都乡杨家村西南1500米处。古城东墙长216米，南墙长223米，西墙长216米，北墙长210米，周长865米。古城平面呈方形，城墙夯土版筑，残高3米，南北城墙中间各开1个城门，没有瓮门。四面城墙共有10个马面，南北城墙各3个马面，东西城墙各2个马面，四角有角楼，城外有两道护城河。城内地表散布大量灰色布纹瓦和砖块。《扶余县文物志》记载："此城与伯都古城相距较近，可能就是伯都古城的卫城。"[2]

（4）新安古城

古城遗址位于伯都乡新安村东北500米处。古城东墙长340米，南墙长313米，西墙长338米，北墙长318米，周长1309米。古城平面呈方形，城墙夯土版筑，残高4—6米，城门开在东、西、南三面城墙上，西、南开在中间，东面开在偏南些。没有瓮城，共有8个马面，四角有角楼，城外有两道护城河。城内地表散布着少量灰色砖、布纹瓦和陶瓷残片等。《扶余县文物志》记载："该城与伯都古城相距很近，位在伯都古城东北，相距2.5公里，应是伯都古城的卫城。"[3]

（5）土城子古城

古城遗址位于伯都乡联合村土城子屯。古城东西墙长390米，南北墙长350米，周长1480米。古城平面略呈长方形，城墙夯土版筑，北城墙中间开1个城门，没有瓮城，四角有角楼，没有马面和护城河痕迹。城内

---

[1] 陈相伟、李殿福主编：《扶余县文物志》，吉林省文物志编委会1982年版，第45页。
[2] 陈相伟、李殿福主编：《扶余县文物志》，吉林省文物志编委会1982年版，第48页。
[3] 陈相伟、李殿福主编：《扶余县文物志》，吉林省文物志编委会1982年版，第49页。

第二章 辽金古城形制与分布

遗物较少,仅存灰色砖瓦及陶瓷残片等。《扶余县文物志》记载:"此城在伯都古城的西南相距4公里,应属伯都古城的卫城。"①

(6) 班德古城

古城遗址位于风华乡风华村班德屯西500米处。古城东墙长430米,南墙长374米,西墙长420米,北墙长470米,周长1694米。古城平面略呈梯形,建筑结构不明,南城墙中间开1个城门,外有瓮城,未发现马面、角楼和护城河痕迹。城内散布遗物较为丰厚,出土过葫芦形坛子、石勺、铜盆、铜马镫、铜钟、白瓷碗、青花瓷盘、铁镞、骨镞、玻璃珠、玉环、铁镖、铜钱等。《扶余县文物志》记载:"从该城的出土遗物看,始建于辽金时期,至明清时期仍沿用。"②

(7) 小城子古城

古城遗址位于善友乡中官村小城子屯北200米处。古城周长为1300米。古城平面呈方形,遗址破坏严重,面目全非,其他无法判定。城内地表散布少量灰色泥质陶片与白瓷片,出土过"元祐通宝"一枚。《扶余县文物志》记载:"该城为辽、金时期的古城可能性较大。"③

(8) 下岱吉古城

古城遗址位于长春岭镇西北下岱吉电灌站东侧。古城平面呈正方形,城墙夯土版筑,破坏严重,只存东墙和南墙残迹,东墙残长343米,南墙残长389米,残高2米左右,在南城墙中间开有1个城门,有瓮城,没有角楼、马面和护城河痕迹。《扶余县文物志》记载:"从城的规模来看,应属于中型城堡,根据遗物断定,始建于金,明代仍在沿用。"④

(9) 南城子古城

古城遗址位于新站乡东井村南1000米处。古城周长520米。古城平面略呈方形,城墙破坏严重,基本失去原貌,城内有原始文化遗物、辽金时期遗物,如泥质灰陶片,夹砂红褐陶片等。《扶余县文物志》记载:"出土遗物表明,该城是辽金时代的古城,明、清两代沿用。"⑤

---

① 陈相伟、李殿福主编:《扶余县文物志》,吉林省文物志编委会1982年版,第49页。
② 陈相伟、李殿福主编:《扶余县文物志》,吉林省文物志编委会1982年版,第52页。
③ 陈相伟、李殿福主编:《扶余县文物志》,吉林省文物志编委会1982年版,第52页。
④ 陈相伟、李殿福主编:《扶余县文物志》,吉林省文物志编委会1982年版,第53页。
⑤ 陈相伟、李殿福主编:《扶余县文物志》,吉林省文物志编委会1982年版,第55页。

(10) 西南城子古城

古城遗址位于新站乡西井村西南 1500 米处。古城周长 500 米。古城平面略呈方形，城墙建筑方式不明，城墙已破坏成平地，城内有原始社会时期、辽金时期及明清时期文化遗存。有红衣陶残片，泥质灰褐陶的指压纹、篦点几何纹，及乳钉器耳等。《扶余县文物志》记载："该城是在原始文化遗址上建筑的，是辽金时代的古城，明清两代继续沿用。"[1]

(11) 朱家城子古城

古城遗址位于五站镇保安村朱家城子屯北。古城南墙长 352 米，东、西墙长均为 367 米，北墙长 364 米，周长 1450 米。古城平面略呈方形，城墙夯土版筑，在南墙中间开 1 个城门，没有瓮城、马面、角楼和护城河痕迹。城内已辟为耕地，地表散布少量布纹瓦、泥质灰陶及白瓷片等。《扶余县文物志》记载："从城的形制和出土器物看，应属辽金时代，但时间可能略晚，为金代时期可能性较大。"[2]

(12) 隆科古城

古城遗址位于大林子乡隆科村小学东侧。古城北墙长 381 米，东墙长 292 米，南墙长 287 米，西墙长 290 米，周长 1250 米。古城平面呈方形，城墙夯土版筑，残高 1.85 米，东墙中间开门，有瓮城，西南角有角楼，没有马面，但有护城河遗迹。《扶余县文物志》记载："隆科古城距得胜陀 20 公里，龙虎城之称，今仍存之。"[3]

(13) 王家屯古城

古城遗址位于大三家子乡永发屯、王家屯之间。古城每边墙长 250 米，周长 1000 米。古城平面呈正方形，城墙建筑方式不明，残高 0.3—1 米，城门址等其他不详，城内出土过金代"正隆通宝"。从此城出土的文物来看，此城应该是辽金古城遗址。

(14) 四道门古城

古城遗址位于三井子乡永庆村四道门屯。古城东西墙长 500 米，南北墙长 300 米，周长 1600 米。古城平面呈长方形，城墙夯土版筑，在东、西、南三面城墙中间各开 1 个城门，有马面和角楼痕迹。城内散布有灰色

---

[1] 陈相伟、李殿福主编：《扶余县文物志》，吉林省文物志编委会 1982 年版，第 55 页。
[2] 陈相伟、李殿福主编：《扶余县文物志》，吉林省文物志编委会 1982 年版，第 57 页。
[3] 陈相伟、李殿福主编：《扶余县文物志》，吉林省文物志编委会 1982 年版，第 58 页。

第二章　辽金古城形制与分布

砖、布纹瓦及陶瓷残片。《扶余县文物志》记载:"从出土器物推断,此城为辽、金古城。"①

(15)贾津沟子古城

古城遗址位于石桥乡欢迎村贾津沟子河东侧。古城被洪水冲击毁坏,仅存东墙和南墙东段,东墙残长143米,南墙残长368米,东墙中间开有1个城门,东南角有1个角楼,其他不详。城内遗物较少,出土过铜钱、铁刀和铁剑。《扶余县文物志》记载:"根据出土遗物看来,古城最早年代可能为金代,晚至明代。"②

4. 长岭县

(1)南城子古城

古城遗址位于前进乡东尹家屯西南1000米处。古城东墙长269米,南墙长330米,西墙长253米,北墙长315米,周长1167米。古城平面呈梯形,城墙夯土版筑,东墙残高1—2.5米,南墙残高1—2米,西墙残高1—1.5米,北墙残高2—3米,墙基宽10—15米,顶宽0.8—2米。东、南、北三面城墙各设1个城门,东、南两门有瓮城痕迹。北墙有3个马面,东墙有2个马面。东南角和西北角有角楼遗迹,没有护城河遗迹。城内一部分已经被居民盖房占用,一部分变成耕地。地表散布有陶片、瓷片、灰砖、布纹瓦残片等。《长岭县文物志》说:"南城子古城南距八面城二百里,西距辽上京九百里,此城应为辽代凤州城。"③

(2)十三号古城

古城遗址位于十家户乡十三号村北800米处。古城东、西墙长191米,南墙长176米,北墙长188米,周长746米。古城平面呈方形,城墙夯土版筑,四角有角楼,无马面和护城河迹象。南墙偏东有1个城门,并有瓮城遗迹。城内散布有大量陶瓷残片,布纹瓦、建筑构件、黄白釉瓷片和酱釉瓷器残片。《长岭县文物志》记载:"从此城的形制和出土器物看,应为辽金时期所筑。"④

---

① 陈相伟、李殿福主编:《扶余县文物志》,吉林省文物志编委会1982年版,第59页。
② 陈相伟、李殿福主编:《扶余县文物志》,吉林省文物志编委会1982年版,第60页。
③ 吴喜才等编:《长岭县文物志》,吉林省文物志编委会1986年版,第198页。
④ 吴喜才等编:《长岭县文物志》,吉林省文物志编委会1986年版,第198页。

(3) 东五十九号屯古城

古城遗址位于八十八乡八十八号村五十九号屯西北 50 米处。古城东墙长 90 米，西墙长 67 米，南墙长 190 米，北墙长 195 米，周长 542 米。古城平面呈长方形，城墙夯土版筑，东墙残高 1—1.5 米，西墙残高 1 米，南墙残高 1 米，北墙残高 1—2 米。南墙中间有一宽 3 米城门遗址，四角有角楼，无瓮城、马面和护城河遗迹，在城的东西两侧各有一个耳城。城内散布着大量灰色陶器残片、瓷片和灰砖等。《长岭县文物志》记载："古城的形制及遗物表明，应为辽、金时期军事城堡。"[1]

(4) 乌树台古城

古城遗址位于新安镇乌树台村西 1000 米处。古城东西墙长 40 米，南北墙长 36 米，周长 152 米。古城平面呈长方形，城墙建筑方式不明，城墙轮廓基本清晰，南墙东部有宽 6 米城门遗址，四角有角楼建筑遗迹，没有瓮门、马面和护城河遗迹。城内散布一些灰砖块、轮制陶片和白釉铁花瓷片等遗物。陶片以素面居多，少量陶片上饰有压印梳齿纹。《长岭县文物志》记载："从古城的形制和出土的黄白釉铁花瓷片、压印梳齿纹陶片看，该城址应属于金代所建。"[2]

(九) 延边朝鲜自治州辽金古城

1. 延吉市

(1) 河龙古城

古城遗址位于长白山乡河龙村。古城东墙长 240 米，南墙长 255 米，西墙长 230 米，北墙长 259 米，周长 984 米。古城平面近似菱形，墙基为土石混筑，城墙为夯土版筑，东墙有断续痕迹，残高 2.5 米。其余南、西、北三面城墙已经辟为耕地。南墙中间设有 1 个城门，筑有瓮城。城址内遗物较少，在东城墙墙土内有网格纹、绳纹瓦和泥质轮制陶片等物。《延吉市文物志》说："根据出土遗物推断，河龙古城始建于渤海，后此辽金沿用此城。"[3]

(2) 长东古城

古城遗址位于长白山乡长东村南。古城南北墙长 30 米，东西墙长 10

---

[1] 吴喜才等编：《长岭县文物志》，吉林省文物志编委会 1986 年版，第 199 页。
[2] 吴喜才等编：《长岭县文物志》，吉林省文物志编委会 1986 年版，第 200 页。
[3] 杜勇等编：《延吉市文物志》，吉林省文物志编委会 1985 年版，第 57 页。

第二章 辽金古城形制与分布

米，周长80米。古城平面呈不规则椭圆形，城墙土石混筑，现已夷为平地，但墙基犹存。散存不少遗物，以陶片居多。《延吉市文物志》说："根据出土遗物，推定为辽金时期的古城堡。"①

（3）城子山古城

古城遗址位于延吉市与龙井市交界处。古城周长4454米。古城平面呈不规则椭圆形，城墙石材筑成，墙基宽5—7米，高1—3米，开辟4个城门，东南门修在山坡上，无瓮城；东门、北门分别修在沟口，有瓮门；西门修在西山上。城内散布辽金时期文物，城中出土文物，大多数属于东夏国。《吉林省志·文物志》记载："高句丽、渤海、辽、金沿用，金末为东夏国南京城址。"②

2. 图们市

（1）满台城古城

古城遗址位于石岘镇永昌村北5000米山岭上。古城周长2755米。古城平面近似长方形，城墙依山堆砌而筑，南墙、西墙建于山脊上，北墙及东墙一部分利用山脊修筑。城墙保护较好，外高3米，内高2.5米，墙基宽6米，上宽1米；古城有5个城门，北墙2个城门；其他三面城墙各有1个城门，东南角、西南角和西北角有角楼遗址，城外有护城壕。在城内南部，有一个方形土围墙，周长200米，墙基宽1米，残高3米。城内出土过灰色布纹瓦等建筑构件。《图们市文物志》记载："根据山城的形制、特点以及城内外出土的文物来看，应属辽金时期的山城"③。

（2）永昌古城

古城遗址位于石岘镇永昌村永昌屯东北1000米以下。古城南北墙长60米，东西墙长30米，周长180米。古城平面略呈方形，遗址已辟为耕地，没有城墙遗址，因此《图们市文物志》把其列入辽金遗址，没有列入古城遗址。这处辽金遗址，地表上散布有灰色布纹瓦、陶器口沿、器底等。陶器残片质地坚硬，灰色，口沿为卷沿，器底为平底。《图们市文物志》记载："上述文物是辽金时期常见的建筑材料和生活用品。该遗址应

---

① 杜勇等编：《延吉市文物志》，吉林省文物志编委会1985年版，第62页。
② 贾士金主编：《吉林省志·文物志》，吉林人民出版社1991年版，第107页。
③ 卢连城等编：《图们市文物志》，吉林省文物志编委会1986年版，第43页。

为辽金时期。"[1] 从其地理位置和出土文物，应该是辽金时期古城遗址。

3. 敦化市

（1）马圈子古城

古城遗址位于大蒲柴河镇浪柴河村西4000米处。古城西墙长317米，南墙长198米，东墙长209米，北墙长208米，周长932米。古城平面呈方形，城墙建筑方式没有记载，墙基宽8米，上宽1—1.6米，高2—5米。东、南、北三面城墙各设1个城门，东门有瓮城遗迹。城四周共有7个马面。在城内采集过陶片、铜钱、铁车钏、铁锅残片等。《敦化市文物志》记载："从这些遗物特征看，有渤海时代的，也有辽金时代的，可以断定，此城的年代不晚于渤海，辽金时代继续沿用。"[2]

（2）孙船口古城

古城遗址位于沙河沿镇孙船口村北。古城南北墙长120米，东西墙长170米，周长580米。古城平面呈长方形，城墙迭筑结构没有记载，墙基残宽5米，顶宽1—1.5米，高0.5—0.7米。城墙破坏严重，城门位置不详，不见瓮城、马面、角楼、护城河等建筑遗迹。《敦化市文物志》记载："从地表上的遗物来看主要是渤海时期的遗物，也有辽、金遗物。古城为渤海时期所建，辽、金时曾沿用。"[3]

（3）通沟岭山城

古城遗址位于官地镇老虎洞村东山坡上。古城东、北、西三面城墙，南临陡峭悬崖，无墙。东墙长500米，北墙长600米，西墙长400米，南墙长400米，周长1900米。古城平面呈不规则多边形，城墙建筑方式没有记载，东、西、北三面城墙各设1个城门，北城门有瓮城。东南、东北、西北3个城角有角楼建筑遗址。三面城墙共设9个马面。遗物有铜钱、陶片、铁镞等。《敦化市文物志》记载："此城可能始建于渤海，辽金时期加以改筑沿用。"[4]

（4）黑石古城

古城遗址位于黑石乡黑石村北平原上。古城东西墙长360米，南北墙

---

[1] 卢连城等编：《图们市文物志》，吉林省文物志编委会1986年版，第40页。
[2] 刘忠义等编：《敦化市文物志》，吉林省文物志编委会1985年版，第59页。
[3] 刘忠义等编：《敦化市文物志》，吉林省文物志编委会1985年版，第64页。
[4] 刘忠义等编：《敦化市文物志》，吉林省文物志编委会1985年版，第66页。

第二章 辽金古城形制与分布

长 300 米,周长 1320 米。古城平面呈长方形,城墙夯土版筑及土坯砌成,大部分城墙破损,城墙残高 6—10 米。古城四角各有 1 个角楼,西墙 4 个马面、北墙 3 个马面、南墙 2 个马面南城门外,建有瓮城。城内散布着瓦片、青砖、辽金白瓷片,城内有 1 口井。《敦化市文物志》记载:"城址内发现白瓷片应为辽金时期的遗物,所以黑石古城系渤海遗址,辽金时期亦曾沿用。"①

(5) 背荫砬子古城

古城遗址位于额穆镇桦树林子村西背荫砬子山上。古城建在山顶部,面积不大。古城平面呈不规则圆形,城墙迭土而筑,北边悬崖无墙,西、南、东三面城墙总长 286 米。城内出土过铁镞等。《敦化市文物志》记载:"该城为金代遗迹,就《金史》地理志及营卫的设置情况看,当为金初所建的带有军事性质的城寨。"②

(6) 帽儿山古城

古城遗址位于额穆镇西北岔村东北帽儿山上。古城北墙长 200 米,东墙残长 150 米,南部山崖无墙,只在悬崖上设置 3 个马面。城墙堆砌而成,设有三道防御墙,墙的南端起于河岸,向北延伸,直上山脊,长达 500 余米。在山的北坡又有一道以石头堆砌而成的防御墙,西墙南端设有城门,三道城墙与西门对应的地方都设有城门,外边一道城门建有瓮城。北墙、南墙无城门,东墙应设有城门,但不见城门痕迹。城内出土过铁镞和铁刀。《敦化市文物志》记载:"就城的形制判断,应为金代遗存。"③

(7) 西北岔古城

古城遗址位于额穆镇西北岔村东南 800 米处。古城墙破坏严重,仅存残墙 1185 米,形制无法推测。城墙就山势迭土而成,在城墙较大的拐弯处设置马面。墙基一般宽 10 米,残高 2 米。20 世纪 50 年代出土过铁箭头、铁刀等。《敦化市文物志》记载:"就该城的位置、形势及城之形制分析,当为金代所置。"④

---

① 刘忠义等编:《敦化市文物志》,吉林省文物志编委会 1985 年版,第 71 页。
② 刘忠义等编:《敦化市文物志》,吉林省文物志编委会 1985 年版,第 72 页。
③ 刘忠义等编:《敦化市文物志》,吉林省文物志编委会 1985 年版,第 74 页。
④ 刘忠义等编:《敦化市文物志》,吉林省文物志编委会 1985 年版,第 75 页。

4. 珲春市

（1）裴优古城

古城遗址位于三家子乡古城村。裴优城与温特赫部城相连，裴优城南墙就是温特赫部城北墙。古城东墙长520米，西墙长521米，南墙长460米，北墙长522米，周长2023米。古城平面呈不规则方形，城墙夯土版筑，墙基宽9米，顶宽1—1.5米，残高3.6米。西门与南门明显，有瓮城遗迹。东墙、北墙城门不明显，没有瓮城遗迹。四角各设1个角楼，遗存14个马面。在城内出土过渤海莲花纹瓦当和辽金时代滴水瓦、瓦片、陶片外，还出土9方铜印，其中有崇庆年号"勾当公事威字号之印"，天泰年号的"副统所印""行军万户之印"，大同年号的"副统所印""尚书礼部之印"等。《珲春县文物志》记载："据考证，'天泰'与'大同'两个年号，是金末蒲鲜万奴所建东夏国先后使用过的年号，从而证明裴优城是金代古城，后为金末东夏国所用。"①

（2）温特赫部古城

古城遗址位于三家子乡古城村。古城与裴优城为姊妹城。古城内南部为耕地，北部为居民占用。东、西墙均长710米，南墙长381米，北墙长468米，周长2269米。古城平面呈不规则方形，城墙夯土版筑，不见马面、角楼、瓮城等设施。城内出土有灰色布纹瓦等遗物。《珲春县文物志》记载："温特赫部城在辽金时期曾被沿用。"②

（3）英义古城

古城遗址位于英安乡英安村英安河东岸。古城东墙长296米，南墙长258米，西墙长311米，北墙长250米，周长1115米。古城平面呈长方形，城墙黄土夯筑，墙基宽8米，残高约3米。西墙已被公路占用，其他三面城墙各设1个城门，城门遗址宽3—5米，无瓮城、马面、护城河等建筑设施。在城内出土过铁质鱼形铡刀、兽面瓦当、"开元通宝"、布纹瓦等遗物。《珲春县文物志》记载："从地理位置和形制规模分析，该城可能是渤海时期所建，辽金时期沿用。"③

---

① 杨再林等编：《珲春县文物志》，吉林省文物志编委会1984年版，第41页。
② 杨再林等编：《珲春县文物志》，吉林省文物志编委会1984年版，第42页。
③ 杨再林等编：《珲春县文物志》，吉林省文物志编委会1984年版，第47页。

第二章 辽金古城形制与分布

（4）城墙砬子古城

古城遗址位于春化乡草坪村东山上。古城东西墙长2000米，南北墙长3000米，周长10000米。古城平面呈长方形，城墙建筑方式不明，有人认为是高句丽城，有人根据出土铜印认定为辽代城。《珲春县文物志》记载："从该城形制及城西山麓有渤海遗址的情况分析，应是渤海时期的山城（有可能始建于高句丽时期），辽金时期亦沿用。"①

（5）营城子古城

古城遗址位于春化乡草坪屯南。古城南墙残长354米，西墙长203米，北墙长373米，东墙被大水冲毁，城周残长930米。古城平面呈不规则四边形，城墙沙土垒筑。墙基宽13米，顶宽1.5米，残高3—4米，南墙中间有1个城门遗址，外有瓮城建筑。城墙曾有12个马面，间距不等，南墙有3个，北墙有3个，西墙有3个。城内外早就辟为耕地。《珲春县文物志》记载："从城的形制和出土文观察，营城子古城当始建于渤海时期，辽金时期改筑沿用。"②

（6）草帽顶子古城

古城遗址位于春化乡桦树村和草帽顶子村之间山岭上。古城平面呈椭圆形，墙长径45米，墙短径35米，周长135米。城墙土石混筑，残墙高1—2米，门址在西墙中间，城墙外有5米宽、1米深护城河。《珲春县文物志》记载："根据地望和遗物推断，可能是辽金时期的军事城堡。"③

（7）沙河子古城

古城遗址位于春化乡梨树沟屯西北1500米山岭上。古城地势由北向南逐渐走低，北部最高处距河床约8米，城内为一山谷，沟口在西南部，城墙即修在山谷周围的山脊上。城墙土筑，墙基宽5—8米，残高1—3米，周长1700米。在城墙的拐角处或山峰上均有土垒，为十余处角楼或马面，用作烽火台或瞭望台。靠城墙内有宽4米许的通道。西南沟口处2道城墙，外墙较直长95米，内墙略呈弧形，两道城墙各有豁口2处。在城内东北山坡上，有1个边长25米方形小城，残高1—2米。城内出土过"莱兰河谋克印"。《珲春县文物志》记载："从此推断，沙子河古城可能是金

---

① 杨再林等编：《珲春县文物志》，吉林省文物志编委会1984年版，第50页。
② 杨再林等编：《珲春县文物志》，吉林省文物志编委会1984年版，第51页。
③ 杨再林等编：《珲春县文物志》，吉林省文物志编委会1984年版，第52页。

代曷懒路总管府属下的莱兰河谋克城。"①

（8）大六道沟古城

古城遗址位于春化乡大六道沟村东南小平顶山上。古城遗址全被树木杂草掩盖，唯独东部尚有一处小土包，直径约 20 米，残高约 1 米，可能是烽火台。采集过泥质陶片。《珲春县文物志》记载："此古城堡当是渤海、辽金时期的扼守珲春河流域通路的军事城堡。"②

（9）干沟子古城

古城遗址位于哈达门乡东红屯西 1000 米的干沟子沟山东北山上。古城东、西、北三面城墙较直，南墙弧曲，周长约 2500 米。古城平面呈不规则方形，城垣多土筑，部分为土石混筑。南墙和北墙较低，东、西墙较高。城门址两处，一处设在南墙的中段，一处设在西墙与北墙的折弯处，并筑有瓮城。城墙共有 8 个马面和 4 个角楼。东北和西南角楼有遗迹。城内散布着少量泥质陶片。《珲春县文物志》记载："从城的形制及出土文物推断，该城为金代的古城。"③

5. 龙井市

（1）船口古城

古城遗址位于开山屯镇船口村五屯西北 300 米处。古城由东南城和西北城组成。东南城周长 1960 米，西北城周长 1814 米。古城平面呈菱形，城墙依山势走向而建，墙外高 7.1 米，内高 5.7 米，墙基宽 26.1 米，顶宽 1 米。东南城西北墙中部设有 1 个城门，并建有瓮城，西南墙、南墙各有 1 个小山涧。东南城为主城，西北城为附属城。《龙井县文物志》记载："船口古城应为渤海始建，辽、金时期继续沿用的古城。"④

（2）城子沟古城

古城遗址位于桃源乡太阳村城子沟西南 2500 米处。古城周长 2500 米，平面呈不规则椭圆形，城墙土石混筑，修筑在山脊上。南北城墙各设 1 个城门，南门外有瓮城，城墙上共设 7 个马面，其中 4 个伸出墙外；3 个伸进墙内。城址已经开垦为耕地，散布着灰色陶片。《龙井县文物志》记载：

---

① 杨再林等编：《珲春县文物志》，吉林省文物志编委会 1984 年版，第 55 页。
② 杨再林等编：《珲春县文物志》，吉林省文物志编委会 1984 年版，第 55 页。
③ 杨再林等编：《珲春县文物志》，吉林省文物志编委会 1984 年版，第 58 页。
④ 杜勇等编：《龙井县文物志》，吉林省文物志编委会 1984 年版，第 62 页。

第二章 辽金古城形制与分布

"据该城既有马面、瓮城，又出土过擂石等情况分析，城子沟山城应是辽、金时期的古城。"①

（3）白石砬子古城

古城遗址位于桃源乡太阳村东南白石砬子山上。古城周长1675米。古城平面呈不规则长方形，城墙用石土修筑在山脊上。东墙中部设1个城门，并建有瓮城。城墙东南、东北、西北角均有角楼遗址，城的东北部有长方形城墙，东西长125米，南北宽90米，底宽2米，高1米。《龙井县文物志》记载："从城有瓮城、角楼、马面等情况推断，该城应是辽、金时期的古城。"②

（4）偏脸古城

古城遗址位于铜佛乡永胜村东偏脸山上。古城周长380米。古城平面呈不规则圆角形，城墙用土石混筑在山脊上，城墙底宽7米，高1—2米，西墙有3个马面伸向墙外，北墙西部设有6米宽城门1个。《龙井县文物志》记载："从城有马面的情况看，偏脸城应是金代古城。"③

（5）三山洞古城

古城遗址位于朝阳乡三峰村北山上。古城周长2075米。古城平面呈簸箕形，城墙土石混筑，宽4米，高1—1.5米。《龙井县文物志》记载："从上述情况分析，三山洞山城应是辽、金时代的古城。"④

（6）城子山古城

古城遗址位于长安镇磨盘村山城里屯西城子山上。古城周长4454米。古城平面呈马蹄形，城墙用石块砌筑在山梁的脊背上，墙基宽5—7米，高1—3米。东、东北、西、东南四面城墙均有城门，除东南门外，均建有瓮城。在城址上散布着青灰色布纹瓦和陶片，当地出土过"南京路勾当公事之印"。《龙井县文物志》记载："城子山山城可能始建于高句丽，后来由渤海、辽金、东夏国沿用，到了东夏国时期成了行都南京的治所。"⑤

（7）养参峰古城

古城遗址位于智新乡城南村西南养参蜂山上。古城周长1952米。古

---

① 杜勇等编：《龙井县文物志》，吉林省文物志编委会1984年版，第63页。
② 杜勇等编：《龙井县文物志》，吉林省文物志编委会1984年版，第64页。
③ 杜勇等编：《龙井县文物志》，吉林省文物志编委会1984年版，第65页。
④ 杜勇等编：《龙井县文物志》，吉林省文物志编委会1984年版，第66页。
⑤ 杜勇等编：《龙井县文物志》，吉林省文物志编委会1984年版，第69页。

城呈巴掌形，城墙顺山脊走向，用石土修筑在山地上。城墙残高 1—2 米，墙内侧多呈土壕状，城墙建筑 5 个马面，东墙设 1 个城门，城门外还附加 1 道城墙，也许是瓮门。《龙井县文物志》记载："在距城 6 里处东北山下长丰洞附近，出土过辽金时期的金属锅。此城可能是辽金时期古城遗址。"①

6. 和龙市

（1）东古城

古城遗址位于东城乡兴城村。古城东西墙长 525 米，南北墙长 515 米，周长 2080 米。古城平面呈方形，城墙夯土版筑，墙基宽 10—12 米，顶宽 2—3 米，残高 2 米多。城墙外侧均有等距离马面建筑，共有 18 个马面，间距 70—80 米。东、南两城墙中间各设 1 个城门，门外均有瓮城，城四角均建有角楼，东南和西北角楼保存较好，直径 30—40 米，残高 2.8 米，城外有 10 米宽护城河环绕全城。城内文物较少，只见零星青灰色筒瓦和板瓦残片，陶器发现较少。《和龙县文物志》记载："从城的形制、分布看……当为辽金时期所建。"②

（2）海兰古城

古城遗址位于东城乡海兰村南部山岭上。古城周长 400 米。古城建筑形制和建筑方式不明，城墙破坏严重，已经难见踪迹。《和龙县文物志》记载："在城内采集到较多的是兽面纹瓦当、滴水瓦等辽金时期的遗物。"③据此可推，此城在辽金时期仍有人居住。

7. 汪清县

（1）罗子沟古城

古城遗址位于罗子沟乡东北。古城南北墙长 286 米，东西墙长 244 米，周长 1060 米。古城平面呈长方形，城墙夯土版筑，墙基宽 12 米，顶宽约 1 米，城墙残高不等，最高处 4.8 米。在南墙中间设有 1 个城门，外有瓮城建筑。东墙、南墙、西墙各有 2 个马面，北墙有 3 个马面，四角有角楼，四周有约 2 米宽护城河。城墙破坏严重，东墙南段已经不见，西墙南段已毁坏，北墙被粮库占用修成围墙。城内出土过兽面纹瓦当、圆形金代

---

① 杜勇等编：《龙井县文物志》，吉林省文物志编委会1984年版，第70页。
② 郑永振等编：《和龙县文物志》，吉林省文物志编委会1984年版，第59页。
③ 郑永振等编：《和龙县文物志》，吉林省文物志编委会1984年版，第59页。

第二章 辽金古城形制与分布

铜镜等,还散布许多原始社会遗物,证明古城是建在原始文化遗址上。《汪清县文物志》记载:"根据古城的形制以及城内出土的遗物推断,该城属辽金时期。"[1]

（2）广兴古城

古城遗址位于蛤蟆塘乡新兴村广兴屯西北山上。古城周长为2288米。古城依山势修筑在一个近似马蹄形的山峦上,城墙土筑,残高约0.5米,顶宽约2米,东西墙延伸到南边的两个沟口,南墙横跨在中间的山梁上,到东西沟口形成2座17米宽的南门。地面上散布较多陶片,还采集过宋代铜钱。《汪清县文物志》记载:"从山城的形制特点以及采集到的陶片、宋代铜钱、金代铜印等物推断,该城应是辽金时期的山城。"[2]

（3）东四方台古城

古城遗址位于蛤蟆塘乡境内四方台山上。古城依山顶陡峭山崖,以土石结构修筑城墙。古城平面呈不规则四边形,城墙底宽约15米,顶宽约3米,西北角平坦地方,外边有护城壕,一直延伸到山坡陡处。城内出土过金代六耳铁锅和"大定通宝""开元通宝""天显通宝"等铜钱。《汪清县文物志》记载:"根据山城形制、出土器物,以及与广兴辽金山城、东阳辽金建筑址的联系来看,东四方台山城应是辽金时期的山城。"[3]

（4）北城子古城

古城遗址位于东新乡新华村北城子屯东北山坡上。古城周长为375米。古城平面呈不规则五边形,城墙土筑结构,城墙底宽4—5米,顶宽1米,残高0.5—1.5米,护城墙底宽3—4米,上宽0.5—1米,长190米。城内长满树木,不易辨识文物,出土过三股叉等铁制兵器。《汪清县文物志》记载:"从这件兵器和社员拾到的其他遗物看,都具有辽金时期的特征,该城当为辽金山城。"[4]

8. 安图县

（1）五峰村古城

古城遗址位于长兴乡五峰村西北高山上。古城周长约2000米,城墙

---

[1] 金万锡等编:《汪清县文物志》,吉林省文物志编委会1983年版,第60页。
[2] 金万锡等编:《汪清县文物志》,吉林省文物志编委会1983年版,第61页。
[3] 金万锡等编:《汪清县文物志》,吉林省文物志编委会1983年版,第63、64页。
[4] 金万锡等编:《汪清县文物志》,吉林省文物志编委会1983年版,第64页。

依山脊走势土石混筑，城墙形制不明，在西南部山口处有长 17 米宽 1 个城门址，城门外 150 米远有一道城墙，在东墙中部和北部制高点各建 1 个瞭望台，四面城墙遗留 4 个马面、1 个角楼。在城内北墙下有一东西长约 30 米、南北宽约 20 米平台建筑遗址。在平台西南有一个直径 8 米，深 1.5 米的圆形蓄水池，在蓄水池东 50 米处有一东西长 19 米、南北宽 18 米小城，城门设在南墙中间。城内采集到瓦片、陶片、灰色砖块等遗物。《安图县文物志》记载："根据出土文物和城的形制推断，山城可能始建于渤海，辽金时期加以改筑，继续沿用。"①

（2）大砬子古城

古城遗址位于明月镇大砬子村北大砬子山上。古城东墙长约 42 米，南墙长 86 米，西墙长 140 米，北墙长 75 米，周长 343 米。古城平面略呈梯形，城墙是夯筑和土石垒筑，南墙保存较好，墙基宽 6 米，残高 2 米。城东部附一个西墙长 42 米、南墙长 12.6 米的小城。小城北墙与东墙已经不存。城内地表均为耕地，散存一些灰色泥质陶片和轮制黄褐色陶片，出土过铁箭头和铁锅等遗物。《安图县文物志》记载："通过观察上述器物可知大砬子山城乃是渤海时期的古城，辽金时期仍沿用。"②

（3）榆树川古城

古城遗址位于石门镇榆树川火车站北 500 米处。古城东墙长 98 米，西墙长 105 米，南墙长 150 米，北墙长 143 米，周长约 496 米。古城平面呈长方形，墙基是石块垒筑，城墙土石混筑，城墙基本无存，仅西墙和北墙隐约可见痕迹。城内散布大量石块和河卵石，零星可见布纹瓦残片，以及青砖碎块、泥质灰陶片。《安图县文物志》记载："榆树川古城可能是渤海时期所建，辽金时期沿用。"③

（4）江源古城

古城遗址位于万宝乡江源村东约 200 处。古城东西墙长 65 米，南北墙长 28 米，周长 186 米。古城平面呈长方形，遗址已经开垦为耕地，只剩南墙长约 50 米，高约 3 米，墙外有宽 3 米、深 1.5 米的护城壕。遗址有较多陶瓷残片。《安图县文物志》记载："古城堡与江源村遗址出土陶片都具

---

① 杨再林等编：《安图县文物志》，吉林省文物志编委会 1985 年版，第 49 页。
② 杨再林等编：《安图县文物志》，吉林省文物志编委会 1985 年版，第 50 页。
③ 杨再林等编：《安图县文物志》，吉林省文物志编委会 1985 年版，第 53 页。

第二章 辽金古城形制与分布

有辽金瓷器的特点,因此推断为辽金时期的古城堡。"①

(5) 三道古城

古城遗址位于三道乡三道村东南300米处。古城东西墙长92.5米,南北墙长25米,周长235米。古城平面呈长方形,城墙土石混筑,墙底宽6.3米,顶宽3.5米,残高2米。城址已为耕地,散布不同时期文化类型遗物。《安图县文物志》记载:"根据古城堡的形制及遗物的纹饰和特点推断,当属辽金时期。"②

(6) 万宝古城

古城遗址位于万宝乡古城村。古城东西墙长222米,南北墙长181米,周长806米,古城平面呈长方形,城墙夯土版筑。四角有角楼,四面城墙各有2个马面。南墙有1个城门,并建有瓮城。《安图县文物志》记载:"根据古城的建筑形制,定为辽金古城当无误。"③

三 辽宁东部辽金古城

(一) 沈阳市辽金古城

1. 沈阳市区

(1) 魏家楼古城

古城遗址位于苏家屯区沙河乡魏家楼子村西北角。古城南北墙长105米,东西墙长101米,周长412米。古城平面呈方形,城墙夯土版筑,东、西、北三面城墙保存较好,一般高3米。城墙建筑结构没有记载。古城遗址地表散布大量灰陶绳纹瓦、汉代绳纹砖、席纹砖、灰陶片及辽金时期的板瓦、筒瓦、梳齿纹陶片、白瓷片等。"城址的地层叠压关系和出土遗物均证明这座古城建于两汉,辽金时期曾沿用。"④

(2) 石佛寺古城

古城遗址位于新城子区石佛寺乡石佛寺村。古城东西墙长370米,南北墙长190米,周长1120米。古城平面呈长方形,城墙夯土版筑,墙基

---

① 杨再林等编:《安图县文物志》,吉林省文物志编委会1985年版,第61页。
② 杨再林等编:《安图县文物志》,吉林省文物志编委会1985年版,第62页。
③ 杨再林等编:《安图县文物志》,吉林省文物志编委会1985年版,第55页。
④ 王禹浪、刘述欣:《辽宁地区辽、金古城的分布概要》(一),《哈尔滨学院学报》2011年第1期,第6页。

宽6米左右，残高4米左右，每面城墙各有1个城门遗址，有瓮城遗迹。城内遗物有辽金绳纹砖等。"李文信、李钟元先生依据七星山辽塔地宫出土的塔铭，把这座古城确定为辽代双州遗址，金代沿用。"①

（3）高花堡村古城

古城遗址位于于洪区高花乡高花堡村西300米处。古城南北墙长620米，东西墙长550米，周长2340米。古城平面呈长方形，城墙夯土版筑，城墙最高处3米，墙体破坏严重，有城门、角楼、马面、护城河建筑设施，城内有建筑遗迹。遗址上散布很多残碎的青灰色布纹瓦片、陶瓷片。"以调查所见遗物分析，古城时代为辽金时期。"②

（4）奉集堡古城

古城遗址位于苏家屯区陈相屯乡奉集堡村西北角。古城每边墙500米，周长2000米。古城平面呈正方形，城墙夯土版筑，每面城墙中间设有1个城门，墙上附筑马面，四角有角楼，墙外有护城河。"古城围墙里砌有许多大块青砖，经调查，土墙为辽金时期修筑，青砖是明代的。"③

2. 新民县

辽滨塔村古城

古城遗址位于公主屯乡辽滨塔村内。古城南北墙长320米，东西墙长315米，周长1270米。古城平面略呈正方形，城墙夯土版筑，城墙已经坍塌，南、北城墙有城门遗址，古城遗址大部分被民宅占用。城内出土有布纹瓦及辽金时期瓷器残片。"经考古学家认定，这座古城址和古塔是辽代遗址，古城就是辽代的辽州州治。"④

3. 法库县

（1）小古城子古城

古城遗址位于大孤家子镇方石碴子村西南山上。古城平面呈椭圆形，

---

① 王禹浪、刘述欣：《辽宁地区辽、金古城的分布概要》（一），《哈尔滨学院学报》2011年第1期，第7页。
② 王禹浪、刘述欣：《辽宁地区辽、金古城的分布概要》（一），《哈尔滨学院学报》2011年第1期，第8页。
③ 王禹浪、刘述欣：《辽宁地区辽、金古城的分布概要》（一），《哈尔滨学院学报》2011年第1期，第9页。
④ 王禹浪、刘述欣：《辽宁地区辽、金古城的分布概要》（一），《哈尔滨学院学报》2011年第1期，第7页。

南北墙直径 150 米，东西墙直径 70 米，周长 470 米。城墙沿山边缘石砌，城墙南部有 1 个城门，城墙外有宽 4 米、深 3 米护城河。地面上有辽金时代灰色布纹瓦。此城址"青铜时代已经有人居住了，并可能建城；辽代此城也有人居住，并且利用了山城，城外保存至今仍高大宽深的沟、壕与城内建筑台基址，即为此时遗留下来的建筑遗存。"①

（2）北城子山古城

古城遗址位于十间房乡马家沟村东南山坡上。古城遗址保存完好，平面略呈不规则长方形。城墙拐角处建有角楼，城墙外有两道护城壕。"城内未见遗物，年代尚难明确指出……初步推测是一座辽代城址。"②

（3）平顶山山城

古城遗址位于三面船镇李家房申村东平顶山上。古城每边墙长 150 米，周长 600 米。古城平面呈正方形，城墙夯土筑成，古城破坏严重，城墙基本为平地。城内遗物很多，大量为辽金时期灰色布纹瓦。"此城当是建于辽代。"③

（4）马鞍山古城

古城遗址位于叶茂台镇石桩子村北马鞍山上。古城每边墙长 100 米，周长 400 米。古城平面呈正方形，城墙为土筑，南墙中间设有城门，其他墙无城门遗迹，四角有角楼。城内遗物较多，主要是碎砖瓦和陶瓷片。"马鞍山城址的时代，从城址结构和发现的遗物看，是一座辽代城址。"④

（5）西二台子古城

古城遗址位于叶茂台镇西二台子村东北。古城南北墙长 315 米，东西墙长 300 米，周长 1230 米。古城平面略呈正方形，城墙为土筑，南北城墙建有城门，并有瓮城遗迹。城内遗物较多，有灰陶片、布纹瓦、铁马镫等。"城址结构与出土遗物具有明显的辽代特点，因此可知这是一座辽代城址。"⑤

（6）南土城子古城

古城遗址位于包家屯乡南土城子村。古城每边墙长 250 米，周长 1000

---

① 冯永谦、温丽和：《法库县文物志》，辽宁民族出版社 1996 年版，第 55 页。
② 冯永谦、温丽和：《法库县文物志》，辽宁民族出版社 1996 年版，第 56 页。
③ 冯永谦、温丽和：《法库县文物志》，辽宁民族出版社 1996 年版，第 59 页。
④ 冯永谦、温丽和：《法库县文物志》，辽宁民族出版社 1996 年版，第 59 页。
⑤ 冯永谦、温丽和：《法库县文物志》，辽宁民族出版社 1996 年版，第 61 页。

米。古城平面呈正方形，城墙夯土筑成，城墙有马面和角楼建筑，在仅存的南墙中间有城门遗址，其他三面城墙由于破坏严重，城门遗址不清楚。城内地表有灰陶盆口沿、陶罐口沿、白瓷小罐底、白釉黑花器底以及大石臼等。"关于这座城址的时代，根据它所处的地理位置、城址本身结构特点和所见到的遗物特征，应是一座建于辽代的城址。"①

（7）三合成古城

古城遗址位于包家屯乡三合城村。古城南北墙长 260 米，东西墙长 200 米，周长 920 米。古城平面呈方形，城墙为土筑。古城遗址已开垦为耕地，城墙建筑结构无法辨认。城址地面可见青灰色长方砖、灰纹瓦、灰陶盆、罐、辽白瓷残片等。古城"遗物特点突出，时代明确，是一座建于辽代的古城址。"②

（8）古城子古城

古城遗址位于登土堡镇石碴子村古城子屯。古城东西墙长 274 米，南北墙长 298 米，周长 1144 米。古城平面呈长方形，城墙夯土版筑，城墙破坏严重，结构不清楚。城址内散布着大量陶瓷片和灰色布纹瓦。"这座城址从形制及出土遗物看，当是一座辽代城址。"③

（9）北土城子古城

古城遗址位于包家屯乡北土城子村。古城东西墙长 250 米，南北墙长 190 米，周长 880 米。古城平面呈长方形，城墙夯土版筑，建筑结构不明。城内散布着大量陶瓷片和瓦片。"这座城址遗物十分丰富，文化层厚达 1.5 米，说明使用时间较长，遗物特点显著，这应是一处建于辽代的城址。"④

（10）五城店古城

古城遗址位于卧牛石乡刘丙堡村五城店屯。古城每边墙长 240 米，周长 960 米。古城平面呈正方形，城墙夯土版筑，南墙中间有 1 个城门遗址，建有瓮城。城墙上有马面，四角有角楼。城内散布着大量灰陶片、布

---

① 冯永谦、温丽和：《法库县文物志》，辽宁民族出版社 1996 年版，第 65 页。
② 冯永谦、温丽和：《法库县文物志》，辽宁民族出版社 1996 年版，第 67 页。
③ 冯永谦、温丽和：《法库县文物志》，辽宁民族出版社 1996 年版，第 70 页。
④ 冯永谦、温丽和：《法库县文物志》，辽宁民族出版社 1996 年版，第 73 页。

第二章 辽金古城形制与分布

纹瓦和残砖块。"此城址是一座建于辽代的古城。"①

（11）朱千堡子古城

古城遗址位于三面船镇朱千堡子村西。古城每边墙长 245 米，周长 980 米。古城平面呈正方形，城墙夯土版筑，城门、瓮城、马面、角楼等建筑结构明晰。城内遗物散布着白瓷片、灰陶片和布纹瓦。"这座城址从形制和遗物特点看，是一座辽代的城址。"②

（12）拉马桥古城

古城遗址位于大孤家子镇拉马桥子村。古城南北墙长 295 米，东西墙长 250 米，周长 1090 米。古城平面呈长方形，城墙破坏严重，建筑结构不明。城内遗物主要有灰陶片和布纹瓦等。"根据遗物分析，此城址也是一座建于辽代的城址。"③

（13）祝家堡子古城

古城遗址位于依牛堡子乡祝家堡子村。古城东西墙长 165 米，南北墙长 130 米，周长 590 米。古城平面呈长方形，城墙夯土版筑，南墙中间有 1 个城门，并有瓮城遗址，城墙残高 1—1.5 米。城内有大量陶片和瓦当等建筑构件，出土过六耳铁锅等。"这座城址，根据出土遗物看，应是一座建于辽代的城址，元代可能也曾利用过。"④

（14）古城堡古城

古城遗址位于五台子乡古井子村。古城东西墙长 230 米，南北墙长 280 米，周长 1020 米。古城平面呈长方形，城墙夯土版筑。南墙已不存在，北墙保存较好，残高 1.5 米，西墙南段尚存，北段为车道，东墙被水冲塌，残高 1 米。城墙建筑结构不明。城内地面散布着大量陶瓷残片及布纹瓦。"此城址的年代，应是建于辽代。"⑤

（15）四家子古城

古城遗址位于四家子乡驻地四家子村。古城南北墙长 230 米，东西墙长 190 米，周长 840 米。古城平面呈长方形，城墙夯土版筑，城墙附筑马

---

① 冯永谦、温丽和：《法库县文物志》，辽宁民族出版社 1996 年版，第 74 页。
② 冯永谦、温丽和：《法库县文物志》，辽宁民族出版社 1996 年版，第 77 页。
③ 冯永谦、温丽和：《法库县文物志》，辽宁民族出版社 1996 年版，第 79 页。
④ 冯永谦、温丽和：《法库县文物志》，辽宁民族出版社 1996 年版，第 81 页。
⑤ 冯永谦、温丽和：《法库县文物志》，辽宁民族出版社 1996 年版，第 84 页。

面,角楼、护城河等设施。城内遍地布纹、灰陶片、白瓷片。"这座城址从出土遗物分析,当建于辽代,金时应继续沿用。"[1]

(16) 徐三家子古城

古城遗址位于孟家乡徐三家子村。古城每边墙长 300 米,周长 1200 米。古城平面呈正方形,城墙夯土版筑,现存残高 1—1.5 米,南墙中间有 1 个城门遗址,外有瓮城,门的两侧各有 2 个马面,马面之间距离 50 米。西墙有 4 个马面。东墙、北墙马面已被破坏,无法辨识。古城遗址已变为耕地,先后出土过础石、石磨、石锤、陶器残片和各种白瓷碗底、青砖及布纹瓦。"皆是辽代遗物,因此可知徐三家子城址是一座辽代古城。"[2]

(17) 和平古城

古城遗址位于和平乡驻地和平村。古城每边墙长 160 米,周长 640 米。古城平面呈正方形,城墙夯土版筑,有南、北各 2 个城门,不见瓮城、马面,四角有角楼。城内遗物有青铜时期夹砂粗红陶片和辽金时期篦齿纹陶片和灰色布纹瓦等。"从城址有角楼和所见遗物篦齿纹陶片等分析,可较明确判定为辽代所建。"[3]

4. 康平县

小塔子古城

古城遗址位于郝官屯乡小塔子村。古城南北墙长 340 米,东西墙长 260 米,周长 1200 米。古城平面呈长方形,城墙夯土版筑,东、南、西三面城墙各有 1 个城门,门外均有瓮城。城墙附筑马面,四角建有角楼,城外有护城河。城址地表残砖碎瓦十分多,有大量辽金时期灰陶片。"在寺庙废墟有辽代砖塔 1 座"[4],可定此城址为辽代古城址。

(二) 大连市辽金古城

1. 大连市区

西马圈子古城

古城遗址位于金州区西马圈子村西北。古城南北墙长 320 米,东西墙长 250 米,周长 1140 米。古城平面呈长方形,城墙夯土版筑,两城相连,

---

[1] 冯永谦、温丽和:《法库县文物志》,辽宁民族出版社 1996 年版,第 87 页。
[2] 冯永谦、温丽和:《法库县文物志》,辽宁民族出版社 1996 年版,第 88 页。
[3] 冯永谦、温丽和:《法库县文物志》,辽宁民族出版社 1996 年版,第 89 页。
[4] 郭大顺主编:《辽宁省志·文物志》,辽宁人民出版社 2001 年版,第 74 页。

第二章 辽金古城形制与分布

中间有1个隔墙，把古城分为南北二城。中间有宽约3米城门遗址，不见马面、角楼等遗址。城内出土大量陶瓷片及矩形槽圆础石等遗物，"可见鱼、龟、人面等纹饰魏晋墓砖，并有辽、金时期火葬墓群"[①]。

2. 瓦房店市

（1）西阳台古城

古城遗址位于土城乡西阳台村。古城平面呈方形。古城大小及城墙建筑结构没有记载。王禹浪等说："其下层文化遗物为辽金，上层文化层属于明代，这座古城遗址即辽之宁州。"[②]

（2）复州古城

古城遗址位于复州镇。古城东墙长720米，西墙长740米，南墙长722米，北墙长765米，周长2947米。城墙土石结构，高8.3米，厚5.4米，垛口残高1.2米，东、南、北三面各有1个城门，并建有瓮城。城墙破坏严重，不见角楼和马面。"复州城始建于辽代，金代为永康县城。现存的古城是明初在辽金土城遗址上重建的。"[③]

（三）鞍山市辽金古城

1. 鞍山市区

官墙子古城

古城遗址位于东、西鞍山之间平地上。古城每边墙长约500米，周长约2000米。古城平面呈正方形，城墙建筑结构不明。西侧城墙残高3米，厚8米。据王禹浪说："从实地考察和文献资料得知，官墙子城址及其周围有着丰富的辽代文物……从地理位置、遗址特点、文化内涵等方面的情况，结合历史文献加以分析，可以得知官墙子在辽代属于东京道辽阳府鹤野县、长宜镇，曷苏馆在其地，金代更名为新昌镇。学术界多倾向该城址为辽代铁州。"[④]

[①] 王禹浪、刘述欣：《辽宁地区辽、金古城的分布概要》（一），《哈尔滨学院学报》2011年第1期，第17页。

[②] 王禹浪、刘述欣：《辽宁地区辽、金古城的分布概要》（一），《哈尔滨学院学报》2011年第1期，第17页。

[③] 王禹浪、刘述欣：《辽宁地区辽、金古城的分布概要》（一），《哈尔滨学院学报》2011年第1期，第18页。

[④] 王禹浪、刘述欣：《辽宁地区辽、金古城的分布概要》（一），《哈尔滨学院学报》2011年第1期，第18、19页。

2. 台安县

孙城子古城

古城遗址位于新开河乡孙城子村东土坡地上。古城每边墙长 200 米，周长 800 米。古城平面呈正方形，城墙夯土版筑，现隆起地面约高 0.5—1 米，宽 8—10 米，城门址不详。曾发现过汉墓和绳纹砖。地表散布着辽金时代砖瓦、白瓷片和铁器等。"从城址和其附近所发现的遗物分析，从汉魏至辽金时期，均有人居住。"①

3. 海城市

析木古城

古城遗址位于海城东南析木镇。古城周长 1000 米。古城平面呈方形，城墙夯土版筑，有东西城门遗址。城内西北有六角七级砖塔一座。"辽代置铜州析木县于此，金代属澄州，析木城一名沿用至今。"②

（四）丹东市辽金古城

1. 丹东市区

瑷河尖古城

古城遗址位于振安区九连城镇上尖村。古城南北墙长 600 米，东西墙长 500 米，周长 2200 米。古城平面呈方形，城墙土石混筑，城墙已为平地，仅东北、西南两角有遗迹，高度约 1 米，城门址不明，没有马面、角楼遗迹。"根据古城形制和出土遗物分析，瑷河尖古城始筑于西汉，后为高句丽和辽金沿用。"③

2. 东港市

西土城古城

古城遗址位于西土城张家沟屯南 30 米处。古城东西墙长 750 米，南北墙长 200 米，周长 1900 米。古城平面呈三角形，城墙土筑。古城遗址已经成为一片稻田地。出土有辽代和明代陶瓷残片和布纹瓦。王禹浪等说：

---

① 王禹浪、刘述欣：《辽宁地区辽、金古城的分布概要》（一），《哈尔滨学院学报》2011 年第 1 期，第 19 页。

② 王禹浪、李福军：《辽宁地区辽、金古城的分布概要》（二），《哈尔滨学院学报》2011 年第 2 期，第 1 页。

③ 王禹浪、李福军：《辽宁地区辽、金古城的分布概要》（二），《哈尔滨学院学报》2011 年第 2 期，第 2 页。

第二章 辽金古城形制与分布

"暂时推断西土城遗址就是辽代的穆州城址。"①

3. 凤城市

(1) 大堡古城

古城遗址位于凤城市大堡村。古城情况不明。"是辽代延州、穆州之外唯一的一座较大的辽代古城址。据冯永谦考证,凤城大堡古城为辽代贺州。"②

(2) 辽开州城

古城遗址位于凤城市。王禹浪根据《盛京通志》记载,认为"辽代开州故址应为今凤城县治,《辽东志》谓开州城即今凤凰山堡,有误。"③

(五) 营口市辽金古城

1. 营口市区

土城子村古城

古城遗址位于老边区二道沟乡二道沟村。古城南北墙长800米,东西墙长450米,周长2500米。古城平面呈长方形,城墙夯土版筑,1958年时残高3—4米,1981年时墙基宽6米。城址出土过多种陶器、瓷器,以及"皇宋通宝""熙宁元宝""元丰通宝""大观通宝"等。"由此可证,此城确为辽时所建。"④

2. 盖州市

(1) 五美房古城

古城遗址位于九寨乡五美房村东南200米台地上。古城每边墙长1000米,周长4000米。古城平面呈正方形,遗址已为平地,建筑结构不明,从河岸断崖中可以看到文化层,含有灰坑、烧土、沟纹砖、滴水瓦、厚布纹瓦、陶器多种口沿、瓷器口沿和残片等。"近年来又有辽金时期的六耳铜釜在此出土。"⑤

---

① 王禹浪、李福军:《辽宁地区辽、金古城的分布概要》(二),《哈尔滨学院学报》2011年第2期,第2页。
② 王禹浪、李福军:《辽宁地区辽、金古城的分布概要》(二),《哈尔滨学院学报》2011年第2期,第3页。
③ 王禹浪、李福军:《辽宁地区辽、金古城的分布概要》(二),《哈尔滨学院学报》2011年第2期,第3页。
④ 崔艳茹、冯永谦、崔德文:《营口市文物志》,辽宁民族出版社1996年版,第73页。
⑤ 王禹浪、李福军:《辽宁地区辽、金古城的分布概要》(二),《哈尔滨学院学报》2011年第2期,第9页。

（2）盖州镇古城

古城遗址位于盖州镇内。古城破坏严重，文化遗存情况不明。"盖州市盖州镇内确有古城遗址存在过，并且将其推断为辽辰州古城。"①

（3）归南村古城

古城遗址位于归州乡归南村西南350米农田里。古城每边墙长约200米，周长800米。古城平面略呈正方形，城墙夯土版筑，城门遗址不清，马面等建筑遗迹不见。城内出土有辽代瓷片。"根据考古调查及《辽东志》《读史方舆纪要》《奉天通志》等，该城址为辽代归州。"②

（4）熊岳镇古城

古城遗址位于熊岳镇老城区。古城遗址已经不见。当地群众发现过灰坑和水井等遗迹。现在地表仍有花纹砖和大布纹瓦。"从遗物特征分析，此城为辽代所建。"③

3. 大石桥市

（1）北汤池古城

古城遗址位于汤池乡北汤池村内。古城破坏严重，城墙建筑形制不可辨识。城墙夯土版筑。可见长30米、宽4米、高3.5米的城墙一段。"根据调查，推断此城址为辽代铁州城。"④

（2）岳州村古城

古城遗址位于大石桥乡岳州村内。古城平面呈长方形，北半部保存较好，南部毁坏。古城破坏严重，在遗址附近经常出土一些辽金时期的铜镜等。"岳州村古城址，原系辽代所建，金沿用，清初、民国期间修缮沿用。"⑤

---

① 王禹浪、郭丛丛：《辽宁地区辽、金古城的分布概要》（三），《哈尔滨学院学报》2011年第3期，第2页。

② 王禹浪、郭丛丛：《辽宁地区辽、金古城的分布概要》（三），《哈尔滨学院学报》2011年第3期，第2页。

③ 王禹浪、郭丛丛：《辽宁地区辽、金古城的分布概要》（三），《哈尔滨学院学报》2011年第3期，第2页。

④ 王禹浪、李福军：《辽宁地区辽、金古城的分布概要》（二），《哈尔滨学院学报》2011年第2期，第10页。

⑤ 王禹浪、郭丛丛：《辽宁地区辽、金古城的分布概要》（三），《哈尔滨学院学报》2011年第3期，第1页。

第二章 辽金古城形制与分布

（3）青城村古城

古城遗址位于沟沿乡青城村内。古城平面不清楚，城墙夯土版筑，现仅存一段残墙，长20米，宽1米，高2米。城内有破碎砖瓦，瓷片、布纹瓦等。"依据遗物特点，推断此城为辽代所建。"①

（六）辽阳市辽金古城

1. 辽阳市区

辽金东京城

辽金两朝都在今辽阳市设置辽阳府。辽阳旧城城墙遗址灭失，无迹可寻。据现在辽阳市内高70.04米的白塔，可知辽代辽阳府和辽阳县就设在这里。辽阳白塔是"著名的辽塔，是迄今为止辽宁省及东北地区现存最高的古代建筑，属于京塔一级，是辽代东京辽阳府的醒目标志和象征。辽代辽阳县址就设在此，因辽阳县是首县，乃东京辽阳府治，故与府同城。"②

2. 灯塔市

燕州古城

古城遗址位于灯塔市门口村后山坡上。古城南北墙直径长480米，东西墙直径长440米，外城周长2500米。古城平面呈圆形，城内发现有丰富的辽金陶瓷残片。"辽宁省博物馆编《辽宁史迹资料》，谓辽代岩州遗址在今辽阳市东燕州城，燕州即岩州之音转。"③

3. 辽阳县

唐马寨古城

古城位于唐马寨乡唐马寨村。不见古城遗址，古城文化遗存情况不明。"据《明一统志》和《奉天通志》卷70所记，暂定辽代鹤野县故址在今辽阳市西南42.5公里的唐马寨古城。"④

---

① 王禹浪、郭丛丛：《辽宁地区辽、金古城的分布概要》（三），《哈尔滨学院学报》2011年第3期，第3页。
② 王禹浪、郭丛丛：《辽宁地区辽、金古城的分布概要》（三），《哈尔滨学院学报》2011年第3期，第10页。
③ 王禹浪、郭丛丛：《辽宁地区辽、金古城的分布概要》（三），《哈尔滨学院学报》2011年第3期，第11页。
④ 王禹浪、郭丛丛：《辽宁地区辽、金古城的分布概要》（三），《哈尔滨学院学报》2011年第3期，第11页。

（七）抚顺市辽金古城

抚顺市区

高尔山古城

古城遗址位于抚顺市高尔山前平地上。古城大小和建筑结构不明，古城平面呈方形，城墙土筑，现已经开垦为耕地。城内曾出土兽面瓦当、布纹瓦和辽代瓷片。在城址北部高尔山上，"至今保存一座八角十三级密檐式辽代砖塔，学术界认为该城是辽代贵德州。"①

（八）本溪辽金古城

桓仁县

下城子古城

古城遗址位于桓仁县城西4000米浑江岸边。古城北墙残长241.5米，西墙残长162米，南墙残长188.6米。城墙夯土版筑，建筑形制不明。遗址出土有兽面瓦当、石锚、石斧、石镞等，以及辽金时期的灰色布纹瓦、砖、白瓷片等。"根据出土遗物推断，该城为高句丽所建，辽金沿用。"②

（九）铁岭辽金古城

1. 铁岭市区

懿路村古城

古城遗址位于铁岭市南60里远懿路村。古城情况不明，王禹浪认为："辽兴州、金邑娄即今铁岭县南60里的懿路村古城。"③ 这一学术观点，应引起学界重视。

2. 开原市

（1）开原古城

古城遗址位于开原市老城镇。古城建于辽代，金、元、明沿用。"明代在此设三万卫，又迁辽海卫于此，在上城上复修砖城，周长6公里，辟

---

① 王禹浪、李福军：《辽宁地区辽、金古城的分布概要》（二），《哈尔滨学院学报》2011年第2期，第1页。

② 王禹浪、李福军：《辽宁地区辽、金古城的分布概要》（二），《哈尔滨学院学报》2011年第2期，第2页。

③ 王禹浪、郭丛丛：《辽宁地区辽、金古城的分布概要》（三），《哈尔滨学院学报》2011年第3期，第12页。

第二章　辽金古城形制与分布

四门，城垣四角有角楼。"① 学界基本认定辽咸州、金咸平府在开原老城。

（2）贾家屯古城

古城遗址位于古城堡乡贾家屯村南1000米处。古城每边墙长500米，周长2000米。古城平面呈正方形，城墙夯土版筑，墙基宽约10米，残高1—2米。不见瓮城、马面、角楼等记载。遗址地表散布有辽白瓷片等遗物。"学术界主张该城应是辽东京道所辖麓州治所所在。"②

3. 昌图县

（1）四面城古城

古城遗址位于二十家子乡四面城村北。古城南墙长314米，北墙长400米，东墙长548米，西墙长510米，周长1772米。古城平面呈不规则梯形，城墙夯土版筑，墙宽6米，残高3米，夯层0.1米，四角有角楼，在南、西、北三面各设有1个城门，建有瓮城。遗址内辽金遗存较丰富。"昌图四面城的建置有两说：一为《奉天通志》记载四面城为辽代通州；另一说为《中国历史地图集》《松漠纪闻》《金虏图经》与《元一统志》、明《辽东志》等文献考证四面城城址为辽代安州。"③

（2）八面城古城

古城遗址位于八面城镇东南条子河台地上。古城每边墙长约650米，周长2600米。古城平面呈正方形，城墙夯土版筑，残高2—4米，每面城墙各开1个城门，不见瓮城、马面、角楼遗迹。墙外有护城河。遗址内辽金陶片较多。"因城内曾出土过'韩州刺史'铜镜和'柳河县印'铜印，故推该城为辽韩州与金柳河县治。"④

（3）东双城古城

古城遗址位于曲家店乡双城村西60米处。古城东西墙长380米，南北墙长350米，周长1460米。古城平面呈长方形，城墙夯土版筑，四面城

---

① 王禹浪、郭丛丛：《辽宁地区辽、金古城的分布概要》（三），《哈尔滨学院学报》2011年第3期，第12页。
② 王禹浪、郭丛丛：《辽宁地区辽、金古城的分布概要》（三），《哈尔滨学院学报》2011年第3期，第12页。
③ 王禹浪、郭丛丛：《辽宁地区辽、金古城的分布概要》（三），《哈尔滨学院学报》2011年第3期，第12页。
④ 王禹浪、郭丛丛：《辽宁地区辽、金古城的分布概要》（三），《哈尔滨学院学报》2011年第3期，第12页。

墙破坏严重，残高1—1.5米，南墙中间有1个豁口疑为城门遗址。城墙有马面痕迹。地面散布辽金时期残砖碎瓦。"东双城古城应该是辽金时期的城址。"①

（4）黑城子古城

古城遗址位于曲家店乡黑城子村南。古城每边墙长600米，周长2400米。古城平面呈正方形，城墙夯土版筑，东墙已被辟为道路，西墙和南墙则被辟为耕地，北墙残存250米。墙基宽约6米，上宽2米，残高1—1.5米。城内散布着布纹瓦和青砖等。"根据《昌图县志》记载：黑城年代久远，已不可考。推断是辽、金时期的一座古城址。"②

4. 西丰县

城子山古城

古城遗址位于凉泉镇南山上。古城建在山梁上，周长5000米。古城平面呈不规则形，城墙石块垒筑，高5米，有3个城门，城内有建筑遗址多处，曾出土铁镞、绳纹、方格纹红瓦和八瓣莲花纹红瓦当。"专家推测可能是高句丽的扶余城，辽金时期沿用。"③

（十）阜新市辽金古城

1. 阜新市区

塔营子古城

古城遗址位于塔营子乡塔营子村。古城周长4632米。古城平面呈桃形，城墙破坏严重，被民宅和公路占用。地表散布有绿釉瓦和钧窑瓷片。"该城是金元两代的懿州说，意见趋于一致，是否为懿州州治，认识不同。"④

2. 阜新蒙古族自治县

（1）四家子古城

古城遗址位于旧庙乡四家子村1500米外。古城大小不明确，城墙大

---

① 王禹浪、郭丛丛：《辽宁地区辽、金古城的分布概要》（三），《哈尔滨学院学报》2011年第3期，第13页。

② 王禹浪、郭丛丛：《辽宁地区辽、金古城的分布概要》（三），《哈尔滨学院学报》2011年第3期，第13页。

③ 王禹浪、郭丛丛：《辽宁地区辽、金古城的分布概要》（三），《哈尔滨学院学报》2011年第3期，第13页。

④ 王禹浪、郭丛丛：《辽宁地区辽、金古城的分布概要》（三），《哈尔滨学院学报》2011年第3期，第3页。

第二章 辽金古城形制与分布

部分被洪水冲毁,建筑形制和结构不明。城内有绿琉璃瓦、绳纹瓦片、青砖和布纹瓦等,在城墙南端发现有许多辽代砖瓦。此城为辽代城址。

（2）半截塔村古城

古城遗址位于大巴乡半截塔村。古城南北墙长300米,东西墙长400米,周长1400米。古城建筑形制不明,地表有乳白釉瓷片、灰陶罐口沿、器底、沟纹砖等。"1967年,城西300米西山上的半截塔崩毁,出土题为大辽国欢州西会龙山碑铭的塔碑。"① 此遗址应为辽代古城遗址。

（3）五家子古城

古城遗址位于大巴乡杜代营子村五家子屯南300米处。古城南北墙长290米,东西墙长210米,周长1000米。古城平面呈长方形,城墙夯土版筑,城门、瓮城、马面、角楼等建筑结构明晰。城内有乳白釉瓷、酱釉缸片、灰陶布纹瓦、沟纹砖等。"辽代顺州诸家考定不一,冯永谦先生考定为辽代头下顺州州治。"②

（4）助力嘎尺古城

古城遗址位于大巴乡助力嘎尺村西300米处。古城东西墙长96米,南北墙长72米,周长336米。古城平面呈长方形,城墙石筑,残高2米,宽8米。"城内散布着乳白釉瓷器口沿、器底、布纹瓦、沟纹砖等辽代遗物。"③

（5）烧锅屯古城

古城遗址位于十家子乡烧锅屯西1000米处。古城东西墙长350米,南北墙长300米,周长1300米。古城平面呈长方形,城墙夯土版筑,北、东墙残高1米,西、南墙被水冲毁。城墙建筑结构不明。"烧锅屯古城,冯永谦考定为辽头下闾州。李宇峰考定为辽代顺州。"④

（6）高家古城

古城遗址位于里塔营子乡高家窝堡屯东北500米处。古城大小不明,

---

① 王禹浪、郭丛丛:《辽宁地区辽、金古城的分布概要》（三）,《哈尔滨学院学报》2011年第3期,第3页。
② 王禹浪、郭丛丛:《辽宁地区辽、金古城的分布概要》（三）,《哈尔滨学院学报》2011年第3期,第4页。
③ 王禹浪、郭丛丛:《辽宁地区辽、金古城的分布概要》（三）,《哈尔滨学院学报》2011年第3期,第4页。
④ 王禹浪、郭丛丛:《辽宁地区辽、金古城的分布概要》（三）,《哈尔滨学院学报》2011年第3期,第4页。

平面呈长方形，城墙土筑，北墙被河水冲毁，东西墙各有一残断，南墙中间有1个城门，城门外建有瓮城。城内有乳白釉瓷片、绳纹青砖、梳齿纹陶片等。该遗址属于辽金时期古城遗址。

（7）他不郎村古城

古城遗址位于旧庙乡他不郎村北1500米处。古城东西墙长600米，南北墙长450米，周长2100米。古城平面呈方形，城墙夯土版筑，东墙被水冲毁，北墙保存较好，高近1米，中间有1个城门，并有瓮城及马面和角楼建筑。地表散布有辽代陶瓷残片。"此城址与《辽史·地理志》记载头下州徽州的地理方位相合，有学者将该城定为辽代头下州徽州。"[①]

3. 彰武县

（1）小五喇叭古城

古城遗址位于两家子乡小五喇叭村。古城每边墙长250米，周长1000米。古城平面呈正方形，城墙夯土版筑，四面城墙保存较好，残高4.4—5.7米，城墙有马面、四角有角楼，南北城墙各有1个城门，并有瓮城，城外有两道护城河。城内地面有白瓷片、灰陶片和一些青砖。"小五喇叭城址为辽代城址，后被清代沿用。"[②]

（2）土城子古城

古城遗址位于苇子沟乡土城子村。古城南北墙长350米，东西墙长320米，周长1340米。古城平面呈长方形，城墙夯土版筑，城墙残高2—3米，四面城墙中间各有1个城门，并有瓮城。城墙附筑马面，四角有角楼。城址现已为耕地，地面散布大量陶瓷瓦片，主要有布纹瓦和灰陶片。"关于土城子城址建置之考证有二说：冯永谦考证为辽代头下州之横州，李宇峰考证为辽代头下州之渭州。"[③]

（3）小南洼古城

古城遗址位于四堡子乡兴隆村小南洼屯。古城南北墙长950米，东西墙长1100米，周长4100米。古城平面呈长方形，城墙夯土版筑，城墙破坏严重，多被河水冲毁，城墙结构不明。城内地表散布着辽代建筑构件，

---

① 王禹浪、郭丛丛：《辽宁地区辽、金古城的分布概要》（三），《哈尔滨学院学报》2011年第3期，第6页。
② 张春宇、刘俊玉、孙杰：《彰武县文物志》，辽宁民族出版社1996年版，第67页。
③ 张春宇、刘俊玉、孙杰：《彰武县文物志》，辽宁民族出版社1996年版，第69页。

出土过大量唐、宋钱币。"从其结构和出土的大量辽代遗物看，此城址为辽代城址。"①

（4）沙力沟古城

古城遗址位于四堡子乡韩家杖子村沙力沟屯。古城南北墙长200米，东西墙长300米，周长1000米。古城平面呈长方形，城墙夯土版筑，北墙高出地表0.5—1米，西、东、南三面城墙有墙基轮廓，高约0.5米，城内被民宅占用。城内有黑、白釉瓷片、布纹瓦等遗物。"沙力沟城址从形制和出土遗物看，应是一座辽代城址。"②

（5）陈家窝堡古城

古城遗址位于满堂红乡沙家村陈家窝堡屯。古城南北墙长250米，东西墙长300米，周长1100米。古城平面呈长方形，城墙夯土版筑，东墙高出地表1—1.5米，其他城墙高出地表0.2—0.5米，城内已开垦为耕地。城内散布着布纹瓦、陶瓷残片等。"陈家窝堡城址应是建于辽代的城址。"③

（6）程沟古城

古城遗址位于大冷乡程沟村。古城南北墙长400米，东西墙长340米，周长1480米。古城平面呈长方形，城墙破坏严重，建筑结构不明。城址地表有白瓷花式口沿、仿定白瓷敛口沿、布纹瓦等。"从城址结构和出土的遗物看，程沟古城应为辽代城址。"④

（7）金家屯古城

古城遗址位于大冷乡曹家村金家屯。古城南北墙长256米，东西墙长200米，周长912米。古城平面呈长方形，城墙破坏严重，建筑结构不明。城内遗物有粗白瓷片、布纹瓦等。"金家屯城址从规模和出土遗物看，应为辽代城址。"⑤

（8）大伙房土城子古城

古城遗址位于四合城乡大伙房村土城子屯。古城南北墙残长420米，东西墙残长210米，残墙周长约1260米。古城平面呈长方形，城墙破坏

---

① 张春宇、刘俊玉、孙杰：《彰武县文物志》，辽宁民族出版社1996年版，第74页。
② 张春宇、刘俊玉、孙杰：《彰武县文物志》，辽宁民族出版社1996年版，第74页。
③ 张春宇、刘俊玉、孙杰：《彰武县文物志》，辽宁民族出版社1996年版，第75页。
④ 张春宇、刘俊玉、孙杰：《彰武县文物志》，辽宁民族出版社1996年版，第77页。
⑤ 张春宇、刘俊玉、孙杰：《彰武县文物志》，辽宁民族出版社1996年版，第78页。

严重，城墙结构不明。城内有陶瓷片、砖瓦碎块等、"大伙房土城子城址从出土遗物看，皆为辽代，因此该城应为辽代城址。"①

(十一) 锦州市辽金古城

1. 锦州市区

西关外古城

古城遗址位于太和区西关外处。1989 年 4 月 19 日，刘谦在考古发掘中，发现在明代广宁中屯卫城之下，有辽金时期文化遗存。城墙基宽 4 米，残高 2.2 米，土筑。在城墙之中，发现辽金布纹瓦，"证明这城为辽代城，也应是金代城，因金袭辽制也，也就是辽金时期的永乐县城。"②

2. 义县

(1) 永宁铺古城

古城遗址位于九道岭乡永宁铺村。古城每边墙长 500 米，周长 2000 米。古城平面呈正方形，城墙夯土夹棍筑，墙高 3.15 米，城墙建筑结构没有记载。"冯永谦先生考证，此城址为辽代之黔州，兴中府辖郡。刘谦先生则推断明永宁铺城下的古城为辽、金时期的弘政县城。"③

(2) 开州村古城

古城遗址位于七里河镇开州村东坡地上。古城上层为明代开州铺驿城址，下层是辽金时代城址。古城每边城墙残长约 250 米。古城平面略呈正方形，出土有辽金时期的瓷器和金代黑釉花纹磁州窑瓷器残片及铁器。"这个城址中出土的遗物，证明开州（村）是金代古城址。"④

(3) 复兴堡古城

古城遗址位于九道岭镇复兴堡村东侧。古城遗址发现于 20 世纪 50 年代，当时遗存夯土城墙 90 米长，残高 1.5 米。城内地表暴露有辽金时期陶瓷残片等遗物。在城址内还出土有辽金时期铜钱及汉代铜钱。"从夯土城垣所处的地理位置、出土遗物和辽、金史书记载看，此地为辽金两朝的

---

① 张春宇、刘俊玉、孙杰：《彰武县文物志》，辽宁民族出版社 1996 年版，第 79 页。
② 刘谦：《金代行政建置——义州、锦州、广州府等县城址考》，《辽金契丹女真史研究》1984 年第 3、4 期，第 37 页。
③ 王禹浪、李福军：《辽宁地区辽、金古城的分布概要》（二），《哈尔滨学院学报》2011 年第 2 期，第 5 页。
④ 王禹浪、李福军：《辽宁地区辽、金古城的分布概要》（二），《哈尔滨学院学报》2011 年第 2 期，第 6 页。

第二章　辽金古城形制与分布

弘政县城址。"①

3. 黑山县

公敖村古城

古城遗址位于芳山镇公敖村。古城每边城墙长400米，周长1600米。古城平面呈正方形，城墙夯土夹棍筑，墙基宽4米，高约10米。在城内发现有金代瓷器片等遗物。"因此，证明了该城的时代为金代。"②

4. 北宁市

（1）广宁（显州）城址

古城遗址位于广宁城内鼓楼以北。古城南北墙长1000米，东西墙长1500米，周长5000米。南墙中部有1个城门，城址被明代广宁城取代。城内出土有大量辽代遗物。"金大定二十九年（1189）设广宁县，治所设在城内。元朝在广宁设广宁府，隶属辽阳行中书省，治所应在内。"③

（2）二十里堡古城

古城遗址位于窟窿台乡二十里堡村东50米处。古城南北墙长350米，东西墙长320米，周长1340米。古城平面呈长方形，城墙夯土版筑，残高2—3米不等，夯层明显。城墙夹缝中有辽代碎砖瓦和陶瓷残片。城墙外有护城河遗迹，城址已开垦为耕地。"从该城的规模布局以及所发现的遗物，可知为辽代城址，据冯永谦先生考证为辽嘉州城址。"④

（3）小常屯古城

古城遗址位于北镇庙前。古城南北墙长1500米，东西墙长625米，周长4250米。古城平面呈长方形，城墙夯土版筑，城墙已坍塌，建筑结构不明。城内有大量陶瓷残片，出土过石臼和铜器。"根据考古调查，北镇县城西南的小常屯古城址，即应是辽代乾州及其倚郭奉陵县。"⑤

（4）土堡子古城

古城遗址位于高力板乡土堡子村。古城已经被开垦为耕地和被村民盖

---

① 王禹浪、李福军：《辽宁地区辽、金古城的分布概要》（二），《哈尔滨学院学报》2011年第2期，第6页。
② 王禹浪、李福军：《辽宁地区辽、金古城的分布概要》（二），《哈尔滨学院学报》2011年第2期，第5页。
③ 赵杰、周洪山：《北宁市文物志》，辽宁民族出版社1996年版，第38页。
④ 赵杰、周洪山：《北宁市文物志》，辽宁民族出版社1996年版，第39页。
⑤ 赵杰、周洪山：《北宁市文物志》，辽宁民族出版社1996年版，第39页。

房占用，古城遗址已经无法勘定。古城平面呈长方形，城墙夯土版筑，建筑结构不明。遗址地表残存大量辽代遗物，"根据城内现存的遗物考察，当为辽代遗址"①。

(5) 高力板古城

古城遗址位于高力板乡高力板村。《北镇县志》和《广宁县志》记载：高力板城，城东三十三里，周围一里，今城无存。城内有大量辽代遗物。"根据所发现的遗物考证，高力板城当为辽代城址。"②

(6) 闾阳城古城

古城遗址位于闾阳乡闾阳二村后。古城南北墙长500米，东西墙长200米，周长1400米。古城平面呈长方形，城墙夯土版筑，东、南、西三面城墙已经坍塌。北墙残存一段80米，高1—2米。"金天会八年（1130）金改辽乾州奉陵县为闾阳县，治所在乾州城内，金大定二十九年（1189）将闾阳县迁往南60里之南州寨，即今闾阳。由此可考闾阳城当建于此时。"③

(十二) 朝阳市辽金古城

1. 朝阳市区

(1) 五十家子古城

古城遗址位于西营子乡五十家子村。古城南北墙长800米，东西墙长600米，周长2800米。古城平面呈长方形，城墙夯土版筑，城址东北角残高2米左右。城内地表散布着陶瓷残片和砖瓦等建筑构件。"根据考古发现与文献记载，此城学术界多倾向为辽中京辖下的安德州治所。"④

(2) 黄花滩古城

古城遗址位于大平房镇黄花滩村前。古城南北墙长1000米，东西墙长800米，周长3600米。古城平面呈长方形，城墙夯土版筑，墙基宽8米，残高12米。东、西、南三面城墙各有1个城门，并建有瓮城。城内散布着辽金瓷片，出土过金代双鱼纹铜镜。"经历史地理学者考证，此城址是辽中京道所辖的建州二迁治所。"⑤

---

① 赵杰、周洪山：《北宁市文物志》，辽宁民族出版社1996年版，第41页。
② 赵杰、周洪山：《北宁市文物志》，辽宁民族出版社1996年版，第41页。
③ 赵杰、周洪山：《北宁市文物志》，辽宁民族出版社1996年版，第42页。
④ 郭大顺主编：《辽宁省志·文物志》，辽宁人民出版社2001年版，第70页。
⑤ 郭大顺主编：《辽宁省志·文物志》，辽宁人民出版社2001年版，第71页。

第二章 辽金古城形制与分布

2. 北票市

(1) 四角板古城

古城遗址位于八家子乡四角板村。古城东西墙长约 700 米，南北墙约长 500 米，周长约 2400 米。古城平面呈长方形，建在大凌河台地上，大部分被河水冲毁，城墙建筑结构不明。地表有布纹瓦、沟纹砖、辽金陶瓷片及砖瓦碎块等。"据出土文物并结合文献记载考证，确定四角板城址当是辽白川州及其倚郭咸康县治所。"[1]

(2) 黑城子古城

古城遗址位于黑城子乡黑城子村。古城每边墙长约 1000 米，周长约 4000 米。古城平面呈正方形，城墙夯土版筑，四面城墙各有 1 个城门，四角有角楼，没有瓮城和马面。城内曾出土石磨、铜盆、大缸、铜锅、瓷碗、铜钱、砖瓦及铁制生产农具等。"黑城子村古城，本为辽川州宜民县，后将州治从咸康迁至此。"[2]

3. 建平县

(1) 八家子古城

古城遗址位于八家子乡政府驻地北。古城南墙长 638 米，西墙长 592 米，北墙存长 150 米，东墙存长 390 米。古城平面呈长方形，城墙夯土版筑，墙基宽 12 米，残高 2—4 米，东、南、西城墙各有 1 个城门遗址，并有瓮城遗址。城墙附筑马面、四角有角楼，城墙外有护城河。距城北约 1 里有一座小城。东西墙长 235 米，南北墙长 200 米，墙基宽 8 米，残高 2 米，南墙中间有城门遗址，城墙附筑马面，四角有角楼。此城与大城处在一个中轴线上。城内散布着布纹瓦、兽面瓦当、滴水、沟纹砖残块，还有定白瓷片等遗物。"依据城址特点、遗物和地理位置分析，考证其大城为辽中京道所属惠州，小城为惠和县。"[3]

(2) 榆树林子古城

古城遗址位于榆树林子乡炮手营子村赵家店屯西台地上。古城墙夯土版筑，仅存东北角部分，顶宽约 1—1.5 米，残高 1—2 米，其余城墙都夷

---

[1] 王禹浪、郭丛丛：《辽宁地区辽、金古城的分布概要》（三），《哈尔滨学院学报》2011 年第 3 期，第 14 页。

[2] 郭大顺主编：《辽宁省志·文物志》，辽宁人民出版社 2001 年版，第 71、72 页。

[3] 郭大顺主编：《辽宁省志·文物志》，辽宁人民出版社 2001 年版，第 69 页。

为平地。城内地表"残存较多的是辽代的布纹瓦、筒瓦等"①，可知此城为辽代城址。

4. 喀左县

（1）土城子古城

古城遗址位于公营子镇土城子村东。古城每边墙长400米，周长1600米。古城平面呈正方形，城墙夯土版筑，北墙全无，其他三面保存较好。墙高3米，西墙中部设有1个城门，并建有瓮城，城外有护城河。城内地表散布有布纹和陶瓷残片等遗物。"据义献记载推定，此城址似辽金所置大定府所辖的富庶县，元时为大宁路属县。"②

（2）白塔子古城

古城遗址位于白塔子乡白塔子村西南。古城每边墙长380米，周长1520米。古城平面呈正方形，城墙夯土版筑，墙基宽4米，残高约0.8米，四面城墙中间各有1个城门，并建有瓮城，城外有护城河，不见其他城墙建筑结构。城内出土有青灰色雕狮方砖、瓦当、白瓷碗、黑釉瓷碗、钧窑瓷碗残片及数十枚宋代铜钱。"白塔子城址应为辽代潭州及其倚郭龙山县城址。"③

（3）大城子古城

古城遗址位于大城子镇东部。古城每边墙长500米，周长2000米。古城平面呈正方形，城墙夯土版筑，四面城墙中间各有1个城门，并有瓮城，南墙和北墙各有12个马面，四角均有角楼，南、西、北三面城墙有护城河。城内出土过辽、金、元三代文物。"大城子城始建于辽代。"④

5. 凌源县

十八里堡古城

古城遗址位于凌源镇西十八里堡村南大河北岸。古城南北墙长535米，东西墙长496米，周长2062米。古城平面呈长方形，城墙夯土版筑，墙基宽12米，残高3—5米，北墙中间有1个城门址，不见瓮城遗迹。城内散布有灰陶片、白瓷片和布纹瓦、滴水等建筑构件残片等遗物。"十八里堡城址

---

① 王禹浪、郭丛丛：《辽宁地区辽、金古城的分布概要》（三），《哈尔滨学院学报》2011年第3期，第14页。
② 郭大顺主编：《辽宁省志·文物志》，辽宁人民出版社2001年版，第70页。
③ 郭大顺主编：《辽宁省志·文物志》，辽宁人民出版社2001年版，第70页。
④ 郭大顺主编：《辽宁省志·文物志》，辽宁人民出版社2001年版，第78页。

第二章　辽金古城形制与分布

在学术界意见趋向一致，认定它是辽代榆州及其倚郭和众县城址。"①

（十三）盘锦市辽金古城

盘山县

沙岭村古城

古城遗址位于沙岭乡沙岭村辽河西岸平地上。古城每边墙长500米，周长2000米。古城平面正呈正方形，城墙夯土版筑，具体建筑结构不明。"据《辽史·地理志》记载与城址所在方位，学术界有人认定该城为辽代嫔州城。"②

（十四）葫芦岛市辽金古城

1. 葫芦岛市区

（1）安昌岘古城

古城遗址位于暖池塘乡安昌岘村。古城南北墙长180米，东西墙长约200米，周长约720米。古城平面呈长方形，城墙建筑结构不明。在城东山上有一座七级砖塔。塔南侧立有金天德四年"锦州安昌县永和村东讲院重修舍利塔碑铭"，因此可以"证明该城址为金安昌县城。"③

（2）荒地村古城

古城遗址位于南票区台集屯镇小荒地村。古城每边墙长约260米，周长约1040米。古城平面呈正方形，城墙夹棍筑法，残高1.2—2.2米，宽4米，其他建筑结构不明。在城址中发现了"辽代的砖瓦，遗址中出土了辽、金时期的瓷器残片，说明了这个城为辽、金时代的古城。同时也推定其为金代的神水县城址"④。

2. 兴城市

兴水村古城

古城遗址位于白塔峪乡兴水村。古城只剩黄土夯筑残墙一段，墙长7.8米，墙基宽4.2米，顶宽2.5米，残高4.1米。古城建筑形制不明，

---

① 郭大顺主编：《辽宁省志·文物志》，辽宁人民出版社2001年版，第69页。
② 郭大顺主编：《辽宁省志·文物志》，辽宁人民出版社2001年版，第77页。
③ 刘谦：《金代行政建置——义州、锦州、广州府等县城址考》，《辽金契丹女真史研究》1984年第3、4期，第37页。
④ 刘谦：《金代行政建置——义州、锦州、广州府等县城址考》，《辽金契丹女真史研究》1984年第3、4期，第38页。

出土有辽、金时期砖瓦、残碎瓷片以及铁镰刀。"该遗址下层是辽、金、元时期的城池遗址无疑，明代在其上修筑边城。"①

3. 绥中县

前卫古城

古城遗址位于沙河站乡沙河站村。古城建筑形制和建筑结构不明。在前卫屯明城东门外城墙下，清理出大量辽代建筑用材，"有沟纹砖、布纹瓦，与北镇辽陵址发现的基本一致，特别是发现辽兴宗耶律宗真'重熙'铜钱，进一步证明其遗址为辽代遗址"②。

4. 建昌县

城子上古城

古城遗址位于药王庙乡城子上村西南。古城东西墙长160米，南北墙长150米，周长620米。古城平面呈方形，城墙夯土版筑，残高5米。南墙有1个城门遗址，并有瓮城，其他建筑结构不明。"城内散布着陶片和白瓷片，曾出土过契丹文铜印，今已遗失。"③ 根据出土文物和城墙建筑结构，可定此城为辽金时代城址。

四 内蒙古东部辽金古城

（一）呼伦贝尔市辽金古城

1. 莫力达瓦达斡尔族自治旗

（1）七家子村古城

古城遗址位于七家子村与后宜卧奇屯之间。古城南北墙长170米，东西墙长174米，周长688米。古城平面略呈正方形，城墙夯土版筑，城墙残高6米，底宽8米，上宽2米，有城门遗址和瓮城遗址，四角有角楼，每面城墙各有2个马面，城外有护城壕。"属于金长城配套边堡。"④

---

① 王禹浪、李福军：《辽宁地区辽、金古城的分布概要》（二），《哈尔滨学院学报》2011年第2期，第9页。
② 王禹浪、李福军：《辽宁地区辽、金古城的分布概要》（二），《哈尔滨学院学报》2011年第2期，第8页。
③ 王禹浪、李福军：《辽宁地区辽、金古城的分布概要》（二），《哈尔滨学院学报》2011年第2期，第8页。
④ 铁林嘎主编：《莫力达瓦达斡尔族自治旗志》，内蒙古人民出版社1998年版，第965页。

第二章　辽金古城形制与分布

（2）凌家沟古城

古城遗址位于乌尔科乡冷家沟村北 1500 米处。古城东西墙长 170 米，南北墙长 165 米，周长 670 米，古城平面略呈正方形，城墙夯土版筑，残高 3 米余，墙基宽 8 米，上宽 2 米，有门址和瓮城，有 4 个角楼，每面有 2 个马面。"据专家推断二座城堡与金长城是同一时期建筑物。"①

2. 牙克石市

煤田古城

古城遗址位于煤田火车站东南 1000 米处。古城东西墙长 156 米，南北墙长 130 米，周长 572 米。古城平面呈长方形，四周有护城壕，遗址中央有一座长 50 米、宽 25 米、高约 3 米的土堆，上面和四周散布大量破碎的灰色沟纹砖，灰色和橘红色布纹瓦，少量布纹瓦带有绿釉。《牙克石市志》说："属于辽代古城遗址。"②

3. 扎兰屯市

（1）高台子古城

古城遗址位于市区高台子车站西北 300 米处。古城遗址占地面积为 6600 平方米。古城平面呈梯形，城墙夯土版筑，残高 2.5 米，东侧城门尚存，西南、东北角破坏严重，"地面散落有布纹瓦和齿状、方格状、网状陶片，现为铁路职工住宅"③。根据出土文物，此城应为辽金时代古城。

（2）九村古城

古城遗址位于达斡尔族乡九村西南 1000 米处。古城遗址占地面积 4095 平方米。古城形制不清，东墙有 1 个城门遗址，瓮城、马面、角楼等建筑不清，城墙残高 3 米，四周有护城壕，"地面散落有青、红两色布纹瓦和篦纹陶片，古城至今保存完好"④。根据出土文物分析，此城当为辽金时代古城。

（3）西平台古城

古城遗址位于浩饶山乡西平台村。古城遗址占地面积 6000 平方米，建筑形制不明。"距地面以下 0.5 米处发现大量辽代布纹瓦片、地面散落

---

① 铁林嘎主编：《莫力达瓦达斡尔族自治旗志》，内蒙古人民出版社 1998 年版，第 965 页。
② 肖丽萍主编：《牙克石市志》，内蒙古人民出版社 1996 年版，第 866 页。
③ 董联声、张海田主编《扎兰屯市志》，百花文艺出版社 1993 年版，第 1059 页。
④ 董联声、张海田主编《扎兰屯市志》，百花文艺出版社 1993 年版，第 1060 页。

梳状纹陶片，城址已被湮没，有关部门初步断定为辽代文化遗存。"①

（4）王家屯古城

古城遗址位于大河湾王家屯东北 2000 米处。古城遗址占地面积 4225 平方米，城墙夯土版筑，墙基宽 5—11 米，东墙有 1 个城门遗址，外有瓮城建筑，四周有马面、角楼和护城壕，保存基本完好。"城内有散落夹砂陶片和布纹瓦残片，曾出土过铁镞、石臼等。古城保存基本完好。"② 根据古城建筑形制和出土文物分析，文化性质应为辽代古城。

4. 鄂温克族自治旗

毛石根道布古城

古城遗址位于锡泥河西苏木所在地西南 6000 米处。古城东西墙长 130 米，南北墙长 137.4 米，周长 534.8 米。古城平面呈长方形，东墙正中有 1 个城门遗址，四角有角楼，四周有护城河遗址。《鄂温克族自治旗志》记载："根据古城的形制和遗物特点及当地群众传说，该城建于 700—800 年前。"③

（二）兴安盟辽金古城

1. 乌兰浩特市

（1）前公主陵 1 号古城

古城遗址位于乌兰哈达苏木前公主陵村北。古城南墙长 666 米，北墙长 650 米，东墙长 225 米，西墙长 258 米，周长 1799 米。古城平面呈长方形，城墙夯土版筑，残高 1—3 米。古城有内城和外城之分，城墙有角楼和马面，四周有护城河，在城内发现许多残存的布纹瓦、陶片，还有少量的灰色兽面瓦当。《兴安盟志》记载："1 号城址特点与采集的标本特点为辽、金时代共用。"④

（2）前公主陵 2 号古城

古城遗址位于乌兰哈达苏木前公主陵村东。古城每边墙长 675 米，周长 2700 米。古城平面呈正方形，城墙夯土版筑，有东西 2 个城门，东门保存较好，西门遭到破坏。四周城墙有马面，四角有角楼。四周残存布纹

---

① 董联声、张海田主编《扎兰屯市志》，百花文艺出版社 1993 年版，第 1060 页。
② 董联声、张海田主编《扎兰屯市志》，百花文艺出版社 1993 年版，第 1060 页。
③ 福泉主编：《鄂温克族自治旗志》，中国城市出版社 1997 年版，第 740 页。
④ 金耀东主编：《兴安盟志》，内蒙古人民出版社 1997 年版，第 899 页。

第二章 辽金古城形制与分布

瓦、碎砖、窑具等。《兴安盟志》记载："2号城址特点与采集标本特点为辽代。"①

（3）嘎查古城

古城遗址位于乌兰哈达苏木古城嘎查正北。古城每边墙长310米，周长1240米。古城平面呈正方形，城墙夯土版筑，每面城墙有3个马面，在南墙有1个城门，四角楼有角楼。文化性质为辽代古城。

2. 科尔沁右翼中旗

（1）吐列毛杜1号古城

古城遗址位于吐列毛杜镇霍林河北。古城东墙长703米，西墙长582米，南墙长504米，北墙长493米，周长2282米。古城平面呈四边形，城墙夯土版筑，东墙高1.5米，西墙高1.8米，南墙高2米，北墙高1.8米，每面城墙各设1个城门，四角各设1个角楼，城外有护城河遗址。古城内出土过陶器、瓷器残片、石器残部、铁器、铜币等。有人认为"吐列毛杜古城是金代乌古迪烈统军司，后改为招讨司"②。此城为金代古城遗址当不会错，但是确定为乌古迪烈统军司，还得进行深入研究。

（2）吐列毛杜2号古城

古城遗址位于1号古城东侧。古城东西墙长320米，南北墙长385米，周长为1410米。古城平面呈长方形，城墙夯土版筑，墙残高0.8米，底宽4.5米，北墙偏东有1个城门，并建有瓮城，城外有护城河，2号古城发现少量陶片等，陶器与1号城的相同。"经考证1、2号城址建于金代，元代废弃，地属泰州。"③

3. 突泉县

（1）双城子古城

古城遗址位于宝石乡东南2500米处。古城分内外两城，内墙边长252米，外墙边长336米。古城平面呈正方形，有东西两个城门，每隔80米有1个马面，四角各设1个角楼。城址周围散布着辽金时代的陶瓷片、石臼等。在此城址"西南35公里处，有一摩崖题记，其中有'大今（金）

---

① 金耀东主编：《兴安盟志》，内蒙古人民出版社1997年版，第899页。
② 贺希格杜荣主编：《科尔沁右翼中旗志》，内蒙古人民出版社1993年版，第720页。
③ 金耀东主编：《兴安盟志》，内蒙古人民出版社1997年版，第898页。

女春州北七十里……'之句"①。根据古城建筑形制和题记，可确定此城为辽金时代古城址。

（2）学田马站古城

古城遗址位于宝石乡宝范村东北山沟中。古城南北墙长220米，东西墙长96米，周长632米。古城平面呈长方形，城墙夯土版筑，残高3米，南北墙各有3个马面，东西墙各有2个马面，四角各有1个角楼。"城内出土铁刀等文物。属于辽金时代古城遗址。"②

（3）和平古城

古城遗址位于东杜尔基镇西南6000米处。古城南北墙长225米，东西墙长160米，周长770米。古城平面呈长方形，城墙夯土版筑，城门开在南城墙中部，建有瓮城。"城外遗迹有房基址等，属辽金时代古城遗址。"③

（4）周家屯古城

古城遗址位于六户镇西南1500米处。古城平面呈长方形，规模与和平古城相同。"属于辽金时代古城遗址。"④

4. 科尔沁右翼前旗

（1）团结古城

古城遗址位于白辛乡团结村东北山脚下。古城周长1580米。古城平面呈长方形，城墙夯土版筑，有角楼和护城河。《科尔沁右翼前旗志》确定"此城址为辽金时代古城遗址。"⑤

（2）额尔敦古城

古城遗址位于额尔格图苏木额尔敦嘎查东500米处。古城周长500米。古城平面呈长方形，有城门遗址。《科尔沁右翼前旗志》确定"此城址为辽金时代古城遗址。"⑥

（3）古恩古城

古城遗址位于额尔格图苏木古恩嘎查小学西200米处。古城周长352.6米。古城平面略呈正方形，北城墙中间有1个马面，四角有角楼。

---

① 金耀东主编：《兴安盟志》，内蒙古人民出版社1997年版，第898页。
② 车宝林主编：《突泉县志》，内蒙古人民出版社1993年版，第771页。
③ 车宝林主编：《突泉县志》，内蒙古人民出版社1993年版，第771页。
④ 车宝林主编：《突泉县志》，内蒙古人民出版社1993年版，第771页。
⑤ 冯学忠主编：《科尔沁右翼前旗志》，内蒙古人民出版社1991年版，第863页。
⑥ 冯学忠主编：《科尔沁右翼前旗志》，内蒙古人民出版社1991年版，第863页。

第二章 辽金古城形制与分布

《科尔沁右翼前旗志》确定此城址为辽金时代古城遗址。①

（4）新艾里古城

古城遗址位于额尔格图苏木新艾里嘎查革命屯东1000米处。古城有内城和外城之分，外城外有护城河，外城周长792米，古城平面呈正方形，外城有角楼和马面。《科尔沁右翼前旗志》确定此城址为辽金时代古城遗址。②

（5）白音浩特古城

古城遗址位于额尔格图苏木白音浩特嘎查白音花屯东南3000米处。古城每边墙长198米，周长为792米。古城平面呈正方形，城墙夯土版筑，在东北角有一个小内城，外城四角有角楼和护城河。《科尔沁右翼前旗志》确定此城址为辽金时代古城遗址。③

（6）光明古城

古城遗址位于归流河镇光明村附近。古城周长795米。古城平面呈长方形，城墙夯土版筑，南城墙中有1个马面，四角有角楼。《科尔沁右翼前旗志》确定此城址为辽金时代古城遗址。④

（7）乌兰古城

古城遗址位于巴达仍贵苏木乌兰格日勒嘎查南。古城每边墙长100米，周长400米。古城平面呈正方形，城墙夯土版筑，南墙中部有1个马面，四角有角楼。《科尔沁右翼前旗志》确定此城址为辽金时代古城遗址。⑤

（8）赛音古城

古城遗址位于阿力得尔苏木赛因嘎查200米处。古城周长1200米。古城平面呈方形，城墙夯土版筑，城门开在正南方，四角有角楼，城外有护城河。在城的南边有周长600米正方形古城。《科尔沁右翼前旗志》确定此城址为辽金时代古城遗址。⑥

（9）沙力根古城

古城遗址位于察尔森镇沙力根嘎查南500米处。古城周长700米。古

---

① 冯学忠主编：《科尔沁右翼前旗志》，内蒙古人民出版社1991年版，第863页。
② 冯学忠主编：《科尔沁右翼前旗志》，内蒙古人民出版社1991年版，第863页。
③ 冯学忠主编：《科尔沁右翼前旗志》，内蒙古人民出版社1991年版，第863页。
④ 冯学忠主编：《科尔沁右翼前旗志》，内蒙古人民出版社1991年版，第863页。
⑤ 冯学忠主编：《科尔沁右翼前旗志》，内蒙古人民出版社1991年版，第863页。
⑥ 冯学忠主编：《科尔沁右翼前旗志》，内蒙古人民出版社1991年版，第863页。

城平面呈方形，城墙夯土版筑，东侧和北侧各有 1 个城门，皆有瓮城，全城有 6 个马面，城外有护城壕。《科尔沁右翼前旗志》确定此城址为辽金时代古城遗址。①

（10）后沙力根古城

古城遗址位于察尔森镇沙力根嘎查西北 3000 米处。古城周长 1100 米。古城平面呈方形，城墙夯土版筑，东、西、北三面城墙皆有马面，南面是悬崖峭壁，没有城墙。东南角和西南角各有角楼，城外有护城河。《科尔沁右翼前旗志》确定此城址为辽金时代古城遗址。②

（11）靠山泉古城

古城遗址位于哈拉黑乡民生村靠山泉屯东 1000 米处。古城周长 420 米。古城平面呈梯形，城墙夯土版筑，东、西、南三面城墙，北面是断崖，没有城墙，城门在南面，四角有角楼，南城墙有马面。《科尔沁右翼前旗志》确定此城址为辽金时代古城遗址。③

（12）联合屯古城

古城遗址位于好仁苏木宝地嘎查联合屯西南 7000 米处。古城周长 811 米。古城平面呈方形，城墙夯土版筑，东、南、北三面有城墙，西面为悬崖峭壁，没有城墙，城门开在南面，共计有 20 个马面，四角有角楼。《科尔沁右翼前旗志》确定此城址为辽金时代古城遗址。④

（13）模范屯古城

古城遗址位于归流河镇巴汗嘎查模范屯后山坡上。古城周长 522 米。古城平面呈长方形，城门开在东面，有瓮城，每面城墙各有 2 个马面，城外有两道护城河。《科尔沁右翼前旗志》确定此城址为辽金时代古城遗址。⑤

（14）齐家店古城

古城遗址位于巴拉格歹乡兴安村齐家店后山上。古城平面呈椭圆形，城墙夯土版筑，东、南两侧有城墙，并附有马面，西、北两侧没有城墙，

---

① 冯学忠主编：《科尔沁右翼前旗志》，内蒙古人民出版社 1991 年版，第 863 页。
② 冯学忠主编：《科尔沁右翼前旗志》，内蒙古人民出版社 1991 年版，第 863 页。
③ 冯学忠主编：《科尔沁右翼前旗志》，内蒙古人民出版社 1991 年版，第 864 页。
④ 冯学忠主编：《科尔沁右翼前旗志》，内蒙古人民出版社 1991 年版，第 864 页。
⑤ 冯学忠主编：《科尔沁右翼前旗志》，内蒙古人民出版社 1991 年版，第 864 页。

第二章　辽金古城形制与分布

是悬崖峭壁。城门开在南面，门前、东、南计有6个角楼。《科尔沁右翼前旗志》确定此城址为辽金时代古城遗址。①

（15）哈拉根台古城

古城遗址位于好仁苏木好力保吐嘎查哈拉根台屯。古城周长2296米。古城平面呈正方形，城墙夯土版筑，四面城墙各设1个城门，都建有瓮城，每面城墙有10个马面，城外有护城河。《科尔沁右翼前旗志》确定此城址为辽金时代古城遗址。②

（16）古"锡伯城"古城

古城遗址位于哈达那拉苏木好田嘎查浩特营子屯后50米处。古城周长678米。古城平面略呈梯形，城墙夯土版筑，城门开在南城墙，东南、西南、西北3个角楼。《科尔沁右翼前旗志》确定此城址为辽金时代古城遗址。③

（17）湖南古城

古城遗址位于大坝沟乡湖南村内。古城周长350米。古城平面呈长方形，四角有角楼。《科尔沁右翼前旗志》确定此城址为辽金时代古城遗址。④

（18）湖南南古城

古城遗址位于大坝乡湖南村南300米处。古城周长为380米。古城平面呈长方形，四角有角楼。《科尔沁右翼前旗志》确定此城址为辽金时代古城遗址。⑤

（19）胜利古城

古城遗址位于斯力很乡胜利村。古城周长为572米。古城平面呈长方形，城墙夯土版筑，城门开在南墙正中间，有瓮城，四角有角楼，东西墙各有4个马面，南北墙有3个马面。《科尔沁右翼前旗志》确定此城址为辽金时代古城遗址。⑥

（20）团结古城

古城遗址位于哈拉黑乡团结村北500米处。古城周长为213米。古城

---

① 冯学忠主编：《科尔沁右翼前旗志》，内蒙古人民出版社1991年版，第864页。
② 冯学忠主编：《科尔沁右翼前旗志》，内蒙古人民出版社1991年版，第864页。
③ 冯学忠主编：《科尔沁右翼前旗志》，内蒙古人民出版社1991年版，第864页。
④ 冯学忠主编：《科尔沁右翼前旗志》，内蒙古人民出版社1991年版，第864页。
⑤ 冯学忠主编：《科尔沁右翼前旗志》，内蒙古人民出版社1991年版，第864页。
⑥ 冯学忠主编：《科尔沁右翼前旗志》，内蒙古人民出版社1991年版，第864页。

平面呈正方形，城墙夯土版筑，城西北角有南北长 33 米、东西宽 33.5 米的土丘。《科尔沁右翼前旗志》确定此城址为辽金时代古城遗址。①

（21）义新古城

古城遗址位于俄体乡义新村北山沟里。三面环山有两个古城相邻，一个古城周长 195 米。古城平面呈长方形；一个古城周长为 120 米。古城平面呈正方形，城墙夯土版筑。《科尔沁右翼前旗志》确定此城址为辽金时代古城遗址。②

（22）归流河西北古城

古城遗址位于归流河镇光明村西北 300 米处。古城周长 228 米。古城平面呈方形，城墙夯土版筑，城门开在南面，城外有 11 米宽护城河。《科尔沁右翼前旗志》确定此城址为辽金时代古城遗址。③

（23）古迹古城

位于古迹乡古迹村西南 500 米处。古城周长 675 米。古城平面呈正方形。《科尔沁右翼前旗志》确定此城址为辽金时代古城遗址。④

（24）查干古城

古城遗址位于归流河镇查干嘎查南 500 米山丘上。古城周长 232.6 米。古城平面略呈方形，城墙夯土版筑，城门开在南面。《科尔沁右翼前旗志》确定此城址为辽金时代古城遗址。⑤

（25）乌兰古城

古城遗址位于归流河镇乌兰嘎查北山沟里。古城周长 115 米。古城平面略呈正方形，城墙夯土版筑，南墙中间有 1 个城门，不见瓮城、马面、角楼、护城河等建筑设施。《科尔沁右翼前旗志》确定此城址为辽金时代古城遗址。⑥

---

① 冯学忠主编：《科尔沁右翼前旗志》，内蒙古人民出版社 1991 年版，第 864 页。
② 冯学忠主编：《科尔沁右翼前旗志》，内蒙古人民出版社 1991 年版，第 864 页。
③ 冯学忠主编：《科尔沁右翼前旗志》，内蒙古人民出版社 1991 年版，第 865 页。
④ 冯学忠主编：《科尔沁右翼前旗志》，内蒙古人民出版社 1991 年版，第 865 页。
⑤ 冯学忠主编：《科尔沁右翼前旗志》，内蒙古人民出版社 1991 年版，第 865 页。
⑥ 冯学忠主编：《科尔沁右翼前旗志》，内蒙古人民出版社 1991 年版，第 865 页。

第三章

辽金行政机构设置

辽金两朝为有效治理白山黑水,先后设治所、建城镇。辽朝在白山黑水之间设置有上京道和东京道;金朝在白山黑水之间设置有上京路、东京路、咸平路、临潢府路。本章分别介绍辽金两朝在白山黑水设置情况,为研究辽金古城,提供基本线索。

第一节 辽朝行政机构设置

辽朝在白山黑水之间设置的东京道有辽阳府、黄龙府,上京道有泰州、长春州、乌州、静边城,以及女真、室韦、蒲卢毛朵部、达卢古部、兀惹部、五国部、铁骊部等部族机构。

一 辽阳府下设行政机构

1. 东京辽阳府

《辽史·地理志》记载:"东京辽阳府,本朝鲜之地……太祖建国,攻渤海,拔忽汗城,俘其王大諲譔,以为东丹王国,立太子图欲为人皇王以主之。神册四年,葺辽阳故城,以渤海、汉户建东平郡,为防御州。天显三年,迁东丹国民居之,升为南京……天显十三年,改南京为东京,府曰辽阳。户四万六百四。辖州、府、军、城八十七。统县九"[1]。这则史料大致说明了辽东京辽阳府设置的过程。关于辽阳府的治所位置,谭其骧说:

---

[1] (元)脱脱:《辽史·地理志》卷38,中华书局1974年版,第455、456、457页。

"辽代东京辽阳府治及附郭之辽阳县,自战国至西晋,名为襄平。遗址在今辽阳市老城区。"① 这一考证被今辽金史学界认可。孙进己、冯永谦《东北历史地理》(下)说:"近五十年来对各时期的考古发现都证明了这一点,毫无可疑。因此,定辽东京辽阳府,为今辽宁省辽阳市旧城区古城址。"②

2. 开州

《辽史·地理志》记载:"开州,镇国军,节度。本濊貊地,高丽为庆州,渤海为东京龙原府……太祖平渤海,徙其民于大部落,城遂废。圣宗伐高丽还,周览城基,复加完葺。开泰三年,迁双、韩二州千余户实之,号开封府开远军,节度;更名镇国军。隶东京留守,兵事属东京统军司。统州三、县一。"③ 从这条史料记载来看,辽代开州是沿渤海龙原府而置,具体设置时间《辽史》没有记载,有待今后进一步研究。关于辽开州地望,学界有两种观点,一种认为是"《辽东志》谓开州城即今凤凰山堡,误。"④ 金毓黻《东北通史》(上编)说:"辽之开州,本为渤海庆州所徙置……东京之民迁于开州,即今凤城。"⑤ 谭其骧说:"金氏所言均甚是。……东丹国徙都时,龙泉府首州庆州迁至今辽宁省凤城县,称开州。"⑥ 至于辽代开州地望及其建置沿革等,有待进一步研究。

3. 辰州

《辽史·地理志》记载:"辰州,奉国军,节度。本高丽盖牟城。唐太宗会李世勣攻破盖牟城,即此。渤海改为盖州,又改辰州,以辰韩得名。井邑骈列,最为冲会。辽徙其民于祖州。初曰长平军。户二千。隶东京留守司。统县一:建安县。"⑦ 这则史料记载得比较模糊,既没记载设置时间,也没记载治所地望。关于辰州位置,有不同的学术观点。《奉天通

---

① 谭其骧主编:《中国历史地图集释文汇编·东北卷》,中央民族学院出版社1988年版,第131页。
② 孙进己、冯永谦总纂:《东北历史地理》(下),黑龙江人民出版社2013年版,第169页。
③ (元)脱脱:《辽史·地理志》卷38,中华书局1974年版,第458页。
④ 谭其骧主编:《中国历史地图集释文汇编·东北卷》,中央民族学院出版社1988年版,第133页。
⑤ 金毓黻:《东北通史》(上编),五十年代出版社1981年版,第321页。
⑥ 谭其骧主编:《中国历史地图集释文汇编·东北卷》,中央民族学院出版社1988年版,第133页。
⑦ (元)脱脱:《辽史·地理志》卷38,中华书局1974年版,第460页。

志》:"唐太宗攻拔盖牟城,因置盖州。其地在辽阳之东北。而《辽志》谓辰州即高丽盖牟城,此以渤海改为盖州一语比附得之,非其实也。然辽于何时置辰州则无考。"① 谭其骧认为辽辰州在"今辽宁盖县"②。孙进己、冯永谦说:"辽辰州即为今辽宁省盖州市驻地盖州镇古城址。"③ 目前学界基本认同此学术观点。

4. 卢州

《辽史·地理志》记载:"卢州,玄德军,刺史。本渤海杉卢郡,故县五:山阳、杉卢、汉阳、白岩、霜岩,皆废。户三百。在京东一百三十里。兵事属南女直汤河司。统县一:熊岳县,西至海十五里,傍海有熊岳山。"④ 从史料记载来看,辽代卢州是沿渤海杉卢郡治所而置。金毓黻在《渤海国志长编》中说:"卢州本渤海所置,而《辽志》云本渤海杉卢郡,似杉卢为正名者,实则语有未晰。或初名杉卢郡,后改卢州,或为一地之二名,要之,其为卢州,无疑也。"⑤ 金氏认为辽代的卢州在渤海杉卢县,杉卢县属于倚郭县。金氏对《辽史》里记载的"京东一百三十里"提出质疑,认为此里数不是辽东京辽阳府至卢州里数。谭其骧说:"金氏所言颇精当",认定辽代卢州治所在"附郭熊岳县,今辽宁省盖县西南熊岳城"⑥。金氏与谭氏关于卢州地望,一个说是杉卢县倚郭,一个说是熊岳县倚郭。可能是辽代卢州发生迁移,原倚郭杉卢县后迁移至熊岳县。孙进己、冯永谦说:"熊岳县为卢州倚郭,与州同城,亦为今盖州市熊岳城镇古城址。"⑦

5. 铁州

《辽史·地理志》记载:"铁州,建武军,刺史。本汉安市县,高丽为安市城。唐太宗攻之不下,薛仁贵白衣登城,即此。渤海置州,故县四:

---

① 金毓黻主编:《奉天通志》卷54,辽海出版社2003年版,第1165页。
② 谭其骧主编:《中国历史地图集释文汇编·东北卷》,中央民族学院出版社1988年版,第135页。
③ 孙进己、冯永谦总纂:《东北历史地理》(下),黑龙江人民出版社2013年版,第188页。
④ (元)脱脱:《辽史·地理志》卷38,中华书局1974年版,第460页。
⑤ 金毓黻:《渤海国志长编》卷14,文海出版社1977年版,第249页。
⑥ 谭其骧主编:《中国历史地图集释文汇编·东北卷》,中央民族学院出版社1988年版,第135页。
⑦ 孙进己、冯永谦总纂:《东北历史地理》(下),黑龙江人民出版社2013年版,第193页。

位城、河端、苍山、龙珍,皆废。户一千。在京西南六十里。统县一:汤池县。"① 从史料记载来看,辽代铁州是沿渤海铁州而置,没有名称变化和移置问题。但是关于铁州治所地望,谭其骧说:"铁州附郭汤池县,今辽宁营口县(大石桥)东南之汤池。"② 宋延英说:"被肯定为辽代铁州建置地的盖平县汤池堡,则未发现什么有助于印证的实物……古人写史,多是坐在屋里不经调查,'辽史''地理志'多有误谬。"③ 孙进己、冯永谦依据干寂按察辽东刑狱走过的路线,"定辽代铁州为今辽宁省大石桥市汤池镇北汤池村古城。"④

6. 渌州

《辽史·地理志》记载:"渌州,鸭渌军,节度。本高丽故国,渤海号西京鸭渌府。城高三丈,广轮二十里,都督神、桓、丰、正四州事。故县三:神鹿、神化、剑门,皆废。大延琳叛,迁余党于上京,置易俗县居之。在者户二千。隶东京留守司。统州四、县二:弘闻县、神乡县。"⑤ 从这则史料记载来看,渌州是节度使州,曾下设神、桓、丰、正四州,并管辖神鹿、神化、剑门三个县,后来统辖四州二县。辽代渌州是沿渤海鸭渌府而置,其治所地望没有史料表明发生变化,因此考辽代渌州考渤海鸭渌府即可。关于渤海鸭渌府、辽代渌州地望,谭其骧《中国历史地图集释文汇编·东北卷》考证,"渌州在今吉林省临江县"⑥。渌州下治桓州,《辽史·地理志》记载:"桓州。高丽中都城,故县三:桓都、神乡、淇水,皆废。高丽王于此创立宫阙,国人谓之新国。五世孙钊,晋康帝建元初为慕容皝所败,宫室焚荡。户七百。隶渌州。在西南二百里。丰州。渤海置盘安郡,故县四:安丰、渤恪、隰壤、硖石,皆废。户三百。隶渌州。在东北二百一十里。正州。本沸流王故地,国为公孙康所并。渤海置沸流郡。有沸流水。广五百。隶渌州。在西北三百八十里。统县一:东那县。

---

① (元)脱脱:《辽史·地理志》卷38,中华书局1974年版,第460页。
② 谭其骧主编:《中国历史地图集释文汇编·东北卷》,中央民族学院出版社1988年版,第136页。
③ 宋延英:《辽代铁州地址考》,《历史研究》1959年第8期,第85页。
④ 孙进己、冯永谦总纂:《东北历史地理》(下),黑龙江人民出版社2013年版,第200页。
⑤ (元)脱脱:《辽史·地理志》卷38,中华书局1974年版,第462页。
⑥ 谭其骧主编:《中国历史地图集释文汇编·东北卷》,中央民族学院出版社1988年版,第138页。

第三章　辽金行政机构设置

本汉东耐县地。在州西七十里。慕州。本渤海安远府地，故县二：慕化、崇平，久废。户二百。隶渌州。在西北二百里。"①

7. 通州

《辽史·地理志》记载："通州，安远军，节度。本扶余国王城，渤海号扶余城。太祖改龙州，圣宗更今名。保宁七年，以黄龙府叛人燕颇余党千余户置，升节度。统县四：通远县。本渤海扶余县，并布多县置。安远县。本渤海显义县，并鹊川县置。归仁县。本渤海强帅县，并新安县置。渔谷县。本渤海县。"② 从这则史料记载来看，辽代通州原本是扶余国王城，渤海国是扶余府城，辽初太祖改为龙州，辽圣宗改通州，保宁七年（975）升节度使州。保宁是辽景宗年号，景宗是圣宗父亲，从历史顺序看，这则史料记载错误了。谭其骧说当作景宗改通州，不见其论述。从太祖到圣宗之间，还有太宗、世宗、穆宗、景宗，不知为何定为景宗改通州。因此，通州设置沿革，还需认真考证。关于通州治所问题，"《李考》：案《志》于龙州亦谓是扶余城，岂一处置两州乎？"③ 谭其骧在《中国历史地图集释文汇编·东北卷》中考证，"通州在今吉林省四平市西侧一面城古城。"④ 谭其骧所论有待进一步商榷。

8. 韩州

《辽史·地理志》记载："韩州，东平军，下，刺史。本藁离国旧治柳河县。高丽置鄚颉府，都督鄚、颉二州。渤海因之。今废。太宗置三河、榆河二州。圣宗并二州置。隶延昌宫，兵事属北女直兵马司。统县一：柳河县。本渤海粤喜县地，并万安县置。"⑤ 此则史料虽记载辽代韩州治所为藁离国旧治柳河县，但藁离国旧治柳河县在哪里，学术界有很大的争议。清代学者曹廷杰《八面城即韩州考》说："道光元年，吉林将军富俊赴昌图厅八面城查办地亩案件，得一出土铜镜，周篆'内清斯外昭明，光辉象夫日月，心忽扬而顾照，虽塞而不泄。长毋相忘，见日之光'三十一字，

---

① （元）脱脱：《辽史·地理志》卷38，中华书局1974年版，第463页。
② （元）脱脱：《辽史·地理志》卷38，中华书局1974年版，第468页。
③ 张修桂、赖青寿编著：《辽史地理志汇释》，安徽教育出版社2001年版，第110页。
④ 谭其骧主编：《中国历史地图集释文汇编·东北卷》，中央民族学院出版社1988年版，第145页。
⑤ （元）脱脱：《辽史·地理志》卷38，中华书局1974年版，第468页。

背面铸楷书'韩州刺史'四字，是八面城即金之韩州无疑。"① 谭其骧则认为韩州不在八面城，而在"今辽宁省昌图县八面城东南二里许之古城址"②。由于韩州四治三迁，因此关于辽代韩州治所地望及其设置时间等有待深入研究。

9. 信州

《辽史·地理志》记载："信州，彰圣军，下，节度。本越喜故城。渤海置怀远府，今废。圣宗以地邻高丽，开泰初置州，以所俘汉民实之。兵事属黄龙府都部署司。统州三，未详；县二：武昌县。本渤海怀福县地，析平州提辖司及豹山县一千户隶之。定武县。本渤海豹山县地，析平州提辖司并乳水县人户置。初名定功县。"③ 从史料记载来看，辽灭渤海后废渤海怀远府，于开泰初年置辽信州，信州治所为越喜故城。最早对辽信州考证的学者曹廷杰，在《怀德县即信州考》说："《全辽志》：开原东北至信州三百十里，今有城，周一里，门八，土人犹呼为信州城。《松漠纪闻》：由济州一百八十里至信州北。《蒙古游牧记》：信州故城在科尔沁左翼中旗东南三百八十里。据此，是今怀德县治即故信州城也。"④ 谭其骧认为信州故城不在怀德县，当在怀德镇西南30里秦家屯迤东，在"今吉林省怀德县（今公主岭市）西北新集城"⑤。目前关于辽代信州地望问题存在两说，有很大研究空间。

10. 宾州

《辽史·地理志》记载："宾州，怀化军，节度。本渤海城。统和十七年，迁兀惹户，置刺史于鸭子、混同二水之间，后升。兵事隶黄龙府都部署司。"⑥ 这则史料明确记载了宾州设置时间为统和十七年（999），宾州地望在鸭子、混同二水之间。关键鸭子、混同二水之间，一是至今这里不止一个古城；二是鸭子河和混同江在《辽史》里所指不明，二水名称所指

---

① 丛佩远、赵鸣岐编：《曹廷杰集》，中华书局1985年版，第157页。
② 谭其骧主编：《中国历史地图集释文汇编·东北卷》，中央民族学院出版社1988年版，第146页。
③ （元）脱脱：《辽史·地理志》卷38，中华书局1974年版，第470页。
④ 丛佩远、赵鸣岐编：《曹廷杰集》，中华书局1985年版，第156页。
⑤ 谭其骧主编：《中国历史地图集释文汇编·东北卷》，中央民族学院出版社1988年版，第149页。
⑥ （元）脱脱：《辽史·地理志》卷38，中华书局1974年版，第470页。

第三章 辽金行政机构设置

也发生了变化,这给研究者带来了很大的困难。从清代以来,有很多学者对其进行过考证。曹廷杰《东三省舆地图说》说:"(宾州)至靠山屯西,又六十里至红石砑高楼上地方,临混同江,与诸书方隅里到均合。"① 日本松井等推定在"松花江与伊通河交汇处"②。谭其骧考证:"宾州,在今吉林省农安县东北境之红石垒(在伊通河与松花江合流处西南方)"③。李建才《东北史地考略》说:"宾州在鸭子、混同二水之间是误记,不应以宾州做为鸭子河和混同江分界线的根据。"④ 至于辽代宾州城到底在哪里,有待深入研究。

二 黄龙府下设行政机构

1. 龙州

谭其骧考证龙州,在今吉林省农安县城。《辽史·地理志》记载:"龙州,黄龙府。本渤海扶余府。太祖平渤海还,至此崩,有黄龙见,更名。保宁七年,军将燕颇叛,府废。开泰九年,迁城于东北,以宗州、檀州汉户一千复置。统州五、县三:黄龙县。本渤海长平县,并富利、佐慕、肃慎置。迁民县。本渤海永宁县,并丰水、扶罗置。永平县。渤海置。益州。观察。属黄龙府。统县一:静远县。安远州,怀义军,刺史。属黄龙府。威州,武宁军,刺史。属黄龙府。清州,建宁军,刺史。属黄龙府。雍州,刺史。属黄龙府。"⑤ 龙州统辖五个刺史州和三个县,其中黄龙县倚郭。关于龙州的地望问题,目前学界基本认可在吉林农安县城。

2. 宁江州

《辽史·地理志》记载:"宁江州,混同军,观察。清宁中置。初防御,后升。兵事属东北统军司。统县一:混同县。"⑥ 从这则史料记载来看,辽代宁江州行政上隶属于东京道,但军事上隶属于东北路统军司。设

---

① 丛佩远、赵鸣岐编:《曹廷杰集》,中华书局1985年版,第162页。
② [日]松井等:《满洲的辽代疆域》,《满洲历史地理》第2卷,东京丸善株式会社,昭和十五年版,第32页。
③ 谭其骧主编:《中国历史地图集释文汇编·东北卷》,中央民族学院出版社1988年版,第149页。
④ 李建才:《东北史地考略》,吉林文史出版社1986年版,第100页。
⑤ (元)脱脱:《辽史·地理志》卷38,中华书局1974年版,第470、471页。
⑥ (元)脱脱:《辽史·地理志》卷38,中华书局1974年版,第477页。

置于辽道宗清宁年间（1055—1064），具体设置时间，没有明确记载，有待考证。至于宁江州治所位置，现在有很大的争议。高士奇《扈从东巡日录》说："驻跸大乌喇虞村，去船厂（今吉林市）八十余里，按：乌喇即辽时宁江州混同军观察兵事，属东北路统军司。"① 杨宾《柳边纪略》说："古宁江州，应在今厄黑木站，《扈从东巡日录》指为大乌喇者非是。"② 松井等《满洲的辽代疆域》认为"扶余县小城子或五家站"③。池内宏《辽代混同江考》认为"扶余县榆树沟"④。谭其骧考证："宁江州在今吉林省扶余县东小城子古城。"⑤ 李建才《辽代宁江州考》："把宁江州推定在今扶余县境内西部地区较大的伯都讷古城"⑥。辽代宁江州地望问题，一直有很大的分歧，已故李建才先生研究最用心，先后撰写过几篇关于宁江州考证文章，值得今后研究参考。

3. 祥州

《辽史·地理志》记载："祥州，瑞圣军，节度。兴宗以铁骊户置。兵事隶黄龙府都部署司。"⑦ 此则史料说祥州建置于兴宗时期，及其隶属于黄龙府都部署司，没有说明治所地望和具体建筑时间。清代学曹廷杰认为："今东小城子西南四十里有古城基，曰孟家城子，应即祥州旧址。"⑧ 谭其骧考证：祥州"在今吉林省农安县万金塔东北苏家店"⑨。李建才先生亦赞同谭其骧的学术观点。

4. 胜州

《辽史·地理志》记载："胜州，昌永军，刺史。"⑩ 在《辽史》里胜

---

① （清）高士奇著，陈见微点校：《扈从东巡日录》，吉林文史出版社1986年版，第111页。
② （清）杨宾撰，杨立新整理：《柳边纪略》卷1，吉林文史出版社1993年版，第14页。
③ ［日］松井等：《满洲的辽代疆域》，《满洲历史地理》第2卷，东京丸善株式会社，昭和十五年版，第50页。
④ ［日］池内宏：《辽代混同江考》，《满鲜史研究》第1册，东京市冈书院，昭和八年版，第202页。
⑤ 谭其骧主编：《中国历史地图集释文汇编·东北卷》，中央民族学院出版社1988年版，第156页。
⑥ 李建才：《东北史地考略》，吉林文史出版社1986年版，第83页。
⑦ （元）脱脱：《辽史·地理志》卷38，中华书局1974年版，第477页。
⑧ 丛佩远、赵鸣岐编：《曹廷杰集》，中华书局1985年版，第162页。
⑨ 谭其骧主编：《中国历史地图集释文汇编·东北卷》，中央民族学院出版社1988年版，第157页。
⑩ （元）脱脱：《辽史·地理志》卷38，中华书局1974年版，第474页。

第三章　辽金行政机构设置

州记载特别简单，给后世学者研究带来了极大的困难。谭其骧考证："胜州在今吉林省怀德镇东北约 10 里处，注记不定点。"① 此州城建筑时间和地望问题，目前基本都是研究空白，有待今后进一步研究得出满意答案。

三　上京道下设行政机构

1. 泰州

泰州地望问题一直以来争议很大，有人认为是泰来塔子城，有人认为是白城市洮北区城四家子古城。《辽史·地理志》记载："泰州，德昌军，节度。本契丹二十部族放牧之地。因黑鼠族累犯通化州，民不能御，遂移东南六百里来，建城居之，以近本族。黑鼠穴居，肤黑，吻锐，类鼠，故以名。州隶延庆宫，兵事属东北统军司。统县二：乐康县，倚郭。兴国县。本山前之民，因罪配递至此，兴宗置县。户七百。"② 泰州与通化州的关系，以及泰州下设的兴国县等，一直被学界关注。

2. 长春州

长春州地望，亦存在争议。《辽史·地理志》记载："长春州，韶阳军，下，节度。本鸭子河春猎之地。兴宗重熙八年置。隶延庆宫，兵事隶东北统军司。统县一：长春县。本混同江地。燕、蓟犯罪者流配于此。户二千。"③ 这则史料既记载本鸭子河春猎之地，又记载本混同江之地，令后世对此产生很大疑惑。现在长春州有塔虎城、城四家子、半拉城三说。

3. 乌州

乌州地望位置，现在争议很大。《辽史·地理志》记载："乌州，静安军，刺史。本乌丸之地，东胡之种也。辽北大王拨剌占为牧，建城，后官收。隶兴圣宫。有辽河、夜河、乌丸川、乌丸山。统县一：爱民县，拨剌王从军南征，俘汉民置于此。户一千。"④ 这则史料记载先说有辽河、夜河，后有乌丸川、乌丸山，给研究者带来很大疑惑。曹廷杰认为乌州当在洮儿河南源寻找，大多学者把其推至辽河流域，这是一个值得深入探讨的

---

① 谭其骧主编：《中国历史地图集释文汇编·东北卷》，中央民族学院出版社 1988 年版，第 153 页。
② （元）脱脱：《辽史·地理志》卷 37，中华书局 1974 年版，第 444 页。
③ （元）脱脱：《辽史·地理志》卷 37，中华书局 1974 年版，第 445 页。
④ （元）脱脱：《辽史·地理志》卷 37，中华书局 1974 年版，第 445 页。

学术问题。

四 各部族机构设置

辽朝为了加强对白山黑水之间各族的统治，在白山黑水之间先后设置很多部族。这些部族大都设立治所，建城居住。

1. 乌槐部

《辽史·营卫志》记载："乌隗部。其先曰撒里卜，与其兄涅勒同营，阻午可汗析为二：撒里卜为乌隗部，涅勒为涅剌部。俱隶北府，乌隗部节度使属东北路招讨司，司徒居徐母山、郝里河之侧。石烈二：北石烈。南石烈。"[1] 乌隗部是契丹族的古老部族，从阻午可汗时期就有乌隗部。上述史料记载说乌隗部居徐母山、郝里河之侧，徐母山和郝里河在《辽史》里仅一处，很难考证确切位置。另有一个线索是乌隗部节度使隶属于东北路招讨司，这样寻找乌隗部节度使治所位置，应在东北路招讨司境内寻找。

2. 突吕不部

《辽史·营卫志》记载："突吕不部。其先曰塔古里，领三营。阻午可汗命分其一与弟航斡为突举部，塔古里得其二，更为突吕不部。隶北府，节度使属西北路招讨司，司徒居长春州西。石烈二：北托不石烈。南须石烈。"[2] 突吕不部原先叫突举部，改名后北迁徙到辽长春州西。迁徙时间《辽史》没有记载，迁徙地点只是在长春州西一个大概方位，多远没有说，给考证突吕不部地望带来极大困难。

3. 突吕不室韦部

《辽史·营卫志》记载："突吕不室韦部。本名大、小二黄室韦户。太祖为达马狘沙里，以计降之，乃置为二部。隶北府，节度使属东北路统军司，戍泰州东北。"[3] 突吕不室韦部是太祖以大小黄头室韦户置，时间当在太祖初年，地点为泰州东北。看来突吕不室韦部是后迁徙到泰州东北的，大小黄头室韦原先居住在嫩江下游，泰州东北系嫩江中游，因此突吕不室韦部治所宜在嫩江中游某古城求之。

---

[1]（元）脱脱：《辽史·营卫志》卷33，中华书局1974年版，第386页。
[2]（元）脱脱：《辽史·营卫志》卷33，中华书局1974年版，第386页。
[3]（元）脱脱：《辽史·营卫志》卷33，中华书局1974年版，第387、388页。

第三章 辽金行政机构设置

4. 涅剌拏古部

《辽史·营卫志》记载："涅剌拏古部。与突吕不室韦部同。节度使戍泰州东。"① 涅剌拏古部与突吕不室韦部同时置，治所在泰州东。从今泰来塔子城往东寻找，适合节度使级别的古城，当在今大庆地区杜尔伯特蒙古自治县境内求之。或许是好田格勒古城和喇嘛仓古城，这两个古城都位于辽泰州城，今泰来县塔子城古城东方。好田格勒古城周长700米，喇嘛仓古城周长1200米。如按古城大小来看，喇嘛仓古城趋于节度使级别古城，但是好田格勒古城在泰州正东，与辽史记载涅剌拏古部节度使戍泰州东吻合。

5. 乙室奥隗部

《辽史·营卫志》记载："乙室奥隗部。神册六年，太祖以所俘奚户置。隶南府，节度使属东北路兵马司。"② 乙室奥隗部设置时间，《辽史》明确记载神册六年（921），没有记载置于何地，只说乙室奥隗部节度使隶属于东北路兵马司。目前没有学者考证其地望，有待今后开展深入研究，确定乙室奥隗部故城之所在。

6. 隗衍突厥部

《辽史·营卫志》记载："隗衍突厥部。圣宗析四辟沙、四颇愈户置，以镇东北女直之境。开泰九年，节度使奏请置石烈。隶北府，属黄龙府都部署司。"③ 从《辽史》记载来看，隗衍突厥部设置时间明确为开泰九年（1020），置于何地没有记载。但明确隶属于黄龙府都部署司，这样就可以确定隗衍突厥部故城当在松嫩平原范围内。《辽史·营卫志》记载："奥衍突厥部。与隗衍突厥同。"④ 史料记载过于简单，目前难以考证。

7. 奥衍女直部

《辽史·营卫志》记载："奥衍女直部。圣宗以女直户置。隶北府，节度使属西北招讨司，戍镇州境。自北至河西部，皆俘获诸国之民。初隶诸宫，户口蕃息置部。讫于五国，皆有节度使。"⑤ 奥衍女直部设置时间在圣宗时期，治所位置在镇州境内。镇州在"今蒙古布尔根省哈达桑东青·托

---

① （元）脱脱：《辽史·营卫志》卷33，中华书局1974年版，第388页。
② （元）脱脱：《辽史·营卫志》卷33，中华书局1974年版，第388页。
③ （元）脱脱：《辽史·营卫志》卷33，中华书局1974年版，第390页。
④ （元）脱脱：《辽史·营卫志》卷33，中华书局1974年版，第390页。
⑤ （元）脱脱：《辽史·营卫志》卷33，中华书局1974年版，第391页。

罗盖（即青陶勒盖·巴勒嘎斯）古城。"① 镇州管辖范围达黑龙江源，至于奥衍女直部或许位于黑龙江水系内。

8. 室韦部

《辽史·营卫志》记载："室韦部。圣宗以室韦户置。隶北府，节度使属西北路招讨司。"② 辽时室韦部仍是隋唐时期的室韦，虽然室韦部在《辽史》里记载隶属于西北路招讨司，但其治所当在兴安岭东。辽朝室韦部后来被订朝晋为室韦国，笔者关于室韦国王府故城认为在今嫩江县伊拉哈古城，专有一节论述。

9. 术哲达鲁虢部

《辽史·营卫志》记载："术哲达鲁虢部。圣宗以达鲁虢户置。隶北府，节度使属东北路统军司。戍境内，居境外。"③ 术哲达鲁虢部设置时间，《辽史》记载为圣宗时期，至于具体时间和治所位置没有记载。目前也没有专题研究成果问世。

10. 南、北唐古部

《辽史·营卫志》记载："南唐古部。圣宗置。隶北府。"④《辽史·营卫志》记载："北唐古部。圣宗以唐古户置。隶北府，节度使属黄龙府都部署司，戍府南。"⑤ 南唐古和北唐古是辽圣宗为了抵御女真西侵，迁党项人置于契丹东边，与女真部交错而居，以达到监视女真人的目的，从而使契丹和女真之间有一个缓冲地带。南唐古大致位置当在第一松花江以南、第二松花江以东位置，北唐古大致位置当在通肯河下游及其支流附近。南、北唐古部都设有节度使，两个节度使治所故城当在两条河流附近寻找。

11. 鼻骨德部

辽圣宗时，鼻骨德部分伯斯鼻骨德部和达马鼻骨德部。《辽史·营卫志》记载："伯斯鼻骨德部。本鼻骨德户。初隶诸宫，圣宗以户口蕃息置部。隶北府，节度使属东北路统军司，戍境内，居境外。"⑥《辽史·营卫

---

① 张修桂、赖青寿编著：《辽史地理志汇释》，安徽教育出版社2001年版，第62页。
② （元）脱脱：《辽史·营卫志》卷33，中华书局1974年版，第391页。
③ （元）脱脱：《辽史·营卫志》卷33，中华书局1974年版，第391页。
④ （元）脱脱：《辽史·营卫志》卷33，中华书局1974年版，第391页。
⑤ （元）脱脱：《辽史·营卫志》卷33，中华书局1974年版，第391页。
⑥ （元）脱脱：《辽史·营卫志》卷33，中华书局1974年版，第392页。

志》记载："达马鼻骨德部。圣宗以鼻骨德户置。隶南府,节度使属东北路统军司。"① 从史料记载来看,鼻骨德两部都隶属于东北路统军司。有人指出,鼻骨德部大致位置在松花江与黑龙江交汇处下游,是否确切还需深入研究。如果确切的话,那么考证伯斯鼻骨德部和达马鼻骨德部节度使治所,或是鼻古德部大王府故城,应在三江(黑龙江、松花江、乌苏里江)交汇地方附近寻找。

12. 图鲁部

《辽史·营卫志》记载："图鲁部。节度使属东北路统军司。"② 图鲁部设置时间和治所之所在,目前是学术空白点。

13. 五国部

《辽史·营卫志》记载："五国部。剖阿里国、盆奴里国、奥里米国、越里笃国、越里吉国,圣宗时来附,命居本土,以镇东北境,属黄龙府都部署司。重熙六年,以越里吉国人尚海等诉酋帅浑敞贪污,罢五国酋帅,设节度使以领之。"③ 辽代五国部大致位置从今天依兰县起往东北,沿松花江一直到黑龙江下游地区。关于五国部的具体位置,从清朝开始先后有屠寄、曹廷杰、景方昶、孙秀仁、干志耿以及日本人池内宏等很多学者,对其进行考证,以依兰五国头城为越里吉国故城,汤原固木纳城为盆奴里国故城,桦川霍里瓦吞古城为越里笃国故城,绥滨县西古城为奥里米国故城。屠寄说剖阿里国在精奇里江与黑龙江交汇处,曹廷杰考证在伯利。这些考证至今争论不休,没有得出满意结果。

14. 斡突盌乌古部等

《辽史·百官志》记载："斡突盌乌古部。迭鲁敌烈部。大黄室韦部。小黄室韦部。"④ 以上各部设节度使。既然以上各部设节度使,就应该有节度使治所城。斡突盌乌古部、迭鲁敌烈部,节度使治所城宜在大兴安岭北部山区求之。大黄室韦部、小黄室韦部节度使治所城宜在第二松花江下游和嫩江下游两岸广大地区求之。

---

① (元)脱脱:《辽史·营卫志》卷33,中华书局1974年版,第392页。
② (元)脱脱:《辽史·营卫志》卷33,中华书局1974年版,第388页。
③ (元)脱脱:《辽史·营卫志》卷33,中华书局1974年版,第392页。
④ (元)脱脱:《辽史·百官志》卷46,中华书局1974年版,第728、729页。

15. 辽国外十部

在白山黑水地域内有："乌古部。敌烈八部。隗古部。长白山部。蒲卢毛朵部。"① 在辽代国外十部中，乌古部、敌烈八部、隗古部、长白山部、蒲卢毛朵部五部应该在白山黑水之间。《辽史》里只记载部族名称，设置时间、治所位置都是今后辽史研究的难点。

16. 铁骊、靺鞨、兀惹

《辽史·兵卫志》记载"铁骊。靺鞨。兀惹。"② 铁骊、靺鞨、兀惹三部，都属于辽的属国，这三部的活动范围很广，在辽朝时期多有迁徙，很难确定三部治所城位置。张泰湘考证铁骊部故城在今黑龙江省桦川县新城古城。此处可能较远，笔者认为或许应在小兴安岭南部山区有铁矿石的地方求之。兀惹部治所城，张泰湘考证在今同江市勤得利古城。辽代祥州、宾州都是迁徙铁骊、兀惹户而治。靺鞨部在辽时多次遣使朝贡，活动范围当在三江平原广大地区。在今黑龙江省绥滨县同仁遗址发现靺鞨人用过的铁锛、铁带扣、部分陶器。据此考证靺鞨部故城，应在附近求之。

17. 长春路诸司

《辽史·百官志》记载："黄龙府兵马都部署司。一作都监署司。黄龙府铁骊军详稳司。咸州兵马详稳司。有知咸州路兵马事、同知咸州路兵马事、咸州兵将。东北路都统军使司。有掌法官，道宗大安六年置。已上长春路诸司，控制东北诸国。"③ 这些长春路下辖的诸司分治于各地，或与各州治同城，或有单独治所，有待进一步考证辨析。

18. 各国王府

辽朝为了笼络各大部族，在各大部族中设置某某国大王府。《辽史·百官志》记载："北女直国大王府。南女直国大王府……长白山女直国大王府。圣宗统和三十年，长白山三十部女直乞授爵秩。鸭渌江女直大王府。濒海女直国大王府。"④ 这些设在白山黑水之间的各国王府，应当建有各国王府城，这也是今后辽金城市史地研究的一个重要问题。

---

① （元）脱脱：《辽史·营卫志》卷33，中华书局1974年版，第392、393页。
② （元）脱脱：《辽史·兵卫志》卷36，中华书局1974年版，第429页。
③ （元）脱脱：《辽史·百官志》卷46，中华书局1974年版，第745页。
④ （元）脱脱：《辽史·百官志》卷46，中华书局1974年版，第756、757页。

第二节　金朝行政机构设置

金朝在白山黑水之间设置有上京路、咸平路、东京路、临潢府路。上京路有会宁府、蒲与路、曷懒路、恤品路、胡里改路、肇州、隆州、信州、乌古迪烈统军司。咸平路有咸平府和韩州，东京路有婆速府和来远州，临潢府路有泰州、长春州，此外还有各部族、群牧所等机构。

一　上京路下设机构

1. 会宁府

会宁府故城在今哈尔滨市阿城区城南古城遗址，目前已经被国内外学术界一致认可。《金史·地理志》记载："会宁府，下。初为会宁州，太宗以建都，升为府。天眷元年，置上京留守司，以留守带本府尹，兼本路兵马都总管。后置上京曷懒等路提刑司。户三万一千二百七十。旧岁贡秦王鱼，大定十二年罢之。又贡猪二万，二十五年罢之。东至胡里改六百三十里，西至肇州五百五十里，北至蒲与路七百里，东南至恤品路一千六百里，至曷懒路一千八百里。县三：会宁倚，与府同时置。有长白山、青岭、马纪岭、勃野淀、绿野淀。有按出虎河，又书作阿术浒。有混同江、涞流河。有得胜陀，国言忽土皑葛蛮，太祖誓师之地也。曲江初名镇东，大定七年置，十三年更今名。宜春大定七年置。有鸭子河。"① 会宁府直接管辖的三个县，会宁县倚郭会宁府城。谭其骧考证曲江县，在"今黑龙江省宾县蛰克图河畔蛰克图站"②。谭其骧考证宜春县，在"今吉林省扶余县东南小城子古城"③。这些，目前有很大争议，需要今后进一步考证。

2. 蒲与路

蒲与路故城为克东县古城遗址，目前学术界虽然基本认同，但也存在

---

① （元）脱脱：《金史·地理志》卷24，中华书局1975年版，第551页。
② 谭其骧主编：《中国历史地图集释文汇编·东北卷》，中央民族学院出版社1988年版，第164页。
③ 谭其骧主编：《中国历史地图集释文汇编·东北卷》，中央民族学院出版社1988年版，第165页。

不同观点，认为蒲与路故城应在齐齐哈尔附近，富裕县大克钦古城。《金史·地理志》记载："蒲与路，国初置万户，海陵例罢万户，乃改置节度使。承安三年，设节度副使。南至上京六百七十里，东南至胡里改一千四百里，北至北边界火鲁火疃谋克三千里。"① 蒲与路治所故城之所以存在争议，其一是因为史料记载简单模糊。蒲与路之北的火鲁火疃谋克，目前还没有确切的考证。其二是克东古城作为路一级城镇，有学者感觉小，认为可能是蒲与猛安城。恰在克东比邻北安市南山湾古城出土了"曷苏昆山谋克印"，该印边款刻有"蒲与猛安下"之字，说明金朝设置过蒲与猛安。如果曷苏昆山谋克确在北安市南山湾古城，那么克东古城与南山湾古城的关系，值得学界深入思考。

3. 曷懒路

曷懒路虽隶属于上京路，但曷懒路较比蒲与、胡里改等路，还是有所区别。曷懒路置总管府，不是节度使。《金史·地理志》记载："合［曷］懒路，置总管府。贞元元年，改总管为尹，仍兼兵马都总管。承安三年，设兵马副总管。旧贡海葱，大定二十七年罢之。有移鹿古水。西至上京一千八百里，东南至高丽界五百里。"② 关于合懒路治所地望，过去中外学者根据曷懒水，推断曷懒路治所之所在。民国学者丁谦认为"在宁古塔正南、珲春城正西海兰河流域"③，津田左右吉认为"在朝鲜吉州"④，松井认为"今之咸境，为金曷懒路之治所"⑤，谭其骧认为"今朝鲜咸境南道咸兴城5里处"⑥，《吉林通志·沿革》作者认为"曷懒即海兰也，今海兰河之地为金海兰路洲"⑦，自然就把曷懒路治所认定在今延边地区海兰河

---

① （元）脱脱：《金史·地理志》卷24，中华书局1975年版，第552页。
② （元）脱脱：《金史·地理志》卷24，中华书局1975年版，第552页。
③ 丁谦：《〈金史·外国传〉地理考证》，《浙江图书馆丛书》（第一集），1913年校刊。转引自魏志江、潘清《女真与高丽曷懒甸之战考略》，《中山大学学报》2001年第5期，第112页。
④ ［日］津田左右吉：《朝鲜历史地理》卷2，南满洲铁道株式会社，大正二年版，第116页。
⑤ ［日］松井等：《金朝满洲的疆域》，《满洲历史地理》卷2，东京丸善株式会社，昭和十五年版，第179页。
⑥ 谭其骧主编：《中国历史地理图集释文汇编·东北卷》，中央民族学院出版社1988年版，第166页。
⑦ （清）长顺修、李桂林纂：《吉林通志·沿革》卷11，吉林文史出版社1986年版，第203页。

第三章 辽金行政机构设置

畔。对曷懒路治所定在海兰河流域这一学术观点，王崇时进行了详细考证，认为："朝鲜咸兴一带平原即曷懒甸，流经咸兴的城川江，即为金代曷懒水之说是有道理的"①，自然而然认定曷懒路治所在朝鲜咸兴城川江流域。至于曷懒路治所具体位置，目前国内学者基本都是文献考证，没有实地考察，得出的结论是大致的位置。谭其骧先生仅说在咸兴城5里处，没明确方向。至于曷懒路治所的具体位置，有待今后中外学者实地考察，佐以历史文献得出正确的结论。

4. 恤品路

恤品路是因为耶懒路土地贫瘠，金太宗将耶懒路猛安谋克迁到率宾府而置恤品路。《金史·地理志》记载："恤品路，节度使。辽时，为率宾府，置刺史。本率宾故地，太宗天会二年，以耶懒路都孛堇所居地瘠，遂迁于此。以海陵例罢万户，置节度使，因名速频路节度使。世宗大定十一年，以耶懒、速频相去千里，既居速频，然不可忘本，遂命名石土门亲管猛安曰押懒猛安。承安三年，设节度副使。西北至上京一千五百七十里，东北至胡里改一千一百，西南至合懒一千二百，北至边界斡可阿怜千户二千里。"耶懒"又书作"押懒"。②辽代的率宾府，学界基本认定就是渤海率宾府。关于率宾府的地理位置，目前存在多种学术观点。曹廷杰说："《新唐书》：率宾故地为率宾府，领华、益、建三州。《辽史》：东京率宾府刺史，故率宾国地。《金史》：上京率宾路，辽时为率宾府，西北至上京一千五百七十里，东北至瑚尔哈一千一百里，西南至海兰路一千二百里。《金史》又有苏滨水，一作恤品。明《一统志》作恤品河，在建州东南千余里……以地望诊之，率宾，苏滨、恤品即今绥芬河也，其府路故基，即今双城子地方无疑。"③自此以后，学界一般都认为渤海率宾府、辽代率宾府、金代恤品路都在今俄罗斯滨海地区的双城子（今乌苏里斯克）。华泉认为："无论是从碑额所载封谥，还是从该墓的地理位置，都足以证明双城子的这座建有神道碑的大型金墓是完颜忠的墓而无疑。"④华泉通过对完颜忠神道碑的考证，得出"双城子的这一金代古墓，既考定为移居

---

① 王崇时：《金代曷懒水补考》，《北华大学学报》1987年第2期，第23页。
② （元）脱脱：《金史·地理志》卷24，中华书局1975年版，第552、553页。
③ 丛佩远、赵鸣岐编：《曹廷杰集》，中华书局1985年版，第171页。
④ 华泉：《完颜忠墓神道碑与金代的恤品路》，《文物》1976年第4期，第31、32页。

于绥芬河上的耶懒水完颜部的都部长完颜忠之墓,由此可以推定,移治后的耶懒路亦即恤品路的中心正是在双城子地区"①。已故学者张太湘曾说:"综观前人诸说,定双城子古城为唐代渤海率宾府故址均无确凿根据,从古城形制,出土文物多属金代文物、遗迹,若定为金代恤品路治尚有可能。"② 张太湘认为双城子不是渤海、辽的率宾府,有可能是金的恤品路故址,这与《金史》里记载的辽代率宾府与金代恤品路为一地的说法相矛盾。张太湘考察东宁县大城子古城遗址后,认为:"大城子古城规模大于双城子东西二城,形制类型似唐长安城和渤海上京龙泉府,并出土了丰富典型渤海文物,因此,大城子古城当是一座渤海古城……那么,大城子古城很有可能是唐渤海率宾府故址。"③ 最后张太湘确定:"我认为渤海率宾府故址在大城子古城。"④ 郭毅生对张太湘的观点存异议,郭毅生说:"渤海的率宾府和金代的恤品路,近世治东北历史地理者,除个别人认为当在鸭绿江流域外,大都考订为在今绥芬河流域,这无疑是正确的。至于府址(或路治)的所在,一直都定为双城子(今苏联乌苏里斯克),但所证不详,未能深入。"⑤ 郭毅生认为:"既然恤品路的创始人完颜忠之墓在双城子,由此可以推定,移治后的耶懒路亦即恤品路的中心和首府正是在双城子地区。"⑥ 这样的推断应是正确的。

5. 胡里改路

胡里改路治所现在争议还很大,有人认为在依兰县城北依兰古城,有人认为在依兰土城子古城。《金史·地理志》记载:"胡里改路,国初置万户,海陵例罢万户,乃改置节度使。承安三年,置节度副使。西至上京六

---

① 华皋:《宗颜忠墓神道碑与金代的恤品路》,《文物》1976年第4期,第32页。
② 张泰湘:《唐代渤海率宾府辨》,《历史地理》第2辑,上海人民出版社1982年版,第178页。
③ 张泰湘:《唐代渤海率宾府辨》,《历史地理》第2辑,上海人民出版社1982年版,第179页。
④ 张泰湘:《唐代渤海率宾府辨》,《历史地理》第2辑,上海人民出版社1982年版,第180页。
⑤ 郭毅生:《率宾府、恤品路和开元城》,《历史地理》第2辑,上海人民出版社1982年版,第181页。
⑥ 郭毅生:《率宾府、恤品路和开元城》,《历史地理》第2辑,上海人民出版社1982年版,第183页。

百三十里，北至边界合里宾忒千户一千五百里。"① 关于胡里改路的治所，说法不一。目前主要有四种说法。其一认为是在"今黑龙江省依兰县喇嘛庙"②。其二认为"路治在今依兰城北的旧古城"③。其三认为"金代胡里改路路治很有可能就是这座'土城子'古城"④。其四认为"治所即今黑龙江省依兰县"⑤。上述四种关于胡里改路治所位置的学术观点，基本上认同在今黑龙江省依兰县境内，至于到底是哪座古城，有待今后研究的进一步确认。

6. 肇州

关于肇州地望问题争议很大，一直没有形成一致的学术结论。《金史·地理志》记载："肇州，下，防御使。旧出河店也。天会八年，以太祖兵胜辽，肇基王绩于此，遂建为州。天眷元年十月，置防御使，隶会宁府。海陵时，尝为济州支郡。承安三年，复以为太祖神武隆兴之地，升为节镇，军名武兴。五年，置漕运司，以提举兼州事。后废军。贞祐二年复升为武兴军节镇，置招讨司，以使兼州事。户五千三百七十五。县一：始兴倚，与州同时置。有鸭子河、黑龙江。"⑥ 最早对肇州所在地进行考证的有清代学者曹廷杰，他认为："辽再遣萧嗣先屯兵珠赫店，一名出河店，即今逊扎堡北十余里珠赫城，俗呼珠家城子，金之肇州也。"⑦ 金毓黻依据《元一统志》《大清一统志》，将其"断为金元之肇州故址，其地与得胜陀东西相直，想不甚谬，愚谓元肇州应与金肇州同在一地，不必别求。"⑧ 张博泉依据"始兴倚，有鸭子河、黑龙江"⑨，以"肇州围急，食且尽，有粮三百船在鸭子河，去州五里不能至"⑩，推定金代肇州在"松花江之北

---

① （元）脱脱：《金史·地理志》卷24，中华书局1975年版，第553页。
② 谭其骧主编：《中国历史地图集释文汇编·东北卷》，中央民族学院出版社1988年版，第168页。
③ 吴文衔、张泰湘、魏国忠：《黑龙江古代简史》，北方文物杂志社1987年版，第160页。
④ 孙秀仁：《黑龙江历史考古述论》（下），《社会科学战线》1979年第2期，第197页。
⑤ 复旦大学历史地理研究所：《中国历史地名词典》，江西教育出版社1986年版，第585页。
⑥ （元）脱脱：《金史·地理志》卷24，中华书局1975年版，第551、552页。
⑦ 丛佩远、赵鸣岐编：《曹廷杰集》，中华书局1985年版，第161页。
⑧ 金毓黻：《东北通史》（上编），五十年代出版社1981年版，第433页。
⑨ （元）脱脱：《金史·地理志》卷24，中华书局1975年版，第552页。
⑩ （元）脱脱：《金史·纥石烈德传》卷128，中华书局1975年版，第2773页。

岸，今肇源县望海屯辽、金古城址"①。谭其骧根据出河店，当在出河口不远，推定其在"今黑龙江省肇源县茂兴站南的吐什吐"②地方。而谭其骧先生又把"出河店今考订为肇源县茂兴镇南的三家子"③。《金史》里记载的金肇州位置在辽出河店，也就是说辽代出河店与金肇州是一个地方，可《中国历史地图集释文汇编·东北卷》却考证出来两个地方，没有说明辽出河店与金肇州分置两地的理由，反而依据出河店离出河口不会太远，而确定金肇州在茂兴站南的吐什吐地方。李建才指出："从上述文献所载金、元肇州的方位和肇东八里城的形制、规模，以及八里城内出土的文物来看，把八里城推定为元代古城，不如推定为金代古城，元代沿用更符合实际。因此，我认为金、元肇州都在今肇东县八里城。"④《肇东县志》作者"从古城的建筑特点和出土文物判断，认为该地为金、元的肇州城址。"⑤张柏忠依据李建才考证宁江洲在"今扶余县境内……伯都讷古城"⑥，推定"塔虎城则是这一地区最大古城，毫无疑问，塔虎城就是金代的肇州，辽代的出河店。"⑦其后，那海洲、胡龙滨也认为："现位于吉林省松原市前郭县八郎乡北上台屯的塔虎城古城遗址，即是金代肇州治所。"⑧杨中华依据文献记载和水文条件，认为："今黑龙江省肇源县西南境的勒勒营子（亦称老乐营子）古城为金代肇州，其西北五里的莽海屯古城为始兴县。"⑨王景义通过对老乐营子古城和莽海屯古城实地考察，说："我通过研究有关资料和实地考察赞同他们（杨中华）的意见，当然对其相关的一些问题也有许多不同的看法。"⑩通过梳理以上研究成果，笔者觉得关于肇州地望的确定，应进行多方面考证，仅凭《金史》记载的方位和距离，不

---

① 张博泉、苏金源、董玉瑛：《东北历代疆域史》，吉林人民出版社1981年版，第196页。
② 谭其骧主编：《中国历史地图集释文汇编·东北卷》，中央民族学院出版社1988年版，第165页。
③ 谭其骧主编：《中国历史地图集释文汇编·东北卷》，中央民族学院出版社1988年版，第156页。
④ 李建才：《金元肇州考》，《北方文物》1986年第2期，第101页。
⑤ 刘有才主编：《肇东县志》，肇东县县志办公室1985年版，第467页。
⑥ 李建才：《辽代宁江州考》，《东北师大学报》1981年第6期，第74页。
⑦ 张柏忠：《金代泰州、肇州考》，《社会科学战线》1987年第4期，第210页。
⑧ 那海洲、胡龙滨：《塔虎城为金肇州旧址考》，《北方文物》1998年第2期，第62页。
⑨ 杨中华：《金代肇州考》，《黑龙江民族丛刊》1992年第3期，第88页。
⑩ 王景义：《略论金代肇州》，《北方文物》1992年第1期，第68页。

第三章　辽金行政机构设置

能得出满意的结论。

7. 隆州

金代隆州沿用辽代黄龙府，先后有金代黄龙府路、金代济州路、金代隆州等不同名称。《金史·地理志》记载："隆州，下，利涉军节度使。古扶余之地，辽太祖时，有黄龙见，遂名黄龙府。天眷三年，改为济州，以太祖来攻城时大军径涉，不假舟楫之祥也，置利涉军。天德三年置上京路都转运司，四年，改为济州路转运司。大定二十九年嫌与山东路济州同，更今名。贞祐初，升为隆安府。户一万一百八十。县一：利涉倚，与州同时置。有混同江、涞流河。镇一与县同时置，有混同馆。"① 关于金代隆州治所地望，《吉林通志·沿革》说："考《松漠纪闻》：过混同江七十里至北易州，五十里至济州东铺，二十里至济州。此自北而南道里也。《资治通鉴》注云：隆州北至混同江一百三十里，此南而北道里也。虽小有同异，而无大差殊。覈以今日由逊扎堡站渡混同江至农安县，里到一一符合，知隆州之即农安，毫无疑义……又《全辽志》言：龙安城在一秃河西岸。一秃即伊通同声字。册说城周七里，门四，旁有塔，亦名农安。今农安县治正在伊通河西二里，城基与河皆与册符。知农安、龙安皆隆安转写之讹，实非两地也。"② 金代隆州治所在今吉林省农安县城，在学术界没有争议。金代隆州路下辖利涉县治所与隆州路治所在一处，都是同一个时间设置的。

8. 信州

金代信州沿用辽代信州，在辽代信州治所置金代信州，隶属于金代上京路。《金史·地理志》记载："信州，下，彰信军刺史。本渤海怀远军，辽开泰七年建，取诸路汉民置。户七千三百五十九。县一：武昌本渤海怀福县地。镇一，八十户。"③ 这则史料只记载信州是辽代所建，没有记载信州地望。《辽史·地理志》记载："信州，彰圣军，下，节度。本越喜故城。渤海置怀远府，今废。圣宗以地邻高丽，开泰初置州，以所俘汉民实之。兵事属黄龙府都部署司。"④ 这里记载辽代的信州本来是越喜故城，然越喜故城之

---

① （元）脱脱：《金史·地理志》卷24，中华书局1975年版，第552页。
② （清）长顺修、李桂林纂：《吉林通志·沿革》卷11，吉林文史出版社1986年版，第202、203页。
③ （元）脱脱：《金史·地理志》卷24，中华书局1975年版，第552页。
④ （元）脱脱：《辽史·地理志》卷38，中华书局1974年版，第470页。

所在，学界说法亦不一。金毓黻《渤海国志长编·地理考》说："唐书谓为越喜故地，极有根据，知越喜部之所在，则知在信州为非矣。"① 辽代的信州不在越喜地方，越喜在今俄罗斯远东滨海地方。辽圣宗所建信州，当是迁越喜地方之人，到与高丽较近的地方置信州。许亢宗《宣和乙巳奉使行程录》记载："第二十九程，自咸州四十里至肃州，又五十里至同州。离咸州即北行，……第三十程，自同州三十里至信州。"② 按：许亢宗所记载的同州即通州，通州地理位置学界一致认定在"今吉林省四平市"③。对辽金信州考证最早的学者曹廷杰，在《怀德县即信州考》中说："《全辽志》：开原东北至信州三百十里，今有城，周一里，门八，土人犹呼为信州城。《松漠纪闻》：由济州一百八十里至信州北。《蒙古游牧记》：信州故城在科尔沁左翼中旗东南三百八十里。据此，是今怀德县治即故信州城也。"④ 近人谭其骧对曹廷杰的考证提出质疑，在《中国历史地图集释文汇编·东北卷》中说："曹氏此处所称之怀德县治，现为怀德镇，旧名八家镇或八家子。实则古信州城尚在怀德镇西南 30 里之秦家屯迤东，旧名新集城，'新集'即信州音讹，位于东辽河中游右岸。"⑤《怀德县文物志》说："在怀德县西北部的广袤平原上，有一座人民所熟知的古城，即辽金时代的信州城址。解放前称为新集城，现称秦家屯古城。"⑥ 孙进己、冯永谦《东北历史地理》（下）说，"据此，定金代信州为今吉林省公主岭市（原怀德县）秦家屯镇驻地秦家屯村址。"⑦ 这一学术观点，目前基本得到了学术认可。

9. 乌古迪烈统军司

金代乌古迪烈统军司的设置，虽沿用辽代乌古敌烈统军司而设置，但治所发生了很大的变化。《金史·地理志》记载："乌古迪烈统军司，后升

---

① 金毓黻：《渤海国志长编·地理考》卷 14，文海出版社 1977 年版，第 261 页。
② （宋）確庵、耐庵编、崔文印笺证：《靖康稗史笺证》卷 1，中华书局 1988 年版，第 28、29 页。
③ 孙进己、冯永谦总纂：《东北历史地理》（下），黑龙江人民出版社 2013 年版，第 245 页。
④ 丛佩远、赵鸣岐编：《曹廷杰集》，中华书局 1985 年版，第 156 页。
⑤ 谭其骧主编：《中国历史地图集释文汇编·东北卷》，中央民族学院出版社 1988 年版，第 149 页。
⑥ 段新澍等编：《怀德县文物志》，吉林省文物志编委会 1985 年版，第 69 页。
⑦ 孙进己、冯永谦总纂：《东北历史地理》（下），黑龙江人民出版社 2013 年版，第 356 页。

第三章　辽金行政机构设置

为招讨司，与蒲与路近。"① 金代乌古迪烈统军司治所，国学大师王国维考证："金时乌古迪烈部地在兴安岭之东，蒲与路之西，泰州之北，可断言也。"② 至于金代乌古迪烈统军司治所问题，学界也有很大争议。现在主要有三种学术观点，一是张泰湘、崔福来认为"今齐齐哈尔市西郊、嫩江西岸梅里斯乡北的哈拉古城应为金初的庞葛城故址，也是乌古迪烈统军司、招讨司的治所"③。二是孙秀仁、孙进己认为"龙江县雅鲁河右岸沙家街古城为乌古迪烈统军司治所"④。其实这两种学术观点都在王国维推定的范围之内。王禹浪先生经过多年考古学观察，从七个方面分析论证，最终"推断伊拉哈金代古城当为金初乌古迪烈统军司的治所"⑤，虽然这一观点仍有争议，但是就目前的情况来看，确定伊拉哈古城为金初乌古迪烈统军司治所，还是较为接近的。

二　咸平路下设机构

1. 咸平府

金代咸州是沿用辽代咸州而置，治所在"今辽宁省开原县开原老城镇"⑥，目前在学术界基本一致认可，没有争议。《金史·地理志》记载："咸平府，下，总管府，安东军节度使。本高丽铜山县地，辽为咸州，国初为咸州路，置都统司。天德二年八月，升为咸平府，后为总管府。置辽东路转运司、东京咸平路提刑司。户五万六千四百四。县八：平郭倚，旧名咸平，大定七年更。铜山辽同州镇安军，本汉襄平县，辽太祖时以东平寨置，因名东平，军曰镇东。章宗大定二十九年，以与东平重，故更。南有柴河，北有清河，西有辽河。新兴辽银州富国军，本渤海富州，熙宗皇统三年废州，更名来属。有范河，北有柴河，西有辽河。庆云辽祺州祐

---

① （元）脱脱：《金史·地理志》卷24，中华书局1975年版，第553页。
② 王国维：《观堂集林》卷15，河北教育出版社2002年版，第452页。
③ 张泰湘、崔福来：《庞葛城考》，载张志立、王宏刚主编《东北亚历史与文化》，辽沈书社1991年版，第511页。
④ 孙秀仁、孙进己、干志耿、郑英德、冯继钦：《室韦史研究》，北方文物杂志社1985年版，第101页。
⑤ 王禹浪：《金初乌古迪烈统军司地望新考》，《哈尔滨学院学报》2013年第6期。
⑥ 谭其骧主编：《中国历史地图集释文汇编·东北卷》，中央民族学院出版社1988年版，第149页。

圣军，本以所俘檀州密云民建檀州密云，后更名。有辽河。清安辽肃州信陵军，熙宗皇统三年降为县。荣安东有辽河。归仁辽旧隶通州安远军，本渤海强师县，辽更名，金因之。北有细河。玉山章宗承安三年，以乌速集、平郭、林河之间相去六百余里之地置。贞祐二年四月升为节镇，军曰镇安。"① 咸州所隶属的八个县，谭其骧考证："平郭县，今辽宁省开原县开原老城；铜山县，今辽宁省开原县南中固镇；新兴县，今辽宁省铁岭西南 15 里新兴堡古城；庆云县，今辽宁省康平县东南 35 里齐家屯古城；清安县，今辽宁省昌图县昌图镇；荣安县，今辽宁省康平县东北方齐家坨子附近；归仁县，今辽宁省昌图县北四面城古城。"② 玉山县没有考证，根据《金史》记载，当在平郭县和林河县之间。对这些县城设置时间，及其地望应展开深入研究。

2. 韩州

辽金两朝都设置韩州，金代韩州是沿袭辽代韩州而置。谭其骧考证：辽代韩州在"今辽宁省昌图县八面城东南二里许之古城址"③，金代韩州在"今吉林省梨树县梨树镇北 10 里偏脸城"④。从谭先生的考证来看，辽金韩州治所不在一个地方。《辽史·地理志》记载："韩州，东平军，下，刺史。本櫜离国旧治柳河县。高丽置鄚颉府，都督鄚、颉二州。渤海因之。今废。太宗置三河、榆河二州。圣宗并二州置。隶延昌宫，兵事属北女直兵马司。统县一：柳河县。本渤海粤喜县地，并万安县置。"⑤《金史·地理志》记载："韩州，下，刺史。辽置东平军，本渤海鄚颉府。户一万五千四百一十二。旧有营。县二：临津倚，未详何年置。柳河本渤海粤喜县地，辽以河为名。有狗河、柳河。"⑥ 从《辽史》和《金史》对比来看，《辽史》说明了韩州设置的过程和大致时间，《金史》虽指出《辽史》中韩州

---

① （元）脱脱：《金史·地理志》卷 24，中华书局 1975 年版，第 553、554 页。
② 谭其骧主编：《中国历史地图集释文汇编·东北卷》，中央民族学院出版社 1988 年版，第 169、170、171 页。
③ 谭其骧主编：《中国历史地图集释文汇编·东北卷》，中央民族学院出版社 1988 年版，第 146 页。
④ 谭其骧主编：《中国历史地图集释文汇编·东北卷》，中央民族学院出版社 1988 年版，第 171 页。
⑤ （元）脱脱：《辽史·地理志》卷 38，中华书局 1974 年版，第 468 页。
⑥ （元）脱脱：《金史·地理志》卷 24，中华书局 1975 年版，第 554 页。

设置时间没有记载问题，但《金史》同样没有记载。目前研究者大都根据《松漠记闻》和《辽东行部志》有关"奚营"的记载，认为辽代三迁韩州，最后迁到九百奚营。九百奚营即偏脸城，《梨树县志》作者推断偏脸城为金代韩州，谭其骧因之。其实，1956年吉林省文物管理委员会在对偏脸城进行考古调查时说："清和民国初年所修的《奉化县志》及《梨树县志》，都疑此城是辽金时代的招苏城，今人又推测为金代的韩州城，但从城的现状和出土物推断，此城上限不早于辽，或略晚于辽。因在城墙下部夯土层内夹杂仿定和北方常见的粗白瓷片，而城内出土的器物，大都属于金代，元代遗物则少见。由此推测此城可能是金沿辽而继续使用。"① 由此可见，定偏脸城为金代韩州，还有待深入研究。

三 东京路下设机构

1. 婆速府路

《金史·地理志》记载："婆速府路，国初置统军司，天德二年置总管府，贞元元年与曷懒路总管并为尹，兼本路兵马都总管。此路皆猛安户。"② 关于金代婆速路治所问题，现在国内外研究成果较少，谭其骧考证婆速府路治所，在"今辽宁省丹东市东北20里九连城"③。吴晓杰《金代婆速府和来远城城址考辨》认为："婆速府为辽代开州更名后所置，即今辽宁丹东凤城市，金末战乱被迫将府治迁至来远城，而来远城位于鸭绿江沿岸要地，即今辽宁省丹东市九连城镇。"④ 不难看出吴晓杰认为，丹东凤城就是婆速府路没有迁移之前的治所。那么九连城镇与凤城镇，同属于鸭绿江沿岸战略要地，金末战乱被迫迁移，作用有多大？这值得研究者深思。

2. 来远州

《金史·地理志》记载："来远州，下。旧来远城，本辽熟女直地，大

---

① 吉林省文物管理委员会：《吉林梨树县偏脸古城复查记》，《考古》1963年第11期，第615页。
② （元）脱脱：《金史·地理志》卷24，中华书局1975年版，第557页。
③ 谭其骧主编：《中国历史地图集释文汇编·东北卷》，中央民族学院出版社1988年版，第178页。
④ 吴晓杰：《金代婆速府和来远城城址考辨》，《齐齐哈尔大学学报》（哲学社会科学版）2017年第9期，第122页。

定二十二年升为军，后升为州。"① 来远州治所之所在，谭其骧考证为"今辽宁省丹东市九连城东，鸭绿江中黔定岛上。"② 吴晓杰认为："来远城位于鸭绿江沿岸要地，即今辽宁省丹东市九连城镇。"③ 提出了不同的学术观点。笔者觉得吴氏推断较谭其骧先生推断更接近实际一些。一个州的治所在一个孤岛上，有些让人难以想象。因为笔者没有实地考察过，不知黔定岛有多大。故对上述两种学术观点持保留意见，待日后实地考察后再提出自己的观点。

四 临潢府路下设机构

1. 泰州

金代泰州是延续辽代泰州而置，不过金代泰州治所及其行政隶属关系前后发生了很大的变化。《金史·地理志》记载："泰州，昌德军节度使。辽时本契丹二十部族牧地，海陵正隆间，置德昌军，隶上京，大定二十五年罢之。承安三年复置于长春县，以旧泰州为金安县，隶焉。北至边四百里，南至懿州八百里，东至肇州三百五十里。户三千五百四。县一、旧有金安县，承安三年置，寻废。堡十九。"④ 从史料记载来看，泰州在行政区划上列于临潢府路之下，但是泰州置德昌军节度使，隶属于上京路，这就是说泰州在行政上隶属于临潢府路，军事上隶属于上京路。泰州治所还发生了迁移，先迁移到辽长春州，金末再迁移到肇州。金代泰州治所到底是今天哪座古城，学术界曾产生了很大的争议。

2. 长春州

金军占领辽长春州后，应在原辽长春州治所置金长春州。《金史·地理志》记载："长春，辽长春州韶阳军，天德二年降为县，隶肇州，承安三年来属。有挞鲁古河、鸭子河。有别里不泉。"⑤ 金初没有降低辽长春州行政级别。《金史·兵志》记载：天会"四年，伐宋之役，调燕山、云中、

---

① （元）脱脱：《金史·地理志》卷24，中华书局1975年版，第557页。
② 谭其骧主编：《中国历史地图集释文汇编·东北卷》，中央民族学院出版社1988年版，第178页。
③ 吴晓杰：《金代婆速府和来远城城址考辨》，《齐齐哈尔大学学报》（哲学社会科学版）2017年第9期，第122页。
④ （元）脱脱：《金史·地理志》卷24，中华书局1975年版，第563页。
⑤ （元）脱脱：《金史·地理志》卷24，中华书局1975年版，第563页。

中京、上京、东京、辽东、平州、辽西、长春八路民兵，隶诸万户，其间万户亦有专统汉军者。"① 当时长春州与上京、东京都是平等级别的路。到了海陵王"天德二年，省并中京、东京、临潢、咸平、泰州等路节镇及猛安谋克，削上中下之名，但称为诸猛安谋克"② 时，才把长春州降为县级行政区划，归肇州管辖。承安三年泰州迁至长春县，又恢复了长春州城地位。

五 各猛安谋克、部族、群牧所等

1. 诸猛安谋克

金朝在金源内地白山黑水之间，实行猛安谋克制度。《金史·百官志》记载："诸猛安谋克隶焉。猛安，从四品，掌修理军务，训练武艺，劝课农桑，余同防御，司吏四人，译一人，挞马、差役人数并同旧例。"③《金史·百官志》记载："诸谋克，从五品，掌抚辑军户、训练武艺。惟不管常平仓，余同县令。女直司吏一人，译一人，挞马。"④ 金朝猛安谋克组织是亦兵亦农组织，战时披甲出征，平时从事农业生产劳动。金朝在白山黑水之间设置了很多猛安谋克组织，这些猛安谋克组织，都建有猛安谋克城。现在遗留在白山黑水之间的众多中小古城，大多是金代的猛安谋克城。如汤原县固木纳古城为屯河猛安城，北安市南山湾古城为曷苏昆山谋克城。至于每处辽金古城遗址当年是当时什么猛安或谋克城，有待今后考古工作进一步开展。

2. 诸部族节度使司

金朝为加强边疆部族管理，在边陲地方置部族节度使司。《金史·百官志》记载："诸部族节度使，节度使一员，从三品，统制各部，镇抚诸军，余同州节度。副使一员，从五品。判官一员。知法一员。司吏四人，女直、汉人各半。通事一人，译人一人，挞马。右部罗火部族、土鲁浑部族并依此置。"⑤ 金代诸部族节度使与诸节镇州节度使，行政级别都是从三

---

① （元）脱脱：《金史·兵志》卷44，中华书局1975年版，第993页。
② （元）脱脱：《金史·兵志》卷44，中华书局1975年版，第993页。
③ （元）脱脱：《金史·百官志》卷57，中华书局1975年版，第1329页。
④ （元）脱脱：《金史·百官志》卷57，中华书局1975年版，第1329页。
⑤ （元）脱脱：《金史·百官志》卷57，中华书局1975年版，第1329页。

品，机构设置与各节镇州基本相同，可见金朝对边疆治理的重视。金朝在上京路境内的部族很多，有室韦诸部、铁骊部、乌底改部等部，以及东北路招讨司管辖的诸部。《金史·兵志》记载："东北路部族乣军曰迭剌部，承安三年改为土鲁浑札石合节度使。曰唐古部，承安三年改为部鲁火札石合节度使。二部五乣，户五千五百八十五。其它［他］若助鲁部族、乌鲁古部族、石垒部族、萌骨部族、计鲁部族、孛特本部族数皆称是。……其诸路曰曷懒、曰蒲与、曰婆速、曰恤频、曰胡里改、曰移懒，移懒后废，皆在上京之鄙，或置总管府，或置节度使。"① 金朝在白山黑水之间安置这些部族，都应设有部族节度使建有城镇。

3. 诸乣详稳司

金代沿袭辽朝乣军制度，在边疆地区设置详稳司。《金史·百官志》记载："诸乣，详稳一员，从五品，掌守戍边堡，余同谋克。皇统八年六月，设本班左右详稳，定为从五品。么忽一员，从八品，掌贰详稳。司吏三人。习尼昆，掌本乣差役等事。挞马，随从也。咩乣、唐古乣、移剌乣、木典乣、骨典乣、失鲁乣并依此置。惟失鲁乣添设译人一名。士民须知有苏谟典乣、胡都乣、霞马乣、无失鲁乣、移典乣。"② 这些乣军，后来根据实际情况，有的改为谋克，有的改为猛安。

4. 诸群牧所

金朝沿袭辽制，置群牧所设群牧使。《金史·百官志》记载："诸群牧所，又国言谓'乌鲁古'。提控诸乌鲁古一员，正四品，明昌四年置。是年以安远大将军尚厩局使石抹贞兼庆州刺史为之，设女直司吏二人，译一人，通事一人。使一员，从四品。国言作乌鲁古使。副使一员，从六品。掌检校群牧畜养蕃息之事。判官一员，正八品，掌签判本所事。知法一员，从八品。女直司吏四人，译人一人，挞马十六人，使八人，副五人，判三人，又设扫稳脱朵，分掌诸畜，所谓牛马群子也。惟板底因、乌鲜、忒恩、蒲鲜群牧依此置。"③ 这些群牧所地望，虽已不可考，但这些群牧主要是养军马之所。呼伦贝尔草原和松嫩平原自古出良马，因此有的群牧所应在这一地区，归上京路管辖。特别是泰州境内，自辽时就是辽太祖放牧

---

① （元）脱脱：《金史·兵志》卷44，中华书局1975年版，第996、997页。
② （元）脱脱：《金史·百官志》卷57，中华书局1975年版，第1329、1330页。
③ （元）脱脱：《金史·百官志》卷57，中华书局1975年版，第1330页。

之地。《金史·完颜守道传》记载:"时契丹余党未附者尚众,北京、临潢、泰州民不安,诏守道佩金符往安抚之,给群牧马千匹,以备军用。"①这则史料说明,在泰州境内或东北路招讨司境内,金朝置有群牧所,只是没有考证出来位置,有待今后深入研究,方能揭开历史面目。

---

① (元)脱脱:《金史·完颜守道传》卷88,中华书局1975年版,第1957页。

第四章

辽金古城建筑时间考

考证古城建筑时间，可以大致了解当时生产力发展水平、生产关系状况。辽金古城大都没有记载，人们对其文化内涵不甚了解。本章通过对个例辽金古城建筑时间的考证，旨在探讨辽金史地研究技巧和方法。

第一节 辽泰州故城建筑时间考

辽泰州故城建筑时间，一直没有满意的研究成果。以往根据黑鼠族累犯通化州，民不能御，遂移东南六百里及太祖朝屡次讨伐室韦，把辽泰州建城时间推在太祖朝。本节依据考古调查，并结合历史文献，从分析辽泰州设置原因入手，认为辽泰州设置不是因黑鼠族累犯通化州，移东南六百里而置，而是辽朝为防御女真、高丽等西进，将燕云十六州中的泰州迁移到嫩江流域而置。辽圣宗统和十三年正月，批准了泰州建城方案，统和十五年二月，辽泰州故城建成投入使用。

一 以往对辽泰州故城建筑时间的研究

辽泰州故城，以往有很多学者进行研究，学者们讨论的焦点大都是辽泰州故城的地望问题。国学大师王国维《金界壕考》一文认为："金之旧泰州当在今洮尔河之南洮南县之东某地点矣"[①]。金之旧泰州即辽泰州，王国维把辽泰州故城定在今天吉林城四家子古城。金毓黻《东北通史》赞同

---

① 王国维：《观堂集林》卷15，中华书局1959年版，第723页。

第四章 辽金古城建筑时间考

王国维的学术观点,认为王国维"谓旧泰州当在洮尔河之南、洮南县之东,其说是也"①。金毓黻同意王国维把辽泰州故城定在今吉林省白城市洮北区城四家子古城。当代学者张博泉《东北历代疆域史》、李健才《吉黑两省西部地区辽金古城考》、佟冬《中国东北史》,以及日本学者村田治郎《满洲史迹》、津田左右吉《金代北边考》等,都认为吉林城四家子古城为辽泰州故城。与上述学者观点截然不同者如景爱、孙秀仁、朱国忱、张柏忠等,先后撰写文章,考证今泰来塔子城遗址为辽泰州故城。由于辽泰州所在地望存在很大分歧,所以关于其建筑时间就更难趋于一致了。2007年6月,在城四家子古城内出土了一块阴刻青砖,经宋德辉先生考证,城四家子古城为辽长春州,遂使辽金泰州地望问题基本形成一致观点,认为黑龙江省泰来县塔子城遗址为辽泰州和金旧泰州故城[金承安三年(1198)前的金泰州],但是目前还鲜有学者专门对辽泰州建城时间进行研究。有些学者在研究辽泰州地望时,或是对建城时间避而不谈,或是简单推断其大致的建筑时间,目前还没有专门研究辽泰州故城建筑时间的成果问世。笔者现将诸家关于辽泰州故城建筑时间的观点梳理如下。景爱先生在《一通题名碑复活了一座死城》一文中提出"辽泰州始建于辽代中期"②,但没有对其深入论证。《白城地区文物古迹》认为"辽泰州故城始置于辽代中期"③,也没加以论证,只是注释为《辽史·地理志》。经查《辽史·地理志》根本就没有关于泰州建筑时间的记载,只是大概推测而已。《洮安县文物志》依据元好问《遗山文集》中"石晋末,有……从少帝北行者,又自辽阳迁泰州,其子孙遂为长春人"④的记载,认为"辽太宗时期就有了泰州"⑤。元好问是金朝末期人,当时城四家子古城已是金代的新泰州,如果当时从少帝而迁的人直接到了泰州,元好问是不会说这部分人为长春人,而应该说是泰州人。且辽太宗时期,从少帝北迁的人先到辽阳。至于这部分人什么时间从辽阳迁往泰州,没有确切记载。由此可见,该书说泰州城建于辽太宗时期也是值得商榷的。郭珉、董玉芬在《辽

---

① 金毓黻:《东北通史》(上编),五十年代出版社1981年版,第428页。
② 景爱:《一通题名碑复活了一座死城》,《文物天地》1984年第3期,第45页。
③ 吴喜才主编:《白城地区文物古迹》,吉林文史出版社1990年版,第263页。
④ 陈相伟、李殿福主编:《洮安县文物志》,吉林省文物志编委会1982年版,第40、41页。
⑤ 陈相伟、李殿福主编:《洮安县文物志》,吉林省文物志编委会1982年版,第41页。

泰州始建年代析略》一文中，也没有确定辽泰州故城具体建筑时间，只是说"当在太祖朝的初期"①。截至目前，还没有学者专门关于辽泰州故城具体建筑时间的研究成果问世。

二 辽泰州设置原因辨析

要想了解辽泰州故城建筑时间，首先应该分析辽泰州故城建城原因。这一问题困扰笔者多年。几年来笔者虚心请教诸多专家学者，曾先后多次与孙进己等老一辈辽金史专家、学者探讨这一学术问题，并在此基础上，查阅了《旧五代史》《新五代史》《宋史》《辽史》《金史》等历史文献，进行对比研究。《辽史·地理志》载："泰州，德昌军，节度。本契丹二十部族放牧之地。因黑鼠族累犯通化州，民不能御，遂移东南六百里来，建城居之，以近本族……州隶延庆宫，兵事属东北统军司。"② 这则史料所说的"契丹二十部族放牧之地"的通化州，经后人考证为今呼伦贝尔市陈巴尔虎旗浩特陶海古城。陶海古城东南移600里地方建城，正是今泰来塔子城地方，这已被众多学者所认同。本文在黑龙江省泰来县塔子城遗址确定为辽泰州故城的情况下，通过分析通化州南迁的原因，进而研究辽泰州故城的建筑时间问题。从《辽史》记载来看，通化州南迁建城的原因是"黑鼠族累犯通化州，民不能御"。这里的黑鼠族，孙秀仁先生在《黑龙江历史考古述论》（上）中指出："黑鼠族即指黑车子室韦（和解室韦）的一支。"③ 孙秀仁的考证至为准确，在"李德裕《会昌一品集·赐温没斯特勒等诏书》和《资治通鉴·唐纪》中称和解室韦为黑车子达恒、黑车子室韦"④。黑车子室韦在辽朝建国前后，屡次侵犯辽朝北部边界。辽太祖耶律阿保机对黑车子室韦进行过多次征讨。在唐天祐三年（906）九月，"讨黑车子室韦"⑤。辽太祖元年（907）二月，"征黑车子室韦，降其八部"⑥。

---

① 郭珉、董玉芬：《辽泰州始建年代析略》，《北方文物》2001年第1期，第97页。
② （元）脱脱：《辽史·地理志》卷37，中华书局1974年版，第444页。
③ 孙秀仁：《黑龙江历史考古述论》（上），《社会科学战线》1979年第1期，第224页。
④ 王颋：《室韦的族源和各部方位》，《中国蒙古史学会论文选集》，内蒙古人民出版社1987年版，第136页。
⑤ （元）脱脱：《辽史·太祖纪》卷1，中华书局1974年版，第2页。
⑥ （元）脱脱：《辽史·太祖纪》卷1，中华书局1974年版，第2页。

第四章 辽金古城建筑时间考

是年冬十月乙巳（11月9日），"讨黑车子室韦，破之"①。太祖三年冬十月己巳（909年11月22日），"遣鹰军讨黑车子室韦，破之"②。辽太宗时期，黑车子室韦多次朝贡，会同元年九月庚戌（938年10月13日），"黑车子室韦贡名马"③。会同三年八月乙巳（940年9月16日），"黑车子室韦……来贡"④。会同八年六月辛巳（945年8月7日），"黑车子室韦来贡"⑤。郭珉、董玉芬《辽泰州始建年代析略》，依据"因黑车子室韦各部的屡屡侵犯"⑥ 这一背景以及"由世宗至天祚帝历七朝，共178年均未见有黑车子室韦侵扰的记录，而太宗朝却又屡见其入贡之载"⑦，由此推断，"泰州的始建时间就只有在太祖朝中寻找"⑧。笔者认为，以不见黑车子室韦在史籍中记载，来推断辽泰州故城建筑时间有些不妥。史籍中没有关于黑车子室韦的记载，并不是说黑车子室韦彻底被征服了，而是黑车子室韦融入其他族群，或是改称其他族名。辽金时期，室韦族变化很大，"有的重新组合，分别形成许多新的部落联盟"⑨。辽初的黑车子室韦，是由"乌洛侯、和解、那礼等部形成"⑩ 的。王颋教授在《室韦的族源和各部方位》一文中，对"和解部的得名当与《辽史·圣宗纪》中的'曷剌河'、《金史·夹谷清臣传》中的'合勒河'、《元史·洪万传》中的哈剌河——今哈拉哈河有关，哈喇'Qara'蒙古语意为黑色的"⑪。笔者认为，黑车子室韦不是单一的室韦部落，而是契丹人将其居住在今天哈拉哈河一带的和解室韦等几个部落统称为黑车子室韦。黑车子室韦南迁也不是全部迁走，还有一部分留居原地。孙秀仁先生说："黑鼠族，即黑车子室韦南徙幽、

---

① （元）脱脱：《辽史·太祖纪》卷1，中华书局1974年版，第4页。
② （元）脱脱：《辽史·太祖纪》卷1，中华书局1974年版，第4页。
③ （元）脱脱：《辽史·太宗纪》卷4，中华书局1974年版，第43页。
④ （元）脱脱：《辽史·太宗纪》卷4，中华书局1974年版，第48页。
⑤ （元）脱脱：《辽史·太宗纪》卷4，中华书局1974年版，第56页。
⑥ 郭珉、董玉芬：《辽泰州始建年代析略》，《北方文物》2001年第1期，第97页。
⑦ 郭珉、董玉芬：《辽泰州始建年代析略》，《北方文物》2001年第1期，第98页。
⑧ 郭珉、董玉芬：《辽泰州始建年代析略》，《北方文物》2001年第1期，第98页。
⑨ 孙秀仁、孙进己、干志耿、郑英德、冯继钦：《室韦史研究》，北方文物杂志社1984年版，第90页。
⑩ 孙秀仁、孙进己、干志耿、郑英德、冯继钦：《室韦史研究》，北方文物杂志社1984年版，第90页。
⑪ 王颋：《室韦的族源和各部方位》，《中国蒙古史学会论文选集》，内蒙古人民出版社1987年版，第136页。

并近塞后，仍居大兴安岭左右室韦故土的余部。"① 黑车子室韦南迁或西迁阴山后，仍有余部留居在大兴安岭左右。留下来的黑车子室韦余部与后来的乌素固、大室韦、小室韦等融合形成乌古部。辽朝征服乌古、敌烈两部族后，为了加强对北部各室韦族的统治，在乌古、敌烈两部各置详稳司。辽道宗咸雍四年（1068），"秋七月壬申（8月2日），置乌古敌烈部都统军司"②。又将乌古部和敌烈部统称为乌古敌烈部③。由于乌古敌烈部尽占黑车子室韦原有地盘，而且黑车子室韦余部也融入其中，所以辽朝有时蔑称乌古敌烈部等居住在哈拉哈河一带的民族为黑鼠族是很自然的事。

辽政权把主要的精力放在进攻中原上，需要大量的人力、物力和财力，于是契丹统治者对乌古敌烈部族横征暴敛，"名目繁多的勒索和摊派是经常的，就连辽圣宗也认为，因"边臣骄纵，征敛无度"，而有酿成大乱的可能"④。再者，由于辽朝军事实力有限，对北部边疆无暇顾及，放松了对北边的征讨，于是乌古敌烈等部族叛附不定。辽朝派兵征讨时降服，辽兵撤走后又来侵犯边界。据已故学者张泰湘统计，在辽朝统治不到200年的时间里，乌古敌烈部族总共发动了6次大规模反辽斗争。笔者认为，辽朝统治者因黑鼠族累犯通化州，民不能御，遂移东南六百里建泰州城以近本族，应该与乌古敌烈部族大规模发动反辽斗争有关。

那么辽朝因乌古敌烈部族发动反辽斗争而将通化州东南迁移六百里建泰州城，与哪一次乌古敌烈部反辽斗争有直接关系呢？我们先来看一下乌古敌烈前两次反辽斗争的大致情况。乌古敌烈部第一次反辽斗争，是在辽太宗天显三年（928）发动的，辽朝对乌古敌烈部派兵征讨，五月丁卯（6月13日），"命林牙突吕不讨乌古部"⑤。秋七月丁未（7月23日），"突吕不献讨乌古捷"⑥。乌古敌烈部第一次反抗辽朝的斗争，历经一个多月的

---

① 孙秀仁：《再论绰尔城（塔子城）历史地理诸问题》，转引自黄松主编《塔子城考记》，中共泰来县塔子城镇委员会2007年版，第117页。
② （元）脱脱：《辽史·道宗纪》卷22，中华书局1974年版，第268页。
③ 乌古，又作乌虎、乌古里、乌虎里；敌烈，又作迪烈、迪烈底。乌古敌烈，又称乌古迪烈。
④ 孟广耀：《辽代乌古敌烈部再探》，《中国蒙古史学会成立大会纪念集刊》，中国蒙古史学会1979年版，第262页。
⑤ （元）脱脱：《辽史·太宗纪》卷3，中华书局1974年版，第29页。
⑥ （元）脱脱：《辽史·太宗纪》卷3，中华书局1974年版，第29页。

第四章　辽金古城建筑时间考

时间就被辽朝派兵镇压下去了。辽朝取得了胜利与《辽史》记载的黑鼠族累犯通化州、民不能御的原因不符，所以辽朝迁移通化州建泰州城的时间不应该在这段时间里。笔者认为黑鼠族累犯通化州，是指乌古敌烈部发动两次以上反辽斗争，一次不可能说是累犯。这样一来，辽迁通化州居民移东南六百里建泰州城的时间，就应该是乌古敌烈部第二次发动反辽斗争之后的事情。辽穆宗应历十四年（964），乌古敌烈部发动了第二次反辽斗争，《辽史》载："应历十四年（964）九月，黄室韦叛。"① "十二月丙午（965年1月9日），乌古叛，掠民财畜。详稳僧隐与战，败绩，僧隐及乙实等死之。"② 应历十五年（965）二月，"乌古杀其长窣离底，余众降，复叛"③。"三月丁丑（4月10日），大黄头室韦酋长寅尼吉叛……夏四月乙巳（5月8日），小黄头室韦叛。"④ 七月丁丑（8月8日），"乌古掠上京北榆林峪居民"⑤，保宁三年春正月甲寅（971年2月15日），"右夷离毕奚底遣人献敌烈俘，诏赐有功将士。"⑥ 乌古敌烈部发动第二次反辽斗争，持续时间较长，从应历十四年（964）到保宁三年（971），前后持续达8年多时间。乌古敌烈部这次反辽斗争，虽然最终被镇压下去了，但却给辽朝统治者以沉重的打击。

辽圣宗统和四年（986），宋为夺回燕云十六州，"大举攻辽"⑦。宋辽争夺燕云十六州的战争前后持续18年之久，直到统和二十二年（1004）十二月，宋辽议和，签订"澶渊之盟"为止。此间，"辽朝为了对宋战争的需求，防止宋与高丽可能结成的联盟，解除后顾之忧，自统和十年（992）"⑧ 开始攻打高丽。整个辽圣宗前期，辽朝处在这样一个周边环境下：北部的乌古敌烈部时常侵扰，辽朝为了将军事主力放在燕云十六州上，并在东部防范逐渐强大起来的女真族各部势力，以及高丽的偷袭，无力顾及北边的乌古敌烈部族，于是辽圣宗采取就重避轻的策略，将通化州

---

① （元）脱脱：《辽史·穆宗纪》卷7，中华书局1974年版，第82页。
② （元）脱脱：《辽史·穆宗纪》卷7，中华书局1974年版，第82页。
③ （元）脱脱：《辽史·穆宗纪》卷7，中华书局1974年版，第82页。
④ （元）脱脱：《辽史·穆宗纪》卷7，中华书局1974年版，第82页。
⑤ （元）脱脱：《辽史·穆宗纪》卷7，中华书局1974年版，第83页。
⑥ （元）脱脱：《辽史·景宗纪》卷8，中华书局1974年版，第91页。
⑦ 沈起炜：《中国历史大事编年表》，上海辞书出版社1983年版，第324页。
⑧ 李桂芝：《辽金简史》，福建人民出版社1996年版，第44页。

居民东南迁移六百里建城，这样既可使通化州居民躲避乌古敌烈部族的侵扰，也可镇抚辽朝东边女真各部，而且能把主要军事力量用在与宋争夺燕云十六州上。这应该是辽圣宗选择在嫩江流域支流绰尔河畔建城，置泰州的原因所在。

三 辽泰州故城建筑时间考辨

郭珉、董玉芬根据辽太祖屡征黑车子室韦，断定泰州故城建筑时间当在辽太祖朝的初期。这里存在一个问题，辽太祖初期辽朝疆界是否达到了《辽史》记载的通化州地方，或者是这一时期是否设置了通化州。笔者认为，虽然辽太祖初年屡次征伐黑车子室韦，但不能与黑鼠族累犯通化州、民不能御等同而论。辽太祖屡次征讨黑车子室韦，并不一定就是黑鼠族累犯。就是黑鼠族不累犯，辽太祖也同样要征黑车子室韦。辽初正是辽朝扩张时期，辽太祖通过屡次征讨黑车子室韦，确立了契丹二十部族放牧之地，而后在这个地方设置通化州。通化州建立很长一段时间后，黑车子室韦融入乌古敌烈部族中，乌古敌烈部无法忍受辽朝的剥削统治时，才多次举行反抗辽朝的斗争，这才算屡犯通化州。之后，辽朝才东南迁移六百里建泰州城以居之。看来把辽泰州故城建筑时间定在太祖朝的初期是不确切的。景爱先生等把辽泰州始建时间定在辽代中期应该是对的。因为在辽代中期，乌古敌烈部爆发了大规模反抗辽朝的斗争。从前文建城原因分析，最有可能的建筑时间当在辽中期圣宗时期。

基于当时的周边环境，在辽泰州建城选址问题上，辽圣宗极其重视。辽圣宗借每年春天到嫩江下游捺钵的机会，亲自选定建城地点。《辽史·圣宗纪》载："十三年春正月壬子（995年2月7日），幸延芳淀。甲寅（9日），置广灵县。丁巳（12日），增泰州、遂城等县赋……庚午（25日），如长春宫。"[①] 这则史料表明，辽圣宗于这年春节期间，先在延芳淀活动，然后来到洮儿河流域举行春捺钵活动，正月壬子（2月7日），到达地点是延芳淀，甲寅（2月9日），批准设置广灵县，丁巳（2月12日），增泰州、遂城等县赋，也就是批准了泰州、遂城等建城方案。按：

---

① （元）脱脱：《辽史·圣宗纪》卷13，中华书局1974年版，第146页。

第四章 辽金古城建筑时间考

"古代天子建城时,分派给诸侯应完成的工程尺丈数称赋丈。"① 这样看来,泰州建城准确时间应该是统和十三年正月丁巳（995年2月12日）。当时天气寒冷,不能破土动工,但经过测量后选定了建城地址,否则辽圣宗是不会批准泰州城建城方案的。不久,天气转暖,破土动工建城。至于该城竣工时间,在辽史里也有线索。辽泰州故城从设计规划到竣工,用了两年多的时间。《辽史·圣宗纪》载:"十五年二月丙申（997年3月12日）,如长春宫。庚子（16日）,徙梁门、遂城、泰州、北平民于内地。"② 这则史料表明,这年春天圣宗到洮儿河流域举行春捺钵活动时,泰州城已经建成完工。于是决定将泰州之民迁来。这年五月"敌烈八部杀详稳以叛"③,乌古敌烈部再次反抗辽朝斗争。辽圣宗为使通化州居民免受该部经常侵扰,决定把北部边界通化州居民,迁到新建的泰州城居住。从《辽史·地理志》泰州条记载来看,一般将其理解为辽朝为防止黑鼠族侵犯通化州,东南迁移六百里建泰州城,把通化州机构迁到泰州城。其实不然,辽朝只是把居住在通化州的居民,或是一部分居民迁移到泰州城来。或许是通化州部分官员被安排到泰州任职,通化州设置没有撤销,仍然存在。孙秀仁先生说:"浩特陶海古城位于呼伦贝尔盟陈巴尔虎旗（巴彦库仁）东北15华里海拉尔河北岸……笔者认为浩特陶海古城是辽代泰州前身通化州故城。"④ 孙秀仁先生考证浩特陶海古城是通化州故城是对的,但通化州不是泰州的前身。查《辽史》记载:太平六年"冬十月庚寅……安哥通化州节度使"⑤,这则史料表明,到辽圣宗太平六年（1026）,通化州建置还存在,没有撤销,否则圣宗是不会任命安哥为通化州节度使的。看来泰州与通化州没有行政沿革关系,是泰州城建成后,将通化州一部分人口迁移到泰州城内居住。

如果按《辽史·地理志》泰州条记载,"黑鼠族累犯通化州,民不能御,遂移东南六百里来,建城居之"⑥,新建治所应该名通化州,而不应该

---

① 徐中舒主编:《汉语大辞典》（第7册）,汉语大辞典出版社1992年版,第220页。
② （元）脱脱:《辽史·圣宗纪》卷13,中华书局1974年版,第149页。
③ （元）脱脱:《辽史·圣宗纪》卷13,中华书局1974年版,第149页。
④ 孙秀仁:《再论绰尔城（塔子城）历史地理诸问题》,转引自黄松主编《塔子城考记》,中共泰来县塔子城镇委员会2007年版,第117页。
⑤ （元）脱脱:《辽史·圣宗纪》卷17,中华书局1974年版,第200页。
⑥ （元）脱脱:《辽史·地理志》卷37,中华书局1974年版,第444页。

名泰州。那么辽朝为什么没有将新建的城池命名为通化州，反而命泰州之名呢？这与辽朝通常的机构治所迁移命名方式不相符。笔者为了弄清楚这一情况，仔细阅读《辽史》《宋史》，发现辽朝把通化州城居民迁移到泰州城居住之前，已确定新建城为泰州城了。

辽朝在五代时期，就派军队到中原地区，掠夺中原汉族人口，将其迁移到辽朝管辖的范围内，以所迁之民原先家乡的州、县之地名，来命名新的州、县名称。《辽史·地理志》载："行唐县。本定州行唐县。太祖掠定州，破行唐，尽驱其民，北至檀州，择旷土而居之，凡置十寨，仍名行唐县。"①"安喜县……太祖以定州安喜县俘户置。"②"望都县……太祖以定州望都县俘户置。"③可见辽朝以迁入之民原先居住名称来命名新的名称，是有历史传统的。泰州城的命名如果是迁移通化州的话，就与辽朝迁移州、县命名的历史传统不一致了。那么泰州城的命名方式，有没有违反辽朝迁移治所传统的命名方式呢？也就是说，如果通化州是泰州的前身，新治所为什么不以通化州命名，而以泰州命名呢？《中国历史地名大辞典》泰州条载："泰州在五代唐天成二年（927）置，治所在清苑县（今河北保定市清苑区）。晋开运二年（945）移置满城县（今河北满城县西北）。周广顺二年（952）废。"④从地域上看，后唐所设的泰州治所，与我们要考证的辽泰州没有什么关系，但是从时间来看，辽太祖掠取五代定州区域内行唐县、望都等县的汉族人口，到檀州（今北京市）设置行唐县正是同一时期。晋开运二年（945）移泰州治所到满城县这个时间，正是辽太宗耶律德光入主中原，派兵攻打泰州这一年。《辽史·太宗纪》载："会同八年三月庚戌（945年4月28日），杜重威、李守贞攻泰州。"⑤杜重威和李守贞所攻打的泰州就是五代后唐天成二年（927）设在清苑县（今河北省保定市清苑区）的泰州城，其攻占泰州不久，就于当年将泰州人口迁至石敬瑭割让给辽的燕云十六州境内的今河北满城县西北地方，原泰州之名没有改。

北宋建立之初，采取先南后北的战略，从乾德元年（963）开始，到

---

① （元）脱脱：《辽史·地理志》卷40，中华书局1974年版，第497页。
② （元）脱脱：《辽史·地理志》卷40，中华书局1974年版，第500页。
③ （元）脱脱：《辽史·地理志》卷40，中华书局1974年版，第500页。
④ 魏嵩山主编：《中国历史地名大辞典》，广东教育出版社1995年版，第878页。
⑤ （元）脱脱：《辽史·太宗纪》卷4，中华书局1974年版，第55页。

第四章 辽金古城建筑时间考

太平兴国四年（979），先后灭了南平、武平、后蜀、南汉、南唐、北汉等6个割据政权，结束了唐末以来的分裂局面。宋的国力得到提升，宋太宗乘灭掉北汉之余威，举兵伐辽欲夺回被石敬瑭割让给辽的燕云十六州。宋太宗仓促出战，结果以宋朝失败而告终。辽乾亨四年、北宋太平兴国七年（982），辽景宗耶律贤病逝，年少的辽圣宗耶律隆绪即位。宋太宗见"辽主年幼，国事决于其母"[1]，于是在雍熙三年、辽圣宗统和四年（986）三月，亲率三路大军试图收复燕云十六州，"再次向辽朝发动了大规模的进攻"[2]。燕云十六州的许多州城，很快就被宋兵攻占。《辽史·圣宗纪》记载：统和四年"三月甲戌（4月17日），于越休哥奏……岐沟、涿州、固安、新城皆陷"[3]。"乙亥（4月18日），以亲征告陵庙、山川。"[4] 辽圣宗御驾亲征。十一月癸巳（987年1月1日），"楮特部节度使卢補古、都监耶律盼与宋战于泰州，不利。"[5] 此时的泰州处在宋辽交战前线。统和七年（989）六月，"休哥、排亚破宋兵于泰州。"[6] 统和二十年四月甲戌（1002年5月23日），"南京统军使萧达凛破宋军于泰州"[7]。纵观宋辽争夺燕云十六州的18年战争，泰州始终是双方争夺的战略要地。辽圣宗在对宋用兵的同时，将宋辽交战前线州城的汉族人口迁往辽国本土，以实内地。统和十五年二月庚子（997年3月16日），"徙梁門、遂城、泰州、北平民于内地"[8]。于是有了因黑鼠族累犯通化州，东南迁移600里建城居之，以泰州城名，而不以通化州城名的历史过程。王丰庆说："城西南……有唐代建筑之塔。近百年来，当地群众一直认为此塔为唐代所建。"[9] 看来此塔是辽圣宗所迁泰州之民所建。因泰州为后唐所设，所迁之民怀念后唐故土，后人就流传此塔是唐朝所建。

---

[1] （宋）李焘著，（清）黄以周等辑補：《续资治通鉴长编》卷27，上海古籍出版社1986年版，第230页。
[2] 杨树森：《辽史简编》，辽宁人民出版社1984年版，第114页。
[3] （元）脱脱：《辽史·圣宗纪》卷11，中华书局1974年版，第120页。
[4] （元）脱脱：《辽史·圣宗纪》卷11，中华书局1974年版，第120页。
[5] （元）脱脱：《辽史·圣宗纪》卷11，中华书局1974年版，第126页。
[6] （元）脱脱：《辽史·圣宗纪》卷12，中华书局1974年版，第135页。
[7] （元）脱脱：《辽史·圣宗纪》卷14，中华书局1974年版，第157页。
[8] （元）脱脱：《辽史·圣宗纪》卷13，中华书局1974年版，第149页。
[9] 王丰庆：《泰来县的古塔与残碑》，《泰来文史资料》第2辑，1986年版，第87页。

第二节　克东古城建筑年代考疑

克东古城建筑时间，学界一直意见不一致，有人认为在海陵王例罢万户改置节度使之时，有人认为是金初，各执其词。本节依据考古学资料，佐以历史文献，对克东古城建筑时间进行考证，以促进学术界对克东古城的研究。

一　以往对克东古城遗址建筑年代的探讨

关于克东古城遗址，清代以前没有学者进行专门研究。自清代历史地理学者杨守敬《历代舆地沿革险要图说》中，开始标注金代蒲与路治所当在乌裕尔河流域后，始有学者认为克东古城可能是金代蒲与路故城，认为克东古城建于金代。此后，国内外学者对克东古城进行研究探讨，考证其是否是金代蒲与路故城。国学大师王国维在《金界壕考》一文中说："金蒲与路在上京北六百里，即今黑龙江呼兰河一带之地，又近世产珠之地。以松花江、嫩江、艾晖各江为最。"[①] 王国维把金代蒲与路治所推定在嫩江以东产珠之地。由于王国维没有经过实地考察，凭其海陵王买珠与蒲与路近，确定蒲与路治所大致在松花江、嫩江等地，难免偏失。日本学者津田左右吉、松井等人继王国维之后，先后论证克东古城是金代蒲与路故城。如松井《金朝的北部疆域》说："蒲与路治所在今齐齐哈尔东方乌裕尔河畔。"[②] 他们虽然对克东古城文化性质进行论证，但是没有对古城的建筑年代进行专门研究，自此开启了学界对克东古城建筑年代的探讨。

20世纪60年代，克东古城的研究处于停滞状态，20世纪70年代黑龙江省文物考古队为了探明克东古城的文化性质，对其进行了考古发掘。在古城遗址中出土了大量金代文物，并根据1953年当地村民陈永和在耕地时捡到一颗印有"蒲峪路"的铜印，省文物考古队考定克东古城为金代蒲与路故城遗址。至此学界大都认定克东古城建于金代。至于克东古城是金

[①] 王国维：《观堂集林》卷15，中华书局1959年版，第721页。
[②] ［日］松井：《金朝的北部疆域》，载《满洲历史地理》卷2，东京丸善株式会社昭和十五年版，第174页。

第四章 辽金古城建筑时间考

代什么时期所建，张泰湘、景爱两位先生在认定克东古城建于金代基础上，又根据考古发掘所得，在"夯土墙与砖墙之间的夹缝中曾发现一枚铜币'大定元宝'……显然它是在修筑砖墙时混入墙缝之中。"①进而推定克东古城外表砌砖墙的建筑时间不会晚于金世宗大定年间。并依据"金代城墙砌砖大约是从金代中期开始的，金世宗大定二十三年（1183），"金上京'甓束其城'这是文献上关于金代城墙砌砖的最早记载"②，推定克东古城外表砌砖墙时间"应在大定二十三年以后"③。按：金世宗大定年号用了29年，即从大定元年（1161）即位到大定二十九年（1189）退位，其间没有更换过年号。如果克东古城外表砌砖墙的时间推定在大定二十三年后，且不晚于大定年间，那么克东古城外表砌砖墙的时间只能在大定二十三年（1183）至大定二十九年（1189）之间了。

关于克东古城夯土城墙的建筑时间，张泰湘、景爱两位先生说："金上京城最初是夯土城垣，在使用了许多年之后，才加砌的砖墙。蒲峪路故城也是如此。"④至于克东古城夯土城墙是金代什么时期所筑的，张泰湘、景爱根据《金史》"蒲与路，国初置万户。海陵例罢万户，乃改置节度使"⑤的记载，认为："海陵罢万户在天德三年，可知蒲峪路的正式建置在天德三年（1151）以后……蒲与路的前身万户府虽有可能设在克东一带，但是当时不会修建城池。因此蒲与路故城的修建，当在海陵罢万户，设节度使以后，即天德三年以后。"⑥张泰湘、景爱把克东古城夯土城墙建筑的时间上限断定在天德三年（1151）之后。沈章兴依据《金史·地理志》"蒲与路，国初置万户，海陵例罢万户，乃改置节度使"的记载，"推断蒲

---

① 黑龙江省文物考古研究所：《黑龙江克东县金代蒲峪路故城发掘》，《考古》1987年第2期，第157页。
② 黑龙江省文物考古研究所：《黑龙江克东县金代蒲峪路故城发掘》，《考古》1987年第2期，第157页。
③ 黑龙江省文物考古研究所：《黑龙江克东县金代蒲峪路故城发掘》，《考古》1987年第2期，第157页。
④ 黑龙江省文物考古研究所：《黑龙江克东县金代蒲峪路故城发掘》，《考古》1987年第2期，第157页。
⑤ （元）脱脱：《金史·地理志》卷24，中华书局1975年版，第552页。
⑥ 黑龙江省文物考古研究所：《黑龙江克东县金代蒲峪路故城发掘》，《考古》1987年第2期，第157页。

峪路古城修建在1151年后不久"①。王振超在《克东金城质疑》一文中认为，蒲与路故城的建城时间应与金代置万户时间相当，金代万户置于天辅年间，则"当建于设万户以后"②。

二　克东古城遗址建筑年代考辨

克东古城的建筑时间问题，由于史料记载模糊，又缺乏考古资料佐证，学界一直没有达成一致的意见。关于克东古城的始建时间，景爱和沈章兴二位学者的学术观点基本趋同。他们把海陵王例罢万户，改置节度使作为建城依据，认为蒲与路设置是海陵王改万户为节度使之后的事情，只有设节度使才有可能建筑蒲与路故城。他们的这一学术观点，无疑是将金初的万户不算作正式的蒲与路设置，只有海陵王例罢万户之后，改设节度使才算正式设置，以此推定克东古城在金初没有建城。王振超则把金初的万户府视为正式建置，有建置就应该建有城池，所以认为此城建于万户设置以后。经过多年对古城遗址的实地考察后，笔者认为克东古城的建筑时间固然与这个地区的建置有关，但不是设置万户府或者改设节度使之后才建城。海陵王完颜亮例罢万户改设节度使，这只是行政体制改革，并不是原先这里没有建置，重新设置。其实金代的政治体制改革，从金熙宗时期就开始了。海陵王弑杀熙宗为帝之后，把万户府改为节度使，这只是金代行政体制改革。金代的万户府带有奴隶世袭制性质，有相当大的特权，中央的一些军政事务，很难在地方推行。改万户府为节度使，使原来的世袭万户府变为流官的节度使，这样就削弱了万户府的特权，使中央政府的军政事务在地方得以顺利推行，加强了中央集权。

海陵王例罢万户府改设节度使的这场行政体制改革，还涉及恤品路、胡里改路等地方。《金史·地理志》载："胡里改路，国初置万户，海陵例罢万户，乃改置节度使。"③ 从这条史料中，可以看出蒲与路的改制与胡里改路的改制基本相同，如果说作为蒲与路故城的克东古城的建筑是在海陵改置节度使之后，那么胡里改路故城的建筑也应该在海陵改置节度使之后。《金史·太宗本纪》载："六年十月戊寅（1128年11月21日），徙昏

---

① 沈章兴：《蒲峪路古城》，《齐齐哈尔社会科学》1986年第3期，第77页。
② 王振超：《克东金城质疑》，《齐齐哈尔社会科学》1986年第3期，第82页。
③ （元）脱脱：《金史·地理志》卷24，中华书局1975年版，第553页。

第四章 辽金古城建筑时间考

德公、重昏侯于韩州。"① "八年七月丁卯（1130年9月1日），徙昏德公、重昏侯于鹘（胡）里改路。"② 《宋史·高宗本纪》载："绍兴四年七月乙卯（1134年7月30日），金人徙二帝自韩州至五国城。"③ 这三则史料，一则说明胡里改路，在天会八年七月丁卯就已有城存在；二则说明金代的胡里改路与辽时的五国头城为同一座城，也就是说金代的胡里改路是沿用辽时五国城。换言之，胡里改路在辽时就有城池存在。如果同理推断，作为蒲与路故城的克东古城，在海陵王改置节度使之后才建城的话，那么坐落在今天依兰北郊的五国头城，即金为统治黑龙江流域而设置的胡里改路故城，也应该建在海陵天德三年（1151）之后。看来判断克东古城的建筑时间，不应以海陵王为加强中央集权，罢万户府、设节度使为依据。邱树森主编的《辽金史辞典》记载："蒲与路治今黑龙江克东金城古城遗址，辽寿昌二年（1096年）形成蒲与路。"④ 这说明辽寿昌二年时期，克东古城已经存在。至于克东古城在金以前什么时期所建，应该用考古学方法，通过研究古城出土文物和考察建筑形制，确定古城的始建时间。

张泰湘、景爱在《黑龙江克东县金代蒲峪路故城发掘》报告中列举出土文物，虽大部分具有金代特点，但有些还需要进一步研究。只有通过科学鉴定出土文物的年代后，才能确定古城的建筑时间。报告中说"陶质多为泥质灰陶，火候较高，器型比较简单，一般为素面，有的在腹部带有齿状或麻花状的附加堆纹"⑤。特别是出土的一件鸟型陶灯，虽"形象十分可爱，但制作得很粗糙"⑥。这些陶器是否全是金代的？就其所体现出来的一般为素面，简单粗糙、附加堆纹来说，未必都是金代文物。克东古城内还出土了骨镞、骨勺、骨板等几件骨器和一些铁器。经查阅考古资料，在金代遗址中，很少同时出土骨器。俄国学者沙夫库诺夫说："在滨海地区渤海国遗址中发现的骨镞属于较早文化层，尽管在遗址中骨质箭镞是与铁质

---

① （元）脱脱：《金史·太宗本纪》卷3，中华书局1975年版，第59页。
② （元）脱脱：《金史·太宗本纪》卷3，中华书局1975年版，第62页。
③ （元）脱脱：《宋史·高宗本纪》卷26，中华书局1977年版，第480页。
④ 邱树森主编：《辽金史辞典》，山东教育出版社2011年版，第753页。
⑤ 黑龙江省文物考古研究所：《黑龙江克东县金代蒲峪路故城发掘》，《考古》1987年第2期，第153页。
⑥ 黑龙江省文物考古研究所：《黑龙江克东县金代蒲峪路故城发掘》，《考古》1987年第2期，第153页。

箭镞共同出土的。"① 在渤海晚期的遗址中，就没有骨镞出土了，说明辽金时骨镞已经退出历史舞台，而被铁镞取代了。笔者认为："古城内出土的骨镞不是辽金时期制作的，应该是辽金以前制作的。那么就可以依据其出土的骨镞，断定克东古城的建筑时间要早于金代。"②

三 克东古城遗址始筑时间不在金代

克东古城不是金代始建，其建筑时间早于金代，那么是金代以前什么时间所建呢？笔者在多次实地调查金代其他古城后，发现辽金时期建筑的古城，一般建制呈方形，而克东古城呈不规则椭圆形。这一建筑形制特点，不是金代城市建筑的主体风格。中国北方城市建筑技术发展到金代，已经发展到很高的水平。在比较辽阔的嫩江平原，城市建筑形制应该是很规范的方形。克东古城呈不规则椭圆形，笔者认为该城可能是魏晋南北朝时期豆莫娄人的文化遗存。因为豆莫娄人的先人夫余人建城具有圆形的特点。《后汉书·东夷传》记载："夫余国……土宜五谷……以员［圆］栅为城。"③ 夫余国在西汉时期内部矛盾逐渐加深。到西晋灭亡以后，夫余国失去了中原王朝的保护。来自周边鲜卑、高句丽、邑娄等方面的压力不断扩大，其国势进一步衰微，最后在勿吉和高句丽联合夹击下灭亡。夫余国灭亡之后，一部分遗民于公元 410 年左右北渡那河（今嫩江下游及东流松花江），在嫩江流域以乌裕尔河为中心建立了豆莫娄国。豆莫娄国的地望问题，黑龙江著名历史学者魏国忠先生认为："豆莫娄的南界为通肯河口以上的呼兰河一线及青冈至安达之间，而与勿吉、达姤为邻；北界抵讷漠尔河流域，与室韦相接；东界在小兴安岭天然屏障；西与乌洛侯接壤，中心地为乌裕尔河流域。"④ 齐齐哈尔地方学者顾同恒也说豆莫娄国的位置"大体上在今呼兰河以北，小兴安岭以西，嫩江以东，讷谟尔河以南，乌裕尔河流域为中心区域"⑤。乌裕尔河流域的地理特点与史料记载豆莫娄国的地理特点基本一致。从史料记载豆莫娄所居之地，"多山陵广泽，于东

---

① ［俄］В.Э.沙夫库诺夫、盖莉萍、胡凡译校：《滨海地区渤海国人使用的骨制箭镞》，胡凡主编：《黑水文明研究》第 2 辑，黑龙江教育出版社 2008 年版，第 8 页。
② 孙文政：《金代蒲与路故城考古学观察》，《东北史地》2013 年第 3 期，第 62 页。
③ （宋）范晔：《后汉书·东夷传》卷 85，中华书局 1965 年版，第 2811 页。
④ 魏国忠：《东北民族史研究》，中州古籍出版社 1994 年版，第 8 页。
⑤ 顾同恒主编：《齐齐哈尔地方政权》，齐齐哈尔市政府办公厅 1991 年版，第 66 页。

夷之域最为平敞"① 这一特点来看，克东古城有可能是豆莫娄人所建的。夫余人后裔所建立的豆莫娄国，按当时的情况已经建有城池。查今天乌裕尔河流域，只有克东古城符合豆莫娄人的建城形制。那么克东古城的建筑时间，当在公元410年左右豆莫娄国建国初期。经过近些年查阅历史文献资料，笔者认为克东古城可能是夫余族的先人——北夷索离人所建。因为夫余国是北夷索离国王子东明，南渡今松花江东流段，到今吉林省扶余县境内建立的地方民族政权。当夫余被勿吉和高句丽联合夹击之后，他们北渡松花江东流段，回到原先的居住地，建立豆莫娄国。也就是说，在东明南渡建立夫余国前，北夷索离国就存在于嫩江流域。《后汉书·东夷传》记载："北夷索离国王出行，其侍儿于后妊身，……王囚之，后遂生男。……名曰东明。东明长而善射，王忌其猛，复欲杀之。东明奔走……因至夫余而王之焉。"② 此记载表明，北夷索离国有王室和宫殿，可见当时应该有城。由此推断克东古城的建筑时间还有可能是在北夷索离国时期。这样看来，克东古城既可能是魏晋南北朝时期豆莫娄人所建，也可能是商周时期北夷索离人所建。因为豆莫娄人是索离人后裔夫余人的后代，他们的文化存在着直接继承关系，其城市建筑风格基本相同。至于到底是索离人所建，还是豆莫娄人所建，目前存疑，有待今后深入研究。

第三节　金东北路长城建筑时间考

金东北路长城建筑时间，一直是中外学者关注的问题。国学大师王国维推定金东北路长城修筑时间当在承安元年至二年。后世许多学者认为金东北路长城始建于天辅五年，本节依据历史文献佐以考古调查，对金东北路长城建筑时间进行考察。

一　金东北路长城研究概述

金东北路长城建筑时间，是金长城研究的焦点问题和争议较大的问

---

① （晋）陈寿：《三国志·魏志·夫余传》卷30，中华书局1964年版，第841页。
② （宋）范晔：《后汉书·东夷传》卷85，中华书局1965年版，第2811页。

题。王国维《金界壕考》说:"金之边堡界壕,盖创于其初叶。"① 其根据为《金史·地理志》序言中"金之壤地封疆……北自蒲与路之北三千余里,火鲁火疃谋克地为边,右旋入泰州婆卢火所浚界壕而西。"② 然而婆卢火传里根本没有记载所浚界壕一事,只记载其在泰州屯田并于"天眷元年(1138),驻乌古迪烈地,薨"③。王国维所推断的金界壕边堡建于金初应是对的,但他没有确指哪一年。婆卢火修筑这道界壕,是兴安岭北麓还是兴安岭南麓?黑龙江省文物考古所张泰湘据《金史》"泰州婆卢火守边屡有功……天眷元年(1138),驻乌古迪烈地,薨",推断"金界壕边堡修筑年代至少在1138年以前"④,并进一步认为,"可能在1121年,婆卢火从阿什河畔迁泰州时已开始修筑边墙。"⑤ 由于金在东北有两道长城遗址,谁也没有准确指出婆卢火所浚界壕为哪一道。李丕华提出今大兴安岭南麓东起嫩江西岸而西的那道边墙不是婆卢火所浚界壕,而是文献记载中的"泰州都统婆卢火在今呼伦贝尔草原西北部修筑的长达700余公里的古代边墙"⑥,他强调:"大兴安岭以东,嫩江以西,东北起自莫旗境内,西南止于乌拉盖附近的这道金东北路界壕边堡,确为金初泰州都统婆卢火所筑。只是到了金世宗大定年间(1161—1189)又经过增高加固,增加戍堡、增修复线后,整体规划的过程。"⑦ 他虽然提出了岭北长城为婆卢火所筑,但没有说什么时间修筑,同时强调大兴安岭南麓界壕边堡也是婆卢火所浚,这样一来两者矛盾时期。婆卢火天辅五年(1121)任泰州都统,天眷元年(1138)死于乌古迪烈地,前后18年,查婆卢火传可知婆卢火大部分时间追随太祖、太宗灭辽伐宋,根本没有时间主持两道界壕边堡的修筑。因此,笔者认为泰州婆卢火所浚界壕应是指大兴安岭北麓的700余公里岭北长城,而不是兴安岭南麓的金东北路长城。兴安岭北麓长城具体建筑时间,当在婆卢火在泰州都统任上,不会早于泰州婆卢火跟随太祖、太宗灭辽伐宋时期。婆卢火于天辅五年(1121)屯田泰州,天辅六年

---

① 王国维:《观堂集林》卷15,河北教育出版社2001年版,第447页。
② (元)脱脱:《金史·地理志》卷24,中华书局1975年版,第549页。
③ (元)脱脱:《金史·婆卢火传》卷71,中华书局1975年版,第1639页。
④ 徐俐力、张泰湘:《辽代边墙考》,《北方文物》2003年第1期,第71页。
⑤ 徐俐力、张泰湘:《辽代边墙考》,《北方文物》2003年第1期,第72页。
⑥ 李丕华:《蒙古高原边墙考》,《辽金契丹女真史研究》2004年第34期,第123页。
⑦ 李丕华:《蒙古高原边墙考》,《辽金契丹女真史研究》2004年第34期,第123页。

(1122)随太祖攻燕京,率兵为右翼,"大败辽兵,遂取居庸。萧妃遁去……上令婆卢火、胡实赉率轻骑追之"①。金太祖按与宋"海上之盟"的约定,归还宋燕京及附近十六州时,采用徙燕京之地人民以实内地政策,"命婆卢火监护常胜军和燕京豪族、百工匠人经松亭关(今河北宽城西)迁往金内地(今阿城一带)"②。之后,婆卢火一直随太祖、太宗灭辽伐宋。金于"天会三年二月壬戌(1125年3月26日)获辽主于余睹谷"③。"天会四年十二月癸亥(1127年1月16日)宋主桓降。"④ 天会七年(1129)婆卢火上奏说:"大石已得北部二营,恐后难制,且近群牧,宜列屯戍。"⑤ 太宗复诏说:"以二营之故发兵,诸部必扰,当谨斥候而已。"⑥ 从婆卢火上奏,皇上答复的内容来看,婆卢火所浚界壕应始于天会七年(1129)。那么此时所浚界壕,显然是大兴安岭北麓长城。因为金初的北部疆界已达外兴安岭,塔塔尔和王吉剌两个部落都已归附于金。塔塔尔与蒙古有世仇,蒙古部落经常侵犯金的北边。此时婆卢火所浚界壕一定在塔塔尔和王吉剌部之北,而不可能在远离疆界的大兴安岭南麓。《金史·地理志》载:"金之壤地封疆……北自蒲与路之北三千余里,火鲁火疃谋克地为边,右旋入泰州婆卢火所浚界壕而西,经临潢、金山、跨庆、桓、抚、昌、净之北,出天山外,包东胜,接西夏"⑦。这段史料所指的婆卢火所浚界壕明显是指金代初年的西北边界。从地理位置来看,外兴安岭的火鲁火疃谋克地,向西正好接今天海拉尔附近根河南跨俄中蒙三国的界壕。我们知道金灭辽后,金继承辽的版图,辽的北部边界也就变成了金的北界。王国维论证"考乌古迪烈地在泰州之北"⑧,"金山又在旧泰州之西北三四百里,盖即兴安岭之古名。"⑨ 婆卢火身为泰州督统,因浚界壕而死于乌古迪烈地。如果婆卢火修筑的界壕不是海拉尔附近的界壕,《金史》

---

① (元)脱脱:《金史·婆卢火传》卷71,中华书局1975年版,第1638页。
② 穆鸿利、陈国良主编:《中国北方各族人物传·金代卷》,辽海出版社2001年版,第32页。
③ (元)脱脱:《金史·太宗纪》卷3,中华书局1975年版,第52页。
④ (元)脱脱:《金史·太宗纪》卷3,中华书局1975年版,第56页。
⑤ (元)脱脱:《金史·忠义传》卷121,中华书局1975年版,第2637页。
⑥ (元)脱脱:《金史·忠义传》卷121,中华书局1975年版,第2637页。
⑦ (元)脱脱:《金史·地理志》卷24,中华书局1975年版,第549页。
⑧ 王国维:《观堂集林》卷15,河北教育出版社2001年版,第447页。
⑨ 王国维:《观堂集林》卷15,河北教育出版社2001年版,第453页。

不会记载其经临潢、金山、跨庆、桓、抚、昌、净之北了，而应是金山之南了。如果婆卢火所浚界壕是在兴安岭（金山）南麓，则婆卢火的死，不能记载死于乌古迪烈地。按：金东北路长城在金泰州境内，这在《金史》里有记载："东北路招讨司十九堡在泰州之境。"① 在泰州境内，主持修筑金东北路界壕边堡的婆卢火怎么能死于乌古迪烈地呢？作为金宗室开国功臣泰州督统婆卢火之死，《金史》是不会错记的。这样看来婆卢火所浚界壕不应是兴安岭南麓的金东北路长城，而应是兴安岭北麓横跨俄中蒙三国的岭北界壕。《康熙字典》《中华大字典》《汉语大字典》《说文解字段注》都解释浚为挖深、疏通之义，也就是说跨俄中蒙三国的这段界壕原先就有壕堑，婆卢火所浚的界壕是在辽的界壕基础上。另外《金史》所记"泰州婆卢火所浚界壕而西"，应理解为泰州人婆卢火所浚界壕，而不是婆卢火在泰州浚界壕。婆卢火所浚的界壕应是在乌古迪烈地，这在《金史》里可以窥见，《金史》说："天眷元年（1138），驻乌古迪烈地，薨。"② 婆卢火所浚的界壕成为金初的边界，并非自达里带石堡子至鹤午河这段金东北路界壕边堡。婆卢火所浚界壕在《金史》记载较为明晰。后世研究金长城者多将兴安岭南麓东北起自嫩江西岸、达里带石铺子而西，止于包头之东黄河岸的界壕边堡遗址，与大兴安岭北麓横跨俄中蒙三国岭北长城，辽时所筑、婆卢火所浚界壕混为一谈，将婆卢火所浚界壕认为是泰州之北的金东北路长城是错误的。

综上可知，金初婆卢火所浚界壕应在兴安岭之北。金袭辽置，金代泰州建置完全是沿用辽的。金初泰州治所仍设在今泰来塔子城古城，地域辖区沿用辽时辖区。今天所见金东北路长城距泰州治所较近，而金初泰州所辖区域北至兴安岭。金初正是向外扩张时期，不可能在泰州境内建筑东北路长城，阻碍自己向外发展。从而可以得出结论，泰州婆卢火所浚界壕应为大兴安岭之北麓辽朝界壕基础之上加深加固的，作为金初北部军事防御工程。

二 大兴安岭两侧民族演变与金长城修建

金灭辽时，金的疆域已达外兴安岭，大兴安岭两侧的塔塔尔和广吉剌

---

① （元）脱脱：《金史·地理志》卷24，中华书局1975年版，第563页。
② （元）脱脱：《金史·婆卢火传》卷71，中华书局1975年版，第1639页。

第四章　辽金古城建筑时间考

（后又称王吉剌、弘吉剌）两大部族，金初已臣服金朝，为金守卫西北边疆。在塔塔尔和广吉剌没有叛金时，金是不会远离边境修筑如此规模宏大的军事工程。由此可知，金东北路长城的建筑应是塔塔尔和广吉剌叛金后。

建筑金东北路长城是完颜宗叙最先提出的，提出的时间是他在担任宁昌军节度使之后。他任宁昌军节度使是大定元年（1161），大定四年（1164）为兵部尚书，所以宗叙向世宗上奏开北边壕事当在大定四年之后，起初世宗已同意，在泰州、临潢境内筑边堡七十。由于当时丞相纥石烈良弼和大臣李石反对，开壕筑边堡一事停止。在朝廷讨论时存在两大分歧。《金史·李石传》载："北鄙岁警，朝廷欲发民穿深堑以御之。石与丞相纥石烈良弼皆曰：'不可。古筑长城备北，徒耗民力，无益于事。北俗无定居，出没不常，惟当以德柔之。若徒深堑，必当置戍，而塞北多风沙，曾未期年，堑已平矣。不可疲中国有用之力，为此无益。'"① 由于他们二人反对，大定五年（1165）开北边壕事未能实现。因此，《金史·世宗纪》所记大定二十一年（1181）三月东北路泰州境内有十九堡，临潢路旧设二十四堡，应为皇统七年（1147）金兀术所筑。当时金兀术率兵攻蒙古不能克，将兵退回到弘吉剌部居住地以南，选择要害地方屯戍。另外，在大定十七年（1177）世宗让"在乌古里石垒部族、临潢府、泰州等路分定堡戍"②，可能也筑了一些，这都在二十一年记载的泰州十九堡、临潢二十四堡之内。《金史》说当时泰州十九堡、临潢二十四堡参差不齐。如果是开壕与筑边堡同时进行，或先有壕而后筑边堡的话，这些边堡不可能参差不齐。因此，大定二十一年三月东北路、临潢路还没有挖掘壕堑，只有泰州十九堡、临潢二十四堡。今天我们所见完备的东北路界壕边堡是什么时间修筑的？是不是皇统七年（1147）修的？笔者认为不是。皇统七年只是在要害地方筑边堡以驻戍人。前文提及的泰州十九堡、临潢二十四堡是皇统七年或大定十七年（1177）所筑，当时是没有挖掘壕堑。那么，金代在东北路、临潢路已有驻军边堡，为什么还要挖掘壕堑呢？金东北路界壕又是什么时候开始挖掘的？前文已知大定五年（1165）讨论北边壕事时，虽然

---

① （元）脱脱：《金史·李石传》卷86，中华书局1975年版，第1915页。
② （元）脱脱：《金史·兵志》卷44，中华书局1975年版，第995页。

由于御史大夫和丞相纥石烈良弼等大臣极力反对而未能成行，使开壕事暂时停止，但是北边之患一直是困扰着金朝的一件大事。此时北边的弘吉剌部和蒙古经常侵扰金朝边界，所以世宗可能在大定十七年以前就断断续续开始建筑东北路长城。

从地理上看，金朝前期大兴安岭两侧主要居住着广吉剌部和塔塔尔部，这两部居住的范围正处于两道长城之间。孙秀仁、孙进己、干志耿、郑英德、冯继钦等考证："大室韦至辽则称敌烈部，后称塔塔尔部。"[1] 其居住地在弘吉剌部西边的贝尔湖、捕鱼儿海子之西，其西北居住着蒙古部。捕鱼儿海子、呼伦贝尔东到东北路长城附近，主要居住着弘吉剌部，是蒙古高原东侧较大的一个部落。孙秀仁等先生考证："弘古里兀惕是从辽、金时的乌古部发展而来，弘吉剌惕是从辽金时的于厥里部发展而来。"[2] "辽代乌古部这一名词的汉语记音很不统一。"[3] 于厥、羽厥、乌古里、乌虎里、于厥里、于谐里等都是乌古敌烈部族的称呼。金末元初的弘吉剌部就是乌古部、于厥里部发展而来的。塔塔尔、弘吉剌两大部落唐时都属于室韦部落，入辽称乌古敌烈部，后称为塔塔尔和弘吉剌部，在辽时这两个部落经常联合起来反辽。有辽一朝，乌古敌烈部就举行了4次反辽斗争，辽朝为了统治这两个部族，在其地设有乌古敌烈部统军司。金天辅元年（1117）克泰州后，两部虽然一度降金，但不久后就与金朝发生小规模战争。《金史·太宗纪》载："天会二年闰三月己丑（1124年4月27日），乌虎里、迪烈底两部来降。"[4] 耶律大石自立为王后，在可敦城会十八王众，尚有乌古、迪烈部赴会，《辽史·天祚帝纪》载："大石不自安……自立为王……西至可敦城，驻北庭都护府，会威武……合主、乌古里、阻卜……十八部王众"[5]。乌古迪烈部还与辽有臣属关系，于是金朝北伐乌古迪列部（按：《辽史》记载为乌古敌烈部，《金史》记载为乌古迪

---

[1] 孙秀仁、孙进己、干志耿、郑英德、冯继钦：《室韦史研究》，北方文物杂志社1985年版，第90页。

[2] 孙秀仁、孙进己、干志耿、郑英德、冯继钦：《室韦史研究》，北方文物杂志社1985年版，第91页。

[3] 孟广耀：《辽代乌古敌烈部初探》，《中国蒙古史学会成立大会纪念集刊》，中国蒙古史学会编印1979年版，第241页。

[4] （元）脱脱：《金史·太宗纪》卷3，中华书局1975年版，第50页。

[5] （元）脱脱：《辽史·天祚帝纪》卷30，中华书局1974年版，第355页。

第四章 辽金古城建筑时间考

烈部)。《金史·太宗纪》载:"天会二年七月乙未(1124年8月31日),以乌虎部及诸营叛,以昊勃极烈昱等讨平之。"① 金朝为加强对此二部的统治,采取内迁的措施。《金史·太宗纪》:"天会三年二月丁卯(1125年3月31日),以厐葛城地分授所徙乌虎里、迪烈底二部及契丹民。"② 有的学者认为厐葛城地就是金乌古迪烈地,误将王国维推定在兴安岭之东、蒲与路之西、泰州之北的乌古迪烈地与厐葛城地等同在一起。王国维推定的乌古迪烈地没有错,辽时乌虎里、迪烈底二部一直在这里驻牧。金讨伐完这两个部族,不可能将他们迁往附近。那么,金将这两个部族迁到哪去了呢?金朝在安排降民上,多将其迁至内地。《金史·婆卢火传》"天辅五年(1121),摘取诸路猛安中万余家,屯田泰州。"③ 金于天会三年(1125)迁乌虎里、迪烈底二部及契丹人时,泰州已克八年之久,屯田已有五年,此时泰州也应属于金内地。为此,金天会三年(1125)所迁的乌虎里、迪烈底应在泰州,不可能在金东北路界壕边堡之北,金之厐葛城也应在泰州境内的金东北路界壕边堡以里求之。

　　金灭辽后,特别是海陵王时期主要兵力用于南宋,北边的蒙古、乌古迪烈部乘机南侵,到大定二十一年(1181)时,金朝不得不再议北边开壕防御一事。大定二十一年三月,金世宗"遣大理司直蒲察张家奴等往视其处置。于是东北自达里带石堡子至鹤五河地分,临潢路自鹤五河堡子至撒里乃,皆取直列置堡戍。评事移剌敏言:'东北及临潢所置,土埄樵绝,当令所徙之民逐水草以居,分遣丁壮营毕,开壕堑以备边。'上令无水草地官为建屋,及临潢路诸堡皆以放良人戍守。……四月,遣吏部郎中奚胡失海经画壕堑,旋为沙雪堙塞,不足为御。"④ 开壕的大致过程,先是派蒲察张家奴到东北路及临潢路察看,经过省议后,于四月派奚胡失海主持修筑东北路及临潢路长城工程。由于多风沙,到了冬天所挖界壕多被沙雪堙平,起不到防御的作用。经研究在所开界壕处,"筑二百五十堡,堡日用工三百,计一月可毕,粮亦足备,可为边防久计。"⑤ 笔者认为金东北路长

---

① (元) 脱脱:《金史·太宗纪》卷3,中华书局1975年版,第51页。
② (元) 脱脱:《金史·太宗纪》卷3,中华书局1975年版,第52页。
③ (元) 脱脱:《金史·婆卢火传》卷71,中华书局1975年版,第1639页。
④ (元) 脱脱:《金史·地理志》卷24,中华书局1975年版,第563、564页。
⑤ (元) 脱脱:《金史·地理志》卷24,中华书局1975年版,第564页。

城原先筑有边堡，原有边堡参差不齐，应为兀术于1147年修筑的，或大定十七年（1177）世宗派人主持修筑的。大定二十一年（1181）蒲察张家奴察看后，经朝廷省议，派奚胡失海主持挖掘界壕，当时挖得不够宽、不够深，没筑墙，到了冬天便被沙雪堙平，起不到防御作用。第二年，又在所挖东北路及临潢路壕堑内侧筑二百五十个边堡。大定二十一年四月，是金东北路及临潢路修筑的起始时间。

三　金朝大规模修建金长城

到了金章宗统治时期，北患日急，"游牧部落广吉剌、阻卜（塔塔尔）、合底忻、山只昆等部族经常骚扰"①，寇掠北边。北边筑壕一事，又提到议事日程。明昌元年（1190）金政权讨论北方边事时，徒单克宁和完颜守贞主张用兵，金章宗决定采纳徒单克宁和完颜守贞的意见，任命枢密使夹谷清臣为东北路兵马都统使，但是很多大臣都不同意用兵。翰林修撰移剌益说："太尉克宁锐意用兵，益言天时未利，宜俟后图。"② 御史中丞张万公也反对："北边屡有警，上命枢密使夹谷清臣发兵击之。……诏百官议于尚书省，遂罢兵。"③ 章宗考虑经济困难以及大多数官员反对，决定暂停对北方用兵及修筑界壕一事。但北边部族侵扰一直是章宗的一块心病，特别是北方的蒙古族、弘吉剌经常联合威胁金朝的统治，时隔不久章宗又把北边防御提到议事日程上来。明昌三年四月戊午（1192年5月29日）"诏集百官议北边开壕事"④。范军、周峰认为："随即，界壕的修筑就开始了。但是很快又终止了"⑤，五月癸酉（6月13日）"罢北边开壕之役"⑥，终止的原因是党怀英等16人反对，"明年议开边防壕堑，怀英等十六人请罢其役，诏从之"⑦。但终止的时间并不长，工程又断断续续开始。《金史·张万公传》记载："初，明昌间，有司建议，自西南、西北路，沿

---

① 穆鸿利、陈国良主编：《中国北方各族人物传·金代卷》，辽海出版社2001年版，第347页。
② （元）脱脱：《金史·移剌益传》卷97，中华书局1975年版，第2160页。
③ （元）脱脱：《金史·张万公传》卷95，中华书局1975年版，第2102页。
④ （元）脱脱：《金史·章宗纪》卷9，中华书局1975年版，第221页。
⑤ 范军、周峰：《金章宗传》，中国广播电视出版社2003年版，第111页。
⑥ （元）脱脱：《金史·章宗纪》卷9，中华书局1975年版，第222页。
⑦ （元）脱脱：《金史·党怀英传》卷125，中华书局1975年版，第2727页。

第四章 辽金古城建筑时间考

临潢达泰州，开筑壕堑以备大兵，役者三万人，连年未就。御史台言：所开旋为风沙所平，无益于防侮，而徒劳民。上因旱灾，问万公所由致。万公对以劳民之久，恐伤和气，宜从御史台所言，罢之为便。"① 此应指明昌三年（1192）后断断续续兴修界壕之事。金章宗问万公的时间应是承安元年，因承安元年金朝区域内大旱，到五月庚子才下雨。承安元年五月庚子（1196年6月19日），罢界壕事当在子时左右。金朝大规模修筑岭南长城是在章宗承安年间，承安二年北方部族复起骚扰，金章宗派北京留守完颜裔讨伐。"裔战失律，复命襄为左副元帅莅师，寻拜枢密使兼平章政事，屯北京。"② 承安二年三月丁酉（1197年4月12日）"以参知政事裔代左丞相襄行省于北京。"③ 承安二年九月辛酉（1197年11月2日）"以枢密使兼平章政事襄，知大兴府事胥持国为枢密副使、权参知政事，行省于北京"④。由于完颜裔北伐失败，金章宗又让完颜襄率军北伐。讨论北边防御事时，完颜襄"遣同判大睦亲府事宗浩出军泰州，又请左丞衡于抚州行枢密院，出军西北路以邀阻䩐，而自帅兵出临潢。上从其策，赐内库物即军中用之。"于是完颜襄下令士兵自带行军粮，"进屯于沔移剌烈、乌满扫等山以逼之"⑤。承安三年二月丙戌（1198年3月27日）"斜出内附。"⑥ 阻䩐部长斜出率所部归附于金。完颜襄为了加强北方防御，请求章宗允许用步卒修界壕边堡，"起临潢左界北京路以为阻塞"⑦。各大臣对北边开壕意见不一。金章宗下诏征询完颜襄的意见，他说："今兹之费虽百万贯，然功一成则边防固而戍兵可减半，岁省三百万贯，且宽民转输之力，实为永利。诏可。"⑧ "襄亲督视之，军民并役，又募饥民以佣即事，五旬而毕。"⑨ 临潢路界壕是由完颜襄主持而修成的，此后西北路、西南路亦兴修起来。其实西北路、西南路在大定年间就已断续修筑了。西北路界壕边堡

---

① （元）脱脱：《金史·张万公传》卷95，中华书局1975年版，第2103、2104页。
② （元）脱脱：《金史·襄传》卷90，中华书局1975年版，第2090页。
③ （元）脱脱：《金史·章宗纪》卷10，中华书局1975年版，第241页。
④ （元）脱脱：《金史·章宗纪》卷10，中华书局1975年版，第243页。
⑤ （元）脱脱：《金史·襄传》卷90，中华书局1975年版，第2090页。
⑥ （元）脱脱：《金史·章宗纪》卷11，中华书局1975年版，第247页。
⑦ （元）脱脱：《金史·襄传》卷90，中华书局1975年版，第2090页。
⑧ （元）脱脱：《金史·襄传》卷90，中华书局1975年版，第2090页。
⑨ （元）脱脱：《金史·襄传》卷90，中华书局1975年版，第2090、2091页。

的修筑先由任西北路招讨使的完颜安国、独吉思忠、纥石烈执中主持完成。负责西南路界壕边堡修筑工程的是西南路招讨使兼天德军节度使僕散揆。关于这两路界壕边堡修筑详细时间和主持修筑者这里就不一一叙说了。以后另文简述。

前文已述金东北路长城在大定年间已分两个阶段进行修筑，大定二十一年（1181）泰州境内已有十九堡。此十九堡有两种可能：一是皇统七年金兀术讨蒙古不能克，而退回据要害而筑；二是大定十七年（1177）金世宗思念完颜宗叙而筑。大定二十一年（1181）开壕堑时把原先参差不齐的边堡取直，并在临潢、东北二路共筑二百五十边堡。

承安三年（1198），"北方有警，命宗浩佩金虎符驻泰州便宜从事。"① 泰州以北，正是弘吉剌活动地区。完颜襄出军临潢在承安二年九月，他遣宗浩出军泰州应在他出军前。也就是说完颜宗浩出军泰州应在承安二年以前，宗浩到任已是入冬季节，《金史·宗浩传》载："宗浩以粮储未备，且度敌未敢动，遂分其军就食隆、肇间。是冬，果无警。"② 这条史料说明，宗浩的作战策略是十分对的。在此期间他抓紧备战，转年春天（承安三年）宗浩请"乘其春暮马弱击之。"③ 完颜襄认为，"若攻破广吉剌，则阻獗无东顾之忧，不若留之，以牵其势"。宗浩奏："国家以堂堂之势，不能扫灭小部，顾欲藉彼为捍乎？"④ 于是完颜宗浩请求朝廷允许"先破广吉剌，……章在上，从之。"⑤ 宗浩首先迫使广吉剌降，征兵一万四千骑，"命人齐三十日粮，……会于移米河（今伊敏河），大败合底忻、婆速火等部族"⑥。《金史·襄传》载："泰州军与敌接战，宗浩督其后，杀获过半，诸部相率送款，襄纳之。自是北陲遂定。"⑦ 完颜襄是承安三年十一月丁酉（1198年12月3日），完成了临潢路长城修筑回到中京。承安三年十一月辛亥（1198年12月17日）"以边事定，诏中外……赐左丞相襄以下将士金币

---

① （元）脱脱：《金史·宗浩传》卷93，中华书局1975年版，第2073页。
② （元）脱脱：《金史·宗浩传》卷93，中华书局1975年版，第2073页。
③ （元）脱脱：《金史·宗浩传》卷93，中华书局1975年版，第2073页。
④ （元）脱脱：《金史·宗浩传》卷93，中华书局1975年版，第2073页。
⑤ （元）脱脱：《金史·宗浩传》卷93，中华书局1975年版，第2073页。
⑥ （元）脱脱：《金史·宗浩传》卷93，中华书局1975年版，第2073页。
⑦ （元）脱脱：《金史·襄传》卷90，中华书局1975年版，第2091页。

第四章 辽金古城建筑时间考

有差。"① 承安四年正月，进拜襄为司空，领左丞相如故。承安四年二月辛未（1199年3月7日），司空襄言，"西南路招讨使仆散揆治边有功，召赴阙，以知兴中府事纥石烈子仁代之"②，二月乙酉（3月21日）"以西南路招讨使仆散揆为参知政事"③。三月丁酉（4月2日），"同判大睦亲府事宗浩为枢密使，封崇国公。"④ 承安五年九月己未（1200年10月15日），尚书省奏："西北路招讨使独吉思忠言，各路边堡墙隍，西自坦舌，东至胡烈公，几六百里，向以起筑忽邃，并无女墙副隄。近令修完，计工七十五万，止役戍军，未尝动民，今已毕功。上赐诏奖谕。"⑤ 此时，西北路界壕才修完。

王国维考证：金临潢路长城开始为承安三年由完颜襄主持修筑；西北路为承安二年，由完颜安国主持修筑，承安三年至承安五年，由独吉思忠主持修筑，西南路为承安三年，由仆散揆主持修筑。关于东北路长城无明文记载，王氏以为是宗浩在承安元年至二年修筑的。日本学者外山军治认为："宗浩传的开壕时期应是泰和三年，并不是王氏所说的承安二年。"⑥

综上分析，我们知道宗浩是承安二年九月前后被完颜襄派遣到泰州戍边的，此前宗浩在大定二十六年为，"赐宋主赵昚生日使。还，授刑部尚书，俄拜参知政事。章宗继位，出为北京留守，三转同判大睦亲府事。"⑦ 他到泰州前一直任同判大睦亲府事，管理皇族内部的事务。也就是说，他在承安二年前根本不可能主持修筑东北路长城。承安二年他到泰州之时已入冬，没有开工的可能。第二年大破乌古迪烈诸部，也没有必要违背平章政事张万公的主张。所以笔者认为，王国维推断金东北路长城的建筑时间为承安元年至二年这一观点不妥。

《金史·宗浩传》载："进拜尚书右丞相，超授崇进。时惩北边不宁，议筑壕垒以备守戍，廷臣多异同。平章政事张万公力言其不可，宗浩独谓

---

① （元）脱脱：《金史·章宗纪》卷11，中华书局1975年版，第249页。
② （元）脱脱：《金史·章宗纪》卷11，中华书局1975年版，第249页。
③ （元）脱脱：《金史·章宗纪》卷11，中华书局1975年版，第250页。
④ （元）脱脱：《金史·章宗纪》卷11，中华书局1975年版，第250页。
⑤ （元）脱脱：《金史·章宗纪》卷11，中华书局1975年版，第254页。
⑥ [日]外山军治著，李东源译：《金朝史研究》，黑龙江朝鲜民族出版社1988年版，第348页。
⑦ （元）脱脱：《金史·宗浩传》卷93，中华书局1975年版，第2073页。

便，乃命宗浩行省事，以督其役。功毕，上赐诏褒赉甚厚。撒里部长陁括里入塞，宗浩以兵追蹑，与僕散揆军合击之，杀获甚众，敌遁去。诏征还，入见，优诏奖谕，蹑迁仪同三司，赐玉束带一、金器百两……"① 这条史料说明，独谓筑壕事并督其役是宗浩拜尚书右丞相之时。《金史·章宗纪》有"泰和三年春正月己卯（1203年2月22日），以枢密使宗浩为尚书右丞相"②，也就是说宗浩独谓筑壕事的时间当在泰和三年春正月己卯后。在议筑壕事时，平章政事张万公力言不可，《金史·章宗纪》载："三月壬申（4月16日），平章政事张万公致仕。"③ 以上两条史料说明宗浩传里记载的议筑壕事，应在张万公为平章政事之时，三月壬申之前。至于宗浩什么时间起程开始修筑界壕的，依据可靠的材料，离三月壬申日不会太远，议事后随即应动身赴东北开壕事，从中都到泰州，按当时的交通设施行走一个月到东北路界壕处，是五月中旬了，可以开壕动土了。从临潢路修筑的用工量来看，大致相差不大，临潢路军民并役用工五旬，《金史》载，九月壬辰（11月2日）"诏右丞相宗浩还朝。"④ 《金史》所载诏回宗浩的时间与宗浩在泰州修筑东北路界壕完工的时间大体相当，不会有太大的出入。另外，《金史·宗浩传》载宗浩与僕散揆合击入塞的撒里部长陁括里。《金史·章宗纪》载："冬十月壬子（11月22日），右丞僕散揆至自北边，丙辰，召至香阁慰劳之。"⑤ 这条史料所记正好与《金史·宗浩传》的合军击入塞的撒里吻合。宗浩已督其役，所筑的界壕在金界壕当中属于哪一路呢？前文已知，临潢路已于承安三年由完颜襄负责筑完，西南路已于承安三年由仆散揆筑完，西北路已于承安五年由独吉思忠筑完，而独没有记载东北路于什么时间由谁负责筑完。宗浩被完颜襄遣至泰州已是入冬，不可能开壕。第二年他不顾完颜襄的策略战术，独军深入乌古部腹地，大败所居各部，取得了很大胜利。"初，朝廷置东北路招讨司泰州，去境三白里，每敌人，比出兵追击，敌已遁去。至是，宗浩奏徙之金山，以据要害，设副招讨二员，分置左右，由是敌不敢犯。"⑥ 宗浩把东北路招

---

① （元）脱脱：《金史·宗浩传》卷93，中华书局1975年版，第2074页。
② （元）脱脱：《金史·章宗纪》卷11，中华书局1975年版，第260页。
③ （元）脱脱：《金史·章宗纪》卷11，中华书局1975年版，第260页。
④ （元）脱脱：《金史·章宗纪》卷11，中华书局1975年版，第261页。
⑤ （元）脱脱：《金史·章宗纪》卷11，中华书局1975年版，第261页。
⑥ （元）脱脱：《金史·宗浩传》卷93，中华书局1975年版，第2074页。

讨司置于金山，这里的金山当指金山县，离界壕边堡较近，对弘吉剌等部族起着威慑作用，此时弘吉剌等已不对金朝有重大威胁。王国维《金界壕考》认为，"缘当时北部入寇，泰州、临潢首当其冲，诸路界壕皆于承安三年竣工，不应最要冲之东北路，独迟至泰和三年始开筑也。"① 笔者认为王国维没有考虑金界壕是大定十七年（1177）至二十一年（1181）已开始修筑了。东北之要冲，在当时就应筑得较为完善，其他三路修筑的可能就不那么急迫，于承安年间才先后完成。金在东北路界壕的修筑上最为投入，熙宗时期就开始筹划，大安年间也是先修东北路，西南、西北还没有修界壕的打算，从大定二十一年（1181）到承安三年（1199），不到二十年时间，东北路长城应保存较好，还能起防御作用。故此，在修筑其他三路界壕时，没有修筑东北路界壕。因此可以推测金章宗时期，金东北路界壕边堡修筑时间应在其后的泰和三年（1203），而不是王国维推测的承安元年至二年。前文已知，宗浩是被丞相襄于承安二年派遣出军泰州的，到时入冬没有修界壕，第二年北伐成功也没有修界壕，宗浩主持修筑东北路界壕边堡是在其后的泰和三年（1203年）。故此，可以推定宗浩于泰和三年三月壬申（1203年4月16日）议筑金东北路界壕事之后，赴东北泰州主持修筑东北路界壕边堡，到九月壬辰（11月2日），诏右丞相宗浩还朝时已修完了。

总之，婆卢火所浚界壕不是金东北路界壕边堡，而是横跨俄中蒙三国沿根河、克鲁伦河南岸一段，并且是在辽界壕基础上而浚的，所浚时间应在金天会六年（1128），是为防御耶律大石与"北部二营"东征收复辽故土而浚的。《金史·忠义传》记载："大石已得北部二营，恐后难制，且近群牧，宜列屯戍。"② 金东北路长城是在蒙古族兴起，弘吉剌、塔塔尔叛金后，并不断侵扰金边界的情况下大规模修筑的。东北路长城修筑顺序是先筑堡、后开壕，边堡的始筑有两种可能，一是兀术攻蒙古连年不能克，遂而还派兵据守于要害之处而筑，时间应为金皇统七年（1147）。二是金大定十七年，世宗思念完颜宗叙而筑泰州、临潢边堡。以上两种在金史里都有记载。大定二十一年（1181）泰州境内已有参差不齐的边堡19个。现在遗留在东北路长城沿线有序

---

① 王国维：《观堂集林》卷15，河北教育出版社2001年版，第450页。
② （元）脱脱：《金史·忠义传》卷121，中华书局1975年版，第2637页。

排列的边堡，亦是大定二十一年所筑250堡的遗存。金代大规模修金东北路长城起自世宗大定年间，章宗明昌、承安、泰和年间，断断续续修筑的。金东北路长城最终完工于泰和三年九月壬辰（1203年11月2日），以后只是补修而已。

第五章

辽金行政机构治所地望考

辽金行政机构治所地望的考察,是辽金史地研究的重要内容。辽金两朝在白山黑水之间设治所、建城池,由于缺乏历史文献记载,至今一些辽金行政机构治所地望无法确定。现在遗存下来的辽金古城遗址,也多无法确定何种级别、是什么治所。本章考证历史文献记载的行政机构治所在哪处古城遗址,或考察古城遗址为历史文献记载的哪个行政机构治所。

第一节 辽朝室韦国王府故城考

室韦族是生活在嫩江流域各部族,经过南北朝、隋唐、辽金时期,逐渐融合形成的民族共同体。辽朝为加强对其统治,置室韦部节度使。辽圣宗时设置辽朝室韦国王府。本节通过历史文献佐以考古调查,考证历史文献记载的辽朝室韦国王府故城之所在。

一 晚唐五代室韦的迁徙与演变

晚唐五代时期,由于契丹崛起对室韦的挤压,及回纥和突厥的衰落,室韦中的许多部落趁机西迁,填补回纥和突厥居住空间。其间一些室韦部落不再称室韦,改称别的族称。在这个时期,唐朝衰落,契丹族崛起于中国北方,室韦失去了唐朝的保护,使得在北齐至隋唐时期加入室韦群体的一些部落纷纷脱离室韦群体,或加入契丹群体,或加入女真群体,或远迁异地改称其他族名,不再以室韦族自称。到辽代中期,只有居住在嫩江流域的室韦仍称室韦。辽朝为加强对嫩江流域室韦族的管辖,先后设置室韦部节度使和室韦国王府。辽朝室韦部节度使和室韦国王府，是否还设在唐朝室韦都督府城，是本文主要解决的问题。

为了考证辽朝室韦部节度使和室韦国王府治所之所在，首先应该了解从晚唐五代至辽朝设立室韦国王府时室韦各部的迁徙与演变。进一步确定辽朝设立室韦部节度使和室韦国王府时还有哪些室韦部落仍称室韦，这样就可以考证出室韦部节度使和室韦国王府治所具体位置。晚唐衰落，再也没有能力保护室韦各部了，致使室韦与唐朝的关系疏远。此时的室韦各部时而附唐，时而附契丹，在回纥和突厥相继衰亡的情况下，室韦各部为了躲避契丹的侵扰，趁机纷纷向西迁徙。室韦各部分布地域的变迁，使室韦民族共同体发生很大变化，到"晚唐五代时期（836—960），除文献泛称室韦屡见于史，和解室韦、大室韦和黄头室韦偶尔见载史籍以外，其他前此见诸记载的室韦部落名称已不复见"①。就是在文献中可见的几个室韦部落，也在唐代后期逐渐演变而称别的族名了。《新唐书·地理志》记载："骨利幹之东，室韦之西有鞠部落，亦曰袜部落。其东十五日行有俞折国，亦室韦部落。"②《室韦史研究》认为"俞折和羽厥均为如者之音转"③，如此音转成立的话，说明晚唐时期室韦之中的大、小如者室韦，已不再以室韦自称了，而称为俞折了。该书进一步论证，至晚唐时期，如者已由嫩江流域西迁至石勒喀河以南。《旧唐书·回纥传》记载："有特勒可质力二部东北奔大室韦，"④说明唐朝后期，大室韦已迁至西南与回纥相接近的地方，《室韦史研究》说："塔塔尔即唐代的大室韦"⑤，认为后来的塔塔尔，就是此时西迁的大室韦。在晚唐五代时期和解室韦西迁改称黑车子室韦，《旧唐书·回纥传》记载："会昌三年（843）……是夜，河东刘沔率兵奄至乌介营，乌介惊走东北约四百里外，依和解室韦下营，"⑥ 这件事，在《旧唐书·

---

① 张久和：《北朝至唐末五代室韦部落的构成和演替》，载《海拉尔谢尔塔拉墓地》，科学出版社 2006 年版，第 159 页。
② （宋）欧阳修、宋祁等：《新唐书·地理志》卷 43，中华书局 1975 年版，第 1149 页。
③ 孙秀仁、孙进己、干志耿、郑英德、冯继钦：《室韦史研究》，北方文物杂志社 1985 年版，第 23 页。
④ （后晋）刘昫：《旧唐书·回纥传》卷 195，中华书局 1976 年版，第 5214 页。
⑤ 孙秀仁、孙进己、干志耿、郑英德、冯继钦：《室韦史研究》，北方文物杂志社 1985 年版，第 24 页。
⑥ （后晋）刘昫：《旧唐书·回纥传》卷 195，中华书局 1976 年版，第 5215 页。

第五章　辽金行政机构治所地望考　　　　　　　　　　　　　241

武宗纪》记载："时乌介可汗中箭,走投黑车子,"①《新唐书·回纥传》记载："可汗收所余往依黑车子"②。这三则史料记载的是乌介被河东刘沔惊走东北400余里安营扎寨,这里的"依和解室韦下营、中箭走投黑车子、往依黑车子"三句话,都说明此时和解室韦已经改称黑车子室韦了。

辽朝初期,生活在嫩江流域的室韦诸部,发生了很大的变化。众多室韦部落进一步重新组合,形成新的部落。如北室韦中的大、小如者室韦西迁后,"形成了辽代的于厥里部",③ 与俱轮泊较近的"乌素固、移塞没、塞曷支等部,大约形成了辽代的乌古部"④。最北边的"大室韦至辽朝则称敌烈部"⑤。就连东面的乌洛侯、和解、那礼等部,在晚唐五代时期西迁后"形成了辽代的黑车子室韦部"⑥。在阿保机多次征讨后,被迫迁住阴山附近,称为黑车子室韦,或称为阴山室韦。留居嫩江流域中下游的黄头室韦,也从室韦群体中分离出来,形成单独的部落,称大、小黄头室韦,后改称突吕不室韦和涅剌拏古部。最后,只有隋唐时期绕吐纥山而居的北室韦各部仍称室韦。

二　辽初室韦的演变与室韦国王府的设立

辽朝建立初期,首先对距离较近的黑车子室韦进行征伐。辽太祖在唐天祐二年(905)七月,"复讨黑车子室韦"⑦。辽太祖元年(907)二月,"征黑车子室韦,降其八部"⑧。是年冬十月乙巳(11月9日),"讨黑车子室韦,破之"⑨。三年冬十月己巳(909年11月22日),"遣鹰军讨黑车子

---

① (后晋)刘昫:《旧唐书·武宗纪》卷18,中华书局1976年版,第595页。
② (宋)欧阳修、宋祁等:《新唐书·回纥传》卷217,中华书局1975年版,第6132页。
③ 孙秀仁、孙进己、干志耿、郑英德、冯继钦:《室韦史研究》,北方文物杂志社1985年版,第90页。
④ 孙秀仁、孙进己、干志耿、郑英德、冯继钦:《室韦史研究》,北方文物杂志社1985年版,第90页。
⑤ 孙秀仁、孙进己、干志耿、郑英德、冯继钦:《室韦史研究》,北方文物杂志社1985年版,第90页。
⑥ 孙秀仁、孙进己、干志耿、郑英德、冯继钦:《室韦史研究》,北方文物杂志社1985年版,第90页。
⑦ (元)脱脱:《辽史·太祖纪》卷1,中华书局1974年版,第2页。
⑧ (元)脱脱:《辽史·太祖纪》卷1,中华书局1974年版,第3页。
⑨ (元)脱脱:《辽史·太祖纪》卷1,中华书局1974年版,第3页。

室韦，破之"①。到了辽太宗时期，黑车子室韦多次朝贡，会同元年九月庚戌（938年10月13日），"黑车子室韦贡名马"②。三年八月乙巳（940年9月16日），"黑车子室韦……来贡"③。八年六月辛巳（945年8月7日），"黑车子室韦来贡"④。综上可知，辽太祖对黑车子室韦的征伐，使得黑车子室韦到辽太宗时期臣服辽朝了。在这种政治环境下，生活在嫩江流域的其他室韦部落有的迁居其他地方，有的臣服辽朝，成为辽朝的属族和属国。

辽朝是以契丹族为主体建立起来的多民族国家，国内有许多部族和属国。辽初征服室韦诸部落后将其置于管辖之下，先后设置了几个与之相关的机构。《辽史·营卫志》记载："突吕不室韦部。本名大、小黄头室韦户。太祖为达马狨沙里，以计降之，乃置为二部。隶北府，节度使属东北路统军司，戍泰州东北。涅剌挐古部。与突吕不室韦部同。节度使戍泰州东。"⑤ 辽泰州已确定在今黑龙江省泰来县塔子城古城，则泰州东北的突吕不室韦和泰州东的涅剌挐古部两个节度使驻地，当在今嫩江中游塔子城以东或东北。同书记载："室韦部。圣宗以室韦户置。隶北府，节度使属西北路招讨司。"⑥ 在《辽史》里室韦部与乌古敌烈、大小黄头室韦等并列记载，说明此室韦部当指居住嫩江流域中游之隋唐时期的北室韦。《辽史·百官志》记载："室韦国王府、黑车子室韦国王府。"⑦ 这两个室韦国王府，冠黑车子室韦国王府的室韦国王府当是设在阴山附近的，没有冠黑车子室韦的室韦国王府当是设在嫩江流域的。

辽朝室韦国王府当从室韦部节度使发展而来。辽圣宗以室韦户所置的室韦部，系指自北齐至隋唐以来的北室韦。唐朝时期，室韦都督府就设在世居嫩江中游东侧，绕吐纥山而居的北室韦部。辽朝在室韦部基础上设立室韦国王府，辽朝室韦国王府治所也是沿用唐朝室韦都督府治所。因为室韦都督府所在地经过多年经营，进入辽朝时期已经是嫩江流域中游的政

---

① （元）脱脱：《辽史·太祖纪》卷1，中华书局1974年版，第4页。
② （元）脱脱：《辽史·太宗纪》卷4，中华书局1974年版，第44页。
③ （元）脱脱：《辽史·太宗纪》卷4，中华书局1974年版，第48页。
④ （元）脱脱：《辽史·太宗纪》卷4，中华书局1974年版，第56页。
⑤ （元）脱脱：《辽史·营卫志》卷33，中华书局1974年版，第387、388页。
⑥ （元）脱脱：《辽史·营卫志》卷33，中华书局1974年版，第391页。
⑦ （元）脱脱：《辽史·百官志》卷46，中华书局1974年版，第758页。

治、经济、文化中心。所以，辽圣宗设立的室韦部节度使和其后设立的室韦国王府，其治所应在唐朝的室韦都督府治所之地。因此，辽朝室韦部节度使和辽朝室韦国王府所在地，应在嫩江流域中游东侧的伊拉哈古城。

今嫩江县伊拉哈镇伊拉哈古城遗址，在《嫩江县志》里记载第二道城垣，略呈正方形，每边墙长495米，古城周长1980米，四角均设角楼，四面城墙各设3个马面，在南城墙中间开一个城门，城门外设有瓮城，是典型的辽金时期古城建筑。《嫩江县志》记载在古城内出土了"淳化、祥符、崇宁"铜钱，应该是北宋向辽朝纳贡或是交易的货币。大量北宋时期的铜钱出土，为断定伊拉哈古城为辽朝时期所建，提供了线索和佐证。笔者认为，此道城垣的建筑，大约在辽圣宗设置室韦部节度使或是设立室韦国王府前后这段时间里。伊拉哈古城分内外两道城墙，内城没有角楼和马面等军事设施，不是辽金时期建筑，应该是早于辽朝的唐朝室韦都督府故城遗存。到了辽朝时期，由于经济社会的发展和人口规模的扩大，需要在原城的基础上扩建，以适应新设室韦国王府在政治、经济、军事上的发展需要。

三 辽朝室韦国王府故城建筑时间

辽朝室韦国王府故城建筑时间，笔者认为大约在辽代中后期。辽朝前期，辽朝对室韦多次征讨，然后将其征服的室韦人，迁往辽朝内地。如太祖、太宗时期，多次征讨黑车子室韦部就是一个例证。辽穆宗时期，居住在嫩江流域的室韦各部族，与辽朝的关系还是叛服不定，经常发生战争。《辽史·部族表》记载："穆宗应历十四年（964）九月，黄室韦叛，十二月，库古只奏黄室韦掠马牛叛去。库古只与黄室韦战，败之，降其众。"[①] 十五年（965）二月，"大黄室韦酋长寅底吉叛。四月，库古只奏室韦酋长寅底吉亡入敌烈。"[②] 这两则史料当中，前者说黄室韦叛，被库古只战败；后者先说大黄室韦酋长寅底吉叛，又说室韦酋长寅底吉亡入敌烈。史料记载前后不一致，一个记载的是大黄室韦酋长寅底吉叛，另一个记载的是室韦酋长寅底吉亡入敌烈。那么寅底吉到底是大黄室韦的酋长还是室韦的酋

---

① （元）脱脱：《辽史·部族表》卷69，中华书局1974年版，第1087、1088页。
② （元）脱脱：《辽史·部族表》卷69，中华书局1974年版，第1088页。

长呢？一般都认为寅底吉是大黄室韦酋长，《室韦研究》认为库古只所奏室韦酋长寅底吉亡入敌烈的室韦，"是大黄室韦之简称"①。笔者认为此种解释不妥，此处所记载的大黄头室韦、室韦，都是指后来圣宗以室韦户所置的室韦部。因为此时的大小黄头室韦，已早改称突吕不室韦和涅剌拏古部了。突吕不室韦北边的室韦，此时还没有正式设置为室韦部，室韦部节度使的设置，是圣宗统和年间的事情，所以《辽史》在记载黄头室韦时，有时记载大黄头室韦，有时记载为室韦。《辽史·部族表》记载："天显三年（928）五月，突吕不讨乌古部。九月，突吕不献乌古俘。四年（929）六月，突吕不献乌古俘。"② 突吕不室韦节度使治所在泰州东北，突吕不室韦北边，就是圣宗以室韦户所置的室韦部。如果寅底吉是黄室韦酋长的话，就应该记为突吕不室韦酋长寅底吉，而不应该记为大黄室韦酋长。再说已改称突吕不室韦的大黄室韦居住在嫩江流域中下游，他与敌烈中间隔室韦部，因此，不可能直接亡入敌烈。敌烈部在室韦部的西北，只有室韦部可以直接逃入敌烈部。因此，可以确认寅底吉是室韦部酋长，而不是大黄室韦酋长。此时辽朝与室韦的关系比较紧张，时常发生战争。因此，应历十五年（965），辽朝还没有对室韦族实行有效管辖，此时既没设立室韦部节度使，也没设立室韦国王府。因此，本文所要考证的辽朝室韦国王府故城，还没有兴建。

辽朝为了加强对一些属国的统治，在一些属国设立一套军政管理机构。如在某属国设立"某国大王、某国于越、某国左相、某国右相、某国惕隐……"③《辽史·部族表》所记载的穆宗应历十四年（964）四月，库古只奏室韦酋长寅底吉亡入敌烈，此时说寅底吉是室韦酋长，既没有说寅底吉是室韦部节度使，也没有说寅底吉是室韦国大王，这就说明此时辽朝还没有设置室韦部节度使和室韦国王府。也就可以肯定，辽朝室韦国王府还没有兴建。

辽圣宗时期，辽与北宋签订了澶渊之盟，建立了较为稳定的双边关系。此后辽朝集中力量加强了对北部边疆的治理。《辽史·部族表》记载：

---

① 孙秀仁、孙进己、干志耿、郑英德、冯继钦：《室韦史研究》，北方文物杂志社1985年版，第140页。
② （元）脱脱：《辽史·部族表》卷69，中华书局1974年版，第1082、1083页。
③ （元）脱脱：《辽史·百官志》卷46，中华书局1974年版，第755页。

第五章 辽金行政机构治所地望考

"圣宗统和九年（991）三月，振［赈］济室韦、乌古部。"①《辽史·圣宗纪》记载得较为详细："（统和九年）三月庚子（991年4月17日）朔，振室韦、乌古诸部。"②辽朝在赈济室韦之后的第九天，就于"戊申（4月25日），复遣库部员外郎马守琪、仓部员外郎祁正、虞部员外郎崔祐，蓟北县令崔简等分决诸道滞狱"③。辽朝与室韦多年积压的案件处理完了之后，双方才确立起友好往来的关系。《辽史·圣宗纪》记载："（统和）十二年九月壬子（994年10月10日），室韦……等来贡。"④表明此时室韦接受辽朝管辖，辽朝先在唐朝室韦都督府地方设立室韦部节度使，《辽史·营卫志》记载："室韦部，圣宗以室韦户置。"⑤圣宗以室韦户所置的室韦部，当是晚唐五代时期仍以室韦自称的隋唐时期的北室韦户，或许有一些是南边与北室韦为邻的黄室韦部分室韦户，其室韦部节度使治所，当为唐朝室韦都督府治所。此时的室韦部是辽朝的属部，还不是属国，设立之初是不会扩建城池的。辽圣宗后期和辽道宗初期，由于室韦部经济规模扩大和军事地位提高，辽朝为了适应对室韦部采取恩威并治的需要，先设置室韦部节度使，后升格为室韦国王府。

《辽史》明确记载辽朝设立室韦部节度使为辽圣宗时期。至于辽朝在什么时间将圣宗以室韦户设置的室韦部节度使，升格为室韦国王府，《辽史》虽没有明确记载，但还是给我们提供了大致的线索。《辽史·道宗纪》记载："辽道宗大康三年秋七月辛亥（1077年7月25日）……室韦查刺及肖宝神奴、谋鲁古并加左卫大将军"⑥。室韦人查刺被辽朝加封为左卫大将军，说明此时圣宗以室韦户所设置的室韦部节度使，已升格为室韦国王府了。室韦部节度使升格为室韦国王府的具体时间，由于《辽史》记载简单，现在已经很难考证，但所设置的时间范围，应该在辽圣宗统和十二年九月壬子（994年10月10日）之后，辽道宗大康三年七月辛亥（1077年7月25日）之前。因此，辽朝室韦国王府故城的建筑时间，当在辽圣宗统和十二年九月壬子（994年10月10日），与辽道宗大康三年秋七月辛亥

---

① （元）脱脱：《辽史·部族表》卷69，中华书局1974年版，第1094页。
② （元）脱脱：《辽史·圣宗纪》卷13，中华书局1974年版，第141页。
③ （元）脱脱：《辽史·圣宗纪》卷13，中华书局1974年版，第141页。
④ （元）脱脱：《辽史·圣宗纪》卷13，中华书局1974年版，第145页。
⑤ （元）脱脱：《辽史·营卫志》卷33，中华书局1974年版，第391页。
⑥ （元）脱脱：《辽史·道宗纪》卷23，中华书局1974年版，第280页。

(1077年7月25日）之间。至于具体哪年建城，有待今后考古发现与研究。

第二节　辽金时期北唐括部故城考

辽朝为防御女真西侵，在辽本土与女真之间设置北唐括部节度使。有人认为北唐括部在今巴彦县五岳河畔富江小古城遗址，本节通过实地考察，佐以历史文献，认为北唐括部故城在今拜泉县通肯河右岸三道镇刘家店古城遗址。

一　北唐括部族移置的大致位置

北唐括部是相对南唐括部而言的。辽朝在其东部边界，先后设置了南唐括和北唐括两个唐括部。汤开建《五代辽宋时期党项部族的分布》一文说："地在上京临潢府之东，黄龙府之西南，故称这一部分唐古为南唐古。"① 那么北唐括部的地望在哪里？根据《辽史》记载的北唐括部节度使隶属黄龙府都部署司，可以推定北唐括部所居之地，距离黄龙府不会太远。汤开建说："北唐古居黄龙府，南唐古应在黄龙府南。"汤开建先生所说的北唐括居黄龙府，是指北唐括部节度使治所应在黄龙府境内，而不是说北唐括节度使治所设在黄龙府城内。根据南唐括部在黄龙府之南，则可推断北唐括部在黄龙府城之北。

要想弄清楚北唐括部设置的大致位置，还需要了解辽朝设置北唐括的目的。辽圣宗时期，辽宋为了争夺燕云十六州，从辽统和四年（986），到辽统和二十二年（1004）十二月宋金议和、签订澶渊之盟为止，辽宋进行了持续18年之久的战争。在这段时间里，辽朝把主要兵力用在燕云十六州上，无暇顾及北部、东部边界，导致北部、东部边界的乌古敌烈部、女真各部以及高丽等时常侵扰辽朝边界。辽圣宗为了防御高丽和女真势力，把所俘获的党项人迁到辽与高丽、女真之间的缓冲地带，其目的是防止高丽和女真的入侵。南唐括防御高丽，北唐括防御女真各部。这样看来，北

---

①　汤开建：《五代辽宋时期党项部落的分布》，《西北民族研究》1993年第1期，第105页。

第五章　辽金行政机构治所地望考

唐括部所在的地理位置，应该在金源内地西侧、辽本土之东的地带，具体地说当在黄龙府之北、嫩江以东的平原上。

关于北唐括部在黄龙府之北，《金史》还是提供了一些线索。《金史·太祖纪》记载："师次唐括带斡甲之地"①，这里记载的师次唐括带斡甲之地，是阿骨打在攻打辽朝东方重镇宁江州时，从来流水往宁江州所经过之地。从来流水前往宁江州的行军路线，在黄龙府之北这一地理情况来看，可以确定唐括带斡甲之地，在黄龙府之北。唐括带斡甲之地，属于北唐括部管辖之地，在辽与女真之间的边界地带，也就证明了北唐括部在辽与女真的中间地带。阿骨打的军队当晚就驻扎在唐括带斡甲之地，第二天通过扎只水之后到达辽界。《金史·太祖纪》记载："明日，次扎只水，光见如初。将至辽界，先使宗干督士卒夷堑。"② 这则史料说明，阿骨打攻打宁江州所经过的唐括带斡甲之地，不在辽朝本土境内，而在辽朝东部边界之外，但距辽朝东部边界很近。从阿骨打自拉林河起兵攻打宁江州的进军路线来看，阿骨打率军从拉林河走了一天的路，晚上才到北唐括部管辖的唐括带斡甲之地，第二天过扎只水，才到辽朝边界。从行军路线来判断，北唐括部应位于辽与女真中间地带，而不会在完颜部所居住的阿什河东北部的少陵河。汤开建说："北唐古部应是指整个居住在东北地区的唐古部落。"笔者认为，北唐括部的居住范围应在黄龙府之北，沿第二松花江以北，靠近嫩江之滨的松嫩平原上，不会到达今巴彦县境内的少陵河或是五岳河地方，否则与辽迁置唐括部阻挡女真西侵的目的相违背。

邓清林《黑龙江地名考释》说："五岳河，原名隈依河，亦称隈雅［鸦］③河。旧称乌要河、乌腰河，又转为无叶河。此河源出巴彦县骆驼砬子山，向西南流三十里，经金初'隈雅村'，金史称率水隈雅村，系唐括部之废址"④。魏长海《巾帼女杰——昭肃皇后唐括多保真》一文说："巴彦县域内有三支生女真部，即唐括部在富江乡村、泥厖古部在今少陵河一带、术甲部今黄泥河，巴木两县交界处。"⑤ 孙进己、冯永谦《东北历史地理》

---

① （元）脱脱：《金史·太祖纪》卷2，中华书局1975年版，第24页。
② （元）脱脱：《金史·太祖纪》卷2，中华书局1975年版，第24页。
③ 雅，在有些书中记为鸦。
④ 邓清林：《黑龙江地名考释》，黑龙江人民出版社1986年版，第188页。
⑤ 魏长海：《巾帼女杰——昭肃皇后唐括多保真》，《黑龙江史志》2000年第2期，第41页。

(下),依据"《黑龙江舆地图说》载,巴彦南有限鸦河,今称五岳河,经金初限鸦村废址西南,又东南流十里注松花江。则唐括部应在今巴彦县五岳河东北。"① 巴彦县境内的五岳河在阿什河东北,属于金源内地。如果把北唐括居地定在五岳河附近,这里远离辽朝边界,则北唐括部起不到阻挡女真西进的目的,同时也与阿骨打攻打宁江州时经过北唐括部带斡甲之地相矛盾。

上述把北唐括部确定在巴彦县五岳河附近,其主要根据是今巴彦县境内的少陵河为金代的帅水。笔者曾于2014年6月1日,随同哈尔滨市社科院组织的辽金遗址考察队,对巴彦县境内的少陵河与五岳河进行了实地考察。少陵河和五岳河分别在巴彦县西南和东南,两条河流相距几十里,是流向不同的松花江一级支流。从这一实际情况看,这两条河流不相连、也就证明了五岳河与帅水没有任何关系。依据《金史·景祖昭肃皇后传》记载"景祖昭肃皇后,唐括氏,帅水隈鸦村唐括部人,"② 来判断巴彦县富江村小城子遗址是帅水唐括部遗址,就有些难以令人信服了。因为五岳河不是少陵河的支流,与少陵河没有关联,也就不是帅水。这样就可以断定今巴彦县富江乡五岳河畔小城子遗址,不是金代帅水隈鸦村北唐括部故城。那么要想寻找金初帅水隈鸦村北唐括部故城,还应考察帅水是今天的哪条河流,然后在帅水流域寻找金初帅水隈鸦村,或北唐括部故城遗址。

二 帅水是今天的哪条河流

《金史》记载的帅水,到底是今天哪条河流,孙进己、冯永谦说:"旧说以帅水为巴彦之硕罗河,今称少陵河,"③ 孙近己、冯永谦等把巴彦县境内少陵河为帅水说称为旧说,是相对谭其骧《中国历史地图集释文汇编·东北卷》而说的。谭其骧《中国历史地图集释文汇编·东北卷》将"今呼兰河北支通肯河与双阳河定为帅水"④。陈国良先生亦赞同谭其骧的学术观点,在《金代北疆首脑人物研究》 一书中,认为唐括多保真出生之地的帅水,当为"今呼兰河上源北支流通肯河和双阳河流域为中心地域。"⑤《金

---

① 孙进己、冯永谦总纂:《东北历史地理》(下),黑龙江人民出版社2013年版,第39页。
② (元)脱脱:《金史·景祖昭肃皇后传》卷63,中华书局1975年版,第1500页。
③ 孙进己、冯永谦总纂:《东北历史地理》(下),黑龙江人民出版社2013年版,第39页。
④ 谭其骧主编:《中国历史地图集释文汇编·东北卷》,中央民族学院出版社1988年版,第183页。
⑤ 金北人:《金代北疆首脑人物研究》,内蒙古文化出版社1995年版,第20页。

第五章 辽金行政机构治所地望考

史》中的帅水,被学界考证为少陵河和呼兰河北支双阳河两说。今天的这两条河流相差几百里路,一条河流在巴彦县境内,一条河流在拜泉县境内。这给后世学者考证其与帅水相关的历史地理问题,带来了许多麻烦,不知所从。如金初景祖昭肃皇后唐括多保真及其唐括部故里问题,一些学者们在考证唐括部故里时,依据"景祖昭肃皇后,唐括氏,帅水隈鸦村唐括部人,讳多保真"[1],考证北唐括部在少凌河流域或在通肯河北支与双阳河流域。那么到底哪条河流是北唐括部所居住的帅水?要想确定北唐括部节度使治所的确切位置,必须首先考证出来《金史》记载中的帅水到底是哪条河流。

关于帅水虽然史料记载模糊,但从金初太祖征伐各部的战争线索还是可以梳理出来的。《金史·世纪》记载:"大安八年,自国相袭位。是时,麻产尚据直屋铠水,缮完营堡,诱纳亡命。招之,不听,遣康宗伐之。"[2]《金史·腊醅·麻产传》记载:"世祖既没,肃宗袭节度使。麻产据直屋铠水,缮完营堡,招纳亡命,杜绝往来者……招之不听,使康宗伐之。"[3] 这两则史料都说麻产在直屋铠水招纳亡命。《金史·腊醅·麻产传》记载:"腊醅、麻产兄弟者,活剌浑水讹邻乡纥石烈部人。"[4] 如果腊醅、麻产是活剌浑水人的话,那么在腊醅被擒后,麻产所据的直屋铠水,一定是与活剌浑水有关联的河,且交通不便,康宗不易轻取之地。

目前学术界大多学者考证活剌浑水为呼兰河。贾敬颜《东北古代民族古代地理丛考》一书说活剌浑水"即今黑龙江呼兰县呼兰河"[5]。谭其骧《中国历史地图集释文汇编·东北卷》说:"活剌浑水,今呼兰河(呼兰至铁力两县之间)。"[6] 邓清林《黑龙江地名考释》一书,在呼兰河条下说:"《金史》腊醅、麻产、昂舍音各传皆称此河为'活剌浑'河。据考应是呼兰镇至铁力段。"[7] 吴培玉、王阳《北大荒源流考》一书说:"呼兰

---

[1] (元)脱脱:《金史·景祖昭肃皇后传》卷63,中华书局1975年版,第1500页。
[2] (元)脱脱:《金史·世纪》卷1,中华书局1975年版,第12页。
[3] (元)脱脱:《金史·腊醅·麻产传》卷67,中华书局1975年版,第1582页。
[4] (元)脱脱:《金史·腊醅·麻产传》卷67,中华书局1975年版,第1581页。
[5] 贾敬颜:《东北古代民族古代地理丛考》,中国社会科学出版社1993年版,第97页。
[6] 谭其骧主编:《中国历史地图集释文汇编·东北卷》,中央民族学院出版社1988年版,第183页。
[7] 邓清林:《黑龙江地名考释》,黑龙江人民出版社1986年版,第183、184页。

河,满语'呼兰',汉译'烟囱'之意。金代称'活剌浑河',明代称'忽剌温河',清代始称呼兰河。"① 孙进己、冯永谦《东北历史地理》(下)说:"《黑龙江舆地图说》载:以活剌浑水为今呼兰河。"② 笔者认为,上述诸多学者认为金代的活剌浑水即今天的呼兰河至为准确。可是邓清林《黑龙江地名考释》一书,却把今巴彦县境内的猪蹄河,确认为金代的直屋铠水。邓清林《黑龙江地名考释》说:"金称直屋铠水,清称哲克特依河。亦称朱克奇河。俗称猪蹄河,……此河源出尖山子,向西水流三十里,携小朱堤河入少陵河。"③ 这样一来,把直屋铠水定在少陵河支流猪蹄河,也就认定了少陵河是帅水。如果少陵河是帅水的话,这与腊醅、麻产兄弟二人是活剌浑水人相矛盾。因为呼兰河与少陵河是相距百里以上的两条平行河流,没有交汇之处。

　　《金史》记载的活剌浑水、帅水、直屋铠水这三条河是什么关系?如果把这三条河流的关系梳理清楚了,对金初帅水河畔的隈鸦村、北唐括部旧址也就基本知道了大致的位置。《金史·腊醅·麻产传》记载:"世祖既没,肃宗袭节度使。麻产据直屋铠水,缮完营堡,招纳亡命,杜绝往来者。恃陶温水民为之助,招之不听,使康宗伐之。是岁,白山混同江大溢,水与岸齐,康宗自阿邻冈乘舟至于帅水,舍舟沿帅水而进。"④ 从这则史料得出来的信息是:康宗趁混同江涨水,乘船经过一段水路,到达帅水后弃船,沿帅水步行。如果少陵河是帅水的话,因为它是松花江一级支流,康宗就可以乘船直接到达帅水,而不需要弃船沿帅水而行。

　　那么哪条河流符合《金史》记载呢?今天的呼兰河北支流通肯河及双阳河,被我国著名历史学家谭其骧先生认为是金代的帅水,但谭其骧对此没有进行充分的论证。或是因为帅水与通肯河不相连,或是因为帅水水浅不能行船,而使康宗舍舟沿帅水步行。今天的通肯河是呼兰河北支,通肯河与双阳河,一是通过拜泉境内的三道沟相连,二是通过拜泉和明水之间的一条无名河相连。按:在拜泉县新生林场境内的两半山,雨水大的时候,分三个流向,一是西北流入新生乡自建村自建水库,再通过自建水

---

① 吴培玉、王阳:《北大荒源流考》,黑龙江人民出版社2012年版,第319页。
② 孙进己、冯永谦总纂:《东北历史地理》(下),黑龙江人民出版社2013年版,第40页。
③ 邓清林:《黑龙江地名考释》,黑龙江人民出版社1986年版,第197页。
④ (元)脱脱:《金史·腊醅·麻产传》卷67,中华书局1975年版,第1582页。

第五章 辽金行政机构治所地望考

库,北流入双阳河;二是东南流入三道镇,与新生乡永发村旁边东南流向的一条无名河汇合后,流入通肯河;三是东北流入三道镇境内的三道沟,通过三道沟流入通肯河。从通肯河与双阳河相连接的河流看,这两条河流多属于季节性丘陵山间的小河流,不能通船。从康宗舍舟沿帅水而进这一记载来看,今天的双阳河符合《金史》记载中有关帅水的描述。另外,从音韵学角度来看,双阳 shuangyang 与帅 shuai 这两个词之间,存在一个演变过程。双阳促读可为帅。这样,也就可以推定今天的双阳河,就是金代的帅水。可见,谭其骧先生确定通肯河北支与双阳河为金史记载中的帅水,这一学术观点至为准确。

现在确定了双阳河为金代的帅水,那么,麻产所据的直屋铠水在什么地方?《金史》记载康宗沿着帅水而行,说明麻产所据的直屋铠水离帅水不会太远。《金史》记载:"麻产与其人分道走,太祖命劾鲁古追东走者,而自追西走者。至直屋铠水,失麻产不见,急追之,得遗甲于路,迹而往,前至大泽,泞淖。麻产弃马入萑苇,太祖亦弃马追及之,与之挑战。"[①] 从太祖在帅水河畔往西追,到达直屋铠水,再往前就是大泽,从麻产弃马进入芦苇塘里的情况来看,直屋铠水应在今天的双阳河下游支流。这里所说的大泽,可能是现在的扎龙湿地东端,扎龙湿地生态环境,符合麻产弃马进入芦苇塘里的特征。从前面的叙述可以看出,活剌浑水、帅水、直屋铠水的关系,以呼兰河或呼兰河北支通肯河为活剌浑水,呼兰河北支通肯河接近帅水附近的通肯河段和双阳河为帅水,在接近今天扎龙湿地附近,双阳河下游某支流或为麻产据险的直屋铠水。麻产所据的直屋铠水在双阳河下游,符合历史事实。这里接近嫩江,渡过嫩江就是辽本土泰州境,麻产可以战败逃亡辽境,寻求保护。

三 北唐括部故城在哪里?

确定了金代帅水为今双阳河及与双阳河较近的通肯河,这为我们寻找北唐括部故城提供了可靠的依据。《金史》记载:"景祖昭肃皇后,唐括氏,帅水隈鸦村唐括部人,"[②] 这样一个关键性人物,记在帅水是不会错

---

① (元)脱脱:《金史·腊醅·麻产传》卷67,中华书局1975年版,第1582页。
② (元)脱脱:《金史·景祖昭肃皇后传》卷63,中华书局1975年版,第1500页。

的，应该是可信的。《金史》记载的唐括部故里在帅水，也就是今天的双阳河及与双阳河较近的通肯河段。《金史》记载的昭肃皇后，唐括氏帅水隈鸦村唐括部人，这里只能说明今天的双阳河是唐括部故里，还不能确定唐括部在双阳河的确切位置。因为双阳河流经今天的拜泉县、依安县、富裕县、林甸县等地。且《金史》除记载唐括部在帅水之外，还有泥厖古部在帅水。《金史·世纪》记载："太祖以偏师伐泥厖古部帅水抹离海村跋黑、播立开，平之，自是寇贼皆息。"① 《金史·太祖纪》记载："久之，以偏师伐泥厖古部跋黑、播立开等，乃以达塗阿为向导，沿帅水夜行袭之，卤其妻子。"② 这两则史料可证泥厖古部亦在帅水。

这样看来，辽金时期帅水区域有唐括部和泥厖古部两个部族居住。这给我们考证北唐括部故城又增加了难度。虽然寻找北唐括部故城难度很大，但还是可以考证出来的。北唐括部与泥厖古部相比较，北唐括部是辽朝在国界之外为防止女真各部西进而设的部族。《辽史·营卫志》记载："北唐古部，圣宗以唐古户置。隶北府，节度使属黄龙府都部署司。"③ 从这则史料记载来看，辽朝对北唐括部的设置，属于节度使级别的部族，而女真各部只设完颜部为节度使级别，没有史料记载泥厖古部为节度使级别的部族。这就是说，北唐括部的行政级别比泥厖古部级别要高。

辽金时期各级建置的治所，其城池的建筑规格大小与其行政级别有关。一般的是行政级别高的建置治所要大些，行政级别小的建置治所要小些。这样看来，北唐括部族故城要比泥厖古部故城大。笔者为了考证北唐括部故城在何处，先后两次赴拜泉县双阳河流域进行考古调查，并查阅了与双阳河流域相关的《依安县志》《富裕县志》《林甸县志》《明水县志》《青冈县志》等志书。目前在双阳河流域现存辽金遗址中，只发现拜泉县三道镇刘家店辽金遗址为较大的辽金古城遗址。从古城的遗址大小来看，"南北长675米，东西宽827.6米，周长3005.2米"④。这样大的辽金古城遗址符合辽金时期节度使级别的建置治所。在金代，唐括部属于节度使级别的部族建置，而泥厖古部不是节度使级别的部族建置。拜泉境内的刘家

---

① （元）脱脱：《金史·世纪》卷1，中华书局1975年版，第12页。
② （元）脱脱：《金史·太祖》卷2，中华书局1975年版，第20页。
③ （元）脱脱：《辽史·营卫志》卷33，中华书局1974年版，第391页。
④ 古城遗址情况，是拜泉县委宣传部杨显峰提供的。

店古城遗址，与北唐括部故城正相当。从地域上看，刘家店古城在金代帅水流域区域内；从古城的大小来看，刘家店古城符合金代节度使级别治所城。这样，我们就可以暂且推定拜泉县三道镇辽金古城遗址，为辽金时期北唐括部故城。

第三节　双河古城考古学观察

汤原县双河古城亦称固木纳古城。目前多数学者认为双河古城是辽五国部盆奴里部治所，金为屯河猛安治所，元为桃温万户府治所。本节通过笔者实地考古调查，认为双河古城不是辽代五国部盆奴里部治所，是金代屯河猛安治所和元代桃温万户府故城。

一　双河古城的地理位置及建筑形制

双河古城位于汤旺河下游冲积平原。其地理坐标为东经129°43′—44′，北纬46°40′—41′，海拔98米。南距香兰镇3000米、西北至双河村1500米。据当地县政协郭主席讲，汤旺河经过几次洪水改道，已经把古城冲刷掉三分之二，古城大部分都已塌陷于河道之中，现在所能看见的仅是古城西边部分的三分之一。距离双河古城东北50千米的汤原县振兴乡振兴村，有"两处朗君古城遗址，两城之间相距1500米，西城周长1370米。东城周长700米"[1]。根据其出土文物，可以认定为辽金古城。在双河古城的西北伊春市金山屯区北郊，汤旺河右岸有一处大型横山金代遗址。据《金山屯区（林业局）志》载："1965年，在横山营林新村时，出土了石桌、石凳、八面乐舞浮雕石幢、轮制陶罐、铜镜、小木鞋、缸胎釉陶桥状耳罐、铁锹、铜钱、玉石鸟、金质符牌等文物。其中，出土了一枚契丹文金牌，已载录《中国通史》第六册。"[2] 这些出土文物表明金山屯横山遗址，当为辽金时期古城遗址。双河古城西南，松花江南岸依兰市境内，有被史学界认可的金代胡里改路故城遗址。在依兰县城北一里许的古城遗址，普遍

---

[1] 陈凤舞、王文石主编：《汤原县志》，黑龙江人民出版社1992年版，第775页。
[2] 武道伦、杜永春主编：《金山屯区（林业局）志》，黑龙江人民出版社1992年版，第752页。

认为"辽代五国部越里吉故城,金代沿用为胡里改路故城"①。谭其骧认为胡里改路治所为"今黑龙江省依兰县喇嘛庙"②。孙秀仁则认为,今依兰县城南90千米"土城子古城为金代胡里改路治所"③。双河古城周围这些古城遗址文化性质的确定,对考证双河古城的文化性质,起到至关重要的佐证作用。

双河古城形制,基本上呈长方形。东西墙长750米,南北墙长500米,周长2500米。掘壕选墙,夯土版筑。墙基底宽8米,顶宽2米,高3米。南门瓮城仅存3座土包。西墙有马面5个,间距80米;南、北城墙各有马面1个。古城西北角和西南角筑有角楼,北城外面设有两道城壕,西城外设有1道城壕。东城垣及南、北城垣大部无存。城内已开垦耕地面积约45亩。地面散布有大量板状碎石块、长方形青砖、灰色布纹瓦、轮制灰陶残片、兽面瓦当等,出土了铜锅、铜镜、铁锅、铁镞和宋代铜钱等文物。从古城的建筑形制和出土的文物来看,双河古城是典型的辽金时期古城。

二 五国部各城的建筑年代考辨

《黑龙江省志·文物志》记载:(双河古城)"辽代为五国部盆奴里部,金代为屯河猛安,元代为桃温万户府"④,认为双河古城是辽金时期的古城,这只是大致的建筑时间范围。作为五国部各治所城,应该始建于辽代,为其后的金元所沿用。我们判定古城的文化性质,首先要了解古城的建筑时间。五国部各治所城,是否建于辽代五国部时期,这不仅要看这些古城的建筑形制,更要看古城是否出土了能够佐证其建筑时间的文物,方能断定松花江中下游这些古城的文化性质。

首先探讨辽代五国部各古城的建筑时间。从双河古城的建筑形制来看,此城应建于辽金时期。因为在辽代以前,东北地区的城市建筑一般不见完备的夯土版筑、附筑马面和瓮城的形制结构,到了辽金朝时期,这样的古城建筑形制才逐渐完备。双河古城城墙夯土版筑,附筑马面,有瓮

---

① 干志耿主编:《黑龙江省志·文物志》,黑龙江人民出版社1994年版,第145页。
② 谭其骧主编:《中国历史地图集释文汇编·东北卷》,中央民族学院出版社1988年版,第168页。
③ 关文选主编:《依兰县志》,黑龙江人民出版社1990年版,第51页。
④ 干志耿主编:《黑龙江省志·文物志》,黑龙江人民出版社1994年版,第145页。

第五章 辽金行政机构治所地望考

城，符合辽金时期古城建筑形制，因此，断定双河古城建于辽金时期。从古城遗址情况来看，即使该城在辽代以前就已建筑，目前所见到的城墙遗址也不会早于辽代，或是在原有古城基础上扩建或改建的。至于双河古城，在辽朝以前是否存在，只有待于考古发掘工作的深入开展。

辽朝在松花江中下游两岸建筑城池，应该始于辽朝在这一地区的设置。没有设置是不会建城的，即使在辽以前有城存在，也不会是辽金建筑形制的古城。辽朝曾经在松花江中下游地区设置过五国部，这为我们确定松花江下游各古城的大致建筑时间提供了一个基本线索。辽太祖耶律阿保机灭渤海之后不久，《辽史》记载："天显元年二月丁未（926年4月5日），高丽、濊貊、铁骊、靺鞨来贡。"① 按：五国部在辽初叛服不定，虽然靺鞨、铁骊来贡，但当时辽朝还没有对靺鞨、铁骊等地区实行有效统治。这一状况一直延续到辽圣宗初期。《辽史·圣宗纪》记载："统和二年二月丙申（984年3月20日），东路行军、宣徽使耶律蒲宁奏讨女真捷……乙巳（3月29日），五国乌隈于厥节度使耶律隗洼以所辖诸部难治，乞赐诏给剑，便宜行事，从之。"② 这则史料说明辽朝对生女真和五国部地区，实行有效统治是经过了十几年的征讨之后。《辽史·圣宗纪》记载："二十一年四月戊辰（1003年5月12日），兀惹、渤海、奥里米、越里笃、越里吉等五部遣使来贡。"③ 这是五国部最早向辽朝进贡的记载。统和二年辽朝在五国部设置节度使，到统和二十一年才有五国部向辽朝贡的记载。其间，没有五国部向辽朝贡的记载。说明在这段时间里，辽朝没有对五国部实行有效统治，五国部一直处于叛服不定的状态。到统和二十一年（1003），五国部遣使朝贡，说明此时辽朝基本上控制了五国部及其周边各族。《辽史·圣宗纪》记载："统和二十二年秋七月丁亥（1104年7月24日），兀惹、蒲奴里、剖阿里、越里笃、奥里米等部来贡。"④ 从前后两次五国部及其各部族到辽朝贡的记载来看，统和二十二年秋七月，应该是彻底平定了五国部的叛乱，控制了这一地区。于是辽朝将五国部等周边地区，所"俘获的诸国之民，初隶诸宫，户口蕃息置部。讫于五国，皆有

---

① （元）脱脱：《辽史·太祖纪》卷2，中华书局1974年版，第22页。
② （元）脱脱：《辽史·圣宗纪》卷10，中华书局1974年版，第113页。
③ （元）脱脱：《辽史·圣宗纪》卷14，中华书局1974年版，第158页。
④ （元）脱脱：《辽史·圣宗纪》卷14，中华书局1974年版，第159页。

节度使。"① 这是辽朝依据"因俗而治"的基本国策，将这一地区划分为五个行政区，设置节度使管辖这一地区。五国部各部的名称仍以原先部族称之。景爱先生认为："五国部是五个以城市为中心的大部落。"② 干志耿认为："绝不是五个大城落，而是部族分部。"③ 笔者认为五国部绝不仅仅是五个部落，或是五个城池，而是辽朝按照因俗而治的基本国策，划分的五个节度使级别的地方行政区划。由于五国部原先同属于黑水靺鞨，彼此之间有着共同的经济生活，且地域相连，所以被后世学界统称为五国部。辽朝在五国部地区设置五个节度使，最迟不会晚于统和二十二年秋七月。《辽史·营卫志》记载："五国部。剖阿里国、盆奴里国、奥里米国、越里笃国、越里吉国，圣宗时来附，命居本土，以镇东北境，属黄龙府都部署司。"④ 辽朝在五国部设置节度使后，为加强对五国部地区的统治，应该开始筑城。剖阿里国、盆奴里国、奥里米国、越里笃国、越里吉国这五个节度使治所，如果原先有城，这时应该重新按照辽朝筑城的形制要求扩建或修建；如果原先没有城，就应该选址建城。在原城址上扩建或是修建，一般要遗留一些原有城的建筑形制孑遗；重新选址所建筑的城，应该是辽朝的城市建筑形制。从目前考古学所认定的五国部古城遗址来看，其建筑形制不规范的古城，有可能是辽设置五国部以前就有的城池。目前所见附有马面、瓮城等形制的古城，应该是辽朝扩建的城池。

根据辽朝设置五国部节度使的时间，来判断五国部各节度使治所的建筑时间，两者相差不会太远。辽朝设置五国部节度使不久，就应该开始筑城或是在原有城的基础上扩建，以适应其统治。从行政机构的设置时间，判断其治所的建筑时间，这一史学研究方法还是基本可信的。既然根据辽朝对五国部各节度使的设置可以判断五国部治所的建筑时间，也就可以依据五国部各节度使设置的沿革情况来判断五国部各节度使治所建筑时间的下限。《辽史·营卫志》记载："重熙六年，以越里吉国人尚海等诉酋帅浑敞贪污，罢五国酋帅，设节度使以领之。"⑤ 同书记载："重熙六年八月己

---

① （元）脱脱：《辽史·营卫志》卷33，中华书局1974年版，第391页。
② 景爱：《辽代的鹰路与五国部》，《延边大学学报》1983年第1期，第90页。
③ 干志耿：《探赜索隐集》，黑龙江人民出版社1993年版，第197页。
④ （元）脱脱：《辽史·营卫志》卷33，中华书局1974年版，第392页。
⑤ （元）脱脱：《辽史·营卫志》卷33，中华书局1974年版，第392页。

第五章 辽金行政机构治所地望考

卯（1037年9月21日），北枢密院言越棘部民苦其酋帅坤长不法，多流亡，诏罢越棘等五国酋帅，以契丹节度使一员领之。"① 这两则史料说明，在辽兴宗重熙六年（1037），辽朝以越棘部民苦其酋帅坤长不法为由，对五国部地区的行政建置进行了调整，将直接隶于北府的五个节度使进行了裁撤，合并为一个节度使，来管理整个五国部地区。五国部各部节度使被裁撤后，其作为各节度使建置治所被废置。各节度使被废置后是不会筑城的。合并后的五国部节度使，即使筑城也应该是在原有五个节度使治所中选一个比较适中，有利于有效掌控五国部。这样看来，辽代五国部各城的改扩建时间，上限不会早于统和二十二年秋七月丁亥（1004年7月24日），下限不会晚于重熙六年八月己卯（1037年9月21日），这是辽代五国部各城大致的建筑时间范围。

三 双河古城的文化性质辨析

双河古城为辽金时期古城，这是大致的时间范围。至于这个古城是辽代所建，还是金代所建，需要历史文献和考古材料结合起来考证。目前大多数学者认为其始建于辽代，是辽代五国部盆奴里国故城。《黑龙江省志·文物志》记载："辽代为五国部盆奴里部，金代为屯河猛安，元代为桃温万户府。"② 这里说明了双河古城建筑的时间始于辽代，为辽代五国部之盆奴里的治所，且为金元时期所沿用。最早提出双河古城是五国部之盆奴里国治所是清代学者屠寄，他在《黑龙江舆图》中标注了"固木纳城即辽五国部盆奴里国故城"③。屠寄认为："吞河亦屯河，《金史》所称陶温水，亦作涛温，又作土温，《元史》谓之桃温，又谓之陈河，今语或讹为汤旺河……经固木纳城北……其城……即辽五国部盆奴里国。"④ 此后陆续有学者撰文说固木纳古城是辽代五国部之盆奴里国故城。很多学者认为屠寄的考证不可信，孙秀仁、干志耿在《论辽代五国部及其物质文化特征》中说："盆奴里，屠寄认为在固木纳城，《辽东志》作托温城，《吉林通

---

① （元）脱脱：《辽史·兴宗纪》卷18，中华书局1974年版，第219页。
② 干志耿主编：《黑龙江省志·文物志》，黑龙江人民出版社1994年版，第145页。
③ （清）屠寄：《黑龙江舆图》，《辽海丛书·附册》，辽沈书社1985年版，第5页。
④ （清）屠寄：《黑龙江舆图说·呼兰城》，《辽海丛书》，辽沈书社1985年版，第1051页。

志》作公木纳城。该城在今汤原县境内汤旺河之侧，但无考古证明。"① 李英魁在《辽金五国城丛谈》中也认为："唯依兰以下松花江两岸至黑龙江口有十余座古城……可见五国部之城落不外于这十余座古城。其中唯奥里米古城相沿有续，证据确凿，为绥滨县城西九公里的古城。近代学者以此为坐标，推测……盆奴里城为汤原境内的桃温城……均无考古证明，未能定论。"② 虽然他们都对屠寄的观点提出质疑，但没有对其进行考证，致使把双河古城说成辽代五国部盆奴里故城这一未成定论的观点沿袭到现在。屠寄依据《金史》里的陶温水，亦作涛温，又作土温，以及《元史》谓之桃温之音转，认定五国部盆奴里故城就是位于汤旺河下游右岸的双河古城，这一结论似有些牵强。今汤旺河在金代称屯河或是陶温、涛温这一名称，与五国部之盆奴里这一名称没有音转关系。所以很难依据金代对汤旺河的称谓，论证辽代的盆奴里故城就是汤旺河下游右岸的双河古城。

辽代五国部是一个广阔的地域，现区域内有十余个古城。这些古城能确定为五国部各治所城的只有"今绥滨县城西十八里奥里米城"③。至于其他四个五国部故城的确定，很难依据《辽史》记载五国部的顺序，考证其故城所在。《辽史》关于五国部的记载很混乱，时而把兀惹记入五国部，时而把铁骊部记入五国部。仅《辽史·圣宗纪》与《辽史·营卫志》关于五国部的记载，前后顺序就不一样。《辽史·圣宗纪》记载的顺序是："兀惹、蒲奴里、剖阿里、越里笃、奥里米。"④《辽史·圣宗纪》记载的顺序是："越里笃、剖阿里、奥里米、蒲奴里、铁骊。"⑤《辽史·营卫志》记载的顺序是："五国部。剖阿里国、盆奴里国、奥里米国、越里笃国、越里吉国。"⑥ 仅这三处记载，就把剖阿里国和盆奴里国的顺序调换了。因此依据《辽史·营卫志》关于五国部记载的顺序，推断五国故城之所在，就很难让人信服。《辽史》关于五国部记载的混乱，给后世学者研究五国部

---

① 孙秀仁、干志耿：《论辽代五国部及其物质文化特征》，《东北考古与历史丛刊》（第一辑），文物出版社1982年版，第95页。
② 李英魁：《辽金五国城丛谈》，《黑龙江文物丛刊》1982年第3期，第94页。
③ 谭英杰、孙秀仁、赵虹光、干志耿：《黑龙江区域考古学》，中国社会科学出版社1991年版，第123页。
④ （元）脱脱：《辽史·圣宗纪》卷14，中华书局1974年版，第159页。
⑤ （元）脱脱：《辽史·圣宗纪》卷16，中华书局1974年版，第183页。
⑥ （元）脱脱：《辽史·营卫志》卷33，中华书局1974年版，第392页。

第五章 辽金行政机构治所地望考

地望问题带来很大麻烦。后世学者多依据《辽史》记载的顺序,对五国部各治所城的位置进行推断。特别是位于五国部最西边的五国头城是五国部哪一部的问题,学者有不同学术观点。孙进己、冯永谦认为:"五国部最西的是哪一部?也就是五国头城是哪一部,是从剖阿里部往东排,还是从越里吉往东排,其间只有奥里米部怎么排都不变,其余四部的位置,随排法不同,位置完全不同。"① 干志耿认为:"越里吉,金代为胡里改路治,宋徽、钦二宗流放地,为五国头城。"② 孙进己、冯永谦赞同干志耿的考证,认为:"越里吉,因挹娄音转而来,当在挹娄故地,因此,定在依兰是对的。"③ 但他们认为:"越里笃,则应位于越里吉(今依兰)和奥里米(今绥滨)之间,一般定于今汤旺河入松花江处。"④ 这样,就把屠寄认定的双河古城为盆奴里故城,变为越里笃故城。而把"盆奴里,应在剖阿里(伯力)与奥里米(绥滨)之间,当为勤得利古城"⑤。屠寄认为:"玛颜河,即《金史》僕燕水,辽时五国部蒲聂部即盆奴里部所居也"⑥,景爱先生依据在依兰上游方正县有玛颜河(俗称蚂蚁河),为松花江支流。认为"依兰位于固木讷[纳]城与玛颜河之中间,可知依兰北古城也在盆奴里部范围之内,而且是盆奴里部的中心地区"⑦。纵观各家学术观点,认定依兰北古城是五国头城,有干志耿的越里吉故城说,有景爱的盆奴里故城说。至于双河古城为辽代五国部哪部故城,现有屠寄的盆奴里故城说,孙进己、冯永谦两位先生的越里笃故城说,景爱先生则把双河古城排除在五国部故城之外。如果双河古城不是辽代五国部故城之一,也就否定了双河古城是辽代所建。

双河古城是否为盆奴里故城?通过检索,发现认定双河古城为盆奴里故城的说法,既没有文献证明,也没有考古材料佐证。有研究者依据盆奴里部在辽代的鹰路上,断定双河古城是辽代盆奴里部节度使治所。马翰英《固木纳城沿革考略》说:"汤旺河为辽代鹰路的重要组成部分,辽朝皇帝

---

① 孙进己、冯永谦总纂:《东北历史地理》(下),黑龙江人民出版社2013年版,第71页。
② 干志耿主编:《黑龙江省志·文物志》,黑龙江人民出版社1994年版,第145页。
③ 孙进己、冯永谦总纂:《东北历史地理》(下),黑龙江人民出版社2013年版,第71页。
④ 孙进己、冯永谦总纂:《东北历史地理》(下),黑龙江人民出版社2013年版,第71页。
⑤ 孙进己、冯永谦总纂:《东北历史地理》(下),黑龙江人民出版社2013年版,第71页。
⑥ (清)屠寄:《黑龙江舆图说·总图说》,《辽海丛书》,辽沈书社1985年版,第1026页。
⑦ 景爱:《辽代的鹰路与五国部》,《延边大学学报》1983年第2期,第91页。

每年都派出金牌使者和银牌使者至此索取名鹰海东青。"① 他依据"1975年，在汤旺河中游伊春大丰横山屯发现契丹字'敕宜速'金牌，即为金牌使者所持牌符"②，认定汤旺河是辽代鹰路的重要组成部分是对的，但是契丹字"敕宜速"金牌出土地与双河古城有百余公里，且金牌出土地的金山屯横山遗址，就是辽金时期古城遗址。因此，这件契丹字"敕宜速"金牌，只能证明伊春金山屯横山古城遗址是辽代鹰路上的某部故城遗址，无法证明百余公里之外的双河古城，是辽代五国部之盆奴里部故城遗址。马翰英先生还说："熙宁七年（1074），发生了博诺部即盆奴里部节度使拔乙门叛辽事件，使鹰路不通。《金史·世纪》：会土温水、徒笼古水（多笼乌河）纥石烈部阿阎版及石鲁阻五国鹰路，执杀捕鹰者，辽诏穆宗讨之入其城。《金史·世纪》载：穆宗令秃答水（今都鲁河在汤原与萝北交界处）之民阳阻鹰路，穆宗声言平鹰路而败于屯水，谓辽人曰吾平鹰路也。"③ 马翰英先生通过分析盆奴里节度使叛辽事件，认为五国部之盆奴里部故城，就是今天的双河古城。其实马翰英先生所描述的发生在熙宁七年的叛辽事件，是《金史》里记载的不同时间的事。《金史·世纪》记载："既而五国部蒲聂部节度使拔乙门衅辽，鹰路不通。……于是景祖阳与拔乙门为好，而以妻子为质，袭而擒之，献于辽主。"④ "会陶温水、徒笼古水纥石烈部阿阎版及石鲁阻五国鹰路，执杀辽捕鹰使者。辽诏穆宗讨之……数日，入其城，"⑤ "乃令主隈、秃答两水之民阳为阻绝鹰路……穆宗声言平鹰路，败于土温水而归。"⑥ 这三则史料，分别记载三个不同时期五国部与鹰路有关的事件，根本不是一个事件。这里的数日，入其城，当不是盆奴里之城，而应当是徒笼古水纥石烈部之城。综上断定，盆奴里部故城在今汤旺河流域的双河古城的观点，有些欠妥。如果推断徒笼古水纥石烈部故城，在今天的松花江左岸某一支流附近的古城，还是有可能的。另外，依据《金史》记载，今汤旺河为涛温、陶温、土温之音转为屯河，但盆奴里与屯河音转不上，这些音转之名称与辽代的盆奴里没有音转关系。这样来看

---

① 马翰英：《固木纳城沿革考略》，《黑龙江文物丛刊》1983年第1期，第68页。
② 马翰英：《固木纳城沿革考略》，《黑龙江文物丛刊》1983年第1期，第68页。
③ 马翰英：《固木纳城沿革考略》，《黑龙江文物丛刊》1983年第1期，第68页。
④ （元）脱脱：《金史·世纪》卷1，中华书局1975年版，第5页。
⑤ （元）脱脱：《金史·世纪》卷1，中华书局1975年版，第13页。
⑥ （元）脱脱：《金史·世纪》卷1，中华书局1975年版，第14页。

第五章　辽金行政机构治所地望考

用地名音转来断定五国部之盆奴里部故城即为汤旺河下游右岸双河古城的观点是不能成立的。在辽代没有史料显示汤旺河下游有城镇存在，由此看来应当考虑双河古城，在辽代五国部时期是否存在。

前边已经推断辽代五国部各城的大致建筑时间，上限不会早于统和二十二年秋七月丁亥（1004年7月24日），下限不会晚于重熙六年八月己卯（1037年9月21日）。如果双河古城是辽代五国部时期所建，一定有辽代五国部时期文化遗存，或是体现五国部时期文化特征。金代建城形制基本上是沿袭辽代，因此无法从古城的建筑形制上判断某一古城是辽代的还是金代的。要想断定双河古城是辽代五国部时期所建，还是五国部之后金代时期所建，就应该用双河古城出土的文物，参照已被确定为辽代五国部时期的其他古城考古发掘所出土的文物进行考察。双河古城在辽代五国部地区范围之内，如果双河古城是辽代五国部之盆奴里部故城的话，其文化面貌和特征应该与同时期的其他四部故城文化面貌大体一致。考察古城文化性质，在没有出土文字材料的情况下，最常用的方法就是以古城内出土的陶器判断古城的文化性质。关于五国部各治所城的文化面貌及其特征，过去黑龙江省考古所先后多次进行考古调查和发掘，取得了可喜的成果。《黑龙江畔绥滨中兴古城和金代墓群》《松花江下游奥里米古城及其周围的金代墓葬》，以及孙秀仁、干志耿《论辽代五国部及其物质文化特征》，干志耿、魏国忠《绥滨三号辽代女真墓群清理与五国部文化探索》，干志耿《绥滨三号辽代五国部墓群清理纪要》的先后发表，为研究辽代五国部文化奠定了基础，明确了方向。辽代五国部奥里米部故城的确定及出土的大量文物，为五国部其他各城的探究，提供了参考依据。孙秀仁、干志耿说："奥里米位于绥滨地区的考定，为寻找五国部文化提供了一把闪光的钥匙。"[①] "计有三足铁锅一、瓜棱陶罐一、灰陶罐一……其中三足铁锅、瓜棱陶罐都是这个地区金墓中的典型器物。"[②] 孙秀仁、干志耿二位先生认为奥里米故城及其周围金代墓葬出土的文物，属于五国部文化，并指出：

[①] 孙秀仁、干志耿：《论辽代五国部及其物质文化特征》，《东北考古与历史丛刊》（第一辑），文物出版社1982年版，第95页。
[②] 黑龙江省文物考古工作队：《松花江下游奥里米古城及其周围的金代墓葬》，《文物》1977年第4期。

"器形和纹饰上的重唇和瓜棱壶是三号文化类型陶器的基本特征。"① 这里的三号文化指绥滨三号辽代女真墓群。出土的陶器主要分为两类，"一类是侈口、重唇、深腹、平底夹砂陶罐，多呈灰褐色；另一类是细泥灰陶罐，呈灰色或灰褐色"②。这种"侈口、重唇、深腹、平底夹砂粗陶罐和细泥灰陶罐、瓜棱罐、瓜棱壶共生，都已不再是勿吉、靺鞨文化、渤海和契丹文化的简单重复，而构成了三号墓群陶器的特点，使之区别于周围地区的其它文化类型"③。这一辽代五国部文化特点，为我们判断双河古城是否为辽代五国部治所城提供了参考。在双河古城出土的文物中，有"灰色布纹瓦、轮制灰陶残片、兽面瓦当、滴水等。并有汝、定、钧、龙泉等窑瓷器残片和各种粗瓷片"④。从双河古城出土的陶器及其残片来看，没有侈口、重唇陶器、瓜棱罐和瓜棱壶等明显具有辽代五国部文化特点的器物。如果双河古城是辽代五国部之盆奴里故城的话，城内应该有五国部文化文物出土，诸如侈口、重唇陶器以及瓜棱罐和瓜棱壶等。目前没有此类器物出土，双河古城就不是辽代五国部盆奴里部故城。

从形制来看，双河古城应该建于辽金时期。现在，探讨双河古城当属于哪级建置治所，其建筑时间在何时。汤旺河流域属于金源内地，金初汤旺河流域就有很多女真部族，居住在各山谷与河流之间。《金史·世纪》记载："会陶温水、徒笼古水纥石烈部阿阁版及石鲁阻五国鹰路……穆宗讨之。"⑤ "穆宗声言平鹰路，畋于土温水而归。"⑥《金史·太祖纪》记载："（太祖伐温都部）与乌古论部兵沿土温水过末邻乡，追及跋忒于阿斯温山北泺之间，杀之。"⑦ 以上几则史料，都说明金初汤旺河流域有女真部族在此居住。当时女真各部在汤旺河流域居住，应该建有城池。那么双河古城到底是哪个女真部落所居住的古城呢？金初居住在汤旺河流域的各部族都较小，不可能建成"周长2500余米，东西长759米"⑧的大型古城。在金

---

① 干志耿：《探赜索隐集》，黑龙江人民出版社1993年版，第172页。
② 干志耿：《探赜索隐集》，黑龙江人民出版社1993年版，第180页。
③ 干志耿：《探赜索隐集》，黑龙江人民出版社1993年版，第184、185页。
④ 干志耿主编：《黑龙江省志·文物志》，黑龙江人民出版社1994年版，第145页。
⑤ （元）脱脱：《金史·世纪》卷1，中华书局1975年版，第13页。
⑥ （元）脱脱：《金史·世纪》卷1，中华书局1975年版，第14页。
⑦ （元）脱脱：《金史·太祖纪》卷2，中华书局1975年版，第20、21页。
⑧ 干志耿主编：《黑龙江省志·文物志》，黑龙江人民出版社1994年版，第145页。

第五章 辽金行政机构治所地望考

代要想建成这样大型的古城，该地应当具有一定行政级别。那么双河古城是金代什么建置，其建筑时间在什么时期呢？查阅《金史》，发现金代在汤旺河流域曾经设置过蒲与路屯河猛安。《金史·宗尹传》记载："宗尹，本名阿里罕。……录其父功，授世袭蒲与路屯河猛安，并亲管谋克。"① 金代在金源内地，普遍实行猛安谋克制度。《金史·兵志》记载："金之初年，诸部之民无它徭役，壮者皆兵，平居则听以佃渔射猎习为劳事，有警则下令部内，及遣使诣诸孛②堇征兵，凡步骑之仗粮皆取备焉。其部长曰孛堇，行兵则称曰猛安、谋克，从其多寡以为号，猛安者千夫长也，谋克者百夫长也。"③ 程妮娜先生认为金代猛安谋克制度"至少包含三项内容：一是地方基层行政组织；二是军事组织；三是世袭爵"④。由此可见，宗尹被授为世袭屯河猛安，属于程妮娜先生所说的第三种情况。金初，阿骨打为了征伐辽朝，"将女真社会原有的猛安谋克组织改革为基层社会行政组织，由过去领人变为领户"⑤。《金史·太祖纪》记载："初命诸路以三百户为谋克，十谋克为猛安。"⑥ 宗尹被授予屯河猛安，是世宗大定年间的事情，此时猛安谋克制度，已由过去的领人改变为领户了。宗尹所授猛安当是领户猛安，虽然不一定有十谋克三千户，但所领户数不会太少，应该接近这个户数。再者，宗尹官至枢密副使，所领猛安谋克数应该不会少。从宗尹被授世袭蒲与路屯河猛安的记载来看，符合双河古城规模大小的辽金古城。从双河古城遗址的大小来看，其宗尹授世袭蒲与路屯河猛安时应该建的屯河猛安城。至于双河古城的建筑时间，可以依据宗尹被授屯河猛安的时间推断一个大概建筑时间。《金史·宗尹传》记载："（大定）八年，置山东路统军司，宗尹为使。迁枢密副使。禄其父功，授世袭蒲与路屯河猛安，并亲管谋克。"⑦ 这则史料明确记载了宗尹在被任命为山东路统军使的同时，迁枢密副使，授世袭蒲与路屯河猛安的时间在大定八年。宗尹授世袭蒲与路屯河猛安之后不久，就应当建屯河猛安城。在没有授宗尹世袭

---

① （元）脱脱：《金史·宗尹传》卷73，中华书局1975年版，第1674页。
② 孛字，在《金史》里有时写成"勃"字。
③ （元）脱脱：《金史·兵志》卷44，中华书局1975年版，第992页。
④ 程妮娜：《金代政治制度研究》，吉林大学出版社1999年版，第90页。
⑤ 程妮娜：《金代政治制度研究》，吉林大学出版社1999年版，第90页。
⑥ （元）脱脱：《金史·太祖纪》卷2，中华书局1975年版，第25页。
⑦ （元）脱脱：《金史·宗尹传》卷73，中华书局1975年版，第1674页。

蒲与路屯河猛安之前，此地或是宗尹父亲所领的屯河谋克，即使是有城池存在，其规模也不会是现在我们看到的双河古城这个规模。宗尹授世袭蒲与路屯河猛安之后，不是重新选址建城，就是在原有基础上扩建。因此，可以推定双河古城的建城时间当在大定八年前后。

双河古城在元代，未因战乱被废弃，而被沿用。那么在元代是什么建置呢？干志耿、孙秀仁说："桃温万户府在今汤旺河右岸双河古城（即屠寄《黑龙江舆图》之固木纳城），乃金代屯河猛安故地。"①《黑龙江省志·文物志》记载：双河古城"元代为桃温万户府"②。孙进己、冯永谦亦赞同干志耿、孙秀仁双河古城为元代桃温万户府说。"桃温即今汤旺河，《黑龙江古代民族史纲》谓，桃温万户府即今汤原县汤旺河右岸双河古城"③。干志耿、孙秀仁两位学者，提出双河古城为元代桃温万户府这一学术观点，但没有对其展开论述。谭其骧也主张"桃温军民万户府，今黑龙江省汤原县固木纳古城"④。该书对双河古城为元代桃温万户府治所做了考述，认为："元代桃温万户府因见于《金史》的陶温水（亦作土温水或涛温水）而得名。《明史》中作托温江，清称屯河，即今汤旺河。府以水名，当在今汤旺河流域。"⑤马翰英《固木纳城沿革考略》一文，亦对双河古城为元代桃温万户府，做了简略的考述。他说："今汤旺河，《金史》作桃温水、土温水、涛温水、吞水、屯河等。《元史》作桃温水，万户府系因水得名。"⑥谭其骧、马翰英等根据汤旺河名称的沿革，考证桃温万户府得名于元代汤旺河，这是较为可信的。因为历史上很多地方建置的名称往往依据其境内的山水。元代桃温万户府因汤旺河而得名，说明元代桃温万户府治所应该在今汤旺河流域。目前经过考古调查得知，今汤旺河流域有伊春金山屯古城遗址和汤原双河古城遗址。今汤旺河上游伊春金山屯古城遗址周围多是山区不适合屯田开垦，汤旺河下游双河古城遗址周围多是平原

---

① 干志耿、孙秀仁：《黑龙江古代民族史纲》，黑龙江人民出版社1987年版，第425页。
② 干志耿主编：《黑龙江省志·文物志》，黑龙江人民出版社1994年版，第145页。
③ 孙进己、冯永谦总纂：《东北历史地理》（下），黑龙江人民出版社2013年版，第477页。
④ 谭其骧主编：《中国历史地图集释文汇编·东北卷》，中央民族学院出版社1988年版，第205页。
⑤ 谭其骧主编：《中国历史地图集释文汇编·东北卷》，中央民族学院出版社1988年版，第205页。
⑥ 马翰英：《固木纳城沿革考略》，《黑龙江文物丛刊》1994年第3期，第68页。

第五章 辽金行政机构治所地望考

丘陵，适合农业屯垦开发。依此来看，干志耿、孙秀仁、谭其骧认定双河古城为元代桃温屯田万户府治所是对的。据《元史·地理志》载："元初设军民万户府五，抚镇北边。一曰桃温，距上都四千里。一曰胡里改，距上都四千二百里、大都（今北京）三千八百里。有胡里改江并混同江，又有合兰河流入于海。"[1] 元代的桃温万户府治所据上都四千里，胡里改万户府治所据上都四千二百里，桃温万户府较胡里改万户府近上都二百里，可知桃温万户府在胡里改万户府西南，与胡里改万户府相距二百里。谭其骧说："元代胡里改万户府沿袭金代胡里改路而来。"[2] 把金代胡里改路治所定在"今黑龙江省依兰县喇嘛庙"[3]。孙进己、冯永谦说："依兰旧古城，位于今依兰县城北二里，北距松花江一里。该城基本是长方形，方向不正，东西长850米，南北宽750米，周长2900米，筑有城墙，最高处4米，底宽8米，顶宽1米，未发现马面。当为胡里改万户府旧址。"[4] 如果元代胡里改万户府沿袭金代胡里改路治所，《元史》里记载的桃温万户府与胡里改万户府的位置，与现在学界公认的金代胡里改治所在依兰境内相矛盾。关于金代胡里改路治所的位置，李英魁说："主要有四种说法：其一，依兰城镇东12里的喇嘛庙；其二，依兰城北旧城，即五国城；其三，依兰县土城子乡古城，即土城子；其四，桦川县悦兴乡万里河通村古城，即瓦里霍吞古城。"[5] 在这四种学术观点中，前三种学术观点，无论喇嘛庙、依兰城北旧城，还是土城子，都在依兰县境内。这三处遗址都在双河古城东南，与《元史》记载的位置正好相反，仅第四种学术观点与《元史》记载的位置相符合。然而李英魁指出："据《桦川县志》记载，该城做为胡里改路治所，从建筑特点和规模看是完全可能的，但其位置远离牡丹江，也不合文献记载。当时的交通主要靠水路，路线应从上京出发到今哈尔滨后入松花江，顺江东行到胡里改路，按这样的路途计算，从金上京到瓦里霍吞城约900里，远远超过了《金史》记载的里数，因此，我们认

---

[1] （明）宋濂等：《元史·地理志》卷59，中华书局1976年版，第1400页。
[2] 谭其骧主编：《中国历史地图集释文汇编·东北卷》，中央民族学院出版社1988年版，第205页。
[3] 谭其骧主编：《中国历史地图集释文汇编·东北卷》，中央民族学院出版社1988年版，第168页。
[4] 孙进己、冯永谦总纂：《东北历史地理》（下），黑龙江人民出版社2013年版，第477页。
[5] 李英魁：《金代胡里改路》，《北方文物》1994年第3期，第117页。

为金代的胡里改路治所不在此地。"① 其实，元代胡里改万户府治所，不一定就是沿袭金代的胡里改路治所。干志耿、孙秀仁也认为，元代"胡里改万户府可能与金朝胡里改路治不在一地"②，但主张元代胡里改万户府"在依兰附近五国城，或其南之土城子者"③。瓦里霍吞古城不是金代胡里改治所，但不一定不是元代胡里改万户府治所。如果定瓦里霍吞古城是元代胡里改万户府治所，这样就与《元史·地理志》记载的"一曰桃温，距上都四千里。一曰胡里改，距上都四千二百里"不相矛盾了。因此，干志耿、孙秀仁认为元代"桃温军民万户府在今汤原县汤旺河右岸双河古城"④ 是对的。《黑龙江省志·文物志》记载"固木纳城（双河古城），辽代为五国部盆奴里部，金代为屯河猛安，元代为桃温万户府"⑤，笔者认为双河古城不是辽代五国部盆奴里部故城，是金代屯河猛安和元代桃温万户府故城。

第四节　金代蒲与路故城考古学观察

金代蒲与路是金朝最大的边疆路，在我国边疆史上占有重要历史地位。由于历史文献资料有限，致使金代蒲与路历史文化内涵一直不明晰。本节在已有研究成果基础上，通过田野考古调查，对蒲与路故城建筑形制及其族属进行探讨，推进蒲与路研究走向深入。

一　克东古城地理位置及生业环境

2011年10月2日，笔者邀同学赵德春及克东县学生尤秀丽，在克东县文化局副局长李国君和县文管所所长聂文成、文管所工作人员张晓棠的陪同下，对蒲与路故城遗址及周边的生业环境进行了考察。这次考察使笔者对蒲与路故城的地理位置和生业环境，有了新的了解。

---

① 李英魁：《金代胡里改路》，《北方文物》1994年第3期，第117、118页。
② 干志耿、孙秀仁：《黑龙江古代民族史纲》，黑龙江人民出版社1987年版，第425页。
③ 干志耿、孙秀仁：《黑龙江古代民族史纲》，黑龙江人民出版社1987年版，第425、426页。
④ 干志耿、孙秀仁：《黑龙江古代民族史纲》，黑龙江人民出版社1987年版，第425页。
⑤ 干志耿主编：《黑龙江省志·文物志》，黑龙江人民出版社1994年版，第145页。

第五章 辽金行政机构治所地望考

克东金代古城在史学界和考古学界基本达成一致的学术观点，认定克东金代古城为金代蒲与路治所城。古城坐落在克东县城西北7500米的低洼地，地理坐标为东经126°34′—35′，北纬48°31′—32′。据史料记载，当时蒲与路管辖范围，东至今汤旺河流域，西以嫩江为界与泰州接壤，北至火鲁火疃谋克地（今俄罗斯巴金诺城）三千余里，南到呼兰河流域与上京会宁府搭界。古城北距乌裕尔河500米左右，东南15000米处，有著名的二克山，古城依山傍水。往西和南是一望无际的平原，往东及北是小兴安岭余脉。克东古城被称为蒲与路，可能因为地理环境。金代的城大多以山川河流命名，古城在乌裕尔河岸边，地势低洼，著名学者干志耿认为"乌裕尔是女真语，汉意为涝洼地，并进一步指出，蒲与是乌裕尔之音转"①。陈国良教授认为："蒲与二字是古夫余的转音，蒲是取古夫余水，即今乌裕尔河蒲草、芦苇之蒲，峪②是取古夫余山即今二克山之峪，以此山水的特点谐音夫余而演化为蒲峪，后有音译为蒲与、普一等等。"③克东古城周围良好的生业环境决定了这里人们的生产活动。当时古城交通发达，城北乌裕尔河水与护城河相通，在北门西侧有水陆码头遗址，人们通过码头进入乌裕尔河，顺流直下进入嫩江，可到达泰州。按：辽金时期，乌裕尔河与嫩江是相通的，经过元、明、清时期的四次江河改道，乌裕尔河才与嫩江脱离，成为内陆河。《金史·海陵纪》记载："天德四年十一月辛丑（1152年12月8日），买珠于乌古迪烈部及蒲与路。"④这则史料说明在今泰来塔子城与克东古城两地之间的嫩江盛产珍珠，也表明这里的人们自古就从事渔猎经济。古城的东面和东北面有两处窑址，一处是生活窑址，另一处是砖窑址。砖窑生产出来的砖用来修建城池，或是城内的其他建筑。在生活窑址上散布着许多盆、罐之类的残片。在生活窑址的南侧，依稀见有从古城东南斜向通往东南方向的一条路，时断时续的通到距二克山不远处消失了。看来这条路，或是进入二克山参与祭祀活动的通道，或是为了免遭洪水侵袭通往山上避难的道路。按：有学者说二克山与五大连池同时形成于康熙五十七年，但根据黑龙江省考古所对蒲与路故城的考古发掘，

---

① 干志耿、孙秀仁：《黑龙江古代民族史纲》，黑龙江人民出版社1987年版，第388页。
② "与""峪""屿"等字，《金史》里用"与"出土的官印为"峪"，也有用"屿"的。
③ 陈国良：《金代蒲峪路简介》，《蒲峪学刊》1989年第1期，封四。
④ （元）脱脱：《金史·海陵纪》卷5，中华书局1975年版，第99页。

发现金代文物中有大量用玄武岩（火山石）制成的角柱、柱石、挡门石、石弹丸、石磨盘等，其带风眼状的红色玄武岩，与二克山上的玄武岩完全一样。在乌裕尔河北岸2500米左右的山冈上有东西横向的金代居住遗址，地面上散布着许多金代生活遗物，如布纹瓦、盆、罐等。据当地居民讲，以前地里的铜钱很多，在地里干活时经常遇见。此遗址或许是古城遭到洪水淹没后，城内居民搬到附近山冈上居住的生活遗迹，或许是古城附近驻军所在地。现在古城内外皆为耕地，城墙上长满了杂草，前些年文管部门为了防止雨水冲刷城墙，在城的四周种植防护树林。城内居住着20多户人家，村的东侧还依稀可见建筑遗址。城东500米许是古城村村部所在地，城南1000米处是城前村，城西1500米远的地方是玉华村，村北500米远，被当地农民称为古坟地，据农民说在耕地时，发现过人的头骨。我们在这块地里没发现明显的遗存，地表上只有几株摇曳的矮小老树。

二 克东古城建筑形制

克东古城建筑形制与同时期金代古城建筑形制有所区别，这座古城呈椭圆形，而辽金时期的其他古城，大多呈方形。城墙建筑结构是夯土版筑，附筑马面，与金代其他古城基本一样。据黑龙江省文物考古研究所《黑龙江克东县金代蒲峪路故城发掘》记载："克东古城平面呈椭圆形，东西长径1100米、南北短径700米、周长2850米。"[1] 在第三次文物普查中，克东县文管所对古城进行了重新测量，测得外圈全城周长为3000米。金代的古城一般采用夯土版筑，从裸露出来的城墙遗址断面来看，古城采用金代通用的夯土版筑方法而筑，夯土层厚0.08—0.15米。城墙底宽上窄，经测量城墙底宽为23米，顶部宽为1.5—3米；城墙残高为3—5米；城墙外侧，每隔70米左右有马面1个，全城共有马面38个。城墙外侧10米处有护城河环绕，护城河深度在2米左右，现已淤平，看不出来具体宽度。城西北护城河边上有码头遗址，可知当时护城河与乌裕尔河相通。整个城池设南、北两个城门，南、北城门都是从城墙中部设置的，两个城门外侧都筑有半圆形瓮城。瓮城现在大部分已破坏，无法知道瓮城城门在哪

---

[1] 黑龙江省文物考古研究所：《黑龙江克东县金代蒲峪路故城发掘》，《考古》1987年第2期，第151页。

个方向开门，但据其他金代古城遗址来看，瓮城城门应该朝东向开门。黑龙江省文物考古研究所于 1975 年 9 月 3 日—9 月 30 日、1979 年 7 月 5 日—8 月 2 日进行过两次考古发掘，发现"城门墙壁内外两侧均以砖砌加固"①。考古工作者还查明，城门是一个单过梁式建筑，门洞两旁立有 15 根木排叉柱，中间是一根直径 0.4 米的中心柱。门洞中间有 1 个挡门石，门脸用青砖砌成，景爱先生说："城墙外表砌砖是城市建筑技术的重大进步。"② 现在还能看见城内有大小高低的土丘，应该是当年建在城里的官衙、居民住宅、学校、手工作坊等遗址。据当地居民讲，无论下多大的雨，雨过天晴后，城内的水不知流到哪儿去了，城里从来不积水。据此看来，这座古城当时建有完备的排水系统。克东古城虽然建筑结构具备辽金代古城建筑特征，但建筑形制有别于同时期其他辽金古城。从古城周围环境来看，不是建筑者因山险等自然条件（按：古城周围是宽敞的平地，不受自然条件限制）将古城建成椭圆形，而应该是建筑者文化传统决定的。这样看来古城始建者不是女真人，金代只是沿用，应该是在原有古城基础之上修建。那么这座古城原始建筑者又是谁呢？

三 克东古城族属问题

要想弄清楚古城原始建筑者是谁，只有确定古城族属才能弄清古城文化内涵。古城建筑形制和出土文物，能反映出古城的族属问题。笔者从古城建筑形制和出土文物两个方面考察克东古城族属问题，以便对该古城有清楚的了解。

历史上乌裕尔河流域夫余人建圆城。《后汉书·东夷传》记载："夫余而王之焉。……土宜五谷，……以员〔圆〕栅为城，有宫室、仓库、牢狱。"③ 西晋灭亡以后，夫余国失去了中原王朝的保护，周边的鲜卑、高句丽、挹娄等方面的压力不断扩大，国势衰微，最后在勿吉和高句丽联合夹击下灭亡。夫余国灭亡之后，一部分遗民北渡那河（今嫩江下游及东流松花江），在嫩江流域以乌裕尔河为中心建立了豆莫娄国。

---

① 赵景林、王惠洲总编：《克东县志》，黑龙江人民出版社 1987 年版，第 358 页。
② 黑龙江省文物考古研究所：《黑龙江克东县金代蒲峪路故城发掘》，《考古》1987 年第 2 期，第 151 页。
③ （宋）范晔：《后汉书·东夷传》卷 85，中华书局 1965 年版，第 2811 页。

关于豆莫娄国地望问题，魏国忠认为："豆莫娄的南界为通肯河口以上的呼兰河一线及青冈至安达之间而与勿吉、达姤为邻；北界抵纳漠［讷谟］尔河流域，与失韦相接；东界在小兴安岭天然屏障；西与乌洛侯接壤，中心地为乌裕尔河流域。"① 顾同恒说："大体上在今呼兰河以北，小兴安岭以西，嫩江以东，讷谟尔河以南，乌裕尔河流域为中心区域。"② 乌裕尔河流域的地理特点，与史料记载豆莫娄国的地理特点基本一致。从史料记载豆莫娄所居地"多山陵、广泽，于东夷之域最为平敞"③ 来看，克东古城有可能就是夫余人后裔所建。

骨镞作为产生于新石器时期的渔猎工具，在青铜时期还使用，铁器出现以后，骨镞应用逐渐减少。辽金时期铁器广泛应用，骨镞已经退出历史舞台。那么克东古城出土的骨镞应该是哪个民族的文化遗存呢？目前嫩江流域出土的骨镞，除史前时期以外，时代最早的是嫩江下游白金宝遗址出土，属于西周时期，稍晚的平洋墓葬中出土的属于春秋战国时期，之后是大道三家子墓葬中出土的时间更晚，克东古城出土的骨镞应是夫余人的文化遗存。克东古城"出土的泥质黄灰陶，为素面，在腹部带有附加堆纹"④，大道三家子出土的黄褐陶器也"以素面为主"⑤，且克东古城和大道三家子出土的陶器中都有敛口陶罐。介于大道三家子和克东古城之间的富裕县小登科文化，在时间上已被考古学界确定为与大道三家子相差不远，所出土的陶器，也以"黄褐陶为主"⑥。在出土的1件陶壶中，"从颈部沿四角下垂4条附加堆纹"⑦，这与克东古城出土的陶器纹饰相同。考古学界对小登科文化归属还有分歧，主要存在两种学术观点："一是认为小登科墓葬属于白金宝文化类型，但在时间上早于白金宝遗址……其年代相当于中原商代；另一种意见认为……小登科墓葬大体上要比白金宝文化晚……其年代

---

① 魏国忠：《东北民族史研究》，中州古籍出版社1994年版，第138页。
② 顾同恒主编：《齐齐哈尔地方政权》，齐齐哈尔市政府办公厅1991年版，第8页。
③ （晋）陈寿：《三国志·魏志·夫余传》卷30，中华书局1982年版，第841页。
④ 黑龙江省文物考古研究所：《黑龙江克东县金代蒲峪路故城发掘》，《考古》1987年第2期，第153页。
⑤ 干志耿主编：《黑龙江省志·文物志》，黑龙江人民出版社1994年版，第94页。
⑥ 干志耿主编：《黑龙江省志·文物志》，黑龙江人民出版社1994年版，第94页。
⑦ 干志耿主编：《黑龙江省志·文物志》，黑龙江人民出版社1994年版，第94页。

第五章 辽金行政机构治所地望考

大致在春秋战国之际"①。大道三家子墓葬,"其年代约相当于中原地区的战国、秦汉时期"②。也有学者推定大道三家子墓葬下限"最迟相当于西汉晚期"③。克东古城出土的陶器和骨器,应当与大道三家子墓葬和小登科墓葬的时期接近,或是与白金宝文化接近。其时间的上限应在白金宝时期,下限在大道三家子时期。有专家考证,源于松嫩平原青铜文化的夫余文化的陶器,"以素面居多"④。克东古城出土的陶器是素面附加堆纹,这样看来其应是夫余族系统的文化遗存,其时间范围应从白金宝文化到大道三家子文化之间。白金宝一期文化有学者论证当在夏末商初之际,大道三家子文化当在东汉末期。出土陶器和骨器虽不能证明汉末时克东古城已经存在,但可以肯定已有人类在这里从事生产劳动。克东古城附近二克山出土的"石器,如刮削器、石镞、石叶、石核、石片、石钻等都是我们的先人在三四千年前使用的工具。还在山内出土一件基本完好的陶鬲,它是黄河流域原始先民用的炊具,在黑龙江区域流行于二至四千年前,陶鬲出土于火山灰之上,黑土层之下"⑤,可见克东古城,早在三四千年前的新石器末期就有人类在此居住。从历史文献记载可知,自商周至辽金时期,嫩江流域生活着许多民族,其中就有索离人生活在嫩江流域,据《后汉书·东夷传》记载:"北夷索离国王出行,其侍儿于后娠身,……王囚之,后遂生男。……名曰东明。东明长而善射,王忌其猛,复欲杀之。东明奔走……,因至夫余而王之焉。"⑥ 这表明北夷索离国有王室和宫殿,当时应该有城。由此可见,克东古城可能是北夷索离人所建,也可能是夫余国遗人豆莫娄人所建。辽代这里应该是一个地方部族政权治所,《辽金史辞典》说:"辽寿昌二年(1096)形成蒲与路。"⑦ 金初在这里设立万户府,海陵王时期例罢万户改设节度使,使克东古城成为金代蒲与路节度使治所。蒲与路节

---

① 干志耿主编:《黑龙江省志·文物志》,黑龙江人民出版社1994年版,第90页。
② 杨志军、郝思德、李陈奇:《平洋墓葬》,文物出版社1990年版,第164页。
③ 黑龙江省博物馆、齐齐哈尔市文物管理站:《齐齐哈尔市大道三家子墓葬清理》,《考古》1988年第12期,第1098页。
④ 孙颢、许哲:《夫余陶器的特征及其文化因素分析》,《北方文物》2011年第3期,第18页。
⑤ 赵景林、王惠洲总编:《克东县志》,黑龙江人民出版社1987年版,第358页。
⑥ (宋)范晔:《后汉书·东夷传》卷85,中华书局1965年版,第2811页。
⑦ 邱树森:《辽金史辞典》,山东教育出版社2011年版,第573页。

度使治所定在克东古城后，金朝为了统治需要，在原有城址上进行扩建维修，这就是今天所见的金代蒲与路故城。

第五节　哈拉古城为厖葛城考疑

辽金厖葛城之所在，一直没有一致的意见。有人提出齐齐哈尔市梅里斯区哈拉古城址为辽金厖葛城。笔者多次到哈拉古城遗址考察，认为定哈拉古城址为辽金厖葛城，还有很大的商榷空间。

一　哈拉古城不是厖葛城

关于辽金厖葛城，多年来学界一直众说纷纭。张泰湘《厖葛城考》依据《金史》两条模糊的史料，确认今哈拉古城址为辽金厖葛城，显然是论据不充分。王国维认为："乌古迪烈部当在兴安岭以东，嫩江流域南，与泰州为邻。"[①] 孙秀仁、孙进己等《室韦史研究》认为："厖葛城地或说在嫩江流域，甚至有人认为今齐齐哈尔者。但均无确切资料可据。"[②] 杜春鹏、李丕华《辽代厖葛城遗址考》认为："辽时厖葛城即今黑龙江省齐齐哈尔市龙江县济沁河乡东北沟村的古城。"[③] 从已有的研究成果来看，只能说明金朝把乌古迪烈二部降民迁置于厖葛城地，但目前没有确切考古资料和历史文献证明，乌古迪烈统军司设置在厖葛城。厖葛城是乌古迪烈降民的主要活动地域，这一地域应是泰州以北、嫩江以西、兴安岭以东的广阔地带。即使如《室韦史研究》所言，厖葛城地或说在今嫩江流域的话，也难以确认哈拉古城就是厖葛城。冯永谦《金代厖葛城——齐齐哈尔建城始源之城丛说》（以下简称《丛说》）说："多年来，经过文物考古工作者的不懈努力，在齐齐哈尔市发现有许多古城址。其中有位于今嫩江西岸、东南距今齐齐哈尔市中心直距二十华里的哈拉村古城址。……全城周长1360米，是齐齐哈尔地区嫩江流域规模较大的一座古城址。……除了上述哈拉

[①] 王国维：《观堂集林》卷15，中华书局1959年版，第721页。

[②] 孙秀仁、孙进己、干志耿、郑英德、冯继钦：《室韦史研究》，北方文物杂志社1985年版，第100页。

[③] 杜春鹏、李丕华：《辽代厖葛城遗址考》，《黑龙江史志》2004年第4期，第53页。

第五章　辽金行政机构治所地望考　　　　　　　　　　　273

古城址外，再没有时代更早或规模相近的古城址。"① 他仅凭古城址周长1360米就确定哈拉古城是齐齐哈尔地区嫩江流域较大的古城，并认定是考古发现时代最早的古城。目前没有对哈拉古城址进行过考古发掘，仅凭在城内所采集到的遗物，如铜钱、双鱼镜等流动性较强的文物，且不是通过考古发掘取得的这类文物，是不能判定城址的。哈拉古城址在齐齐哈尔地区并不是规模较大的，比哈拉古城址大的有：泰来塔子城遗址周长4563米、龙江济沁河古城遗址周长1543米、龙江发达古城遗址周长2100米、龙江雅鲁河古城遗址周长1451米。且哈拉古城址分南北二城，显然是不同时期的建筑，南城接北城而后建，北城周长1100米、南城周长860米，中间一道共用城墙不能算在周长内。哈拉古城周长1360米，与上述齐齐哈尔地区几个古城相比算小的。如果哈拉古城遗址是金朝置乌古迪烈统军司时所建的厐葛城，其规模不可能小于同时期附近其他古城。与哈拉古城大小相当的诺敏河古城、阿伦河古城、雅鲁河古城、济沁河古城形制一样，每个古城都只有一个南城门，证其是一般的军城。乌古迪烈统军司后升招讨司，不只是军事组织，还具有地方行政功能，其治所要比一般的军城大一些。目前嫩江西岸的一些古城，除泰来塔子城之外，只有龙江县发达古城大于其他几座古城。发达古城址已变为耕地，在古城遗址上还有大量辽金时期的陶瓷残片和布纹瓦。从其形制来看，与克东蒲与路故城形制基本一样，都是椭圆形，大小相当。笔者疑此城可能是厐葛城，此城正是在泰州之北。至于认为哈拉古城是齐齐哈尔地区考古发现时代最早的古城，这是不对的。泰来塔子城始建于辽代，辽大安七年石刻的出土，有力佐证了1092年塔子城就已存在。② 塔子城为目前齐齐哈尔考古发现时代最早的古城，而绝非哈拉古城。

二　哈拉古城与金东北路长城的关系

关于哈拉古城址的建置问题，《丛说》说："哈拉古城址就处于金长城

---

① 冯永谦：《金代厐葛城——齐齐哈尔建城始源之城丛说》，《理论观察》2004年第6期，第119、120页。

② 干志耿主编：《黑龙江省志·文物志》，黑龙江人民出版社1994年版，第141页。

内侧,因此,它应是金长城内的一座具有战略意义的城址,占有重要的地位。"①《丛说》还说:"从考古调查发现得知,在齐齐哈尔附近地区,除哈拉古城址之外,再无一处城址既符合地理位置,又有考古遗迹存在,还有历史文献记载证明,所以定哈拉古城址,为金初迁置乌古迪烈部的庞葛城,也是金代所设乌古迪烈统军司的治所,这是没有任何可疑之处的。"②《丛说》的主要依据如下:一是王国维先生"金时乌古迪烈部地,在兴安岭之东、蒲与路之西、泰州之北"③。不难看出,王国维推断的是乌古迪烈部的大致范围,并不是庞葛城具体位置,只能说庞葛城在乌古迪烈部地域内。《金史》关于庞葛城的记载有两处,一是《金史·太宗纪》:"天会三年二月丁卯(1125 年 3 月 31 日),以庞葛城地分授所徙乌虎里、迪烈底二部及契丹民。"④ 另一是《金史·习古廼传》记载:"以庞葛城地分赐乌虎里、迪烈底二部及契丹人,其未垦者听任力占射。"⑤ 这两条史料都没有说庞葛城的具体地理位置,也没有说乌古迪烈统军司设在庞葛城,只是说乌古迪烈统军司和庞葛城都在乌古迪烈部地域范围内。二是依据彭占杰先生所提供的金长城材料。《丛说》说:"在齐齐哈尔市辖区境内,根据彭占杰的调查,从甘南到龙江县,在长近 500 华里的金长城的内侧,分布有 25 座城堡,平均 20 里一座,4 座军城,相距各约在 100 里。这些城址分布上自有系统,且距长城很近,俱是长城防御线上的城堡,无法将其分离,不具有全面指挥能力的独立城址,因而不可能与哈拉城址相比。"⑥ 冯永谦先生依此论证"哈拉城址正处在这段长城内侧的中心位置上,显然与长城有着极为密切的关系,应是肩负着防御金代北边部族侵扰重任的"⑦。笔者认为其一金东北路长城不只是齐齐哈尔境内的 2500 米,而是东北起自达里

---

① 冯永谦:《金代庞葛城——齐齐哈尔建城始源之城丛说》,《理论观察》2004 年第 6 期,第 120 页。
② 冯永谦:《金代庞葛城——齐齐哈尔建城始源之城丛说》,《理论观察》2004 年第 6 期,第 120 页。
③ 王国维:《观堂集林》卷 15,中华书局 1959 年版,第 721 页。
④ (元)脱脱:《金史·太宗纪》卷 3,中华书局 1975 年版,第 52 页。
⑤ (元)脱脱:《金史·习古廼传》卷 72,中华书局 1975 版,第 1666 页。
⑥ 冯永谦:《金代庞葛城——齐齐哈尔建城始源之城丛说》,《理论观察》2004 年第 6 期,第 122 页。
⑦ 冯永谦:《金代庞葛城——齐齐哈尔建城始源之城丛说》,《理论观察》2004 年第 6 期,第 120 页。

第五章 辽金行政机构治所地望考

带石堡子（今内蒙古呼伦贝尔市莫旗七家子附近的嫩江右岸边），西南至鹤五河（今内蒙古兴安盟科尔沁右翼中旗吐列毛杜附近），齐齐哈尔段金长城只是金东北路长城的一部分。当时金朝置乌古迪烈统军司（后改招讨司）时，不可能考虑到今天齐齐哈尔境内所辖的行政区划，而是从整个东北路长城考虑的。从金东北路长城建筑情况来看，今泰来塔子城、白城市洮北区城四家子古城所对应的一段才是东北路中间部分。而且对应这一段修筑三道。由此可见金东北路长城的指挥中心，绝非是哈拉古城。其二是金东北路长城修筑的时间与乌古迪烈统军司（后改招讨司、东北路招讨司）设置迁徙的时间问题。《金史·太祖纪》记载："天辅五年（1121）二月，分诸路猛安谋克之民万户屯泰州，以婆卢火统之，"①《金史·地理志》："金之壤地封疆……北自蒲与路之北三千余里，火鲁火疃谋克地为边，右旋入泰州婆卢火所浚界壕而西，经临潢、金山……"② 依据这两条史料论证金东北路长城始筑于金天辅五年（1121），笔者觉得证据还是有些不充分。婆卢火虽是泰州都统，但是他几乎没在泰州，而是率军出征。"天会三年二月壬戌（1125年3月26日），娄室获辽主于余睹谷"③，当时辽朝刚灭亡，金国正是向外扩张时期，怎么可能给自己设一道墙，束缚其向外发展。《金史·地理志》记载说明，婆卢火所浚界壕是金国与其他部族之间的边界。此界壕辽时就已存在，婆卢火是在辽界壕基础上挖深，其目的是防止耶律大石反攻。金灭辽后继承了辽的疆域，婆卢火所浚界壕虽成为金与蒙古等游牧民族边界，但金初蒙古势力还不强大，还没有对金朝形成威胁，当时蒙古依附于金，是金朝的属国。金朝在没有受到威胁的情况下，怎么可能在其国内修筑如此之大的军事工程呢？婆卢火所浚界壕与金东北路长城是两码事，前后相隔60年。《金史·世宗纪》记载："大定二十一年四月戊申（1181年4月17日），增筑泰州、临潢等路边堡及屋宇。"④ 这时金朝才开始大规模修筑东北路长城，而此时乌占迪烈统军司已改为东北路招讨司，迁至泰州了。

乌古迪烈部在辽时叛服不定，经常起义反抗。辽朝为了有效管理乌古

---

① （元）脱脱：《金史·太祖纪》卷2，中华书局1975年版，第35页。
② （元）脱脱：《金史·地理志》卷24，中华书局1975年版，第549页。
③ （元）脱脱：《金史·太宗纪》卷3，中华书局1975年版，第52页。
④ （元）脱脱：《金史·世宗纪》卷8，中华书局1975版，第181页。

迪烈部，曾于咸雍四年（1068）秋七月壬申日（8月2日），置乌古乌迪烈部统军司。寿昌二年（1096）九月，徙乌古迪烈部于乌纳水以扼北边之冲。金东北路招讨司的设置，是在辽乌古迪烈统军司基础上设置的。《金史·兵志》记载："东北路者，初置乌古迪烈部，后置于泰州。泰和间去边尚三百里，宗浩乃命分司于金山。"① 金东北路招讨司不只是由统军司改招讨司更名的问题，还经过了几次迁徙。据李建才先生考证："天德二年（1150），置今泰来塔子城，大定间南迁城四家古城，承安三年（1198）又迁塔虎城。其间，承安四年（1199）到泰和八年（1208）置分司于金山（前公主坟古城），最后贞祐二年（1214）又东迁到肇东八里城。"② 李建才先生的考证是准确的。《金史·海陵纪》："天德四年二月甲戌（1152年3月16日），如燕京。戊子（1152年3月30日），次泰州。"③ "四月壬辰（1152年6月2日）。上自泰州如凉陉。"④ "九月甲午（1152年10月1日），次中京。"⑤ "贞元元年二月庚申（1153年2月25日），上自中京如燕京。"⑥ "三月辛亥（1153年4月17日），上至燕京"⑦。从海陵迁都所走的路线来看，海陵时期金泰州在泰来塔子城。从泰来塔子城和洮北区城四家子古城的位置来看，这两个古城虽南北对着，但距东北路界壕边堡距离基本相差不多少。也就是说乌古迪烈部由泰来塔子城，迁到洮北区城四家子古城，但距东北路界壕边堡的距离没有多大变化。所以《金史·兵志》记载："乌古迪烈部后置于泰州，泰和间去边尚三百里。"⑧ 这里后置于泰州是从金旧泰州，迁到金新泰州，距离东北路界壕边堡的直线距离还是300里。《金史·兵志》记载："大定五年（1165），寻又设两招讨司，与前凡三，以镇边陲。"⑨ 据此可知，东北路招讨司已于大定五年前迁至泰州，因此，哈拉古城不可能为金东北路界壕边堡的指挥中心。从目前的考

---

① （元）脱脱：《金史·兵志》卷44，中华书局1975年版，第1003页。
② 李建才：《东北史地考略》，吉林文史出版社1986年版，第128页。
③ （元）脱脱：《金史·海陵纪》卷5，中华书局1975年版，第98页。
④ （元）脱脱：《金史·海陵纪》卷5，中华书局1975年版，第99页。
⑤ （元）脱脱：《金史·海陵纪》卷5，中华书局1975年版，第99页。
⑥ （元）脱脱：《金史·海陵纪》卷5，中华书局1975年版，第100页。
⑦ （元）脱脱：《金史·海陵纪》卷5，中华书局1975年版，第100页。
⑧ （元）脱脱：《金史·兵志》卷44，中华书局1975年版，第1003页。
⑨ （元）脱脱：《金史·兵志》卷44，中华书局1975年版，第1003页。

第五章　辽金行政机构治所地望考　　　277

古材料和历史文献来看，很难依据金东北路长城，确定哈拉古城为金乌古迪烈统军司治所厐葛城。

三　厐葛城究竟建于何处？

厐葛城建于何时，《丛说》从三个方面论证厐葛城始建于金天会三年二月丁卯（1125年3月31日）。第一条理由，"经过多年的考古调查，在哈拉古城址内及城外附近，没有发现辽代遗迹和遗物"①。其一《丛说》认为："如果该城是辽代所建，在经过辽人长期活动后，不会没有留下任何辽代遗存。"② 以此推定哈拉古城始建于金代。《丛说》认为哈拉古城址没有发现辽代遗存，依据是张泰湘、崔福来《厐葛城考》，可《厐葛城考》并没说该城只有金代文物，而没有辽代文物。《厐葛城考》说："在古城内发现了大量的辽金时代文物。"③《丛说》与引文矛盾，此据欠妥。

其二《丛说》说："厐葛城在《金史》中，也只有徙乌古迪烈时一见，此外也不见任何记录。"④ 并说："金时期对俘获和归降的臣民和部族的迁徙和安置，很多时候都是徙于空地，让他们在那里居住、生活，而不是放在已有的建置之中。……金初徙乌古迪烈时，所采取的也应是这种做法。"⑤ 以此推定厐葛城始建于金代。《金史·习古迺传》记载："以厐葛城地分赐乌虎里、迪烈底二部及契丹人，其未垦者听任力占射。"⑥ 笔者认为厐葛城地有其未垦者，就说明已有垦者，已有农业存在，有农业存在就当有城。因此，厐葛城在辽朝时期就应存在，绝不是迁乌古迪烈及契丹人后，在空地上重新建城。

其三《丛说》说："我们检遍《辽史》，虽然到处可见记录的各种不

---

① 冯永谦：《金代厐葛城——齐齐哈尔建城始源之城丛说》，《理论观察》2004年第6期，第121页。
② 冯永谦：《金代厐葛城——齐齐哈尔建城始源之城丛说》，《理论观察》2004年第6期，第121页。
③ 张泰湘、崔福来：《厐葛城考》，载张志立、王宏刚主编《东北亚历史与文化》，辽沈书社1991年版，第512页。
④ 冯永谦：《金代厐葛城——齐齐哈尔建城始源之城丛说》，《理论观察》2004年第6期，第121页。
⑤ 冯永谦：《金代厐葛城——齐齐哈尔建城始源之城丛说》，《理论观察》2004年第6期，第121页。
⑥ （元）脱脱：《金史·习古迺传》卷72，中华书局1975年版，第1666页。

同级别、层次的地名，无论纪、志、表、传均不见庞葛城的记载，据此，这就可能说辽代没有这一座城"①。《丛说》认为《辽史》没有记载，辽时就没有庞葛城；《金史》中有记载就说金时应有此城。要知道《辽史》不可能将所有的城或地名都记载，只能记载一些重要的城或地名。如《金史》记载上京在辽时"契丹之周特城也"②，其在《辽史》中就没有记载，在金史中也只出现一次。判断一座古城存在与否，不能只看在史书里有没有记载，而应多方考证。

从上述三点来看，《丛说》推定庞葛城即今哈拉古城址，始建于金天会三年二月丁卯（1125 年 3 月 31 日）的结论，很难成立。只有通过考古发掘和开展深入研究才能得出科学的结论。目前定哈拉古城是庞葛城的结论还不成熟，这是笔者的基本看法。

---

① 冯永谦：《金代庞葛城——齐齐哈尔建城始源之城丛说》，《理论观察》2004 年第 6 期，第 121 页。

② （元）脱脱：《金史·地理志》卷 24，中华书局 1975 年版，第 550 页。

第六章

辽金行政机构设置沿革考

行政机构治所往往是该地区政治、经济、军事、文化中心。对行政机构设置沿革的考察,可以了解当地历史文化发展脉络。本章对辽金行政机构设置沿革的考证,旨在探讨辽金行政机构设置情况,为研究辽金行政机构设置提供借鉴和方法。

第一节　辽代黄龙府设置沿革考

辽代黄龙府设置始于辽太祖灭渤海。从辽太祖天显元年灭渤海,迁其民于扶余府,改扶余府为龙州,至辽景宗保宁七年黄龙府废,为辽代黄龙府设置第一阶段。从辽景宗保宁七年黄龙府城废弃侨治通远县,至辽圣宗开泰九年黄龙府复置通州东北,为黄龙府设置第二阶段。从辽圣宗开泰九年恢复黄龙府建制,至辽末金军占领黄龙府,为黄龙府设置第三阶段。梳理黄龙府建制沿革情况,考证黄龙府设置沿革,可以对黄龙府有一个全面的认识。

一　辽朝改扶余府为黄龙府

辽代黄龙府的设置,与辽太祖平定渤海国有着直接的关系。辽朝建立不久,耶律阿保机趁中原王朝混乱之机发展自己的势力,不断开疆扩土。辽太祖天赞四年(925),耶律阿保机举兵亲征渤海。辽太祖"天赞四年十二月丁巳(926年2月14日),次商岭,夜围扶余府"[1]。"天显元年庚申

---

[1] (元)脱脱:《辽史·太祖纪》卷2,中华书局1974年版,第21页。

(926年2月17日），拔扶余城"①，然后举兵包围了渤海忽汗城，灭亡渤海国。渤海国灭亡以后，耶律阿保机为了统治原渤海故地，于二月丙午（4月4日），"改渤海国为东丹，忽汗城为天福。册皇太子倍为人皇王以主之。……丁未（4月5日），高丽、濊貊、铁骊、靺鞨来贡"②。辽太祖耶律阿保机册立皇太子耶律倍主政渤海国，这是辽朝正式在渤海地区设置。先前渤海上京龙泉府忽汗城亦称龙州，被辽军占领的渤海扶余府的设置，也应该于此时进行，其具体设置时间，距辽太祖册立人皇王耶律倍二月丙午这一天，不会太远。"辽太祖既破龙州，迁其民于扶余府，亦设龙州，继改扶余府为黄龙府。"③ 其时，辽太祖在灭亡渤海之后，为了便于统治，将其民迁到扶余府。同时也把渤海上京龙泉府之龙州名称带到了扶余府。至于扶余府（龙州）又是什么时候改称黄龙府的，《辽史》记载："太祖平渤海还，至此崩，有黄龙见，更名。"④ 这条史料给人的感觉好像是，辽太祖在平定渤海之后，在返回途中路过扶余府时，因病去世，因"辛巳（9月6日）平旦，子城上见黄龙缭绕，可长一里，光耀夺目，入于行宫。有紫黑气蔽天，逾日乃散，"⑤ 才将扶余府改称黄龙府的。其实黄龙见，纯是虚构，根本不存在。但曹廷杰也说："东京龙州黄龙府，太祖平渤海，次扶余城，有黄龙见于城上，更名黄龙府。"⑥ 这更让人们误以为扶余府改称黄龙府，是辽太祖去世时在扶余城上看见了黄龙，于是将扶余府改称黄龙府的。其实扶余府改称黄龙府，是辽太祖去世之后，辽太宗为了纪念太祖平定渤海之功，附会传说故事，改龙州（扶余府）为龙州黄龙府的。因此，在《辽史》龙州条记载为"龙州，黄龙府。本渤海扶余府。"⑦ 赵永春《辽金时期的黄龙府》一文说："《辽史》有关辽太宗根据太祖死后有黄龙出现的传说，而改渤海扶余府为黄龙府的说法，还是可信

---

① （元）脱脱：《辽史·太祖纪》卷2，中华书局1974年版，第21页。
② （元）脱脱：《辽史·太祖纪》卷2，中华书局1974年版，第22页。
③ 谭其骧主编：《中国历史地理图集释文汇编·东北卷》，中央民族学院出版社1988年版，第150页。
④ （元）脱脱：《辽史·地理志》卷38，中华书局1974年版，第470页。
⑤ （元）脱脱：《辽史·太祖纪》卷2，中华书局1974年版，第23页。
⑥ 丛佩远、赵鸣岐编：《曹廷杰集》，中华书局1985年版，第158页。
⑦ （元）脱脱：《辽史·地理志》卷38，中华书局1974年版，第470页。

第六章　辽金行政机构设置沿革考

的。"① 因此，渤海扶余府改为黄龙府的时间当在辽太宗时期。"天显二年八月丁酉（927年9月5日），葬太祖皇帝于祖陵，置祖州天城军节度使以奉陵寝。……太祖所崩行宫在扶余城西南两河之间，后建升天殿于此，而以扶余为黄龙府云。"② 依此来看，辽太宗在辽太祖去世一周年之际，设祖州天城军节度使，以保卫太祖陵寝。辽太宗为了纪念辽太祖的功绩，在太祖驾崩之地建升天殿，将升天殿附近的龙州扶余府改为龙州黄龙府，应与太宗置祖州天城军同时进行，即使晚些时候，也不会离此时间太远。《辽史》"天显三年春正月己未（928年2月6日），黄龙府罗涅河女直、达卢古来贡。"③ 这一记载说明，在天显三年春正月己未这天，龙州扶余府已经改为龙州黄龙府了。因此，辽太宗改龙州扶余府为龙州黄龙府的时间，应在天显二年八月丁酉（927年9月5日）至天显三年春正月己未（928年2月6日）之间。

二　黄龙府废弃与侨置通州

辽太宗改扶余府为黄龙府，起初黄龙府地方行政级别属于一级地方行政建置。《满洲源流考》记载："东京龙州，黄龙府。"④ 虽然当时辽国五京建置尚未确立，但作为辽东京龙州黄龙府，其行政级别要比其他府州行政级别高，直到太宗天显十三年十一月丙寅（938年12月17日），辽太宗对五京建置进行了重新调整，"升幽州为南京，南京为东京。"⑤ 自此之后，黄龙府去掉东京称号，其行政级别下降，可见辽朝对黄龙府重视不够。到辽景宗时期，终于酿成了黄龙府守将燕颇叛辽事件。"降至景宗保宁七年（957年），军将燕颇叛，府废。"⑥ 燕颇叛辽对黄龙府带来了很大影响，使已经不被重视的黄龙府，直接被辽朝废掉了。

辽朝废黄龙府的时间，姜雅迪《黄龙府若干问题述论》一文说："黄

---

① 赵永春：《辽金时期的黄龙府》，《北方文物》2007年第1期，第70页。
② （元）脱脱：《辽史·太祖纪》卷2，中华书局1974年版，第24页。
③ （元）脱脱：《辽史·太宗纪》卷3，中华书局1974年版，第28页。
④ （清）阿桂等撰，孙文良、陈玉华点校：《满洲源流考》，辽宁民族出版社1988年版，第141页。
⑤ （元）脱脱：《辽史·太宗纪》卷4，中华书局1974年版，第45页。
⑥ 谭其骧主编：《中国历史地理图集释文汇编·东北卷》，中央民族学院出版社1988年版，第150页。

龙府初期治所的废弃时间为辽景宗保宁七年。"① 这一说法基本不错。笔者通过查找燕颇叛辽的具体时间确定黄龙府废弃的时间。《辽史》记载:"保宁七年秋七月,黄龙府卫将燕颇杀都监张琚以叛……九月,败燕颇于治河,遣其弟安抟追之。燕颇走保兀惹城,安抟乃还,以余党千余户城通州。"② 依此看,辽朝正式废弃黄龙府的时间,应是追击燕颇后"安抟乃还,以余党千余户城通州"之时,即保宁七年九月的某天,至于具体哪天,没有明确记载,有待进一步研究。

关于通州的设置,应该是在黄龙府废弃之后不久。辽朝将龙州侨治在被后来称为通州的通远县城。但此时通州还不称通州,仍称龙州。称通州应该是辽圣宗保宁七年复置黄龙府之时。以燕颇"余党一千余户城通州",这里的"城通州"可以有两种理解,一是将燕颇余党一千余户安置在已经存在的通州城里居住;二是让燕颇余党一千余户重新修一座通州城居住。九月,天气转冷已经不适合大规模破土动工建城了。这样来看,燕颇余党千余户城通州,应该是将这一千余户安置在已经存在的通远县城里居住。燕颇余党迁居通州城,与废弃的黄龙府不会太远。因为《辽史》记载:"通州,安远军,节度。本扶余国王城,渤海号扶余城。"③ 这则史料如果不细加分析的话,一般会认为通州城与黄龙府是一个城,这给后人带来很多误会和不解。其实,燕颇余党千余户所城的通州城,虽与黄龙府不是一个城,但两个城之间的距离应该很近。查阅《辽史》可知,通州城应在黄龙府城附近,原是黄龙府附近的一个通远县。《辽史》记载:"通远县,本渤海扶余县,并布多县置。"④ 关于通远县,李慎儒《辽史地理志考》说:"此当是附郭县。"⑤ "通远县为通州倚郭,与州同城,其地亦为今四平市西部一面城辽城址。"⑥ 李慎儒考证通远县与通州同城是对的,但不是通远县附郭通州城,而是龙州黄龙府侨置通远县城。孙进己、冯永谦进一步推定今四平市一面城古城为辽代通州城。关于通州治所地望问题,近来又有

---

① 姜雅迪:《黄龙府若干问题述论》,《长春师范大学学报》(人文社会科学版)2014年第7期,第52页。
② (元)脱脱:《辽史·景宗纪》卷8,中华书局1974年版,第94、95页。
③ (元)脱脱:《辽史·地理志》卷38,中华书局1974年版,第468页。
④ (元)脱脱:《辽史·地理志》卷38,中华书局1974年版,第468页。
⑤ 李慎儒:《辽史地理志考》卷2,光绪二十八年刻本,第115页。
⑥ 孙进己、冯永谦总纂:《东北历史地理》(下),黑龙江人民出版社2013年版,第244页。

新说，有人认为不在今四平市西部一面城辽城址，而在今"四平市梨树县东河镇平房村城楞子城址"①。按：城楞子城址由南北二城组成，这种古城建筑形制，南北二城当不是同一时期所建，而应当是分先后两次所建。笔者认为，南边的小城址当是通远县城址，北边的大城址当是龙州侨治通远县以后所建。龙州黄龙府侨置通远县以后，通远县城随着龙州黄龙府的迁入升为节度使。此时的黄龙府也许撤置，只保留龙州建置，即使黄龙府没有正式行文撤置，黄龙府也是名存实亡。至于龙州何时更名为通州的，《辽史》记载："太祖改龙州，圣宗更今名。"②也就是说辽圣宗时期改龙州为通州的。那么圣宗为什么改侨置到通远县城的龙州为通州呢？这可能是因为辽圣宗朝时期，东北部的女真族兴起，辽圣宗为了加强对女真的防御和统治，在通州东北复置黄龙府，将龙州建制迁至新址，才将侨治在通远县的龙州改称为通州的。从《辽史》记载："开泰九年（1020），迁城于东北，以宗州、檀州汉户一千复置"③来看，龙州改为通州的时间，当为辽圣宗开泰九年（1020），复置黄龙府之时。

三 辽朝复置黄龙府与金灭黄龙府

辽圣宗时期，女真族兴起，此时辽与北宋已经签订了"澶渊之盟"，辽与北宋的边界基本稳定。在这样的情况下，辽朝才有精力经营东北边疆，对其经常侵扰的东北各少数民族实行军事讨伐。《辽史》记载："圣宗开泰九年九月乙亥（1020年10月16日），以夷离毕延宁为兵马副都部署，总兵东征。"④这是辽圣宗朝对女真等东北少数民族一次大规模用兵，与此同时，辽圣宗复置黄龙府于通州东北，《辽史·地理志》记载就是这年九月。保宁七年九月基本废弃的黄龙府，又重新复置在距女真内地（以阿什河为中心）较近地方，对控制女真族有着重要的战略作用。也正像赵永春先生所说："辽朝重新恢复黄龙府的府一级建制以后，提高了黄龙府的地位，由黄龙府统辖益州、安远州、威州、清州、雍州五洲和黄龙县、迁民

---

① 隽成军、王艳、聂卓慧：《梨树县城楞子城址的调查与思考》，载《辽源龙山山城及相关遗迹学术研讨会论文简编》，2015年版，第109页。
② （元）脱脱：《辽史·地理志》卷38，中华书局1974年版，第468页。
③ （元）脱脱：《辽史·地理志》卷38，中华书局1974年版，第470页。
④ （元）脱脱：《辽史·圣宗纪》卷16，中华书局1974年版，第187页。

县、永平县三县之地。"①从黄龙府所管辖的这些州县来看，黄龙府的管辖范围扩大了。朝廷先后在黄龙府设置知黄龙府事、同知黄龙府事、黄龙府都部署事等官职来管理这一地区的军政事务。特别是为了突出这一地区的军事作用，维护辽政权的稳定，先后设置了黄龙府兵马都部署司、黄龙府铁骊军详隐司、黄龙府女真部大王府等各种军政机构来管理黄龙府军政事务。从中可见，黄龙府的地位逐渐得到提高。

黄龙府兵马都部署司，相当于现在的大军区。"黄龙府正兵五千。"②辽朝为了加强黄龙府地区的安全，"圣宗太平六年春二月己酉（1026年2月21日），黄龙府请建堡障三、烽台十，诏以农隙筑之"③。黄龙府复置以后，发挥了很大的军事作用。"天庆五年八月丙寅（1115年9月19日），南出宁江州。自长春州分道而进，发数月粮，期必灭女直。九月丁卯朔（9月20日），女直军陷黄龙府。"④辽朝经营多年的黄龙府，其军事功能十分强大。金太祖为了铲除"眼中钉"，于收国元年（1115），与辽朝交涉，让"迁黄龙府于别地"⑤。金太祖在交涉未果的情况下，于"收国元年八月戊戌（1115年8月22日），上亲征黄龙府"⑥。此时，腐朽的辽王朝在军事上已无法与新兴的女真族抗衡。金军于"收国元年九月丁丑（1115年9月30日），至自黄龙府。己卯（10月2日），黄龙见空中"⑦。于是黄龙府为金军占领，辽朝黄龙府被金朝所亡。

第二节　金代泰州设置沿革考

金泰州沿辽泰州而置。金初为泰州都统司，海陵改为泰州节度使司，增设德昌军节度使司。东北路招讨司侨置泰州后，泰州节度使司罢置。承安三年复置于长春县，金末泰州节度使与肇州节度使合二为一。本节梳理

---

① 赵永春：《辽金时期的黄龙府》，《北方文物》2007年第1期，第71页。
② （元）脱脱：《辽史·兵志》卷36，中华书局1974年版，第434页。
③ （元）脱脱：《辽史·圣宗纪》卷17，中华书局1974年版，第199页。
④ （元）脱脱：《辽史·天祚帝纪》卷28，中华书局1974年版，第332页。
⑤ （元）脱脱：《辽史·天祚帝纪》卷28，中华书局1974年版，第331页。
⑥ （元）脱脱：《金史·太祖纪》卷2，中华书局1975年版，第27页。
⑦ （元）脱脱：《金史·太祖纪》卷2，中华书局1975年版，第28页。

第六章　辽金行政机构设置沿革考

金泰州建制沿革过程，以对金泰州有一个全面的认识。

一　金初泰州路的设置

金代地方行政建置是在金初奴隶制基础之上，不断占领辽宋地区，根据辽宋地区的不同特点而因地制宜设置的。《金史·兵志》记载："太祖开创，因时制宜，材堪统众授之万户，其次千户及谋克。"① 金代地方建置实行军政合一的路制。程妮娜《试论金初路制》一文，详细论述了金初路制设立形成诸问题，把金初路制的形成划分为三个阶段。以女真反辽开始，到天辅五年（1121）二月为第一阶段，在这一阶段时间里，阿骨打根据所占领辽朝不同地区的特点，设置了不同形式的路。程妮娜统计到天辅五年二月，"至此，金朝已设十路，五路设都统司，三路设万户，二路设都孛堇"②。金代泰州路，是金朝在占领区设置的既有女真奴隶制的猛安谋克形式，又保留了原来辽泰州地区的府州县形式的一种设置。都统类型路的设置，是为了适应对占领区人民的统治，它较之以前女真内地的路是有区别的。余蔚《中国行政区划通史·辽金卷》认为，金初出现的许多路与后来"辽天庆五年（1115）之后所置黄龙府、咸州等'万户路'不同，不可视作一体"③。这一点，程妮娜《金代政治制度研究》指出，金初所出现的路是指"某些部族居住的地面为路"④。而这时的路（如都统类型路）应该与余蔚先生所说的辽天庆五年之后所设置的黄龙府、咸州等路相同，是真正意义上的地方军政合一机构。

金朝最早在占领地区设置的机构为"咸州军帅司，以经略辽地"⑤，这应该是金朝最早的、有别于此前的地面路。自此以后金朝开始在占领地区设立军政合一机构来管理新占领地区，先后设置了咸州、南路、黄龙府等路。泰州路应该是在金占领泰州之后即设置。《金史·兵志》载："国初所免辽人之奴婢，使屯守于泰州者也。"⑥ 如果泰州没有设置的话，金朝是不会将其所俘虏来的辽人处之泰州屯守的。至于泰州路设置的时间，王曾瑜

---

① （元）脱脱：《金史·兵志》卷44，中华书局1975年版，第1003页。
② 程妮娜：《试论金初路制》，《社会科学战线》1989年第1期，第179页。
③ 余蔚：《中国行政区划通史·辽金卷》，复旦大学出版社2012年版，第498页。
④ 程妮娜：《金代政治制度研究》，吉林大学出版社1999年版，第56页。
⑤ （元）脱脱：《金史·兵志》卷44，中华书局1975年版，第1002页。
⑥ （元）脱脱：《金史·兵志》卷44，中华书局1975年版，第997页。

《辽金军制》认为："天辅五年（1121）摘取诸路猛安中万余家，屯田于泰州"① 之时。余蔚也认为是"天辅五年置泰州路，治泰州（乐康县）"② 时。这里有一个问题，就是泰州在天辅元年就被金军占领了。《金史·太祖纪》载："天辅元年（1117）正月……国论勃极烈斜也以兵一万取泰州。"③《金史·杲传》载："天辅元年，杲以兵一万攻泰州，下金山县……遂克泰州。"④ 从天辅元年正月占领泰州，到天辅五年才在泰州设置，中间五年时间没有设置，这是不可能的。金朝对辽南咸平路、南路等地区，大都是由占领该地的主帅占领后即出任该地区的军帅或都统。金朝于天辅元年正月，即派斜也、宗雄和宗幹攻打泰州。《金史·宗幹传》记载："宗幹得降人，言春、泰州无守备，可取。于是斜也取春、泰州，宗雄、宗幹等下金山县。"⑤《金史·宗雄传》记载："斜也攻春州，宗雄与宗幹、娄室取金山县。……遂下金山县。与斜也俱取泰州。"⑥ 从这场战役来看，金军先是分兵攻打长春州和金山县，占领这两个地方之后再联合攻打泰州。辽泰州被金军占领之后，按照惯例应该由占领该城的斜也、宗雄或是宗幹出任军政长官，管理金泰州军政事物，绝不可能等到天辅五年才设置。从《金史·太祖纪》"天辅二年七月丙申（1118 年 8 月 4 日），辽户二百来归，处之泰州"⑦ 的记载看，此时泰州已有设置。至于天辅元年正月占领辽泰州后，是设置了万户类型的路，还是都统类型的路，从"五年二月，遣昱及宗雄分诸路猛安谋克之民万户屯泰州，以婆卢火统之"⑧ 的记载看，当时设置的应为军帅或万户之类职务。

攻打泰州的主将之一宗雄，应该从天辅元年到天辅五年一直供职泰州，只不过因宗雄经常随军征辽，没有把自己的世袭谋克迁到泰州而已。为什么说宗雄自天辅五年任职泰州呢？可从《金史》记载来分析。《金史·宗雄传》记载："既而与蒲家奴按视泰州地土，宗雄包其土来奏曰：

---

① 王曾瑜：《辽金军制》，河北大学出版社 2011 年版，第 147 页。
② 余蔚：《中国行政区划通史·辽金卷》，复旦大学出版社 2012 年版，第 533 页。
③ （元）脱脱：《金史·太祖纪》卷2，中华书局 1975 年版，第 30 页。
④ （元）脱脱：《金史·杲传》卷76，中华书局 1975 年版，第 1737 页。
⑤ （元）脱脱：《金史·宗幹传》卷76，中华书局 1975 年版，第 1742 页。
⑥ （元）脱脱：《金史·宗雄传》卷73，中华书局 1975 年版，第 1679 页。
⑦ （元）脱脱：《金史·太祖纪》卷2，中华书局 1975 年版，第 31 页。
⑧ （元）脱脱：《金史·太祖纪》卷2，中华书局 1975 年版，第 35 页。

第六章　辽金行政机构设置沿革考

"其土如此，可种植也。上从之。由是徙万余家屯田泰州，"①宗雄奏请泰州土地可以种植之时，泰州还没有设置都统类型的路。泰州设置为都统类型的路当在此之后，金太祖"以境土既拓，而旧部多瘠卤，将移其民于泰州……遂摘诸猛安谋克中民户万余，使宗人婆卢火统之，屯种于泰州。……遣拾得、查端、阿里徒欢、奚挞罕等四谋克，挈家属耕具，徙于泰州，仍赐婆卢火耕牛五十。"②金太祖令婆卢火带诸猛安屯田泰州之时，当是泰州都统司正式设立的时间。可以肯定地说，泰州都统司设置的时间当在天辅五年。关于泰州设置为都统类型的路，《金史·兵志》记载："天辅五年袭辽主，始有内外诸军都统之名。时以奚路未平，又置奚路都统司，后改为八部路都统司……与上京及泰州凡六处置，每司统五六万人。"③这则史料说明，天辅五年泰州已设置了泰州都统司。具体设置的时间，当在"天辅五年二月……屯泰州，以婆卢火统之"④以后不久。至此泰州设置为军政合一的都统路类型军政机构。

二　太宗熙宗时期的泰州路

太宗时期在泰州境内设置了乌古迪烈统军司。金朝把新投降的乌古迪烈部置于泰州境内。《金史·太宗纪》记载："天会二年闰三月己丑（1124年4月27日），乌虎里、迪烈底两部来降。"⑤天会三年"二月丁卯（1125年3月31日），以厐葛城地分授所徙乌虎里、迪烈底二部及契丹民"⑥。金朝为了安置乌古迪烈降人，在泰州北境设置乌古迪烈统军司，以统治乌古迪烈部。在泰州北境设立的乌古迪烈统军司，受泰州都统婆卢火节制。按：都统是金朝派驻高级路的军政大员，权力很大。《辽金史辞典》说："都统略高于军帅，都统司下辖府、州、县。"⑦关于都统的职权，《金史·太宗纪》载："天会元年十一月壬戌（1123年12月2日），复以

---

① （元）脱脱：《金史·宗雄传》卷73，中华书局1975年版，第1679页。
② （元）脱脱：《金史·食货志》卷46，中华书局1975年版，第1032页。
③ （元）脱脱：《金史·兵志》卷44，中华书局1975年版，第1002页。
④ （元）脱脱：《金史·太祖纪》卷2，中华书局1975年版，第35页。
⑤ （元）脱脱：《金史·太宗纪》卷3，中华书局1975年版，第50页。
⑥ （元）脱脱：《金史·太宗纪》卷3，中华书局1975年版，第52页。
⑦ 邱树森：《辽金史辞典》，山东教育出版社2011年版，第594页。

空名宣头及银牌给……婆卢火等。"① 程妮娜将空名宣头解释为"即空名告身，为府州官员的委任状"②。也就是虚职委任状，其实就是给予一种荣誉待遇。

《金史·百官志》记载："盖金牌以授万户，银牌以授猛安，木牌则谋克、蒲辇所佩者也。"③ 太宗给婆卢火以空名宣头及银牌，说明婆卢火有任免泰州所辖府、州、县地方军政长官的权力。太宗时期，乌古迪烈部刚投降金朝，金沿用辽朝的建置在泰州北境设置乌古迪烈统军司，其级别不会太高，也就相当于府州一级的建置。这样一个级别的建置，在泰州境内，自然归婆卢火管辖。关于乌古迪烈统军司是否归婆卢火节制，从《金史》有关记载可以推断出来。《金史·地理志》记载"右旋入泰州婆卢火所浚界壕而西"④，婆卢火所浚界壕正好在泰州北境。《金史·婆卢火传》载："天眷元年，驻乌骨［古］迪烈地，薨。"⑤ 泰州都统婆卢火是经略乌古迪烈地死的。由此可见，乌古迪烈统军司是泰州路治下的府州级别的军政建制。

熙宗时期，泰州路设置了医院。《金史·百官志》载："东京、北京、上京……蒲与、胡里改、隆州、泰州、盖州并同此。皆置医院，医正一人，医工八人。"⑥ 这则史料把泰州与东京、北京、上京并列在一起，说明泰州路与北京路行政级别一样，都是一级路的行政建置，还没有降为节度使级别的泰州。按：泰州在辽朝时期，归上京临潢府管辖。《金史·地理志》载："临潢府……辽为上京，国初因之。天眷元年（1138）改为北京。天德二年（1150）改北京为临潢府路。"⑦ 天德二年后，泰州路由都统司降为节度使司，此后泰州的行政级别要比北京路低。从泰州路与北京路并列在一起，可以看出金朝在泰州路设置医院的时间当在天眷元年以后，不会晚于海陵天德二年的。此时泰州路没有降为节度使级别的区划，属于独立的泰州路，没有划归北京路管辖。从设置医院来看，此时泰州路

---

① （元）脱脱：《金史·太宗纪》卷3，中华书局1975年版，第48页。
② 程妮娜：《试论金初路制》，《社会科学战线》1989年第1期，第181页。
③ （元）脱脱：《金史·百官志》卷58，中华书局1975年版，第1335页。
④ （元）脱脱：《金史·地理志》卷24，中华书局1975年版，第549页。
⑤ （元）脱脱：《金史·婆卢火传》卷71，中华书局1975年版，第1639页。
⑥ （元）脱脱：《金史·百官志》卷57，中华书局1975年版，第1305页。
⑦ （元）脱脱：《金史·地理志》卷24，中华书局1975年版，第561页。

第六章 辽金行政机构设置沿革考 289

的行政地位，已经没有金初婆卢火任泰州都统时期的地位高了。泰州路虽然还是都统行政级别的路，但地位发生了变化。从《金史·婆卢火传》载"子剖叔……天眷二年（1139），为泰州副都统"① 就可以看出来，泰州的行政级别已降为副都统了。

三 海陵王降泰州路都统司为泰州节度使司

海陵王夺取政权以后，为了加快女真人的封建化进程，仿照辽、宋封建行政区划制度，在全国推行行政体制改革。海陵王为了削弱泰州都统的权力，先将泰州都统司管辖的乌古敌烈统军司升为招讨司，之后又将泰州都统司降为泰州节度使司，军政长官由原来称都统改称节度使。泰州都统司降为节度使司之后，又在泰州设置德昌军隶于上京路。

海陵王这次改革是分步进行的。首先调整金源内地和原辽朝地区的行政关系。《金史·兵志》载："至海陵庶人天德二年，省并中京、东京、临潢、咸平、泰州等路节镇及猛安谋克，削上中下之名，但称为诸猛安谋克"②，天德二年这次的行政区划调整，是为在这一地区进行体制改革做准备。这次只是行政区划省并而已，此时泰州都统的地位还没有发生根本性的变化。之后不久，海陵王为了削弱女真贵族的权力，提升了归泰州都统管辖的乌古迪烈统军司的权力。《金史·兵志》载："天德二年九月……又改乌古迪烈路统军司为招讨司。"③ 乌古迪烈统军司改为招讨司后，其治所并没有发生变化。至于乌古迪烈招讨司，什么时候置于泰州，《金史·兵志》载："大定五年……东北路者，初置乌古迪烈部，后置于泰州。"④ 金朝的东北路招讨司，是由乌古迪烈招讨司改置的。由此可见，乌古迪烈招讨司移置到泰州是在大定五年前后。乌古迪烈统军司改为招讨司，不只是机构名称上的改变，还有行政职权的扩大或行政级别的提高。《金史·地理志》载："乌占迪烈统军司，后升招讨司。"⑤《金史》对海陵王这次行政区划调整，只记载为天德二年，没有记载具体的时间，从乌古迪烈统军

---

① （元）脱脱：《金史·婆卢火传》卷71，中华书局1975年版，第1639页。
② （元）脱脱：《金史·兵志》卷44，中华书局1975年版，第993页。
③ （元）脱脱：《金史·兵志》卷44，中华书局1975年版，第1003页。
④ （元）脱脱：《金史·兵志》卷44，中华书局1975年版，第1003页。
⑤ （元）脱脱：《金史·地理志》卷24，中华书局1975年版，第553页。

司升为招讨司来看，海陵王这次行政区划的调整，应该是在九月前后。或者说是由于行政区划调整，才使乌古迪烈统军司提升为乌古迪烈招讨司。乌古迪烈统军司是金初为安抚辽朝投降的乌虎里和迪烈底二部降民而设置的，属于一般的军政机构，行政级别不高。虽然金初没有明确记载乌古迪烈统军司的行政级别，但从其职掌和任职情况来看，不会很高。《金史·习古廼传》载："乌虎里部人迪烈、划沙率部来降，朝廷以挞僕野为本部节度使，乌虎为都监。……于是，迪烈加防御使，为本部节度使。"① 从金初迪烈加防御使为本部节度使来看，乌古迪烈统军司相当于《金史·白官志》里记载的诸防御州。《金史·百官志》载："诸防御州，防御使一员，从四品。"② 乌古迪烈招讨司的行政级别，《金史·百官志》载："招讨司，使一员，正三品。副招讨使二员，从四品。"③ 乌古迪烈统军司改为乌古迪烈招讨司后，其行政长官从四品提高到正三品。作为泰州都统司管辖的乌古迪烈统军司升格为乌古迪烈招讨司，行政级别提高了，职权扩大了，这就意味着削弱了泰州都统司的权力。削弱女真贵族的权力，在全国实行封建制度管理，是海陵王实行改革的根本目的。

海陵王改乌古迪烈统军司为招讨司，在一定程度上削弱了泰州都统的权力，并没有从根本上剥夺婆卢火家族的特权，于是海陵王对金源内地万户类型的路和金初在占领辽地时设置的都统类型的路实行大胆改制，降万户和都统为节度使。这一改革剥夺了女真贵族的特权，特别是金源内地设置的万户类型路改制为节度使后取消了世袭制，节度使由朝廷随时任命调动。金朝初年设置的泰州都统司，与金源内地的万户类型的路有所不同，介于奴隶制和封建制之间，是女真族奴隶制"在一定程度上兼容了封建官制而形成的一种特殊官制"④。行政长官虽然不世袭，但是天辅五年任命宗族婆卢火为泰州都统，后来婆卢火子割叔任泰州副都统，再后其子"吾扎忽，皇统二年（1142），权领泰州军。……袭猛安。复以本部军从宗弼，权都统。"⑤ 从婆卢火家族先后被朝廷任命为泰州行政长官这一职位来看，

---

① （元）脱脱：《金史·习古廼传》卷72，中华书局1975年版，第1666页。
② （元）脱脱：《金史·百官志》卷57，中华书局1975年版，第1312页。
③ （元）脱脱：《金史·百官志》卷57，中华书局1975年版，第1328页。
④ 程妮娜：《试论金初路制》，《社会科学战线》1989年第1期，第183页。
⑤ （元）脱脱：《金史·吾扎忽传》卷71，中华书局1975年版，第1639页。

第六章 辽金行政机构设置沿革考

虽然不同于蒲与、胡里改等金源内地的世袭万户，但也带有一定的世袭意味。所以海陵王为了推进封建化改革进程，必须从根本上剥夺泰州都统带有世袭性的特权，将泰州都统司改为泰州节度使司，这就从根本上削弱了婆卢火家族在泰州的势力。

关于泰州都统司改制为泰州节度使司的时间，《金史》里有明确记载。《金史·海陵纪》载："海陵天德三年十一月癸亥（1152年1月5日），诏罢世袭万户官。"① 这是海陵王时期行政改革的准确时间。虽然史料记载的是罢万户，不是罢都统，但从泰州与蒲与路接壤，其军政长官都是女真贵族，可以推断泰州罢都统改为节度使应该在同一时期，即使不是同时也不会相差太远。

泰州都统司降为泰州节度使司后，泰州变为一般的节镇。泰州最高军政长官的行政级别和职权都相对减小，《金史·百官志》载："节度使一员，从三品，掌镇扶诸军防刺，总判本镇兵马之事，兼本州管内观察使事。"② 从这条史料来看，泰州节度使行政级别虽是从三品，但军政职权还是很大的。海陵王为了分解权力，防止军政大权落在泰州节度使一人之手，又在"泰州，置德昌军节度使。……海陵正隆间，置德昌军，隶上京"③。德昌军节度使设置后，泰州境内形成了泰州节度使、乌古迪烈招讨使、德昌军节度使三者并存的局面，职权各有侧重，行政级别相差不大。泰州节度使隶属于北京路，乌古迪烈招讨使是正三品，行政级格较高，隶属于枢密院。德昌军节度使隶属于上京路。在这三个职位中，德昌军节度使很多时候由乌古迪烈招讨使兼任。没有发现在海陵王时期，东北路招讨使或是德昌军节度使兼任泰州节度使一职。可能是乌古迪烈招讨使和德昌军节度使都是正三品，而泰州节度使从三品，与这两个职位不对等。再者，泰州节度使侧重民事管理，而乌古迪烈招讨使和德昌军节度使则主要是军事管理。这样，乌古迪烈招讨使时常兼任德昌军节度使，而不兼泰州节度使。这里还要说明的是，在德昌军节度使设立之初，不是一开始就由乌古迪烈招讨使兼任的，而是单独任职的。《金史·隈可传》载："隈可亦

---

① （元）脱脱：《金史·海陵纪》卷5，中华书局1975年版，第98页。
② （元）脱脱：《金史·百官志》卷57，中华书局1975年版，第1311页。
③ （元）脱脱：《金史·地理志》卷24，中华书局1975年版，第563页。

作傀喝，天德四年……改德昌军节度使"①。

关于乌古迪烈招讨司、德昌军节度使司、泰州节度使司这三个机构的任职情况，从海陵末年窝斡起义反抗金廷的战争中可以了解到大概情况。《金史·叛臣传》载："正隆六年二月己亥（1161年2月22日），窝斡遂称帝，改元天正。……去攻泰州。"② 窝斡起义反抗金朝，让金朝耗费了很大的兵力。金朝派出很多部队镇压窝斡起义。其中"泰州节度使乌里雅率千余骑与窝斡遇"③，权都统吾扎忽，"与德昌军节度使移室懑同讨契丹，许以便宜从事"④，共同参与了泰州保卫战。从参战的将领来看，泰州节度使和德昌军节度使，分别由乌里雅与移室懑两人担任。没有史料记载乌古迪烈招讨使参与镇压窝斡起义。《金史·尼庞古钞兀传》记载："尼庞古钞兀，世宗即位辽阳……与都统吾扎忽、副统浑坦讨窝斡。……事平，迁西北路招讨使，改东北路。"⑤ 这是《金史》关于东北路招讨使最早的任命。从尼庞古钞兀改任东北路招讨使的时间，在金朝平定窝斡起义之后这一记载来推定，乌古迪烈招讨司改称东北路招讨司的时间，当在"大定二年九月庚子（1162年10月16日）……尽得其党。前至抹拔里达之地，悉获之，逆党遂平"⑥ 之时。

四 金世宗迁东北路招讨司于泰州并废泰州节度使司

金世宗时期，泰州的行政治所，随着金朝北部边防的防御情况发生了很大的变化。大定初年，泰州处在金朝与契丹起义军窝斡的战争之下。大定二年（1162），窝斡领导的起义军失败西去，泰州境内已无战争。这时，金朝为了北部边防的永固，着手策划在泰州境内修筑界壕边堡事宜。

《金史·世宗纪》载："大定二年闰二月庚寅（1162年4月9日），诏平章政事移剌元宜泰州路规措边事。"⑦ 从平章政事移剌元宜到泰州规措边事，到"大定五年正月乙卯（1165年2月17日）……诏泰州、临潢接境

---

① （元）脱脱：《金史·隈可传》卷66，中华书局1975年版，第1561页。
② （元）脱脱：《金史·叛臣传》卷133，中华书局1975年版，第2851、2852页。
③ （元）脱脱：《金史·叛臣传》卷133，中华书局1975年版，第2852页。
④ （元）脱脱：《金史·吾扎忽传》卷71，中华书局1975年版，第1639页。
⑤ （元）脱脱：《金史·尼庞古钞兀传》卷86，中华书局1975年版，第1923页。
⑥ （元）脱脱：《金史·叛臣传》卷133，中华书局1975年版，第2859页。
⑦ （元）脱脱：《金史·世宗纪》卷6，中华书局1975年版，第126页。

第六章 辽金行政机构设置沿革考

设边堡七十，驻兵万三千。"① 这个时期泰州和临潢境内已修成界壕边堡共70个。或许是为了修筑东北路界壕边堡，或许是东北路界壕边堡修筑完工，乌古迪烈招讨司治所即从金初所置的厐葛城地移置到泰州。按：金初乌古迪烈统军司的治所，应该在王国维考证的"兴安岭之东，蒲与路之西，泰州之北"②。目前国内学者关于乌古迪烈统军司的治所地望问题，有几种学术观点。有人认为今齐齐哈尔城西梅里斯区境内哈拉古城，"为金之厐葛城，即乌古迪烈统军司治所"③。也有学者认为"乌古迪烈统军司治所在今龙江县境内，雅鲁河右岸之沙家街古城"④。王禹浪先生考证"今嫩江县境内老莱河西岸之伊拉哈古城是金代乌古迪烈统军司治所"⑤。《金史·海陵纪》载："天德四年（1152）十一月，买珠于乌古迪烈部及蒲与路"⑥，《金史·地理志》记载："乌古迪烈统军司，后升招讨司，与蒲与路近。"⑦ 由此记载来看，乌古迪烈统军司治所离嫩江不会太远。也就是说，如果乌古迪烈统军司在上述某个古城，相对于金代东北路界壕边堡来说，都偏离金东北路界壕边堡的中心位置，对全面有效掌控金东北路界壕边堡有很大困难。金东北路界壕边堡的东北起点在嫩江西岸的后宜卧奇屯，终点到霍林河畔，整个金东北路界壕边堡全长千余里。这样看来作为金东北路界壕边堡的防御指挥机关，若在嫩江沿岸附近，则偏隅一地而不能很好地掌控东北路界壕边堡的防御系统。于是金朝决定将乌古迪烈招讨司改为东北路招讨司，由嫩江沿岸某城移置到泰州城内，与泰州节度使、德昌军节度使同驻一城，以掌控整个东北路界壕边堡。

关于东北路招讨司移置到泰州城的具体时间，史料没有明确记载。谭其骧先生认为"约当在大定四、五年，窝斡余党既平，筑边堡于泰州、临

---

① （元）脱脱：《金史·世宗纪》卷6，中华书局1975年版，第135页。
② 王国维：《观堂集林》卷15，河北教育出版社2002年版，第452页。
③ 张泰湘、崔福来：《厐葛城考》，载张志立、王宏刚主编《东北亚历史与文化》，辽沈书社1991年版，第511页。
④ 孙秀仁、孙进己、干志耿、郑英德、冯继钦：《室韦史研究》，北方文物杂志社1985年版，第101页。
⑤ 王禹浪：《乌古敌烈统军司新考》，《哈尔滨学院学报》2013年第7期。
⑥ （元）脱脱：《金史·海陵纪》卷5，中华书局1975年版，第99页。
⑦ （元）脱脱：《金史·地理志》卷24，中华书局1975年版，第553页。

潢境上之时"①。余蔚《中国行政区划通史·辽金卷》赞同此说,"并路之时,应定于大定五年"②。谭其骧先生根据当时泰州境内的政治形势和东北路界壕边堡的修筑情况,断定东北路招讨司移置泰州的时间,可谓准确。问题的关键是窝斡余党平定,与大定初年修成东北路界壕边堡前后相差时间有三年之久。金朝平定窝斡之前,就于大定二年正月派移剌元宜规措金东北路长城修筑事宜。虽然金朝派移剌元宜到泰州规措东北路长城时,窝斡余党还没有彻底铲除,但是此时窝斡已成败局,且金朝与窝斡的战争主要在西北路,移剌元宜规措泰州边事之后,不到两个月,窝斡即被金军剿灭。从中可以看出,移剌元宜来泰州时,东北路招讨司管辖的区域是稳定的。从尼庞古钞兀因讨平窝斡余党,而被金朝提升为西北路招讨使,后改东北路招讨使的情况来看,尼庞古钞兀应是乌古迪烈招讨司改东北路招讨司后的第一任东北路招讨使。尼庞古钞兀任东北路招讨使之后,为了更好地对金东北路长城及沿线管理,将东北路招讨司移置于旧泰州城。如果对东北路长城修筑的话,东北路招讨司移置到泰州的时间,当在大定五年之前。如果是对金东北路长城驻防的话,应在大定五年之后。东北路招讨司移置泰州的时间,不会晚于大定九年,因为"大定九年,夹古查剌出为东北路招讨使,兼德昌军节度使"③。如果东北路招讨司没有移置到泰州的话,夹古查剌是无法兼职德昌军节度使的。

关于金代的旧泰州,张柏忠认为"黑龙江省泰来县塔子城古城,是金代的旧泰州,吉林省白城市城四家子古城是金代的新泰州"④。这一学术观点,目前在学术界得到认可。按:学界将承安三年复置长春县前的金泰州即辽之泰州称为旧泰州,承安三年复置长春县后的金泰州称为新泰州。原先东北路治所在嫩江沿岸庞葛城,远离金东北路长城中心位置,金东北路招讨司移置旧泰州以后,便于对金东北路长城进行有效管理。旧泰州城所在的位置,到东北路长城两端的距离基本相差无几。就地理位置条件而言,旧泰州城能有效掌控金东北路长城沿线各边堡,于是金朝决定将东北

---

① 谭其骧:《金代路制考》,载史念海主编《中国历史地理论丛》(第一辑),陕西人民出版社1981年版,第101页。
② 余蔚:《中国行政区划通史·辽金卷》,复旦大学出版社2012年版,第1558页。
③ (元)脱脱:《金史·夹谷查剌传》卷86,中华书局1975年版,第1926页。
④ 张柏忠:《金代泰州、肇州考》,《社会科学战线》1987年第4期,第209页。

第六章 辽金行政机构设置沿革考

路招讨司移置旧泰州。金东北路招讨司移置旧泰州之后，凭其地理上的优势，无论是对金东北路长城的修筑还是防御，都发挥了重要作用。

金世宗大定二十五年（1185），金朝把泰州节度使废掉了。《金史·地理志》记载："大定二十五年罢之。"① 按：泰州路的设置，是金初沿用辽朝泰州治所而设置的，在当时有着相当重要的地位。这样一个极为重要的军政建制，金世宗为什么要废置呢？关于这一问题，笔者认为金东北路招讨司移置泰州的主要目的是经营东北路长城。到大定二十五年之时，金东北路长城已全部修筑完工。东北路长城建成以后，对防范北部蒙古等游牧势力，起到了很大的作用。在修筑东北路长城时，金世宗征调了大批猛安谋克。《金史·兵志》载："世宗置所七……合鲁椀、耶卢椀。在武平县、临潢、泰州之境。"②《金史·唐括德温传》载："大定十八年（1178）……西北路没里山猛安，徙隶泰州。"③ 金代猛安谋克是兵民合一组织。在无战事的情况下，金长城沿线猛安谋克主要从事农牧业生产。这时东北路招讨司的主要工作已不是修筑东北路长城时的军事工作了。东北路长城修筑完工后，东北路招讨司工作重心转移到管理猛安谋克事务了。从大定初年，到大定二十五年，检索《金史》没有发现泰州节度使任命的记载，而且东北路招讨使兼任的都是德昌军节度使。这说明由于东北路招讨司移置于泰州后，原先管理猛安谋克事宜的泰州节度使的工作，一直由东北路招讨使来负责。《金史·崇成传》载："崇成，本名僕灰，泰州司属司人……大定十八年收充奉职"④。依此看，泰州节度使司机构还应该存在，但泰州节度使一职在大定年间始终是空缺。由于泰州节度使一职行政级格是从三品，东北路招讨使一职行政级格是正三品，东北路招讨使与泰州节度使职级不对等，所以东北路招讨使兼任德昌军节度使，而没有兼任泰州节度使。泰州节度使一职的工作，只是由东北路招讨使代行其事罢了。史料记载："大定二十一年四月戊申（1181年5月17日），增筑泰州、临潢府等路边堡及屋宇。"⑤ 可见其工作也都是修建屋宇等猛安谋克民政事务罢了。由于

---

① （元）脱脱：《金史·地理志》卷24，中华书局1975年版，第563页。
② （元）脱脱：《金史·兵志》卷44，中华书局1975年版，第1004页。
③ （元）脱脱：《金史·唐括德温传》卷120，中华书局1975年版，第2619页。
④ （元）脱脱：《金史·崇成传》卷65，中华书局1975年版，第1542页。
⑤ （元）脱脱：《金史·世宗纪》卷8，中华书局1975年版，第181页。

东北路招讨使代行泰州节度使一职,泰州节度使一职已经没有设置的必要了,于是世宗在大定二十五年罢之。

五 章宗时期复置泰州于长春县

金章宗时期,泰州北边的游牧势力又起。《金史·张万公传》记载:"初,明昌间,有司建议,自西南、西北路,沿临潢达泰州,开筑壕堑以备大兵,役者三万人,连年未就。"① 金章宗为了防御北边的游牧势力,开始大规模修筑金东北路长城。在这种情况下,东北路招讨司的工作重点又转移到军事防御上。章宗为了加强北部边防,使东北路招讨使专职军事防御工作,在即位之初就恢复了泰州建置,专管猛安谋克民政事务。《金史·伯德梅和尚传》载:"伯德梅和尚……明昌初,为西北路副招讨,改泰州防御使。"② 从伯德梅和尚在章宗初年任泰州防御使一职来看,章宗初年恢复的泰州建置,较之前的泰州节度使行政级别要低,属于金朝驻扎沿边的诸防御州之一。按:《金史·百官志》载:"诸防御州,防御使一员,从四品,掌防捍不虞、御制盗贼。"③ 大定二十五年废置以前的泰州属于节镇州,比防御州行政级别高。泰州防御使司恢复建置后,与东北路招讨司、德昌军节度使司同驻一城。泰州防御使司设置后,在《金史》中仅见伯德梅和尚一次任职,这并不能说泰州防御使是一个临时机构。从《金史》的记载还能判断出,泰州防御使司这一机构存在了很长时间。《金史·夹谷石里哥传》载:"夹谷石里哥,上京路猛安人。明昌五年(1194)进士,泰州防御判官。"④ 此记载说明,泰州防御使司这一机构,在明昌五年还是存在的。按:泰州防御判官,属于泰州防御使司内设置的中层官员。《金史·百官志》载:"诸防御州……判官一员,正八品,掌签判州事,专掌通检推排簿籍。"⑤

在章宗时期,泰州治所再度发生变化。承安三年(1198),金朝将泰州防御使移置于长春县。《金史·地理志》载:"承安三年复置长春县,以

---

① (元)脱脱:《金史·张万公传》卷95,中华书局1975年版,第2103页。
② (元)脱脱:《金史·伯德梅和尚传》卷121,中华书局1975年版,第2644页。
③ (元)脱脱:《金史·百官志》卷57,中华书局1975年版,第1312页。
④ (元)脱脱:《金史·夹谷石里哥传》卷103,中华书局1975年版,第2277页。
⑤ (元)脱脱:《金史·百官志》卷57,中华书局1975年版,第1312页。

旧泰州为金安县，隶焉。"① 泰州移置于长春县后，行政级别没有变化还是防御州。这里要弄清一个问题，就是泰州是移置到长春县的，不是复置。《金史》记载复置长春县，给人的感觉是金泰州在承安三年前，一直是废置状态，或者是泰州原先曾在长春县设置过。

从前边了解到的情况可知，在承安三年前就有泰州防御使任命，说明承安三年前，泰州防御使就设在旧泰州。那么泰州防御使，为什么要移置到其管辖下的长春县呢？这得从章宗时期金代东北路管辖地区的军事情况来寻找答案。金东北路界壕边堡北边的弘吉剌、合底忻、山只昆和婆速火等游牧势力经常扰边。《金史·章宗纪》载："承安元年十一月庚寅（1196年12月6日），特满群牧契丹……反，泰州军击败之。"② 当时击败的特满群牧契丹只是扰边的一小股势力，没有从根本上解决北部边防安全问题。承安二年八月辛巳（1197年9月23日），金朝"以边事未宁，诏集六品以上官于尚书省，问攻守之计。"③ 这次讨论的结果，是派兵打击北方弘吉剌、合底忻、山只昆和婆速火等北边游牧势力。朝廷派大睦亲府事宗浩到泰州主持北边军事工作。《金史·宗浩传》载："北方有警，命宗浩佩金虎符驻泰州便宜从事。朝廷发上京等路军万人以戍。"④ 宗浩到泰州的时间，从承安二年八月"问计"的记载来看，宗浩动身前往泰州的时间最快也就是九月。宗浩到达泰州时，已是入冬时节。《金史·宗浩传》载："宗浩以粮储未备，且度敌未敢动，遂分其军就食隆、肇间。是冬，果无警。"⑤ 等到转年承安三年春天，宗浩与完颜襄协商"乘其春暮马弱击之。"⑥ 宗浩的建议未被认可，完颜襄认为"若攻破广吉剌（弘吉剌），则阻䪁无东顾之忧，不若留之，以牵其势"⑦。宗浩认为："国家以堂堂之势，不能扫灭小部，顾欲藉彼为捍呼？"⑧ 于是宗浩奏请朝廷，"先破广吉剌

---

① （元）脱脱：《金史·地理志》卷24，中华书局1975年版，第563页。
② （元）脱脱：《金史·章宗纪》卷10，中华书局1975年版，第240页。
③ （元）脱脱：《金史·章宗纪》卷10，中华书局1975年版，第242页。
④ （元）脱脱：《金史·宗浩传》卷93，中华书局1975年版，第2073页。
⑤ （元）脱脱：《金史·宗浩传》卷93，中华书局1975年版，第2073页。
⑥ （元）脱脱：《金史·宗浩传》卷93，中华书局1975年版，第2073页。
⑦ （元）脱脱：《金史·宗浩传》卷93，中华书局1975年版，第2073页。
⑧ （元）脱脱：《金史·宗浩传》卷93，中华书局1975年版，第2073页。

（弘吉剌），然后提兵北灭阻䩞。章在上，从之。"① 宗浩这次北伐，征调"其兵万四千骑"②。这样庞大的军队来到泰州城里，加上原有泰州城内东北路招讨司、德昌军节度使司和泰州防御使司三个机构的人员，使泰州城内拥挤不堪，人满为患。朝廷为了缓解泰州城的压力，决定迁出一个机构。因为泰州防御使主要负责猛安谋克民政事务，东北路招讨使和德昌军节度使同属于军事机构，为了便于工作协调对接，所以将泰州防御使侨置到长春县。这时的泰州防御使司，与东北路招讨司、德昌军节度使司，分开两地办公，成为独立的建置机构。

泰州防御使司侨置于长春县后，在旧泰州城设置金山县管理当地的民政事务。东北路招讨司的治所没有发生变化，与德昌军节度使、金山县同驻在旧泰州城。泰州防御使司迁走后，留在旧泰州的东北路招讨司和德昌军节度使司，随着北边的军事形势的变化又发生了变化。承安三年宗浩的北伐，虽然打击了弘吉剌、合底忻、山只昆和婆速火等北边游牧势力，但还是没有彻底肃清，当金军撤离时，他们又来扰边。

宗浩认为其症结在于东北路招讨司距离边界较远，"去境三百里，每敌入，比出兵追袭，敌已遁去。至是，宗浩奏徙之金山，以据要害，设副招讨使二员，分置左右，由是敌不敢犯。"③ 泰州防御使司从旧泰州迁到新泰州之后，过去一些学者对宗浩所奏徙之金山有很多不同的认识。李建才先生认为："《金史·宗浩传》载：初，朝廷置东北路招讨司泰州，去境三百里。《金史·兵志》载：泰州去边尚三百里。这里所说的泰州都是指旧泰州而说的。今城四家子古城西北距金代界壕边堡正为300里，和文献记载完全相符。"④ 上述所指旧泰州是对的，但旧泰州指城四家子古城，这与目前学术界认定泰来县塔子城为旧泰州就不相符了。余蔚认为："金廷遂徙东北路招讨司于近边的金山县。"⑤ 如果说徙之金山是从新泰州分司旧泰州，从新泰州城四家子古城和旧泰州塔子城的地理位置看，这两个古城与东北西南走向的东北路界壕边堡的直线距离都在300里左右。如此来看，

---

① （元）脱脱：《金史·宗浩传》卷93，中华书局1975年版，第2073页。
② （元）脱脱：《金史·宗浩传》卷93，中华书局1975年版，第2073页。
③ （元）脱脱：《金史·宗浩传》卷93，中华书局1975年版，第2074页。
④ 李建才：《关于金代泰州、肇州地理位置的再探讨》，《北方文物》1996年第1期，第25页。
⑤ 余蔚：《中国行政区划通史·辽金卷》，复旦大学出版社2012年版，第534页。

第六章　辽金行政机构设置沿革考

从新泰州迁徙到旧泰州，相对于东北路界壕边堡来说达不到接近边堡的目的，迁徙意义也就不大了。所以宗浩所奏徙之金山不是指东北路招讨司从新泰州迁到金山县的旧泰州，也不是指从旧泰州迁到被称为金山的大兴安岭某处。《说文解字》说："徙，迻也。从辵，止声。徙或从彳。"① 按：徙，古文字从彳，从步，会意。徙字，从彳止声，其意思是慢慢地行走，或是暂时不走，以后再说。也就是说东北路招讨司的移置问题，有可能是暂时留在金山县，以后有机会再迁。这样看来，宗浩徙之金山，不是说东北路招讨司马上迁走，而是说暂时留置在旧泰州所置的金山县不动。

留置旧泰州即金山县的东北路招讨司，因为北边的军事情况变化，也发生了迁移，从旧泰州移置到新泰州。金朝北边的弘吉剌、合底忻、山只昆和婆速火等部族，经过宗浩在承安三年的打击，纷纷投降接受金朝管辖，至此金朝北边较为稳定。《金史·章宗纪》载："泰和八年四月甲寅（1208 年 5 月 1 日），以北边无事，勅尚书省，命东北路招讨司还治泰州，就兼节度使，其副招讨使仍置于边。"② 这次东北路招讨司还置于泰州，当是指从旧泰州迁移到新泰州。如果所移置的不是新泰州，东北路招讨使就无法兼任泰州节度使。至于东北路招讨司移置于新泰州并兼泰州节度使的原因，应与大定二十五年罢泰州的原因相同。

东北路招讨司从旧泰州移置到新泰州之后，没有史料记载东北路招讨使继续兼任德昌军节度使，也没有史料记载德昌军节度使迁往他地。因此可以说，德昌军节度使司留在旧泰州原地不动，与金山县同置旧泰州城。同时不见东北路招讨使兼任德昌军节度使，也不见有德昌军节度使的任命，只见有同知德昌军节度使事，或德昌军节度副使的任命。《金史·抹撚尽忠传》载："抹撚尽忠本名㺚多，上京路猛安人。中大定二十八年进士第，……同知德昌军节度事，"③《金史·伯德梅和尚传》记载："（明昌六年）同知德昌军节度使事，"④《金史·乌林荅乞住传》载："乌林荅乞住，（泰和七年）迁蒲与路节度使。末几，……降德昌军节度副使。"⑤ 从

---

① （汉）许慎：《说文解字》，中华书局 1963 年版，第 44 页。
② （元）脱脱：《金史·章宗纪》卷 12，中华书局 1975 年版，第 283 页。
③ （元）脱脱：《金史·抹撚尽忠传》卷 101，中华书局 1975 年版，第 2227 页。
④ （元）脱脱：《金史·伯德梅和尚传》卷 121，中华书局 1975 年版，第 2644 页。
⑤ （元）脱脱：《金史·乌林荅乞住传》卷 122，中华书局 1975 年版，第 2673 页。

章宗时期德昌军的任职情况来看，德昌军节度使的行政级别有所变化，较金世宗时期有所下降。

泰和八年，东北路招讨司从旧泰州移置到新泰州后，史料明确记载："其副招讨仍置于边"①。依此看，东北路招讨司移置新泰州后，其副招讨使在原地没有动。宗浩北伐后，承安四年"设副招讨二员，分置左右，由是敌不敢犯"②，其设置地点，当在金界壕边堡附近。东北路两个副招讨司，从宗浩分置左右副招讨使于界壕边堡之后，一直在原地没有迁址。至于左右两个分司的治所，不会离东北路界壕边堡太远，应该在金界壕边堡附近去寻找。具体某个城，有待于今后进一步研究。

六 金末泰州亡于蒙古军占领

金朝末年，泰州地区遭到蒙古军事打击，成为金、蒙战争前沿阵地。由于战争的需要，泰州的建制再次发生变化。《金史·卫绍王纪》载："（卫绍王）大安三年（1121）十月，泰州刺史术虎高琪屯通玄门外。"③从这一记载来看，泰州由防御州再次降为刺史州。《金史·百官志》载："诸刺史州，刺史一员，正五品，掌同府尹兼治州事。"④泰州的行政级别又降了一等。而德昌军节度使却与章宗时期不一样了，《金史·完颜铁哥传》载："贞祐二年（1214）（铁哥）迁东北路招讨使，兼德昌军节度使。"⑤这说明德昌军节度使恢复了原有的行政级别，由东北路招讨使兼任。东北路招讨使不再兼职泰州职务了。这样一降一升，与先前泰州节度使和德昌军节度使级别变化原因是一样的，都是因为军事战争的需要。

金宣宗时期，泰州大部分地区被蒙古军占领，各猛安谋克纷纷内逃。《金史·乌古论德升传》载："宣宗迁汴，召赴阙，上言：泰州残破，东北路招讨司猛安谋克人皆寓于肇州，凡征调往复甚难。乞升肇州为节度使，以招讨使兼之。置招讨副使二员，分置泰川及宜春。诏从之。"⑥此时的东北路招讨司迁置肇州，其原置东北路长城附近的两个副使也随之内迁，朝

---

① （元）脱脱：《金史·章宗纪》卷12，中华书局1975年版，第283页。
② （元）脱脱：《金史·宗浩传》卷93，中华书局1975年版，第2074页。
③ （元）脱脱：《金史·卫绍王纪》卷13，中华书局1975年版，第294页。
④ （元）脱脱：《金史·百官志》卷57，中华书局1975年版，第1313页。
⑤ （元）脱脱：《金史·完颜铁哥传》卷103，中华书局1975年版，第2282页。
⑥ （元）脱脱：《金史·乌古论德升传》卷122，中华书局1975年版，第2658页。

廷分别置在新泰州和会宁府管辖下的宜春县。东北路招讨司内迁到肇州后，肇州由原来的防御使升格为节度使，节度使一职由东北路招讨使兼任。肇州的建置及其驻军的行政级别也随之提高了。《金史·地理志》载："贞祐二年，复升为武兴军节镇，置招讨司，以使兼州事。"① 东北路招讨司内迁到肇州不久，整个金源内地被蒙古军占领，新泰州亡于蒙古。

第三节 金代曷苏馆路与乌古迪烈统军司设置沿革考

金代曷苏馆路与乌古迪烈统军司，《金史》记在上京路之下，然却不在上京路范围之内。曷苏馆路隔咸平路在东京路境内，乌古迪烈统军司后改东北路招讨司在泰州境内。有人认为《金史》误记。本节梳理建置沿革情况，认为这是金朝在地方军政建制过程中特殊原因造成的。

一 曷苏馆路建置沿革

金代曷苏馆路是在辽代"曷苏馆路女直国大王府"②基础上设置的，是金代较早设置的地方军政建置之一。金代曷苏馆路治所地望问题，《金史·地里志》载："天会七年（1129）徙治于宁州。"③ 至于曷苏馆路前期治所，辽代曷苏馆女直国王府所在地，不在本节研究范围。

金初路制是女真在反辽灭宋战争中逐渐完成的。早在阿骨打建国前，金源内地就有路的设置。金代什么时候设置曷苏馆路，《金史》虽没有明确记载，但在金初对辽的用兵中可以得到大致的线索。

《金史·太祖纪》记载："收国二年（1116）闰正月，高永昌据东京，……"④ 当时金始祖函普兄阿古乃后裔胡十门，"率其族属部众诣撒改"⑤，配合金军攻打高永昌，"及攻打开州，胡十门以粮饷给军"⑥。五

---

① （元）脱脱：《金史·地理志》卷24，中华书局1975年版，第551页。
② （元）脱脱：《辽史·百官志》卷46，中华书局1974年版，第756页。
③ （元）脱脱：《金史·地理志》卷24，中华书局1975年版，第553页。
④ （元）脱脱：《金史·太祖纪》卷2，中华书局1975年版，第29页。
⑤ （元）脱脱：《金史·胡十门传》卷66，中华书局1975年版，第1561页。
⑥ （元）脱脱：《金史·胡十门传》卷66，中华书局1975年版，第1562页。

月,"斡鲁等败永昌……东京州县及南路系辽籍女直皆降。"① 也就是说攻打高永昌之后,辽东这一地区尽归金军占有。金即在这一地区"置猛安谋克一如本朝之制。以斡鲁为南路都统"②。由于胡十门在金军攻打高永昌战役中出人、出力,战功很多,金朝对胡十门"赏赐甚厚,以为曷苏馆七部勃堇,给银牌一、木牌三。"③ 之后不久,胡十门"子鉤室,尝从攻显州,领四谋克军,破梁鱼务,功最,以其父所管七部为曷苏馆都勃堇。"④ 这是金对曷苏馆的正式设置。设置时间当在天辅元年"十二月甲子(1118年1月4日),拔显州"⑤ 之后。金初各路长官设置中有万户、都统、勃堇等称谓。曷苏馆路的设置形式与耶懒路一样,长官称都勃堇。耶懒路和曷苏馆路设置都勃堇,与其他路设万户、都统不同,与这两个路都是金始祖函普的兄弟后裔世居之地有关。耶懒路是函普弟保活里后世子孙繁衍生息的地方,曷苏馆路是函普兄阿古乃后世子孙生活的地方。此两路设都勃堇,不设万户或都统,体现了阿骨打对同属于完颜部两个近族的尊崇。金太宗时期勃堇这一称谓,随着金朝对辽朝不断用兵,以及占领区的不断扩大发生了变化。金太宗为了加强中央集权,废除了地方勃堇制度。天会二年(1124)耶懒路改都勃堇为军马万户,曷苏馆路先后改制为军帅司和都统司。"曷苏馆路都勃堇改制军帅司,其长官不再世袭,由中央任命,并且不一定任命完颜氏贵族为此路长官。"⑥《金史·徒单阿里出虎传》记载:"父拔改,太祖时有战功,领谋克,曷苏馆军帅。"⑦ 徒单阿里出虎出任曷苏馆军帅的时间,《金史》没有明确记载,目前也没有相关材料认定准确时间。程妮娜《试论金初路制》认为:"金初诸路名称前后亦有变化,如天辅末、天会初,曷苏馆路都勃堇改制军帅,天会七年(1129)又升都统"⑧。因为金军进入后,为适应封建化程度较高地区的统治,采取了介于奴隶制与封建制之间的管理制度。曷苏馆路是辽籍女真,封建化程度高于

---

① (元)脱脱:《金史·太祖纪》卷2,中华书局1975年版,第29页。
② (元)脱脱:《金史·太祖纪》卷2,中华书局1975年版,第29页。
③ (元)脱脱:《金史·胡十门传》卷66,中华书局1975年版,第1562页。
④ (元)脱脱:《金史·胡十门传》卷66,中华书局1975年版,第1562页。
⑤ (元)脱脱:《金史·太祖纪》卷2,中华书局1975年版,第30页。
⑥ 程妮娜:《金代政治制度研究》,吉林大学出版社1999年版,第52页。
⑦ (元)脱脱:《金史·徒单阿里出虎传》卷132,中华书局1975年版,第2823页。
⑧ 程妮娜:《试论金初路制》,《社会科学战线》1989年第1期,第180页。

第六章 辽金行政机构设置沿革考

金源内地。天辅末、天会初，随着金军灭辽的需要，始在金军占领地域设置。因此，曷苏馆路由勃堇改为军帅的时间，以程妮娜先生的推断当为准确。至于军帅司何时改为都统司的，史料没有明确记载，只记"天会七年，徙治宁州，尝置都统司"①。余蔚《中国行政区划通史·辽金卷》认为："此易使人以为徙治宁州后，再置都统司。"②《金史·太宗本纪》载："七年十一月庚戌（1129年12月18日），徙曷苏馆都统司治宁州。"③ 可证天会七年之前，已置都统司。余蔚先生认为，金初授予胡十门为曷苏馆七部勃堇的职务，与金初曷懒路的都勃堇等同，进而把"都勃堇与都统司置换，此实为曷苏馆路由辽代熟女真部落群改组为女真内地路之始"④。这里虽没有明确说明金初在曷苏馆路就改置了都统司，但其实天会七年都统司是在金初授予胡十门七部勃堇时期设置的。诚如余蔚先生所认为的七部勃堇与都统司职位相同的话，七部勃堇还不是都统司，且胡十门之后，在曷苏馆路先后设置过都勃堇和军帅。天会七年迁置宁州的都统司，应当是如程妮娜先生所说的，已由军帅司改为都统司。至于曷苏馆路废置时的级别，余蔚先生分析至为准确，已不是都统司了。"明昌四年（1193）废的只是统军司"⑤。因为海陵天德三年（1151），为了加强中央集权，在全国范围内进行了政治体制改革。曷苏馆路与金初内地的蒲与路、胡里改路等划一为节度使。金朝将都统司改置为节度使司以后，见诸史料记载任过节度使的有，海陵时期"斜哥，累官同知曷苏馆节度使事"⑥，"正隆二年（1157），例夺王爵，（隈可）改曷苏馆路节度使"⑦，金世宗时期"（布辉）除同知曷苏馆节度使事"⑧，"神土懑改曷苏馆路节度使"⑨，"白敬彦为曷苏馆路节度使"⑩。由此可见，明昌四年废置的是曷苏馆路节度使司，而不是都统司。

---

① （元）脱脱：《金史·地理志》卷24，中华书局1975年版，第553页。
② 余蔚：《中国行政区划通史·辽金卷》，复旦大学出版社2012年版，第558页。
③ （元）脱脱：《金史·太宗纪》卷3，中华书局1975年版，第60页。
④ 余蔚：《中国行政区划通史·辽金卷》，复旦大学出版社2012年版，第559页。
⑤ 余蔚：《中国行政区划通史·辽金卷》，复旦大学出版社2012年版，第559页。
⑥ （元）脱脱：《金史·斜哥传》卷74，中华书局1975年版，第1699页。
⑦ （元）脱脱：《金史·隈可传》卷66，中华书局1975年版，第1561页。
⑧ （元）脱脱：《金史·隈可传》卷66，中华书局1975年版，第1562页。
⑨ （元）脱脱：《金史·神土懑传》卷91，中华书局1975年版，第2015页。
⑩ （元）脱脱：《金史·白敬彦传》卷84，中华书局1975年版，第1891页。

二 乌古迪烈统军司设置沿革

金代乌古迪烈统军司的设置，是为了有效统治乌古迪烈部沿用辽代乌古敌烈统军司而置的。辽金两代乌古敌［迪］烈统军司所辖地域和治所各不相同。辽代乌古敌烈统军司原先治所设在通化州，即辽时的静边城，也就是今天地处"海拉尔市西偏北 30 公里处古城"①。辽代乌古敌烈统军司原先的管辖范围较广，即使到辽寿昌（按：《辽史》误作寿隆）二年九月丙午（1096 年 10 月 8 日），"徙乌古敌烈统军司于乌纳水，以扼北边之冲"② 时，管辖的地域范围也要比金代大得多。乌纳水为今天哪条河流，史学界有几种说法，国学大师王国维认为："乌纳水疑即今天桂勒尔河。"③ 张柏忠认为："吐列毛杜古城可能是乌古敌烈统军司治所。"④ 日本学者松井等认为："乌纳水即今之嫩江。"⑤ 李建才认为："乌纳水可能是纳乌水，即今嫩江。"⑥ 景爱先生则认为："乌纳水当为纳乌水，即今嫩江。"⑦ 从上述几条疑是辽代乌古敌烈统军司迁治的乌纳水的河流来看，辽朝时乌古敌烈统军司管辖着大兴安岭两侧广大地区。金设置乌古迪烈统军司时，西北边的河董、静边等城还没有纳入金国的版图。也就是金代的乌古迪烈统军司，较之辽代乌古敌烈统军司管辖范围要小得多。金代乌古迪烈统军司，有效管辖范围正如王国维所说："金时乌古迪烈地在兴安岭之东，蒲与路之西，泰州之北……。"⑧ 至于金代乌古迪烈统军司治所问题，学界也有很大争议。现在主要有两种学术观点，一是张泰湘、崔福来认为："齐齐哈尔市西郊、嫩江西岸梅里斯乡北的哈拉古城应为金初的庞葛城，也是乌古

---

① 谭其骧主编：《中国历史地图集释文汇编·东北卷》，中央民族学院出版社 1988 年版，第 158 页。
② （元）脱脱：《辽史·道宗纪》卷 26，中华书局 1974 年版，第 309 页。
③ 王国维：《观堂集林》卷 15，河北教育出版社 2002 年版，第 451 页。
④ 张柏忠：《吐列毛杜古城调查试掘报告——兼论金代东北路界壕》，《文物》1982 年第 7 期，第 43 页。
⑤ ［日］松井等：《满洲与辽之疆域》，载《满洲历史地理》卷 2，东京丸善株式会社，昭和十五年版，第 106 页。
⑥ 李建才：《东北史地考略》，吉林文史出版社 1986 年版，第 125 页。
⑦ 景爱：《辽金泰州考》，载陈述主编《辽金史论文集》，上海古籍出版社 1987 年版，第 179 页。
⑧ 王国维：《观堂集林》卷 15，河北教育出版社 2002 年版，第 452 页。

第六章 辽金行政机构设置沿革考

迪烈统军司、招讨司的治所。"① 二是孙秀仁、孙进己等认为："龙江县雅鲁河右岸沙家街古城为乌古迪烈统军司治所"②。其实这两种学术观点，都在王国维推定的范围之内。至于某种学术观点正确与否，有待考古发掘出新的材料，方得以确认。

金乌古迪烈统军司设置时间问题，史料记载较为模糊。因"乌古迪烈统军司未见于太祖、太宗朝"③，余蔚认定金朝乌古迪烈统军司"这一建置在金初中断数十年，迟至熙宗朝方重置"④。笔者认为金代乌古迪烈统军司是辽代乌古敌烈统军司的沿置，没有中断数十年，应该是接续的。辽代乌古敌烈统军司在没有投降金朝之前，应该是一直存在的。金初乌古迪烈部投降金朝以后，时常叛服不定，左右观望。金代乌古迪烈统军司的设置，应始于乌古迪烈部来降之时。《金史·太宗纪》记载："天会二年闰三月己丑（1124年4月27日）乌虎里、迪烈底两部来降。"⑤ 这时金朝就开始设置乌古迪烈统军司。《金史·习古廼传》记载："乌虎里部人迪烈、划沙率部族降，朝廷以挞僕野为本部节度使，乌虎为都监。……于是，迪烈加防御使，为本部节度使。"⑥ 这是《金史》关于乌古敌烈统军司任职的明确记载，此时乌古敌烈统军司治所，还应设在辽时乌古敌烈统军司治所。辽末金初的乌古迪烈部，名义上归顺了金朝，但暗中还与西辽耶律大石政权保持密切的联系。《辽史·天祚帝纪》记载："大石不自安……自立为王，……西至可墩城，驻北庭都护府。会威武……乌古里……十八部王众，"⑦ 在这十八部王众中，乌古迪烈部参加了。因为此前乌古迪烈已降金，于是金太宗以"以乌虎部及诸营叛，以昊勃极烈昱等讨平之。"⑧ 后来金朝为了加强对乌古迪烈部的有效统治，采取内迁措施。《金史·太宗纪》记载："天会三年二月丁卯（1125年3月31日），以庞葛城地分授所徙乌

---

① 张泰湘、崔福来：《庞葛城考》，载张志立、王宏刚主编《东北亚历史与文化》，辽沈书社1991年版，第511页。
② 孙秀仁、孙进己、干志耿、郑英德、冯继钦：《室韦史研究》，北方文物杂志社1985年版，第101页。
③ 余蔚：《中国行政区划通史·辽金卷》，复旦大学出版社2012年版，第558页。
④ 余蔚：《中国行政区划通史·辽金卷》，复旦大学出版社2012年版，第558页。
⑤ （元）脱脱：《金史·太宗纪》卷3，中华书局1975年版，第50页。
⑥ （元）脱脱：《金史·习古廼传》卷72，中华书局1975年版，第1666页。
⑦ （元）脱脱：《辽史·天祚帝纪》卷30，中华书局1974年版，第355页。
⑧ （元）脱脱：《金史·太宗纪》卷3，中华书局1975年版，第51页。

虎里、迪烈底二部及契丹民。"[1] 此次迁乌古迪烈二部于厐葛城地，就是把乌古迪烈统军司内迁到王国维所说的兴安岭以东、泰州之北、蒲与路之西的范围之内。因此，金代乌古迪烈统军司设置时，最初是在泰州都统司管辖的范围之内。这与余蔚"知熙宗朝之初，泰州都统司辖境仍包括迪烈地"[2] 的说法是一致的。

金海陵王时期，为了加强中央集权，对全国的行政区划体制统一改制。于"天德二年九月，改乌古迪烈统军司为招讨司，……后置于泰州"[3]。至于东北路招讨司是什么时间迁移到泰州的，《金史》没有明确记载，但在《金史》的其他记载中，还是能得到一些线索的。《金史·海陵纪》记载："天德四年（1152）十一月，买珠于乌古迪烈部及蒲与路"[4]，说明此时乌古迪烈统军司还没有徙置泰州。余蔚说："金初泰州都统司在熙宗朝分为乌古迪烈统军司与泰州路都统司之后，复合为一。称统军司或招讨使，其实质并无改变，辖境与职责仍然是相同的。"[5] 笔者认为熙宗朝不存在复合为一的事情。至于统军司或招讨司，虽说实质并无改变，但从行政级格上，还是有所提高的。也许是行政职权有所扩大，否则《金史·地理志》不会说："乌古迪烈统军司，后升招讨司。"[6] 这里的升应该有两种可能，一是行政职权扩大，二是行政级别提高。乌古迪烈统军司升为招讨司之时，治所还应在原地方，没有徙置于泰州，否则《金史·地理志》更不会说"与蒲与路近"[7]。至于乌古迪烈统军司是什么时间徙置泰州的，笔者认为应当是改东北路招讨司之后，否则《金史·兵志》不会说："东北路者，初置乌古迪烈部，后置于泰州。"[8]《金史·海陵纪》载："贞元元年闰十二月癸卯（1154年2月3日），命……乌古迪烈司招讨斜野等北巡。"[9] 正隆五年（1160），因海陵王调诸部兵征宋，契丹人撒八反叛时，

---

[1] （元）脱脱：《金史·太宗纪》卷3，中华书局1975年版，第52页。
[2] 余蔚：《中国行政区划通史·辽金卷》，复旦大学出版社2012年版，第558页。
[3] （元）脱脱：《金史·兵志》卷44，中华书局1975年版，第1003页。
[4] （元）脱脱：《金史·海陵纪》卷5，中华书局1975年版，第99页。
[5] 余蔚：《中国行政区划通史·辽金卷》，复旦大学出版社2012年版，第558页。
[6] （元）脱脱：《金史·地理志》卷24，中华书局1975年版，第553页。
[7] （元）脱脱：《金史·地理志》卷24，中华书局1975年版，第553页。
[8] （元）脱脱：《金史·兵志》卷44，中华书局1975年版，第1003页。
[9] （元）脱脱：《金史·海陵纪》卷5，中华书局1975年版，第102页。

第六章 辽金行政机构设置沿革考

"辟沙河千户十哥等与前招讨使完颜麻泼杀乌古迪烈招讨使乌林荅蒲卢虎，以所部趋西北路。"① 十哥等投奔撒八，参加撒八领导的契丹族反叛之后，乌古迪烈、泰州等地，一直处于战乱状态。从此以后也就不见有乌古迪烈招讨使任命。大定二年（1162）正月后，契丹起义军窝斡自临潢攻泰州，不克，"窝斡遂自泰州往攻济州"②，说明泰州建制仍然存在，且东北路还没有徙置泰州。到大定五年（1165）正月宋金和好后，金朝将应征到前线的军队调回时，还有泰州等路"并行放还"③的记载，说明此时金泰州路还是独立存在的，此时金乌古迪烈招讨司，还没有改称东北路招讨司，也没有置于泰州。笔者认为金乌古迪烈统军司改东北路招讨司置于泰州的时间，应该在大定五年之后。谭其骧先生认为："约当在大定四、五年，窝斡余党既平，筑边堡于泰州、临潢境上之时。"④ 余蔚赞同此"可为确论，并路之时，应定于大定五年"⑤。笔者认为很难确定乌古迪烈招讨司改东北路招讨司并置于泰州就是大定五年。大定五年正月，泰州路还独立存在，这就应该说乌古迪烈招讨司改为东北路招讨司并置于泰州，应当在大定五年正月之后。因为大定九年"夹谷查剌出为东北路招讨使，兼德昌军节度使"⑥。夹谷查剌任职之前，金朝已将乌古迪烈招讨司改为东北路招讨司，没有史料记载东北路招讨使兼德昌军节度使。大定九年，夹谷查剌任东北路招讨使兼德昌军节度使。此时可以肯定东北路招讨司已置于泰州。

东北路招讨司置于泰州城内，夹谷查剌一人出任东北路招讨使和德昌军节度使，并不是泰州路与东北路就合二为一了。泰州作为路的地方行政建制，还是应该存在的。或是可以理解为东北路招讨使兼德昌军节度使，在泰州节度使职位没有其他人选时，由东北路招讨使兼德昌军节度使，代行泰州节度使职权。大定二十五年（1185）罢泰州路之前，如在大定二十一年四月戊申（1181年5月17日），还有"增筑泰州、临潢府等路边堡及屋宇"⑦的记载，可以证明泰州路是存在的。大定二十五年之后，东北

---

① （元）脱脱：《金史·叛臣传》卷133，中华书局1975年版，第2850页。
② （元）脱脱：《金史·叛臣传》卷133，中华书局1975年版，第2853页。
③ （元）脱脱：《金史·仆散忠义传》卷87，中华书局1975年版，第1940页。
④ 谭其骧：《长水集》（下册），人民出版社2011年版，第320页。
⑤ 余蔚：《中国行政区划通史·辽金卷》，复旦大学出版社2012年版，第558页。
⑥ （元）脱脱：《金史·夹谷查剌传》卷86，中华书局1975年版，第1926页。
⑦ （元）脱脱：《金史·世宗纪》卷8，中华书局1975年版，第181页。

路泰州之境内的十九堡，已经全部完工，"可为边防久计"①。这时，东北路招讨司的军事防御工作压力有所减轻，可以抽出时间来管理泰州地方行政事务了，朝廷大概认为泰州路建制没有存在的必要了，于是在大定二十五年罢泰州路。此时东北路、泰州路才算实质性地合二为一。此后一段时间，在《金史》里只有东北路，没有泰州路的记载。东北路招讨使司与泰州节度使司合二为一后，东北路招讨司的职掌与金初泰州都统司的职掌相当，成为地方高级军政机构。到金章宗时期，北边战事又起，东北路招讨司的工作重点，又转移到以军事为主。金章宗为了加强对东北路招讨司境内猛安谋克民户事宜的管理，于承安三年（1198），复置泰州于长春县。重新置于长春县的泰州，比东北路招讨司行政级别低，只管民事不管军事。

泰州复置于长春县后，金朝在原来的泰州城设置金山县，其东北路招讨司治所还在旧泰州城（金山县）没有迁移。这时东北路招讨司和泰州节度使司分开两地办公，是各自独立的建置机构。在泰州还没有徙置长春县之前，完颜襄就遣完颜宗浩到泰州戍边。具体时间应当在承安二年九月左右起身，宗浩到达泰州时已是入冬时节。《金史·宗浩传》载："宗浩以粮储未备，且度敌未敢动，遂分其军就食隆、肇间。是冬，果无警"。②转年春天，宗浩与完颜襄协商"乘其春暮马弱击之"③。完颜襄认为："若攻破广吉剌，则阻䪁无东顾忧，不若留之，以牵其势。"宗浩认为："国家以堂堂之势，不能扫灭小部，顾欲藉彼为捍呼？"④于是宗浩奏请朝廷，"先破广吉剌，然后提兵北灭阻䪁。章在上，从之"⑤。宗浩这次北伐，征调"其兵万四千骑"⑥。这样庞大的军队，加上原先泰州城内东北路招讨司和泰州节度使司两个机构的人员，泰州城内很难容纳下这么多人，也许这就是泰州迁至长春县的一个原因吧。宗浩这次北伐很快取得了胜利，"自是北陲遂定"⑦。

---

① （元）脱脱：《金史·宗浩传》卷93，中华书局1975年版，第2073页。
② （元）脱脱：《金史·宗浩传》卷93，中华书局1975年版，第2073页。
③ （元）脱脱：《金史·宗浩传》卷93，中华书局1975年版，第2073页。
④ （元）脱脱：《金史·宗浩传》卷93，中华书局1975年版，第2073页。
⑤ （元）脱脱：《金史·宗浩传》卷93，中华书局1975年版，第2073页。
⑥ （元）脱脱：《金史·宗浩传》卷93，中华书局1975年版，第2073页。
⑦ （元）脱脱：《金史·襄传》卷94，中华书局1975年版，第2091页。

金朝北边的弘吉剌（也称广吉剌）、合底忻、山只昆和婆速火等部族，经过宗浩在承安三年的打击，虽然伤了元气，暂时没有能力进行反抗，纷纷投降接受金朝管辖，使北部边防比较稳定。到泰和八年章宗"以北边无事，敕尚书省，命东北路招讨司还治泰州，就兼节度使，其副招讨仍置于边"①。此次还治东北路招讨司于泰州，当是指迁至长春县之后的新泰州。如果所迁置的不是新泰州，东北路招讨使将无法兼任泰州节度使。二员副招讨使在原地方没有迁移，仍驻于长城边堡附近。东北路招讨司还治泰州后，北边没有彻底剿灭的弘吉剌、合底忻、山只昆和婆速火等部族势力又开始扰边。因此"泰和间，以去边尚三百里，宗浩命分司于金山"②。东北路招讨司明显驻在新泰州，否则金史不会记载东北路招讨司"去边尚三百里"。这是指新泰州距离金东北路界壕边堡的大致距离还是三百余里。

三 曷苏馆路与乌古迪烈招讨司记在上京路的原因

通过梳理曷苏馆路和乌古迪烈统军司后改东北路招讨司的设置、移置和废置，基本了解其大致沿革。曷苏馆路和后改东北路招讨司的乌古迪烈统军司，这两个路都不在金上京路的管辖范围内，然而元修《金史》时，却都记在上京路之下。现在看来，记在上京路是有其原因的。

金时曷苏馆路和乌古迪烈统军司，这两个地方军政建置，在金代行政建制中都是比较特殊的。他们都是在金刚刚取得辽朝土地时，按照女真奴隶制度建立的奴隶制和封建制兼而有之的军政机构。后来都随着金代行政体制的变化先后改制，并于其他的路之中。曷苏馆路和乌古迪烈统军司先后改制固然有着复杂的政治、军事原因，但其主要原因还是女真人逐渐封建化的结果。

曷苏馆路最初设置为勃堇路，是金朝参照金源内地，保留女真奴隶主特权设置的一种介于奴隶制与封建制之间的地方军政机构。金初设立了几种不同类型的路，采用不同的行政管理方法。在金源内地主要是两种形式的路，一是以蒲与、胡里改路为例，最高军政长官为万户；二是以耶懒路为例，最高军政长官为勃堇。不同形式的路不存在职位高低的问题，彼此

---

① （元）脱脱：《金史·章宗纪》卷12，中华书局1975年版，第283页。
② （元）脱脱：《金史·兵志》卷44，中华书局1975年版，第1003页。

没有隶属关系。至于女真族设置勃堇为行政长官，在金建国前的石鲁时期就有了，是女真完颜部早期的军事联盟制度，到金初已经演化为都勃极烈制度。

金源内地的耶懒路，是金代最早勃堇类型的军政建制。耶懒路是金始祖函普的同母弟保活里后裔世代居住之地。《金史·石土门传》记载："石土门，汉字一作神徒门，耶懒路完颜部人，世为其部长。父直离海，始祖弟保活里四世孙，虽同宗属，不相通问久矣。景祖时……请复通宗系。"① 自此以后，石土门就成了阿骨打家族的有力助手，《金史·完颜忠传》记载："迪古乃（完颜忠）出德胜口，以代石土门为耶懒路都勃堇。"② 关于耶懒路不设万户，而设勃堇，程妮娜认为："这是与皇室有着特殊的关系。"③ 至于曷苏馆路不设万户而设置勃堇，也有着同样的原因。

世居曷苏馆路的熟女真完颜部，也与阿骨打家族有着特殊的宗族关系。《金史·胡十门传》载："胡十门者，曷苏馆人也。父挞不野，事辽为太尉。"④ 金初，当阿骨打还没有取得辽东之地时，"高永昌据东京，招曷苏馆人，众畏高永昌兵强，且欲归之。胡十门不肯从，召其族人谋曰：吾远祖兄弟三人，同出高丽。今大圣皇帝之祖入女直，吾祖留高丽，自高丽归于辽。吾与皇帝皆三祖之后。皇帝受命即大位，辽之败亡有征，吾岂能为永昌之臣哉！"⑤ 胡十门不仅没有归顺高永昌，而且带领族人协助阿骨打攻打高永昌。在阿骨打攻打保州时，胡十门还以粮饷给军，为阿骨打攻打高永昌立了大功，阿骨打给了胡十门很大的赏赐。"赏赐甚厚，以为曷苏馆七部勃堇，给银牌一、木牌三。"⑥ 后来胡十门子铜室，也被阿骨打授为曷苏馆都勃堇。

由于曷苏馆路完颜部胡十门与阿骨打家族特殊的宗族关系，所以金初阿骨打取得辽东之地后，没有如其他地方一样设置都统类型的路，而是设为勃堇类型的路。程妮娜认为："太祖分置诸路时，以石土门、铜室分任他们世代居住的路的最高长官，特赐以都勃堇的称号（都勃堇系穆宗前部

---

① （元）脱脱：《金史·石土门传》卷70，中华书局1975年版，第1621页。
② （元）脱脱：《金史·完颜忠传》卷70，中华书局1975年版，第1623页。
③ 程妮娜：《金代政治制度研究》，吉林大学出版社1999年版，第50页。
④ （元）脱脱：《金史·胡十门传》卷66，中华书局1975年版，第1561页。
⑤ （元）脱脱：《金史·胡十门传》卷66，中华书局1975年版，第1561页。
⑥ （元）脱脱：《金史·胡十门传》卷66，中华书局1975年版，第1562页。

第六章 辽金行政机构设置沿革考

落联盟长的称号），以示恩宠"①。金代的都勃极烈制度是由穆宗时期的勃堇制度发展而来。程妮娜《金初勃堇初探》说："勃堇与勃极烈制度既有联系又有区别……为了提高军事部落联盟长的地位，穆宗将原都勃堇的称号，改为都勃极烈……自穆宗以后勃堇受都勃极烈直接统辖。"②曷苏馆路设为勃堇类型的路，是因其长官与阿骨打家族有特殊关系，这表明曷苏馆路的特殊地位，由朝廷直接管辖，不受其他路管辖。

天眷元年（1138），熙宗置上京，当时的上京还不是后来《金史》中的十九路之一，而是女真族皇权所在地的皇帝寨。曷苏馆路虽然先后改制为军帅司、都统司等，但是凭其祖上与金始祖函普的亲近宗族关系，还是有特权的。金朝为了提高曷苏馆路的地位，没有把它划归东京路或咸平路管辖，而一直由上京路管辖，直到废置。这样元修《金史》时，就把曷苏馆路记在上京路之下了。

金乌古迪烈统军司，后改东北路招讨司，有金一代变化很大。不仅其名称前后三次变化，就连其治所和管辖范围也发生很大的变化。从乌古迪烈统军司的迁置、废置，可以看出乌古迪烈统军司记在上京路之下的原因。笔者认为主要有两个原因。

其一，金朝末年，乌古迪烈统军司即改东北路招讨司的治所在新泰州，处在蒙金战争的前线，东北路招讨司被迫由新泰州迁置肇州。而肇州是金代上京路管辖下的州一级的建置。肇州被蒙古军占领时，东北路招讨司正置于肇州。元修《金史》时，以东北路招讨司亡于肇州，而肇州归上京路管辖，就将乌古迪烈统军司记在上京路之下了。

其二，乌古迪烈统军司改称东北路招讨司后，其长官兼德昌军节度使。如大定九年，"夹谷查剌出为东北路招讨使，兼德昌军节度使"③。关于德昌军的隶属关系，《金史》记载："海陵正隆间，置德昌军，隶上京，大定二十五年罢之。"④按：德昌军节度使与泰州节度使，不是一个职位而是两个职位。东北路招讨使兼德昌军节度使，没有兼泰州节度使。东北路招讨司与泰州节度使司是两个不对等的机构，金初在辽泰州城设立都统

---

① 程妮娜：《金代政治制度研究》，吉林大学出版社1999年版，第50页。
② 程妮娜：《金初勃堇初探》，《史学集刊》1986年第2期，第19页。
③ （元）脱脱：《金史·夹谷查剌传》卷86，中华书局1975年版，第1926页。
④ （元）脱脱：《金史·地理志》卷24，中华书局1975年版，第563页。

司，当为军政合一的高级军政机构。海陵改制后，降都统司为节度使司后，同时设德昌军节度使。由于泰州在辽时归辽上京道管辖，封建化程度较高。所以金在夺取泰州之后，就设置了介于奴隶制与封建制之间的泰州都统司，来管理泰州军政事务。海陵王为了加强泰州管理，在泰州城内设立两个机构，一个是泰州节度使主管民政，隶属于临潢府路管辖，后改归北京路管辖；另一个是德昌军节度使，隶属上京路。虽然这两个机构的最高行政长官，即泰州节度使和德昌军节度使，时常由一人来担任，但其行政机构还是分立的，在行政隶属关系上，分别隶属于上京路和北京路。特别是章宗时期，泰州复置于长春县后，泰州军政职能明显分开，泰州节度使司变为单一的民政机构，专管猛安谋克民政事务，归北京路管辖。而东北路招讨使兼德昌军节度使，专管军事事务，归上京路管辖。由于乌古迪烈统军司升为乌古迪烈招讨司，后改东北路招讨司，侨置泰州后与德昌军节度使司合二为一，德昌军隶于上京，所以元人在修《金史》时，把乌古迪烈统军司记在上京路之下。

第四节　金东北路、临潢府路长城管理机构设置沿革考

金朝设置东北路招讨司和临潢府路总管府，管理东北路和临潢府路长城。金东北路招讨司几易其名，临潢府路总管府行政隶属也多次调整。本节梳理两个机构沿革情况，考察金长城在边疆治理与稳定中的历史作用。

一　金东北路长城管理机构设置沿革

东北起自嫩江、西至鹤五河（今霍林河）的金东北路长城，其管理机关是金东北路招讨司。金东北路招讨司是由金代乌古迪烈招讨司改名而来，金代乌古迪烈招讨司是由金初乌古迪烈统军司升格而来，金代乌古迪烈统军司是沿袭辽朝乌古敌烈统军司而置。[①] 金初女真军占领辽泰州之后，阿骨打就派宗室婆卢火经略泰州，改辽泰州为金泰州。《金史·兵志》载：

---

① 辽为乌古敌烈统军司，金为乌古迪烈统军司。

第六章 辽金行政机构设置沿革考

"国初所免辽人之奴婢，使屯守于泰州者也。"① 《金史·太祖纪》记载："天辅二年七月丙申（1118年8月4日），辽户二百来归，处之泰州。"② 此两则史料说明金初就已经在泰州设置了军政机构。但是史料没有记载此时金在泰州所设立的机构属于哪级军政建置。《金史·太祖纪》记载："天辅五年（1121年）二月，遣昱及宗雄分诸路猛安谋克之民万户屯泰州，以婆卢火统之，"③《金史·婆卢火传》记载："天辅五年，摘取诸路猛安中万余家，屯田于泰州，婆卢火为都统，赐耕牛五十。"④ 这两则史料说明，天辅五年金朝任命婆卢火为泰州都统。《金史·兵志》记载："天辅五年袭辽主，始有内外诸军都统之名。时以奚未平，又置奚路都统司，后改为六部路都统司……与上京及泰州凡六处置，每司统五六万人。"⑤ 这则史料说明金朝已经在泰州设置军政合一都统类型的泰州路都统司，来管理泰州军政事务。

金泰州路都统司设置以后，管辖着原辽代泰州所辖广大地区。《金史·太宗纪》记载："天会二年闰三月己丑（1124年4月27日），乌虎里、迪烈底两部来降。"⑥ 金朝为了安置乌虎里、迪烈底两部降民，遂沿袭辽朝管理旧制，仍设乌古迪烈统军司。《金史·习古廼传》记载："乌虎里部人迪烈、划沙率部来降，朝廷以挞僕野为本部节度使，乌虎为都监。……于是，迪烈加防御使，为本部节度使。"⑦ 金朝在天会三年"二月丁卯（1125年3月31日），以厐葛城地分授所徙乌虎里、迪烈底二部及契丹民"⑧。并在泰州北境设置乌古迪烈统军司，以统治乌古迪烈部。此时设置的乌古迪烈统军司，隶属于泰州路都统司管辖。当时乌古迪烈统军司相当于《金史·百官志》里记载的诸防御州。《金史·百官志》记载："诸防御州，防御使一员，从四品。"⑨ "据有关文献记载，金建国后，位在都

---

① （元）脱脱：《金史·兵志》卷44，中华书局1975年版，第997页。
② （元）脱脱：《金史·太祖纪》卷2，中华书局1975年版，第31页。
③ （元）脱脱：《金史·太祖纪》卷2，中华书局1975年版，第35页。
④ （元）脱脱：《金史·婆卢火传》卷71，中华书局1975年版，第1638页。
⑤ （元）脱脱：《金史·兵志》卷44，中华书局1975年版，第1002页。
⑥ （元）脱脱：《金史·太宗纪》卷3，中华书局1975年版，第50页。
⑦ （元）脱脱：《金史·习古廼传》卷72，中华书局1975年版，第1666页。
⑧ （元）脱脱：《金史·太宗纪》卷3，中华书局1975年版，第52页。
⑨ （元）脱脱：《金史·百官志》卷57，中华书局1975年版，第1312页。

元帅之下，万户和猛安谋克之上。"① 可见置于泰州都统路境内的乌古迪烈统军司，隶属于泰州都统司管辖。金朝在泰州北境设立的乌古迪烈统军司，受泰州都统婆卢火节制。

海陵王为了加强中央集权，削弱女真贵族势力，将泰州都统路改制为节度使州。《金史·兵志》记载："至海陵庶人天德二年，省并中京、东京、临潢、咸平、泰州等路节镇及猛安谋克，削上中下之名，但称为诸猛安谋克"② 同时，海陵王在这次军政体制改革中，将泰州路都统司管辖的乌古迪烈统军司，升格为乌古迪烈招讨司。《金史·兵志》记载："天德二年九月……又改乌古迪烈路统军司为招讨司。"③《金史·地理志》记载："乌古迪烈统军司，后升招讨司。"④《金史·百官志》记载："诸防御州，防御使一员，从四品。"⑤《金史·百官志》记载："招讨司，使一员，正三品。副招讨使二员，从四品。"⑥ 乌古迪烈统军司改称乌古迪烈招讨司后，其最高行政长官从四品提高到正三品。这样，就使原泰州都统司管辖的乌古迪烈统军司的行政级别提高了，职权扩大了，从实质上削弱了泰州都统的权力，达到了海陵王改革的目的。

海陵末年，发生了撒八和窝斡领导的契丹族反抗金廷大起义。《金史·叛臣传》记载："正隆六年二月己亥（1161 年 2 月 22 日），窝斡遂称帝，改元天正。"⑦ 窝斡派兵攻打泰州，金朝为了保卫泰州，派出大批军队镇压窝斡起义。《金史·叛臣传》记载："泰州节度使乌里雅率千余骑与窝斡遇，"⑧《金史·吾扎忽传》记载："权都统吾扎忽，契丹反，与德昌军节度使移室懑同讨契丹，许以便宜从事。"⑨ 这次泰州保卫战，是泰州节度使乌里雅和德昌军节度使移室懑两人，在权都统吾扎忽的率领下，共同完成的。乌古迪烈招讨司管辖地区是窝斡起义的战争之地。《金史·叛臣传》

---

① 郭长海主编：《金源文化辞典》，黑龙江人民出版社 2015 年版，第 422 页。
② （元）脱脱：《金史·兵志》卷 44，中华书局 1975 年版，第 993 页。
③ （元）脱脱：《金史·兵志》卷 44，中华书局 1975 年版，第 1003 页。
④ （元）脱脱：《金史·地理志》卷 24，中华书局 1975 年版，第 553 页。
⑤ （元）脱脱：《金史·百官志》卷 57，中华书局 1975 年版，第 1312 页。
⑥ （元）脱脱：《金史·百官志》卷 57，中华书局 1975 年版，第 1328 页。
⑦ （元）脱脱：《金史·叛臣传》卷 133，中华书局 1975 年版，第 2851 页。
⑧ （元）脱脱：《金史·叛臣传》卷 133，中华书局 1975 年版，第 2852 页。
⑨ （元）脱脱：《金史·吾扎忽传》卷 71，中华书局 1975 年版，第 1639 页。

第六章 辽金行政机构设置沿革考

记载:"辟沙河千户十哥等与前招讨使完颜麻泼杀乌古迪烈招讨使乌林荅蒲卢虎,以所部趋西北路……合与撒八。"① 乌古迪烈招讨使被杀,其所部跟随窝斡参与反金大起义。从此以后,不再见乌古迪烈招讨使的记载。窝斡反抗金朝大起义被镇压之后,金朝没有简单恢复乌古迪烈招讨司机构设置,而是将之改名为东北路招讨司。《金史·尼厖古钞兀传》记载:"尼厖古钞兀,……世宗即位辽阳,……与都统吾扎忽、副统浑坦讨窝斡。……事平,迁西北路招讨使改东北路。"② 这是《金史》里记载的关于东北路招讨使最早的任命。从尼厖古钞兀改任东北路招讨使的时间,在金朝平定窝斡起义之后来推定,乌古迪烈招讨司改称东北路招讨司的时间,应在大定二年九月庚子(1162年10月16日)之后"……尽得其党。前至抹拔里达之地,悉获之,逆党遂平"③ 之后。

撒八和窝斡领导的契丹族大起义,在削弱金朝军事实力的同时,给北方蒙古等游牧势力的发展提供了机会。此时的北方蒙古等游牧势力,已经成为金朝北部边防线上的军事威胁,于是金朝开始着手修建军事防御工程。《金史·世宗纪》记载:"大定二年闰二月庚寅(1162年4月9日),诏平章政事移剌元宜泰州路规措边事。"④ 平章政事移剌元宜到泰州规措边事,修筑金东北路长城事宜,到"大定五年正月乙卯(1165年2月17日)……诏泰州、临潢接境设边堡七十,驻兵万三千"⑤。此时,泰州和临潢境内已修边堡70个。东北路长城修筑完工,东北路招讨司的治所从金初的厖葛城地移置到泰州。

关于金东北路招讨司何时移置泰州城,《金史·兵志》记载:"大定五年……东北路者,初置乌古迪烈部,后置于泰州。"⑥ 谭其骧先生依此说:"约当在大定四、五年,窝斡余党既平,筑边堡于泰州、临潢境上之时。"⑦ 余蔚《中国行政区划通史·辽金卷》赞同此说:"并路之时,应定于大定

---

① (元)脱脱:《金史·叛臣传》卷133,中华书局1975年版,第2850页。
② (元)脱脱:《金史·尼厖古钞兀传》卷86,中华书局1975年版,第1923页。
③ (元)脱脱:《金史·叛臣传》卷133,中华书局1975年版,第2859页。
④ (元)脱脱:《金史·世宗纪》卷6,中华书局1975年版,第126页。
⑤ (元)脱脱:《金史·世宗纪》卷6,中华书局1975年版,第135页。
⑥ (元)脱脱:《金史·兵志》卷44,中华书局1975年版,第1003页。
⑦ 谭其骧:《长水集》(下册),人民出版社2011年版,第320页。

五年"①。谭其骧先生根据当时泰州境内的政治形势和东北路长城修筑情况，断定金东北路招讨司移置泰州的时间较为准确。问题的关键是窝斡余党平定，与东北路长城修成前后相差时间有三年之久。金朝平定窝斡之前（大定二年九月，即1162年10月），就于大定二年正月派移剌元宜规措东北路长城修筑事宜。虽然金朝派移剌元宜到泰州规措东北路长城时，窝斡余党还没有彻底铲除，但是此时窝斡已成败局，且金朝与窝斡的战斗主要在西北路，移剌元宜规措泰州边事之后，半年左右窝斡即被金军剿灭。从尼厐古钞兀因讨平窝斡余党，而被金朝提升为西北路招讨使、后改东北路招讨使的情况来看，尼厐古钞兀应是东北路招讨司第一任招讨使。尼厐古钞兀任东北路招讨使之后，为了更好地对金东北路长城管理，将东北路招讨司移置于泰州城。如果是对东北路长城修筑的话，东北路招讨司移置到泰州的时间，应在大定五年之前。如果是对金东北路长城驻防管理，当在大定五年之后。东北路招讨司移置泰州的时间，不会晚于大定九年，因为"大定九年，夹古查剌出为东北路招讨使，兼德昌军节度使"②。如果东北路招讨司没有移置到泰州，夹古查剌是无法兼职德昌军节度使的。

金章宗时期，金朝将泰州防御使司复置于长春县，在旧泰州城设置金山县来管理当地的民政事务。东北路招讨司的治所没有发生变化，与德昌军节度使、金山县三个机构同驻在旧泰州城。留置旧泰州即金山县的东北路招讨司，随着北边的军事情况发生了迁移，从旧泰州移置到新泰州。金朝北边的弘吉剌、合底忻、山只昆和婆速火等部族，经过宗浩在承安三年的打击，纷纷投降接受金朝管辖，至此金朝北边开始稳定。《金史·章宗纪》记载："泰和八年四月甲寅（1208年5月1日），以北边无事，敕尚书省，命东北路招讨司还治泰州，就兼节度使。"③ 这次东北路招讨司还置于泰州，当是指从旧泰州迁移到新泰州。

金末东北路招讨司迁置肇州。《金史·乌古论德升传》记载："东北路招讨司猛安谋克人皆寓于肇州，凡征调往复甚难。乞升肇州为节度使，以招讨使兼之。置招讨副使二员，分置泰州及宜春。"④ 东北路招讨司迁置肇

---

① 余蔚：《中国行政区划通史·辽金卷》，复旦大学出版社2012年版，第558页。
② （元）脱脱：《金史·夹谷查剌传》卷86，中华书局1975年版，第1926页。
③ （元）脱脱：《金史·章宗纪》卷12，中华书局1975年版，第283页。
④ （元）脱脱：《金史·乌古论德升传》卷122，中华书局1975年版，第2658页。

第六章　辽金行政机构设置沿革考

州后，其原置东北路长城附近左右两个副使也随之内迁，分别置在新泰州和宜春县。东北路招讨司内迁到肇州不久，金源内地被蒙古军占领，金东北路招讨司也就不存在了。

表 6-1　　　　　　　东北路招讨司军政长官任职表

姓名	民族	官职	官阶	任职时间	史料记载
挞僕野	契丹	乌古迪烈统军司节度使	正三品	天辅年间	朝廷以挞僕野为本部节度使①
乌虎		乌古迪烈统军司都监		天辅年间	朝廷以挞僕野为本部节度使，乌虎为都监②
迪烈		乌古迪烈节度使	正三品	天辅年间	迪烈加防御使，为本部节度使③
昂（奔睹）	女真	东北路招讨使	正三品	皇统四年	改益都尹，迁东北路招讨使④
萧王家奴	奚人	乌古迪烈招讨都监		天德二年	天德二年，改乌古迪烈招讨都监⑤
斜野		乌古迪烈招讨使	正三品	贞元元年	乌古迪烈司招讨斜野等北巡⑥
完颜麻泼	女真	乌古迪烈招讨使	正三品	正隆五年前	前招讨使完颜麻泼杀乌古迪烈招讨使乌林荅蒲卢虎⑦
乌林荅蒲卢虎	女真	乌古迪烈招讨使	正三品	正隆五年后	前招讨使完颜麻泼杀乌古迪烈招讨使乌林荅蒲卢虎。⑧
完颜襄	女真	东北路招讨都监		大定四年前	出为东北路招讨都监，迁速频路节度使。⑨
尼庞古钞兀	女真	东北路招讨使	正三品	大定四年后	东北路招讨使钞兀，以私取诸部进马⑩

---

① （元）脱脱：《金史·习古廼传》卷72，中华书局1975年版，第1666页。
② （元）脱脱：《金史·习古廼传》卷72，中华书局1975年版，第1666页。
③ （元）脱脱：《金史·习古廼传》卷72，中华书局1975年版，第1666页。
④ （元）脱脱：《金史·昂传》卷84，中华书局1975年版，第1887页。
⑤ （元）脱脱：《金史·萧王家奴传》卷81，中华书局1975年版，第1828页。
⑥ （元）脱脱：《金史·海陵纪》卷5，中华书局1975年版，第102页。
⑦ （元）脱脱：《金史·叛臣传》卷133，中华书局1975年版，第2850页。
⑧ （元）脱脱：《金史·叛臣传》卷133，中华书局1975年版，第2850页。
⑨ （元）脱脱：《金史·襄传》卷94，中华书局1975年版，第2087页。
⑩ （元）脱脱：《金史·尼庞古钞兀传》卷86，中华书局1975年版，第1923页。

续表

姓　名	民族	官　职	官　阶	任职时间	史料记载
完颜安国	女真	东北路副招讨	从四品	大定六年前	出为东北路副招讨，未赴，改西北路副招讨①
夹谷查剌	女真	东北路招讨使	正三品	大定九年	九年，出为东北路招讨使兼德昌军节度使②
移剌按荅	契丹	东北路招讨使	正三品	大定时期	以招来边部功迁东北路招讨使③
温迪罕速可	女真	东北路招讨使	正三品	大定二十九年	以东北路招讨使温迪罕速可等为贺宋主即位使④
夹谷清臣	女真	东北路兵马都统制使	正三品	明昌元年	明昌元年，以本职充东北路兵马都统制使⑤
僕散端	女真	东北路招讨副使	从四品	承安四年前	起复东北路招讨副使⑥
瑶里孛迭		东北路招讨使	正三品	承安五年	五年，授知广宁府事，饿改东北路招讨使⑦
承裕	女真	东北路招讨副使	从四品	泰和六年前	迁同知临潢府事，改东北路招讨副使⑧
完颜铁哥	女真	东北路招讨使	正三品	贞祐二年	迁东北路招讨使，兼德昌军节度使⑨

二　金临潢府路长城管理机构设置沿革

东起鹤五河，西至胡烈公的临潢府路金长城，其管理机关是临潢府路兵马都总管府。金代临潢府路兵马都总管府，原是辽朝的上京临潢府。金朝临潢府路的设置经过多次变化，设置沿革比较复杂。大致过程是：金军攻占辽上京临潢府后，改辽上京临潢府为金上京临潢府，置上京都统司。

---

① （元）脱脱：《金史·完颜安国传》卷94，中华书局1975年版，第2094页。
② （元）脱脱：《金史·夹谷查剌传》卷86，中华书局1975年版，第1926页。
③ （元）脱脱：《金史·移剌按荅传》卷91，中华书局1975年版，第2023页。
④ （元）脱脱：《金史·章宗纪》卷9，中华书局1975年版，第209—210页。
⑤ （元）脱脱：《金史·夹谷清臣传》卷94，中华书局1975年版，第2084页。
⑥ （元）脱脱：《金史·僕散端传》卷101，中华书局1975年版，第2230页。
⑦ （元）脱脱：《金史·瑶里孛迭传》卷94，中华书局1975年版，第2096页。
⑧ （元）脱脱：《金史·承裕传》卷93，中华书局1975年版，第2065页。
⑨ （元）脱脱：《金史·完颜铁哥传》卷103，中华书局1975年版，第2282页。

第六章 辽金行政机构设置沿革考

熙宗天眷元年以后,金以会宁府为金上京,改上京临潢府为北京临潢府。海陵天德二年改北京路临潢府为临潢府路,去掉京号只称临潢府路。章宗承安年间,临潢府路一度归北京行省管辖,承安末年又恢复临潢府路总管府;大安以后临潢府路并入北京路,贞祐二年四月侨置于平州,金末亡于蒙古军占领。

天辅四年(1120),金军攻占辽上京临潢府后,阿骨打"仍辽之旧京、府号,并于临潢府置上京路"①。"……留守挞不野以城降。"②,管理金上京临潢府军政事务。《金史·地理志》记载:"临潢府……辽为上京,国初因之。"③金上京临潢府设立留守时间不长,天辅五年,金朝在临潢府设置上京都统司。《金史·兵志》记载:"天辅五年袭辽主,始有内外诸军都统之名,时以奚未平,又置奚路都统司,后改为六部路都统司……与上京及泰州凡六处置,每司统五六万人。"④ 这里记载的上京置都统司,是指金初在上京临潢府置都统司。金熙宗天眷元年"八月己卯(1138年10月1日),以京师为上京,府曰会宁,旧上京为北京。"⑤"天眷元年,改为北京。"⑥ 此时作为路一级军政管理机构的治所没有变化,只是机构名称变化了。原金上京路临潢府改为北京路临潢府,原来的上京路都统司,改为北京路兵马都部署司。与此同时,金廷还在临潢府设置了北京路转运司。从刘麟被任命北京路都转运使的记载,就可以得到证明。《金史·刘豫传》记载:"挞懒以军废豫……豫废,麟迁临潢。顷之,授北京路都转运使。"⑦ 刘麟被任命为北京路都转运使的时间,刘豫传里没有记载,但从挞懒以兵废刘豫的时间可以推断出来。刘豫被废是天会十五年。"天会十五年,诏废齐国……遂迁刘豫家属于临潢府。"⑧ 综上分析,刘麟任北京路都转运使的时间,当在天眷元年。

天德二年(1150),海陵王对诸京都进行系统改革。《金史·兵志》记

---

① 余蔚:《中国行政区划通史·辽金卷》,复旦大学出版社2012年版,第531页。
② (元)脱脱:《金史·太祖纪》卷2,中华书局1975年版,第34页。
③ (元)脱脱:《金史·地理志》卷24,中华书局1975年版,第561页。
④ (元)脱脱:《金史·兵志》卷44,中华书局1975年版,第1002页。
⑤ (元)脱脱:《金史·熙宗纪》卷4,中华书局1975年版,第73页。
⑥ (元)脱脱:《金史·地理志》卷24,中华书局1975年版,第561页。
⑦ (元)脱脱:《金史·刘豫传》卷77,中华书局1975年版,第1762页。
⑧ (元)脱脱:《金史·刘豫传》卷77,中华书局1975年版,第1761页。

载:"至海陵庶人天德二年,省并中京、东京、临潢、咸平、泰州等路节镇及猛安谋克,削上中下之名,但称为诸猛安谋克。"① 海陵王在这次诸京体制改革中,合并了中京、东京、临潢等一些军政机构,将当时的北京路临潢府去掉京号,只称临潢府路。于"天德二年改北京为临潢府路,以北京路都转运司为临潢府路转运司"②。与此同时,海陵王还对军事管理机关进行改革。《金史·兵志》记载:"及海陵天德二年八月,改诸京兵马都部署司为本部总管府。"③ 北京路改为临潢府路以后,原北京路兵马都部署司改为临潢府路总管府,主管军事事务,其军事长官称总管。北京路都转运司改成临潢府路转运司不久,金朝于天德三年罢除了临潢府路转运司。"天德三年罢"④ 的只是临潢府转运司,并不是临潢府路总管府。

到贞元元年,海陵王再次对金朝北边的行政机构进行改革。《金史·地理志》记载:"贞元元年以大定府为北京后,但置北京临潢路提刑司。"⑤《金史·地理志》记载:"海陵贞元元年更为北京,置留守司、都转运司、警巡院。"⑥ 海陵王这次行政机构改革,没有涉及临潢府路总管府,只是将大定府升格为北京路,在大定府置留守司、都转运司和警巡院。《大金国志校证》记载:"提刑司,北京临潢路,临潢置司。"⑦ 在临潢府置北京临潢府路提刑司,当是北京路和临潢府路合置的。此时的临潢府路和北京路是两个独立的路,只是提刑司合置。《金史·百官志》记载:"诸总管府谓府尹兼领者。都总管一员,正三品,掌统诸城隍兵马甲仗,总判府事。"⑧ "诸京留守司。留守一员,正三品,带本府尹兼本路兵马都总管"⑨。当时的临潢府路总管和北京路留守,应是分别管理本府军政事务。"贞元元年闰十二月癸卯(1154年2月3日),以太保、领三省事徒单恭为太师,领三省事如故。命西京路统军挞懒、西北路招讨萧怀忠、临

---

① (元)脱脱:《金史·兵志》卷44,中华书局1975年版,第993页。
② (元)脱脱:《金史·地理志》卷24,中华书局1975年版,第561页。
③ (元)脱脱:《金史·兵志》卷44,中华书局1975年版,第1003页。
④ (元)脱脱:《金史·地理志》卷24,中华书局1975年版,第561页。
⑤ (元)脱脱:《金史·地理志》卷24,中华书局1975年版,第561页。
⑥ (元)脱脱:《金史·地理志》卷24,中华书局1975年版,第557页。
⑦ (宋)宇文懋昭撰,崔文印校证:《大金国志校证》卷38,中华书局1986年版,第539页。
⑧ (元)脱脱:《金史·百官志》卷57,中华书局1975年版,第1310页。
⑨ (元)脱脱:《金史·百官志》卷57,中华书局1975年版,第1305页。

第六章 辽金行政机构设置沿革考

潢府总管马和尚、乌古迪烈司招讨斜野等北巡。"① 这则史料说明,在贞元元年临潢府路仍设临潢府路总管府。甚至到正隆六年,仍设置临潢府路总管府。《金史·叛臣传》有"窝斡乃引兵攻临潢府,总管移室懑出城战,"② 足以证明临潢府路总管府还存在。

临潢府路总管府存在到大定时期,《金史·地理志》记载:"大定后罢路,并入大定府路。"③ 余蔚说:"大定后罢路,并入大定府路。由于临潢府路转运司已罢于天德三年,至于提刑司路,向来是北京、临潢合置,故所谓'罢路'者,必是指总管府路。然则大定以后,临潢总管府路见于《金史》者多矣。"④ 其实这里的"罢路"不是指罢临潢府路总管府,而是指将北京临潢府路提刑司,移置到北京路大定府去,临潢府路总管府还是存在的。关于临潢府路总管府的存在,《金史》中可以证明。《金史·章宗纪》记载:"明昌五年九月甲申(1194年10月12日),仍命诸路并北阻鞑,以六年夏会兵临潢。"⑤《金史·董师中传》记载:"况西、北二京,临潢诸路,比岁不登。"⑥ "按临潢府路,世宗、章宗时未罢,纪传中屡见,章宗以后不见。疑'定'字是'安'字之误。"⑦

世宗时期,因为北方蒙古等游牧势力经常侵扰金朝北部疆界,于是临潢府路成为金朝北部重要的军事防御地区。大定十七年(1177),当蒙古等游牧势力南侵时,世宗让"以两路招讨司及乌古里石垒部族、临潢府、泰州等路分定保〔堡〕戍"⑧。大定二十一年(1181)三月,"世宗以……临潢路旧设二十四堡障参差不齐,遣大理司直蒲察张家奴等往视其处置。于是……临潢路自鹤五河堡子至撒里乃,皆取直列置堡戍。……当令所徙之民姑逐水草以居,分遣丁壮营毕,开壕堑以备边。上令无水草地官为建屋,及临潢路诸堡皆以放良人戍守。"⑨ 这则史料对从鹤五河堡子至撒里乃

---

① (元)脱脱:《金史·海陵纪》卷5,中华书局1975年版,第101页。
② (元)脱脱:《金史·叛臣传》卷133,中华书局1975年版,第2851页。
③ (元)脱脱:《金史·地理志》卷24,中华书局1975年版,第561页。
④ 余蔚:《中国行政区划通史·辽金卷》,复旦大学出版社2012年版,第531页。
⑤ (元)脱脱:《金史·章宗纪》卷10,中华书局1975年版,第233页。
⑥ (元)脱脱:《金史·董师中传》卷95,中华书局1975年版,第2114页。
⑦ (元)脱脱:《金史·地理志》卷24,中华书局1975年版,第582页。
⑧ (元)脱脱:《金史·兵志》卷44,中华书局1975年版,第995页。
⑨ (元)脱脱:《金史·地理志》卷24,中华书局1975年版,第563页。

段临潢府路金长城的修建情况做了详细的描述。"临潢路二十四堡，堡置户三十，共为七百二十，若营建毕，官给一岁之食。上以年饥权寝，姑令开壕为备。四月，遣吏部郎中奚胡失海经画壕堑，"①"临潢五堡之地斥卤，官可为屋外，自撒里乃以西十九堡，旧戍军舍少，可令大盐泺官木三万余，与直东堡近岭求木，每家官为构室一椽以处之。"② 综上可知，大定年间金朝为防御北方蒙古等游牧势力入侵，修筑金长城时临潢府路还是一个独立的军区，它的行政级别与东北路、西北路、西南路是相同的，只不过当时不称临潢府路招讨司，而称临潢府路总管府。临潢府路总管府一直延续到金章宗时期。《金史·襄传》记载："明昌元年……时胡里纥亦叛，啸聚北京、临潢之间。襄至，遣人招之，即降，遂屯临潢。"③《金史·伯德梅和尚传》记载："明昌六年……左丞相夹谷清臣行省于临潢，檄为副统。"④《金史·孛术鲁德裕传》记载："孛术鲁德裕本名蒲剌都，隆安路猛安人。……明昌末，修北边壕堑，立堡塞，以劳进官三阶，授大理正。……累官北京路按察使……迁左监军兼监潢府路兵马都总管。"⑤ 从这三则史料可以断定，自章宗明昌元年到明昌末年，临潢府路一直存在。

临潢府路是何时废弃的？余蔚根据《济阳县创建先圣庙碑》记载认为："天下有十九路，观其他六京十三总管府皆未尝废于此间，则临潢府路应于明昌、承安间废弃。其废弃之由，应与其间用兵北边之事有关"⑥。金朝大规模修筑界壕边堡是在章宗承安年间，承安二年北方部族复起骚扰，金章宗派北京留守完颜裔讨伐。"北部复叛，裔战失律，复命襄为左副元帅莅师，寻拜枢密使兼平章政事，屯北京。"⑦ "承安二年三月丁酉（1197年4月12日），以参知政事裔代左丞相襄行省于北京。"⑧ "九月辛酉（11月2日），以枢密使兼平章政事襄，知大兴府事胥持国为枢密副

---

① （元）脱脱：《金史·地理志》卷24，中华书局1975年版，第563、564页。
② （元）脱脱：《金史·地理志》卷24，中华书局1975年版，第564页。
③ （元）脱脱：《金史·襄传》卷94，中华书局1975年版，第2088页。
④ （元）脱脱：《金史·伯德梅和尚传》卷121，中华书局1975年版，第2644页。
⑤ （元）脱脱：《金史·孛术鲁德裕传》卷101，中华书局1975年版，第2237页。
⑥ 余蔚：《中国行政区划通史·辽金卷》，复旦大学出版社2012年版，第531页。
⑦ （元）脱脱：《金史·襄传》卷94，中华书局1975年版，第2090页。
⑧ （元）脱脱：《金史·章宗纪》卷10，中华书局1975年版，第241页。

第六章 辽金行政机构设置沿革考

使,权参知政事,行省于北京。"① 此时的临潢府路已经并入金朝在大定府设置的北京路。否则金朝为了防御北边的阻䧁不应该行省于北京路,而应当行省于临潢府路。余蔚认为:"或许正因泰州、大定、抚州三重镇成鼎足之势,夹于其间的临潢,遂归于北京的行院指挥,都总管的建制亦从而撤销。"② 笔者认为,此时的北京路与临潢府路的关系,如同金上京路与其辖下的蒲与、胡里改路等的关系一样,完颜襄作为朝廷从一品的枢密使,负责北方军事防御,其管辖范围自然而然地包括临潢府路。北京路位于临潢府路南,不是金的边防路,与蒙古等游牧部族没有接壤。据此断定,完颜襄行省北京路,包括临潢府路,但是临潢府路总管府建制没有撤销,只是归完颜襄直接管辖而已。《金史·襄传》记载:"襄奏遣同判大睦亲府事宗浩出军泰州,又请左丞衡于抚州行枢密院,出军西北路以邀阻䧁,而自帅兵出临潢。上从其策,赐内库物即军中用之。"③ 从这则史料可以看出,当时的西北路、东北路(泰州)两路的军事防务都由完颜襄负责。由于临潢府路位于东北路和西北路中间,防御任务重要,故完颜襄亲自负责隶于北京行省的临潢府路。完颜襄到了临潢府路之后,为了加强北方防御,请求章宗允许用步卒修界壕边堡,"起临潢左界北京路以为阻塞"④。从完颜襄行省于北京,以及所修界壕起自临潢左界北京路这一史实,临潢府路当时归北京行省管辖。待金长城全线建成后,北京行省撤销,原有的军政区划自然恢复,临潢府路总管府又独立存在了。

关于临潢府总管府路独立存在的问题,在《金史》中可以得到证明。《金史·纳兰胡鲁剌传》记载:"纳兰胡鲁剌……承安二年,进士第一,除应奉翰林文字。被诏括牛于临潢、上京等路。"⑤ 从这则史料可以看出,金章宗承安或承安以后,临潢府路还是独立存在的。余蔚也说:"至承安末乱事平定,边壕亦全线筑成,又罢行省、行院,临近边壕正中部分的临潢,遂又自成一路。"⑥ 金廷罢行省行院以后,临潢府路金长城的管理自然而然是临潢府路总管府的事情。至金章宗泰和八年,临潢府路总管府依然

---

① (元)脱脱:《金史·章宗纪》卷10,中华书局1975年版,第243页。
② 余蔚:《中国行政区划通史·辽金卷》,复旦大学出版社2012年版,第531页。
③ (元)脱脱:《金史·襄传》卷94,中华书局1975年版,第2090页。
④ (元)脱脱:《金史·襄传》卷94,中华书局1975年版,第2090页。
⑤ (元)脱脱:《金史·纳兰胡鲁剌传》卷103,中华书局1975年版,第2283页。
⑥ 余蔚:《中国行政区划通史·辽金卷》,复旦大学出版社2012年版,第531页。

存在。《金史·章宗纪》记载："泰和八年十一月丁未（1208年12月20日），勅谕临潢泰州路兵马都总管承裔等修边备。"① 余蔚认为："临潢府路并入北京路，就是在大安以后，而泰和之前，临潢仍然是总管府无疑，《金志》载临潢为总管府，正是泰和时制。"② 这一学术观点至为正确。至于说临潢府路于大安以后并入北京路，笔者认为不确，因为临潢府路这样一个重要军事防御地区不可能废置。只是大安以后，北边军事危机时，临潢府路军事地位重要了，朝廷就行省、行院到北京路，来管临潢府路防御事务，以此加强临潢府路长城的管理。临潢府路总管府一直没有废除。直到金卫绍王大安三年，临潢府路总管府依然存在。大安三年八月，"大元大兵至野狐岭，承裕丧气，不敢拒战，退至宣平。"③ 蒙古军占领临潢府之后，临潢府路总管府，被迫迁移到宣平。贞祐再迁平洲，"贞祐二年四月，尝侨置于平州"④。后来平州被蒙军占领，临潢府路总管府撤销了。

表6-2　　　　　　　　　　临潢府路军政长官任职表

姓名	民族	官职	官阶	任职时间	史料记载
挞不野	契丹	上京留守	正三品	天辅四年	五月甲寅，留守挞不野以城降⑤
卢彦伦	契丹	上京留守事	正四品	天辅四年	彦伦从留守挞不野出降……权发遣上京留守事⑥
郢王昂（吾都補）	女真	上京都统		天辅六年	就以兵守临潢府⑦
实古廼	女真	上京军帅		天会元年	复以空名宣头及银牌给上京路军帅实古廼⑧
毛子廉		上京副留守	从四品	天会三年	天会三年，除上京副留守⑨

① （元）脱脱：《金史·章宗纪》卷12，中华书局1975年版，第285页。
② 余蔚：《中国行政区划通史·辽金卷》，复旦大学出版社2012年版，第532页。
③ （元）脱脱：《金史·承裕传》卷93，中华书局1975年版，第2066页。
④ （元）脱脱：《金史·地理志》卷24，中华书局1975年版，第561页。
⑤ （元）脱脱：《金史·太祖纪》卷2，中华书局1975年版，第34页。
⑥ （元）脱脱：《金史·卢彦伦传》卷75，中华书局1975年版，第1716页。
⑦ （元）脱脱：《金史·郢王昂传》卷65，中华书局1975年版，第1553页。
⑧ （元）脱脱：《金史·太宗纪》卷3，中华书局1975年版，第48页。
⑨ （元）脱脱：《金史·毛子廉传》卷75，中华书局1975年版，第1718页。

第六章 辽金行政机构设置沿革考

续表

姓　名	民族	官　职	官　阶	任职时间	史料记载
刘麟	汉族	北京路都转运使	正三品	天眷元年	豫废，麟迁临潢。顷之，授北京路都转运使①
元·本名常胜（昨王）		北京留守	正三品	皇统九年	皇统九年十月乙丑，杀北京留守王元及弟安武军节度使查剌②
卞（可喜）	女真	北京留守	正三品	天德年间	天德二年四月戊午，杀北京留守卞及太宗子孙七十余人③
张晖	汉族	北京留守	正三品	天德年间	天德三年四月丙辰，以北京留守张晖为枢密副使④
蒲察阿虎迭	女真	临潢府尹	正三品	天德年间	临潢尹⑤
马和尚		临潢府总管		贞元元年	贞元元年闰十二月癸卯，临潢总管马和尚……等北巡⑥
仆散浑坦	女真	临潢府尹	正三品	贞元年间	改临潢尹⑦
移剌按荅	女真	临潢府尹	正三品	海陵时期	改临潢尹⑧
谋衍	女真	临潢府尹	正三品	天德三年	天德三年……历河间、临潢尹⑨
温迪罕移室懑		临潢府总管	正三品	正隆年间	以功迁临潢尹⑩
完颜晏	女真	临潢府尹	正三品	大定元年	大定元年十月壬戌，以前临潢尹晏为左丞相⑪
吾扎忽	女真	临潢府尹	正三品	大定初	大定初，驻军泰州，俄改临潢尹⑫
石抹荣		临潢府尹	正三品	大定初	久之，荣除临潢尹，改临洮尹⑬

---

① （元）脱脱：《金史·刘豫传》卷77，中华书局1975年版，第1762页。
② （元）脱脱：《金史·熙宗纪》卷4，中华书局1975年版，第86页。
③ （元）脱脱：《金史·海陵纪》卷5，中华书局1975年版，第94页。
④ （元）脱脱：《金史·海陵纪》卷5，中华书局1975年版，第108页。
⑤ （元）脱脱：《金史·蒲察阿虎迭传》卷120，中华书局1975年版，第2620页。
⑥ （元）脱脱：《金史·海陵纪》卷5，中华书局1975年版，第101、102页。
⑦ （元）脱脱：《金史·仆散浑坦传》卷82，中华书局1975年版，第1845页。
⑧ （元）脱脱：《金史·移剌按荅传》卷91，中华书局1975年版，第2023页。
⑨ （元）脱脱：《金史·谋衍传》卷72，中华书局1975年版，第1654页。
⑩ （元）脱脱：《金史·温迪罕移室懑传》卷91，中华书局1975年版，第2014页。
⑪ （元）脱脱：《金史·世宗纪》卷6，中华书局1975年版，第123页。
⑫ （元）脱脱：《金史·吾扎忽传》卷71，中华书局1975年版，第1639页。
⑬ （元）脱脱：《金史·石抹荣传》卷91，中华书局1975年版，第2028页。

续表

姓　名	民族	官职	官阶	任职时间	史料记载
徒单贞		临潢府尹		大定初	再徙临潢尹①
宗宁	女真	知临潢府事	正四品	大定二年	大定二年，……改知临潢府事②
乌古论三合		临潢府尹	正三品	大定六年	大定六年……历临潢、凤翔尹③
夹谷查剌	女真	临潢府尹	正三品	大定九年	大定九年……迁临潢尹兼本路兵马都总管④
仆散守中	女真	临潢府尹	正三品	大定二十五年	大定二十五年十一月甲午，以临潢尹仆散守中等为贺宋正旦使⑤
蒲带	女真	北京临潢提刑使	正三品	明昌初	章宗即位，初置九路提刑司，蒲带为北京临潢提刑使⑥
承晖	女真	知临潢府事		明昌初	历知咸平、临潢府⑦
乌古论道远		临潢总管	正三品	明昌元年	十月……临潢总管乌古论道远、咸平总管蒲察字纯分道进讨⑧
孛术鲁德裕	女真	临潢府路兵马都总管	正三品	明昌末	明昌末……迁左监军兼监潢府路兵马都总管⑨
完颜铁哥	女真	同知临潢府事	正四品	承安年间	迁同知临潢府事⑩
纥石烈德	女真	同知临潢府事	正四品	承安、泰和间	明昌二年进士，……历同知临潢、大兴府事。⑪
李达可	汉族	权同知临潢府事	正四品	承安五年前	就差权同知临潢府事李达可为勅祭使⑫

---

① （元）脱脱：《金史·徒单贞传》卷132，中华书局1975年版，第2827页。
② （元）脱脱：《金史·宗宁传》卷73，中华书局1975年版，第1677页。
③ （元）脱脱：《金史·乌古论三合传》卷82，中华书局1975年版，第1847页。
④ （元）脱脱：《金史·夹谷查剌传》卷86，中华书局1975年版，第1926页。
⑤ （元）脱脱：《金史·世宗纪》卷8，中华书局1975年版，第190页。
⑥ （元）脱脱：《金史·宗雄传》卷73，中华书局1975年版，第1681页。
⑦ （元）脱脱：《金史·承晖传》卷101，中华书局1975年版，第2224页。
⑧ （元）脱脱：《金史·襄传》卷94，中华书局1975年版，第2089页。
⑨ （元）脱脱：《金史·孛术鲁德裕传》卷101，中华书局1975年版，第2237页。
⑩ （元）脱脱：《金史·完颜铁哥传》卷103，中华书局1975年版，第2282页。
⑪ （元）脱脱：《金史·纥石烈德传》卷128，中华书局1975年版，第2772页。
⑫ （元）脱脱：《金史·伯德梅和尚传》卷121，中华书局1975年版，第2644页。

续表

姓　名	民族	官　职	官　阶	任职时间	史料记载
承裔	女真	临潢泰州路兵马都总管	正三品	泰和八年	泰和八年十一月丁未，勅谕临潢泰州路兵马都总管承裔等修边备①
承裕	女真	知临潢府事		泰和八年	八年，兵罢……俄改知临潢府事②

---

① （元）脱脱：《金史·章宗纪》卷12，中华书局1975年版，第285页。
② （元）脱脱：《金史·承裕传》卷93，中华书局1975年版，第2066页。

第七章

辽金古城的历史地位及遗址保护利用

辽金古城遗址是重要的辽金文化遗存，承载着大量辽金历史文化信息。辽金两朝契丹、女真人在白山黑水间建筑了大量城镇，为当时我国边疆开发建设作出了不可磨灭的贡献。保护利用好辽金古城遗址，是延续历史文脉、提高文化自信、推动边疆文化建设、增强文化安全的必然要求。本章以辽金泰州故城遗址、金代蒲与路故城遗址、金东北路长城（界壕边堡）遗址为例，阐述辽金古城遗址的历史地位及如何保护利用。

第一节 辽金泰州故城遗址的历史地位

辽金泰州故城始建于辽代，金、元、明、清沿用，均为我国北方军事重镇。辽金泰州故城遗址是我国重要的历史文化资源，对增强文化自信、开展爱国主义教育，具有十分重要的意义。

一 东北亚的政治中心

辽朝的"捺钵"制度，是辽朝政治制度的一种特殊方式。"捺钵"为契丹语，汉意为辽帝的"行在"，即辽帝的"行宫"。辽泰州故城以得天独厚的自然环境成为辽朝皇帝春捺钵之地。优美的自然环境及其特殊的政治地位，吸引了辽朝几任皇帝每年都到此活动。《辽史》对辽帝的"捺钵"情况，作了比较详细的记载。每年春天，"皇帝正月上旬起牙帐，约

第七章　辽金古城的历史地位及遗址保护利用

六十日方至。天鹅未至，卓帐冰上，凿冰取鱼。"① 辽帝通常在泰州鱼儿泺活动，这一带地势低洼，河水较多。"皇帝每至，侍御皆服墨绿色衣，各备连鎚一柄，鹰食一器，刺鹅锥一枚，于泺周围相去各五七步排立。皇帝冠巾，衣时服，系玉束带，于上风望之。有鹅之处举旗，探骑驰报，远泊鸣鼓。鹅惊腾起，左右围骑皆举帜麾之。"② 辽帝举行捺钵活动，不只是一般的渔猎活动，在捺钵期间还接见使臣等，至此捺钵之地成了全国政令所出之地。据《辽史·天祚帝纪》记载："界外生女真酋长在千里内者，以故事皆来朝。"③ 辽帝意在宣示皇恩、笼络和震慑女真各部。辽圣宗、兴宗、道宗和天祚帝等经常到泰州附近举行捺钵活动，接见宋、夏和高丽等国使臣，处理外交事务等。统和二十四年（1006）春二月，"召宋使钓鱼、赋诗。癸巳（3月22日）如长春河。甲寅（4月12日），夏国遣使来贺。"④ 这种和谐的交往增进了民族间的友好往来。辽帝捺钵时，契丹内外臣僚及宣徽院所属百司皆随从。从中看出，捺钵绝不只是游猎，还包括安抚、考察及控制各属国、属部的政治内容，是了解和掌握地方情况，研究军国大事，加强对各族统治的一种特殊方式。辽朝皇帝捺钵时，泰州城是重要驻跸之地，由此可见，泰州故城具有重要的政治地位。

金时泰州同样有着重要的政治地位。金泰州是金上京通往中京驿路上的一个重要驿站。金初天会二年闰三月辛巳（1124年4月19日），"命置驿上京、春、泰之间。"⑤ 这次交通驿路的修建，说明金仍把泰州作为重要政治城镇。此后，金朝不断在泰州增筑边堡。金初，泰州都统婆卢火屯驻泰州；世宗时期，金朝开始大规模修建金长城，泰州成为金朝军事重镇。大定二十一年四月戊申（1181年5月17日）"增筑泰州、临潢府等路边堡及屋宇。"⑥ 甚至到了金章宗明昌年间，有司建议"自西南、西北路，沿临潢达泰州，开筑壕堑以备大兵"⑦。其中就有"东北路招讨司十九堡在泰

---

① （元）脱脱：《辽史·营卫志》卷32，中华书局1974年版，第373页。
② （元）脱脱：《辽史·营卫志》卷32，中华书局1974年版，第374页。
③ （元）脱脱：《辽史·天祚帝纪》卷27，中华书局1974年版，第326页。
④ （元）脱脱：《辽史·兴宗纪》卷20，中华书局1974年版，第247页。
⑤ （元）脱脱：《金史·太宗纪》卷3，中华书局1975年版，第50页。
⑥ （元）脱脱：《金史·世宗纪》卷8，中华书局1975年版，第181页。
⑦ （元）脱脱：《金史·张万公传》卷95，中华书局1975年版，第2103页。

州之境"①。金朝为了加强北部边防,将东北路招讨司移至泰州城。金东北路长城对应泰州一段修建了三道壕墙,足见泰州在金朝时期的政治地位。

二 民族交融之地

辽金泰州地区各族人民创造的文化,对中华民族文化的繁荣与发展有重要作用。以契丹为主体的辽朝,积极主动地接受和吸纳中原汉文化,丰富和发展了自己的文化。前文叙及泰州是辽帝"捺钵"之地,辽帝每年在泰州捺钵,不仅促进泰州经济社会发展,同时也有效地促进了当地的文化交流与传播。辽朝对捺钵所在地官员的选派特别重视,一般都选文武双全之人,在某种程度上提高了当政者的素质。辽末泰州刺使耶律大石就是文武双全的人才,后来成为西辽开国皇帝,是继唐朝之后把中华文化向中亚和欧洲传播的使者。

辽朝建国前,契丹族流行的宗教是萨满教。随着契丹社会逐渐封建化,契丹人和汉人交流加强,中原地区的佛教和道教在契丹地区开始流传。辽代泰州是佛教盛行之地,《辽史·道宗纪》记载:"三月癸卯(1072年4月14日),有司奏春、泰、宁江三州三千余人愿为僧尼,受具足戒。许之。"② 1953年泰来塔子城出土"大安七年石刻残碑",碑的内容是建办塔事,用汉字书写,碑上的人名大都是汉族人名,说明当时泰州的汉族人口占有相当大的比例。中原汉文化在泰州地区得到传播,其所言办塔事,是指位于塔子城古城西南1500米处,今已倒塌的六面实心密檐攒尖佛塔。泰州是一个多民族杂居之地,主要有汉人、契丹人、女真人、奚人。泰州所辖的兴国县"本山前之民,因罪配递至此,兴宗置县。户七百"③。金太祖天辅二年七月丙申(1118年9月2日),"辽户二百来归,处之泰川"④。大定二十一年(1181),"奚人六猛安,已徙居咸平、临潢、泰州"⑤。辽金统治者多次移民于此,使这里的民族不断融合,文化呈多元一体的局面。可以说,泰州是各民族融合交汇之地。

---

① (元)脱脱:《金史·地理志》卷24,中华书局1975年版,第563页。
② (元)脱脱:《辽史·道宗纪》卷23,中华书局1974年版,第273页。
③ (元)脱脱:《辽史·地理志》卷37,中华书局1974年版,第445页。
④ (元)脱脱:《金史·太祖纪》卷2,中华书局1975年版,第31页。
⑤ (元)脱脱:《金史·食货志》卷47,中华书局1975年版,第1046页。

三 物资集散地

辽泰州汉族人口逐渐增多，他们带来了先进的农业生产技术。当时汉人主要从事农业生产，契丹人主要从事游牧业。从《辽史》记载及有关资料来看，辽泰州设置后，这里先后迁来 2000 户汉族人，分别住在泰州城及其所属各县。泰州城位于嫩江流域西南部，土地肥沃，河渠发达，生业环境有利于农业生产。辽太宗时期，迁渤海人和燕云十六州之泰州汉族人口，居于"地沃宜耕植"的泰州地区。辽太宗命令有司"劝农桑，教纺织"①。辽泰州的汉族人口是从燕云十六州泰州迁来，他们带来了先进农业生产技术和农业生产工具，促进了辽泰州农业生产的发展。

大批汉族人口来到泰州，也带来了先进手工业技术，促进了辽泰州手工业的发展。辽泰州的手工业主要有冶铸、制陶、烧瓷、纺织等。手工业生产的进步与发展，有力地促进了该地区商品经济的发展。在每年的捺钵期间，这里又成为重要的农副产品和手工业产品的贸易中心。从辽泰州故城遗址看，城外有码头，城内有商业街市，目前虽不能了解其详细的商业情况，但从历年出土的各类文物来看，当时这里商品交换应相当活跃，商品经济比较发达。可以说，泰州城是当时东北亚较大的物资集散地。

四 北方军事重镇

《辽史·地理志》载："泰州，德昌军，节度。本契丹二十部族放牧之地。因黑鼠族累犯通化州，民不能御，遂移东南六百里来，建城居之，以近本族。……州隶延庆宫，兵事属东北路统军司。"② 建泰州城是出于军事需要，这就决定了泰州的军事地位。辽泰州故城地处辽代东北边防前线，辽朝皇帝每年的捺钵，主要是边防军事活动。辽朝为加强泰州防御，防止女真人反叛，在辽与金的边界地带，修筑界壕加强边防。1114 年，阿骨打首义宁江州，势如破竹，在很短时间内，将辽朝东边一些军事重镇先后攻克下来，唯独辽泰州城久攻不下。金天辅元年（1117）才攻克泰州城，这既说明辽泰州城的军事防御相当坚固，又说明辽朝对泰州军事地位的

---

① （清）历鄂：《辽史拾遗》，商务印书馆 1936 年版，第 61 页。
② （元）脱脱：《辽史·地理志》卷 37，中华书局 1974 年版，第 444 页。

重视。

　　金承辽制，沿辽泰州置金泰州。金天辅五年（1121），阿骨打派宗室婆卢火驻守泰州，是为了防止耶律大石从北部反攻。金泰州都统婆卢火率领泰州军民，浚界壕以防耶律大石所得北部二营之侵。到了金熙宗以后，北方的蒙古族兴起，金朝为防御北方蒙古等游牧势力，开始在泰州境内列置戍堡。到了世宗、章宗时期，开始大规模修筑金长城。金章宗为加强对北方新兴蒙古族的防御，于承安二年（1197），"北方有警，命宗浩佩金虎符驻泰州便宜从事"①。完颜宗浩到达泰州后，开始经营金泰州。承安三年（1198），金泰州虽迁至辽长春州（今吉林城四家子古城），此时东北路招讨司驻地"去境三百里，每敌入，比出兵追袭，敌已遁去。至是，宗浩奏徙之金山。以据要害，设副招讨二员，分置左右，由是敌不敢犯"②。宗浩为加强边防，仍然把东北路招讨司留置已被降为金山县的金旧泰州。自此以后，泰州虽降为金山县，但东北路招讨司仍设在这里，以后又成为完颜宗浩在泰和年间修筑金长城的指挥中心。由此可见，金泰州节度使司虽然迁至长春州（今吉林城四家子古城），但旧泰州城的军事地位没有改变，一直是金代北部边防军事重镇。

第二节　金蒲与路故城遗址的历史地位

　　金蒲与路是金朝为了控制北部边疆设置的军政机构，不仅在当时处于十分重要的地位，而且在我国边疆经略史上也占有重要地位。

一　政治方面地位

　　蒲与路在辽朝时期，就是女真族北部的一座重要城镇，是女真族在金源内地最早建立的地方军政组织。《金史·地理志》记载："蒲与路，国初置万户，海陵例罢万户，乃改置节度使。"③金建国初期，在政治力量比较薄弱、管辖地域范围有限的情况下，能够在蒲与路地方设置万户级别的地

---

①　（元）脱脱：《金史·宗浩传》卷93，中华书局1975年版，第2073页。
②　（元）脱脱：《金史·宗浩传》卷93，中华书局1975年版，第2074页。
③　（元）脱脱：《金史·地理志》卷24，中华书局1975年版，第552页。

第七章　辽金古城的历史地位及遗址保护利用

方军政建置，足以说明蒲与路在金初的政治地位。蒲与路所处的地理位置，正是当时北方各民族势力角逐的地方，蒲与路西部的室韦部、东部的铁骊部，当时势力比较强大。辽朝在这两个地区分别设立了室韦国王府和铁骊国王府。女真族在室韦与铁骊之间置蒲与路万户府，起到了隔离室韦与铁骊的作用，为防止室韦与铁骊结成联盟发挥了作用。女真族在乌裕尔河流域置蒲与路，为金朝后来联合铁骊部、室韦部，共同打击辽王朝起到了重要作用。海陵王政治体制改革例罢万户，蒲与路率先改万户为节度使，将过去世袭的万户官，改为金朝中央政府随时调遣的节度使流官，加强了金朝中央集权，为女真族进一步汉化，发挥了重要作用。这是女真族政治上的一大进步，推动了女真族封建化进程，为金朝国家政治体制的形成奠定了基础。

二　军事方面地位

金蒲与路管辖地域之内，多山陵水泽。历代生活在这里的人们，主要靠渔猎生活，形成了英勇善战的精神。在金建国初期，就在蒲与路设置了万户府。按：金初的万户府，属于金朝中央政府直接领导下的军政合一组织，是世袭的地方军政机构，朝廷一般不允许调动。金朝在蒲与路地方设置万户府，也说明蒲与路兵源充足。在距蒲与路故城遗址西北15公里处，今克山县河北乡林场，发现金代僕散浑坦家族墓地。从中不难看出金蒲与路的军事力量相当强大。僕散浑坦是金代著名军事将领，其居住在蒲与路管辖范围内的僕散家族，是女真族开疆拓土的重要军事力量。蒲与路的军事地位还表现在，蒲与路是女真族北部军事重镇。金朝在蒲与路内驻有大量军队，以防御北边蒙古等诸势力侵扰。蒲与路与设在金东北路长城附近的乌古迪烈统军司遥相呼应，构成金朝北部军事防御系统，为加强金代北部边疆防御发挥了重要历史作用。

三　经济方面地位

金蒲与路所管辖的辽阔区域，多原始山林和草原，江河纵横，水资源丰富，土地肥沃，是金朝最早开发的农业区。从目前金代蒲与路管辖范围内出土的大量铁铧犁、铁镰刀等农具来看，当时蒲与路地区农业生产力发展水平较高。蒲与路农业生产比较发达，当时已经生产大豆、高粱、稻、谷等和各类蔬菜。蒲与路畜牧业亦得到了前所未有的发展，从考古发现来看，已经有了大规模饲养的牛、羊、猪等。蒲与路农牧业生产的发展，极大地推动了蒲与路工商业的发展。当时在蒲与路管辖的范围内，已经有专门从事粮食加工等作坊及农副产品销售场所。蒲与路农业、商业的发展，为金朝提供了大量的农副产品和手工业商品，有力地推动了金朝商业经济的发展，为女真族的崛起壮大，作出了重要经济贡献。

四 交通枢纽地位

金蒲与路水陆交通发达，是金朝北方交通枢纽。今哈黑公路沿线两侧，有一些金代大小规模不等古城遗址，充分说明了从哈尔滨到黑河这条路线，在金朝时期就是上京城以北的重要交通线路。蒲与路是这条交通线路上的中转站，从金上京治所会宁府到蒲与路以后，再从蒲与路到今黑河市，再进入今俄罗斯境内。金代蒲与路也有水路，沿乌裕尔河进入嫩江，然后从嫩江顺流进入泰州、肇州；逆嫩江而上到达金东北路长城附近，可及乌古迪烈统军司治所。海陵王到嫩江流域买珠，就是从水路到这里来的。《金史》记载："天德四年十一月辛丑（1152年12月8日），买珠于乌古迪烈部及蒲与路。"① 这条史料说明蒲与路与乌古迪烈部等周围城镇交通便利。在今蒲与路故城遗址附近，有很多金代古城遗址。可见当时以蒲与路为中心的交通网络十分发达。

第三节 金东北路长城的历史地位

金长城是我国少数民族修建的伟大军事工程。金东北路长城沿线密置戍堡，形成严密的军事防御体系，为保卫北方各族人民和平环境，发展我国北方经济等方面发挥了重要历史作用。

一 中国万里长城的重要组成部分

万里长城是世界建筑史上的伟大奇迹，工程浩大，历史悠久。我国著

---

① （元）脱脱：《金史·海陵纪》卷5，中华书局1975年版，第99页。

第七章 辽金古城的历史地位及遗址保护利用

名古建筑专家罗哲文在《长城》一文中说:"根据历史记载,有二十多个诸侯国家和封建王朝修筑过长城。若把各个时代修筑的长城的长度加起来,大约有十万里以上。现在我国新疆、甘肃、宁夏、陕西、内蒙古、山西、河北、北京、天津、辽宁、吉林、黑龙江、河南、山东、湖北、湖南等十多个省市都有长城。"① 这里黑龙江省境内的长城,显然是指齐齐哈尔与内蒙古自治区交界处的金东北路长城。他说:"长城的修建绵延持续了两千多年的时间。秦始皇统一中国前,长城就早已开始修筑了。自从秦始皇以后,西汉、东汉、北魏、北齐、北周、隋、辽、金、明各代,都大规模修筑过长城。"② 罗哲文所说的金长城就是指女真人修建的东起嫩江、西到黄河的军事防御工程。

著名长城专家董耀会《世界文化遗产——长城》说:"在浩如烟海的历史文献中,两千多年来各个时期长城的修筑基本上都有记载。但各朝各代,在记载长城时所使用的名称各有不同,这些不同的名称,有的在同一历史时期互相通用,有的仅在某个历史时期或某个地域用过,长城是最通用的称谓。"③ 金代称长城为壕堑、界壕、界墙,《金史·张万公传》记载:"初,明昌间,有司建议,自西南、西北路,沿临潢达泰州,开筑壕堑以备大兵,役者三万人,连年未就。"④《金史·地理志》记载:"金之壤地封疆……右旋入泰州婆卢火所浚界壕而西。"⑤《金史·张炜传》记载:"是时(承安五年),大筑界墙,被行户工部牒主役事。"⑥ 中国古代多将中原与东北、华北、西北、西南等地少数民族之间的地域称为边地,明代则将在这一地域所修筑的长城,称为边墙或边垣。《明史·戚继光传》记载:"蓟镇边垣,延袤二千里。"⑦《明史·兵志》记载:"乃请修筑宣、大边墙千余里。"⑧ 长城在不同时期有着不同的称谓。金长城称金界壕边堡,与明长城称边墙一样,虽当时不称长城,实质都是长城,"不应因为

---

① 罗哲文:《长城》,北京旅游出版社1988年版,第1、4页。
② 罗哲文:《长城》,北京旅游出版社1988年版,第5页。
③ 董耀会:《世界文化遗产——长城》中国长城学会,内部出版,第34页。
④ (元)脱脱:《金史·张万公传》卷95,中华书局1975年版,第2103页。
⑤ (元)脱脱:《金史·地理志》卷24,中华书局1975年版,第549页。
⑥ (元)脱脱:《金史·张炜传》卷100,中华书局1975年版,第2215页。
⑦ (清)张廷玉等:《明史·戚继光传》卷212,中华书局1974年版,第5614页。
⑧ (清)张廷玉等:《明史·兵志》卷91,中华书局1974年版,第2241页。

当时不称长城，而把它排除在长城之外"①。金长城是中国历代各族人民在两千多年时间内建筑的诸多长城之一，是中国万里长城的重要组成部分。

二 金长城遗址是世界文化遗产长城的组成部分

万里长城是我国古代各族人民共同创造的伟大军事工程，是中华民族勤劳、智慧和坚强不屈精神的象征，是世界文化的瑰宝。1987年被联合国教科文组织列入《世界遗产名录》，成为举世公认的世界文化遗产。《世界文化遗产概论》一书说："修筑长城的历史可以追溯到公元前9世纪的西周时期，秦始皇统一中国后，把诸侯小国各自建造的长城衔接起来，形成屏障，到了明代，为了防止前朝残留势力南下，也不断修筑北方长城。在中国历史的其他时期，统治者也不同程度地修筑长城，长度相加超过50000千米。因此，长城是'上下两千年，纵横十万里'的伟大工程奇迹。"② 可见，《世界遗产名录》中的万里长城，是指在2000多年的时间里，我国各族人民所修筑的所有长城。金长城是中国长城的重要有机组成部分，世界文化遗产长城也就包括金代女真族所修筑的金长城。

第四节 辽金古城遗址保护与利用

辽金古城遗址体量大，裸露在广阔的山野间，保护利用很艰难。在辽金古城遗址的保护与利用中，应坚持"保护为主、合理利用"原则，充分挖掘辽金古城遗址的历史价值、科学价值、艺术价值，让辽金古城遗址发挥应有作用。科学保护、利用辽金古城遗址，可以提升地方文化知名度，打造地域文化品牌，增强文化自信，推动地域经济文化发展。

一 辽金古城遗址破坏的原因

辽金古城遗址破坏严重，其原因主要有两个方面，一是自然因素，另一是社会因素。各级地方政府和文物管理部门，要采取积极有效保护措

---

① 冯永谦：《如何认识长城——关于走出长城的误区的几点不同意见》，《中国文物报》2004年3月26日。

② 刘红婴、王健民：《世界遗产概论》，中国旅游出版社2003年版，第34页。

施，在有效保护的基础上，倡导科学开发，合理利用。

（一）自然因素

自然因素是辽金古城遗址遭到破坏最重要的因素，如风吹雨打、洪水冲击、动物打洞等破坏。例如泰来县塔子城遗址、克东县蒲与路故城遗址、金长城遗址等多属露天大型遗址，风剥雨蚀，已失去往日的宏伟。位于齐齐哈尔市梅里斯达斡尔族区哈拉镇哈拉古城遗址，位于甘南县境内的阿伦河古城，都在1998年特大洪水中遭到严重破坏。哈拉古城南城被冲毁，现在只剩下北城。甘南县阿伦河古城遗址东侧亦被洪水冲毁。金长城遗址也多处被洪水冲毁。2000年黑龙江段金长城遗址长为217.3公里，2010年黑龙江段金长城遗址长为200.66公里，10年少了16.64公里，其中虽有一定测量上的误差，但大部分还是被洪水冲毁的。牛羊等牲畜出没践踏，也给辽金遗址造成了严重的破坏。

（二）社会因素

社会因素是指人为破坏，如建筑施工、人为取土等。例如1987年4月，齐铁机械化局施工时，金长城碾子山段被毁坏城墙89.5米；2003年修碾北公路时，破坏金长城城墙50余米；2009年春天，修甘南至阿荣旗公路时，金长城又遭到破坏。龙江县济沁河古城，城墙被当地居民挖了300多个存放秋菜的菜窖。讷河市龙河古城的西城墙，已被当地农民取土挖没了。龙江县发达古城已是一片田野，只依稀可见城墙痕迹。克东县蒲与路故城，虽然主体城墙保护较好，但城内外的一些附属遗址破坏严重。还有盗墓者非法盗掘文物。2007年，李庆林等一伙盗墓者，在蒲与路故城遗址处，盗挖辽金钱币6麻袋，后虽被公安机关抓获，但文物大量流失。据当地老百姓讲，经常有外地人出没在遗址周围，拿着仪器勘探，寻找文物。这些人为破坏因素，都给遗址保护工作带来了严重威胁。

二 辽金古城遗址的保护与利用

面对辽金古城遗址被破坏的现状，我们一方面应采取实际措施进行抢救性保护，在遗址周围设立保护带，栽树或是挖保护沟，以防止风沙和洪水对遗址的自然破坏；另一方面应加强对辽金古城遗址的宣传，让人们知道其历史价值，增强人们的保护意识，防止人为因素破坏。各级地方政府要出台遗址保护法规，加强对辽金古城遗址保护。

（一）划定保护范围

塔子城遗址位于黑龙江与吉林、内蒙古自治区三省区交界地带，城墙西侧是内蒙古自治区扎赉特旗地界。塔子城自建城时就是当时的政治、经济、文化中心。现在是泰来县塔子城镇政府所在地，古城遗址内居住人口近3万多人，给古城遗址保护带来极大困难。城墙西侧为内蒙古自治区扎赉特旗农民的耕种土地，针对此种情况，当地文管部门要通过省文旅厅等文物主管部门与内蒙古自治区协商，根据《中华人民共和国文物保护法》相关规定，划定保护范围，确立保护控制地带。

金代蒲与路故城坐落在乌裕尔河岸边，极易遭到洪涝灾害威胁。古城外的一些辽金时期的遗址也遭到自然因素和人为因素的破坏。当地相关部门应根据《中华人民共和国文物保护法》相关规定划定金代蒲与路故遗址保护范围，并建立控制地带。金东北路长城遗址沿线较长，涉及地方多，保护困难，也应根据《中华人民共和国文物保护法》划定金东北路长城遗址保护区。在保护区内严禁一切破坏行为发生。在遗址两侧可根据文物保护法要求，设立重点保护区和控制地带。

（二）树立主人意识

各级政府要以多种形式，大力宣传保护的重要性。禁止任何单位和个人，在辽金古城遗址保护范围内挖坑、抠砖、挖窖、建房、盖牲畜圈、埋坟及其他动土行为。任何单位和个人未经业务主管部门批准，不得在保护区域范围内擅自动工。要大力鼓励公民对偷盗地下文物等违法犯罪行为进行揭发检举。通过广泛宣传教育，树立公民保护文物的责任意识，特别是对保护文物有功人员要给予表扬和奖励。对于破坏、销毁、盗窃文物者，视情节轻重依法处理。要坚持经常宣传《中华人民共和国文物保护法》，在辽金古城遗址上，树立保护标志。多方面提高广大人民群众的文物保护观念，增强全民文物保护意识。

（三）纳入政府责任

各级政府要把古城遗址保护纳入重点工作，在遗址附近各村屯成立乡村文物保护组织。辽金古城遗址一般属于大型野外建筑遗址，随时都有可能遭到破坏。要增加古城遗址保护经费，各级政府财政部门要在每年财政预算中留出一定保护经费，有必要聘请热爱文物保护工作的居民担任兼职文物保护员，在遗址附近从事遗址日常的管理和看护工作，形成文物保护

第七章 辽金古城的历史地位及遗址保护利用

长效机制，保护好辽金古城遗址。

（四）科学保护合理开发

辽金古城遗址属不可再生文化资源，因此要科学保护合理开发，防止在利用中破坏，以免古城遗址灭失。辽金古城遗址一般都是独特的旅游资源，可利用其文化内涵，设立旅游景点，如建立遗址考古公园、专题博物馆等。还可以利用古城遗址文化内涵，提炼地方文化品牌，开展传统文化教育，提高文化自信，开展爱国主义教育。

三 辽金古城遗址保护利用的意义

辽金古城遗址是辽金两朝各级行政治所，是重要的历史文化载体。不仅在辽金时期具有十分重要的历史地位，而且在元、明、清时期亦有重要影响。为此，保护好辽金古城遗址，具有重要的历史意义和现实意义。

辽金时期是我国历史上各族人民融合发展的重要时期。白山黑水之间辽阔的土地是各族人民繁衍生息、融合之所。各族人民创造了丰富多彩、灿烂多姿的地域文化。辽金古城遗址是独具特色的辽金历史文化载体，如果辽金古城遗址灭失，不利于我们了解研究辽金文化发展情况，导致历史发展脉络缺环。辽金文化是中华民族文化的重要组成部分，保护辽金古城遗址就是留住历史文脉，可以彰显白山黑水之间特色文化魅力，为中华民族文化复兴，作出应有的贡献。

参考文献

一 历史古籍

《春秋左传集解》，上海人民出版社1977年版。

（汉）司马迁：《史记》，中华书局1959年版。

（北齐）魏收：《魏书》，中华书局1974年版。

（后晋）刘昫：《旧唐书》，中华书局1975年版。

（明）宋濂等：《元史》，中华书局1976年版。

（宋）薛居正等：《旧五代史》，中华书局1976年版。

（宋）欧阳修：《新五代史》，中华书局1974年版。

（宋）李涛：《续资治通鉴长编》，上海古籍出版社1986年版。

（宋）徐梦莘：《三朝北盟会编》，上海古籍出版社1987年版。

（宋）李心传：《建炎以来系年要录》，商务印书馆1936年版。

（宋）李心传：《建炎以来朝野杂记》，商务印书馆1936年版。

（宋）洪皓：《松漠纪闻》，吉林文史出版社1986年版。

（宋）叶隆礼撰，贾敬颜、林荣贵点校：《契丹国志》，上海古籍出版社1985年版。

（宋）洪迈：《夷坚志》，商务印书馆1937年版。

（宋）岳珂：《桯史》，商务印书馆1936年版。

（宋）確庵、耐庵编，崔文印笺证：《靖康稗史笺证》，中华书局1988年版。

（宋）宇文懋昭：《金志》，商务印书馆1939年版。

（宋）宇文懋昭撰，崔文印校证：《大金国志校证》，中华书局1986年版。

（金）张玮：《大金集礼》，商务印书馆1936年版。

（元）脱脱：《辽史》，中华书局1974年版。
（元）脱脱：《金史》，中华书局1975年版。
（元）脱脱：《宋史》，中华书局1977年版。
（清）杨宾：《柳边纪略》，吉林文史出版社1993年版。
（清）张金吾：《金文最》，中华书局1990年版。
（清）施国祁：《金史详校》，中华书局1991年版。
（清）徐松辑：《宋会要辑稿》，中华书局1957年版。
（清）历鄂：《辽史拾遗》，商务印书馆1936年版。
[波斯]拉施特：《史集》，商务印书馆1983年版。
（清）赵翼著，王树民校证：《廿二史劄记》，中华书局1984年版。
（清）钱大昕著，方诗铭、周殿傑校点：《廿二史考异》，上海古籍出版社2004年版。
（清）长顺修、李桂林纂：《吉林通志》，吉林文史出版社1986年版。
（清）阿桂等撰，孙文良、陆玉华点校：《满洲源流考》，辽宁教育出版社1988年版。
金毓黻主编：《辽海丛书》，辽沈书社1985年版。

二 研究专著

白玉奇：《大金国第一都》，黑龙江人民出版社1997年版。
蔡美彪等：《中国通史》（第六册），人民出版社1979年版。
蔡美彪：《辽金元史十五讲》，中华书局2011年版。
陈述：《金史拾补五种》，科学出版社1960年版。
程妮娜：《金代政治制度研究》，吉林大学出版社1999年版。
丛佩远、赵鸣岐编：《曹延杰集》，中华书局1985年版。
董克昌主编：《大金诏令释注》，黑龙江人民出版社1993年版。
干志耿、孙秀仁：《黑龙江古代民族史纲》，黑龙江人民出版社1987年版。
干志耿：《探赜索隐集》，黑龙江人民出版社1993年版。
顾宏义、李文整理标校：《宋代日记丛编》，上海书店出版社2013年版。
韩光辉：《宋辽金元建制城市研究》，北京大学出版社2011年版。
韩茂莉：《辽金农业地理》，社会科学文献出版社1999年版。

韩世明、都兴智校注：《金史之食货与百官志校注》，中国社会科学出版社2005年版。

黄澄主编：《哈尔滨古城遗址考》，黑龙江人民出版社2015年版。

何光岳：《女真源流史》，江西教育出版社2004年版。

何俊哲、张达昌、于国石：《金朝史》，中国社会科学出版社1992年版。

贾敬颜：《五代宋金元人边疆行记十三种疏证稿》，中华书局2004年版。

金北人：《金代北疆首脑人物研究》，内蒙古文化出版社1995年版。

金毓黻：《东北通史》（上编），五十年代出版社1981年版。

金毓黻：《宋辽金史》，乐天出版社1972年版。

景爱：《金上京》，生活·读书·新知三联书店1991年版。

李昌宪：《金代行政区划史》，上海古籍出版社2015年版。

李澍田主编：《金碑汇释》，吉林文史出版社1989年版。

刘浦江：《辽金史论》，辽宁大学出版社1999年版。

刘浦江：《松漠之间——辽金契丹女真史研究》，中华书局2008年版。

宁梦辰：《东北地方史》，辽宁大学出版社1999年版。

漆侠、乔幼梅：《辽夏金经济史》，河北大学出版社1994年版。

孙进己、冯永谦总纂：《东北历史地理》，黑龙江人民出版社2013年版。

孙进己、张璇如、蒋秀松、干志耿、庄严：《女真史》，吉林文史出版社1987年版。

谭其骧：《长水集》，人民出版社2011年版。

谭英杰、孙秀仁、赵虹光、干志耿：《黑龙江区域考古学》，中国社会科学出版社1991年版。

佟冬：《东北史》（第二卷），吉林文史出版社1998年版。

王承礼主编：《辽金契丹女真史译文集》，吉林文史出版社1990年版。

王德朋：《金代商业经济研究》，社会科学文献出版社2011年版。

王国维：《观堂集林》，中华书局1959年版。

王世华：《完颜希尹家族墓地考略》，政协吉林省舒兰市文史资料委员会1996年版。

王禹浪、都永浩主编：《文明碎片——中国东北地区辽金契丹女真历史遗迹与遗物考》，黑龙江教育出版社2013年版。

王禹浪：《金代黑龙江述略》，哈尔滨出版社1993年版。

王禹浪：《金源文化研究》，黑龙江人民出版社2014年版。

王曾瑜：《金朝军制》，河北大学出版社1996年版。

王曾瑜：《辽金军制》，河北大学出版社2011年版。

魏国忠、朱国忱、郝庆云：《渤海国史》（修订版），黑龙江人民出版社2014年版。

武玉环：《辽金社会与文化研究》，中国社会科学出版社2014年版。

杨树藩：《辽金中央政治制度》，台湾商务印书馆1977年版。

杨中华：《肇源史海钩沉》，吉林人民出版社2007年版。

余蔚：《中国行政区划通史·辽金卷》，复旦大学出版社2012年版。

张博泉：《金代经济史略》，辽宁人民出版社1981年版。

张博泉：《金史简编》，辽宁人民出版社1984年版。

张博泉：《金史论稿》（第一卷），吉林文史出版社1986年版。

张博泉、苏金源、黄玉瑛：《东北历代疆域史》，吉林人民出版社1981年版。

赵永春辑注：《奉使辽金行程录》，商务印书馆2017年版。

朱国忱：《金源故都》，北方文物杂志社1991年版。

［日］三上次男著，金启孮译：《金代女真研究》，黑龙江人民出版社1984年版。

［日］外山军治著，李东源译：《金朝史研究》，黑龙江朝鲜民族出版社1988年版。

三　地方文献

蔡华伟主编：《明水县志》，黑龙江人民出版社1989年版。

车宝林主编：《突泉县志》，内蒙古人民出版社1993年版。

陈凤舞、王文石主编：《汤原县志》，黑龙江人民出版社1992年版。

陈鸿友主编：《林口县志》，黑龙江人民出版社1999年版。

陈相伟、李殿福主编：《大安县文物志》，吉林省文物志编委会1982年版。

陈相伟、李殿福主编：《扶余县文物志》，吉林省文物志编委会1982年版。

陈相伟、李殿福主编：《洮安县文物志》，吉林省文物志编委会1982年版。

董联声、张海田主编：《扎兰屯市志》，百花文艺出版社1993年版。
董学增等编：《舒兰县文物志》，吉林省文物志编委会1985年版。
董学增、史吉祥总纂：《蛟河县文物志》，吉林省文物志编委会1987年版。
杜成主编：《木兰县志》，黑龙江人民出版社1989年版。
杜勇等编：《龙井县文物志》，吉林省文物志编委会1984年版。
杜勇等编：《延吉市文物志》，吉林省文物志编委会1985年版。
段新澍等编：《怀德县文物志》，吉林省文物志编委会1985年版。
范德昌主编：《嘉荫县志》，黑龙江人民出版社1988年版。
冯汝升主编：《道里区志》，黑龙江人民出版社1993年版。
冯学忠主编：《科尔沁右翼前旗志》，内蒙古人民出版社1991年版。
福泉主编：《鄂温克族自治旗志》，中国城市出版社1997年版。
傅长青、王炳文主编：《穆棱县志》，中国文史出版社1990年版。
傅民主编：《桦川县志》，黑龙江人民出版社1991年版。
耿铁华等编：《柳河县文物志》，吉林省文物志编委会1987年版。
干志耿主编：《黑龙江省志·文物志》，黑龙江人民出版社1994年版。
顾铁民编：《双辽县文物志》，吉林省文物志编委会1985年版。
关崇文主编：《青冈县志》，黑龙江人民出版社1987年版。
关开信等编：《永吉县文物志》，吉林省文物志编委会1985年版。
关文选主编：《依兰县志》，黑龙江人民出版社1990年版。
郭义主编：《肇州县志》，黑龙江人民出版社1987年版。
韩明学主编：《兰西县志》，海南出版社1992年版。
何文光主编：《甘南县志》，黄山书社1992年版。
贺希格杜荣主编：《科尔沁右翼中旗志》，内蒙古人民出版社1993年版。
胡连顺主编：《嫩江县志》，中国·三环出版社1992年版。
贾士金主编：《吉林省志·文物志》，吉林人民出版社1991年版。
姜继忠主编：《呼兰县志》，中华书局1994年版。
焦贵林主编：《富锦县志》，中国·三环出版社1991年版。
金东哲主编：《海林县志》，中国文史出版社1990年版。
金万锡等编：《汪清县文物志》，吉林省文物志编委会1983年版。
金耀东主编：《兴安盟志》，内蒙古人民出版社1997年版。

郎国兴主编：《五常县志》，黑龙江人民出版社1989年版。
黎成修主编：《绥化县志》，黑龙江人民出版社1986年版。
黎久有等编：《梨树县文物志》，吉林省文物志编委会1984年版。
黎久有总纂：《四平市文物志》，吉林省文物志编委会1988年版。
李殿福等编：《靖宇县文物志》，吉林省文物志编委会1988年版。
李洪德主编：《阿城县志》，黑龙江人民出版社1988年版。
李君、苏洪武总纂：《辽源市文物志》，吉林省文物志编委会1988年版。
李魁生等编：《鸡东县志》，鸡东县志编纂委员会办公室1989年版。
李茂喜主编：《抚远县志》，中华书局1998年版。
李其泰、张立明总纂：《桦甸县文物志》，吉林省文物志编委会1987年版。
李嵩岩等编：《白城市文物志》，吉林省文物志编委会1985年版。
李益兴主编：《双城县志》，中国展望出版社1990年版。
梁岩海等编：《德惠县文物志》，吉林省文物志编委会1983年版。
林伯平主编：《齐齐哈尔市志》，黄山书社1999年版。
林至德、耿铁华等编：《集安县文物志》，吉林省文物志编委会1984年版。
刘德林主编：《逊克县志》，黑龙江人民出版社1991年版。
刘殿启主编：《绥滨县志》，方志出版社1996年版。
刘广运总编：《宝清县志》，宝清县地方志编纂委员会1993年版。
刘翰章主编：《虎林县志》，中国人事出版社1992年版。
刘勤等编：《长白朝鲜族自治县文物志》，吉林省文物志编委会1986年版。
刘欣主编：《绥芬河市志》，黑龙江人民出版社2000年版。
刘有才主编：《肇东县志》，肇东县县志办公室1985年版。
卢斌总编：《北安县志》，黑龙江省新闻出版局1993年版。
卢连城等编：《图们市文物志》，吉林省文物志编委会1986年版。
雒洪海主编：《拜泉县志》，黑龙江人民出版社1988年版。
满承志总纂：《通化县文物志》，吉林省文物志编委会1987年版。
孟东风总纂：《磐石县文物志》，吉林省文物志编委会1987年版。
宁士敏、王利民主编：《伊春市志》，黑龙江人民出版社1995年版。
祁学俊主编：《爱辉县志》，北方文物杂志社1986年版。
人钧主编：《泰来县志》，黑龙江人民出版社1992年版。

史吉祥总纂：《东辽县文物志》，吉林省文物志编委会1987年版。
宋惠民主编：《佳木斯市志》，中华书局1996年版。
孙剑平主编：《克山县志》，中国经济出版社1991年版。
孙进主编：《桦南县志》，黑龙江科学技术出版社1991年版。
孙仁杰等编：《辉南县文物志》，吉林省文物志编委会1987年版。
孙文采主编：《双鸭山市志》，中国展望出版社1991年版。
唐秀琴主编：《白城地区文物志简编》，吉林人民出版社1992年版。
腾骏华主编：《德都县志》，黄山书社1994年版。
腾茂行主编：《太平区志》，黑龙江人民出版社1992年版。
铁林嘎主编：《莫力达瓦达斡尔族自治旗志》，内蒙古人民出版社1998年版。
佟常存主编：《尚志县志》，中国展望出版社1990年版。
万金锡等：《汪清县文物志》，吉林省文物志编委会1983年版。
王保中主编：《望奎县志》，望奎县地方志编纂委员会1989年版。
王长山主编：《勃利县志》，中国社会出版社1992年版。
王光普等编：《通化市文物志》，吉林省文物志编委会1986年版。
王国志主编：《杜尔伯特蒙古族自治县志》，黑龙江人民出版社1996年版。
王洪斌主编：《碾子山区志》，黑龙江省新闻出版局1995年版。
王洪峰等编：《海龙县文物志》，吉林省文物志编委会1984年版。
王洪锋等编：《伊通县文物志》，吉林省文物志编委会1988年版。
王璟琳总编：《牡丹江市志》，黑龙江人民出版社1993年版。
王文光主编：《萝北县志》，中国人事出版社1992年版。
王文主编：《肇源县志》，中共肇源县委史志工作办公室1985年版。
王学慧主编：《铁力县志》，黑龙江人民出版社1990年版。
王彦明主编：《富拉尔基区志》，富拉尔基区地方志编审委员会1997年版。
王兆明主编：《黑河地区志》，生活·读书·新知三联书店1996年版。
吴文孝主编：《同江县志》，上海社会科学院出版社1993年版。
吴喜才等编：《长岭县文物志》，吉林省文物志编委会1986年版。
吴喜才等编：《乾安县文物志》，吉林省文物志编委会1985年版。
吴喜才等编：《通榆县文物志》，吉林省文物志编委会1983年版。

参考文献

吴喜才等编：《镇赉县文物志》，吉林省文物志编委会1984年版。
吴兴斌、崔树林主编：《延寿县志》，中国·三环出版社1991年版。
武道论、杜永春主编：《金山屯区（林业局）志》，黑龙江人民出版社1992年版。
肖丽萍主编：《牙克石市志》，内蒙古人民出版社1996年版。
肖战国等编：《双阳县文物志》，吉林省文物志编委会1986年版。
徐宝贵主编：《道外区志》，中国大百科出版社1995年版。
徐剑影、张德润主编：《宾县志》，黑龙江人民出版社1991年版。
闫善德主编：《南岗区志》，哈尔滨出版社1994年版。
杨迪主编：《长春市文物志》，吉林省文物志编委会1987年版。
杨枫主编：《通河县志》，中国展望出版社1990年版。
杨凤鸣主编：《香坊区志》，哈尔滨出版社1995年版。
杨再林等编：《安图县文物志》，吉林省文物志编委会1985年版。
杨再林等编：《珲春县文物志》，吉林省文物志编委会1984年版。
伊松龄等：《榆树县文物志》，吉林省文物志编委会1983年版。
于纯仁主编：《平房区志》，黑龙江人民出版社1997年版。
袁凤梧主编：《七台河市志》，档案出版社1992年版。
张殿甲等编：《抚松县文物志》，吉林省文物志编委会1987年版。
张殿甲等编：《浑江市文物志》，吉林省文物志编委会1984年版。
张国昌主编：《龙江县志》，中国城市经济社会出版社1991年版。
张国相主编：《孙吴县志》，黑龙江人民出版社1991年版。
张景川主编：《安达县志》，黑龙江人民出版社1992年版。
张静岩等编：《前郭尔罗斯蒙古族自治县文物志》，吉林省文物志编委会1983年版。
张旭和主编：《巴彦县志》，黑龙江人民出版社1990年版。
赵成立主编：《庆安县志》，黑龙江人民出版社1995年版。
赵景林、王惠洲总编：《克东县志》，黑龙江人民出版社1987年版。
赵青林、柴险峰主编：《方正县志》，中国展望出版社1990年版。
赵清俊等编：《农安县文物志》，吉林省文物志编委会1987年版。
赵廷贵、张羽总纂：《吉林市市区文物志》吉林省文物志编委会1983

年版。

赵学礼主编：《鹤岗市志》，黑龙江人民出版社1990年版。

赵泽民主编：《绥化地区志》，黑龙江人民出版社1995年版。

郑首杉总纂：《九台县文物志》，吉林省文物志编委会1986年版。

郑永振等编：《和龙县文物志》，吉林省文物志编委会1984年版。

郑治平主编：《绥棱县志》，黑龙江人民出版社1988年版。

周传波总纂：《东丰县文物志》，吉林省文物志编委会1987年版。

朱德清主编：《宁安县志》，黑龙江人民出版社1989年版。

卓鸿钧主编：《海伦县志》，黑龙江人民出版社1988年版。

邹化歧主编：《东宁县志》，黑龙江人民出版社1989年版。

后　　记

2004年9月25—27日，政协齐齐哈尔市委员会在齐齐哈尔市鹤城别墅召开了"齐齐哈尔城史纪元专家论证会"。会议邀请来自北京、辽宁、吉林、黑龙江等地十三位辽金史专家学者。齐齐哈尔市社科联副主席张振华安排笔者列席会议，使我有幸与辽金史专家学者沟通交流。会议主要论证齐齐哈尔市梅里斯区哈拉古城遗址为辽金庞葛城，进而论证金天会三年为齐齐哈尔城史纪元。笔者为了弄清楚哈拉古城遗址是否为庞葛城，从此开始了辽金城镇史地研究。

从2004年至今，在过去的18年里，笔者每年都到一些辽金古城遗址进行考察，先后撰写了二十余篇辽金城镇史地研究论文。遗留在白山黑水之间的辽金古城遗址，被埋在山野间，今人只知道是古人留下的古城，至于古城当时是什么治所、什么名称，90%以上是学术空白。为什么被遗弃成为废墟，今人不知。有感于此，笔者开始把以往零碎的研究进行系统整理，形成这部辽金城镇史地研究成果，以此对后来研究者特别是广大青年学生，在研究辽金古城时提供借鉴。

产生辽金史地研究想法后，笔者便开始思索书名和研究框架。经过多番思考，最后确定以《白山黑水之间：辽金城镇史地研究》为书名。历史地理学是历史学的一个重要分支，城镇史地研究又是历史地理学研究中的重点。辽金两朝在白山黑水之间，建筑了大量行政治所城和军事防御城，这些辽金古城不仅为白山黑水之间和平发展作出重要贡献，而且为白山黑水之间的社会文明作出了重要贡献。

在本书即将付梓之际，使我想起已故孙进己先生。孙进己先生热心扶掖后人，关于辽泰州建置原因，笔者多次与先生打电话探讨。孙进己先生赞同我提出的辽泰州建置原因不是《辽史》记载的黑鼠族累犯通化州民不能御，东南移六百里建城居之，而是辽朝为了防御女真和高丽西侵，迁原宋泰州（今河北省保定市清苑区）之民于今泰来县塔子城古城居之。特别感谢我的老师陈国良教授，多年来不分门里门外的指导；感谢政协齐齐哈尔市委员会副主席李柏春为本书的出版给予支持。感谢齐齐哈尔市史志办原主任孙仁，对笔者从事辽金史研究提供无私的帮助，感谢齐齐哈尔市社会科学院原院长王柏，对我的辽金史研究给予热心关怀。感谢中国社会科学院《中国边疆史地研究》主编李大龙研究员在百忙之中为本书作序；感谢黑龙江省社会科学院历史所原所长赵儒军，多次商讨书稿篇章体例；感谢齐齐哈尔市社会科学院院长许长革，笔者在齐齐哈尔市社会科学院工作期间，为我撰写本书稿、出差调研等给予各种支持。感谢哈尔滨市社会科学院原院长鲍海春先生，多年对我研究辽金史的支持。还要感谢吉林省委宣传部原副部长张福有先生，为此书撰写提供资料上的帮助，最后还要感谢中国社会科学出版社编辑刘芳，为本书出版付出的辛苦和努力，以及感谢为本书发行提供过各种帮助的各位领导、专家学者和朋友。

  本书是多年零碎研究成果的系统整理。起初，只是针对某一辽金古城某一方面开展研究。在多个零碎研究的基础上，形成系统的辽金史地研究成果，使之成为辽金城镇史地研究专著，提供给学人。本书提出的辽金城镇史地研究学术观点，还有很多不成熟、不够科学，但他可以给研究者以一种思考和借鉴。希望同仁、专家学者和广大读者朋友多提宝贵意见，以便再版修改。不吝赐教。谢谢！

孙文政